THOMAS FAIST

# EXIT

THOMAS FAIST

# EXIT

Warum Menschen aufbrechen
Globale Migration im 21. Jahrhundert

C.H.BECK

www.chbeck.de
Umschlaggestaltung: Rothfos & Gabler, Hamburg
Satz: C.H.Beck.Media.Solutions, Nördlingen
Druck und Bindung: Druckerei C.H.Beck, Nördlingen
Gedruckt auf säurefreiem und alterungsbeständigem Papier
(hergestellt aus chlorfrei gebleichtem Zellstoff)
Printed in Germany
ISBN 978 3 406 78235 0

myclimate

klimaneutral produziert
www.chbeck.de/nachhaltig

# Inhalt



## Teil I – Globale Migration in theoretischer und historischer Perspektive



## Teil II – Zur Politik der sozialen Frage

## Teil III – Gegenwärtige Herausforderungen

## Danksagung

Etliche der in diesem Buch entwickelten Gedanken gehen auf Seminare zurück, die ich in den 1980er-Jahren bei Ira Katznelson, Elizabeth Sanders, Charles Tilly und Aristide Zolberg an The Graduate Faculty der New School for Social Research besuchte. Dies gilt insbesondere für den Grundgedanken, dass Geburts- und Wohnort die Lebenschancen eines Menschen in hohem Maße mitbestimmen. Ganz wesentlich beruhen die Grundlagen dieses Buchs auf meiner Studie *The Transnationalized Social Question: Migration and the Politics of Social Inequalities in the Twenty-First Century* (Oxford University Press, 2019). Der vorliegende Text greift auf die dort präsentierten Ideen zurück und entwickelt diese weiter.

Aktuelle Entwicklungen, die sich aus der Lage in der Ukraine ergeben, konnte ich nicht berücksichtigen, da sie parallel zur Drucklegung stattfanden.

Ich danke herzlich Matthias Hansl und Claire Zander für das Lektorat. Annette Wolf und Astrid Dinter verbesserten die Lesbarkeit des Textes. Franka Büssing half mit Recherchen, Pauline Höchter und Daniel Senkiw mit dem Register. Ihnen allen sei gedankt.

Bielefeld, im April 2022 Thomas Faist

# Einführung: Exit – Migration und soziale Ungleichheiten

## Migration, Ungleichheiten und die soziale Frage

Die Hoffnung auf bessere Lebensbedingungen und die Aussicht, Verfolgung und Gewalt zu entkommen, gehören zu den wesentlichen Motiven grenzüberschreitender Migration und Flucht. Diese Treiber der Migration bilden grundlegende Ungleichheiten in den Lebensbedingungen zwischen den Herkunfts- und den Zielregionen ab. Migration ist eine von mehreren Möglichkeiten, auf die relativ dauerhafte ungleiche Verteilung von wichtigen materiellen Ressourcen wie Einkommen und symbolischen Ressourcen wie sozialer Status zu reagieren. Prinzipiell gibt es drei Antworten auf sich verschlechternde Bedingungen in Gruppen, Organisationen und Staaten: Abwanderung (*Exit*) sowie politischer Widerspruch (*Voice*) oder Loyalität (*Loyalty*) zur jeweiligen Organisation, Gruppe oder zum betreffenden Staat. Je geringer Loyalität und damit ein Zugehörigkeitsgefühl ausgeprägt ist, desto höher ist die Wahrscheinlichkeit für Abwanderung und desto geringer die Chance auf Widerspruch.[1]

Exit und Voice müssen im Zusammenhang mit vier Handlungsoptionen auf kollektiver und individueller Ebene gesehen werden, die bei Unzufriedenheit mit den Lebensverhältnissen zur Verfügung stehen. Auf kollektiver Ebene kann sich Widerspruch erstens im Streben nach politischer Stabilität und wirtschaftlichem Wachstum äußern und zweitens in der Umverteilung von materiellen Ressourcen wie Einkommen und Vermögen oder symbolischen Ressourcen wie Anerkennung und Status forcieren. Die Umsetzung beider Optionen benötigt allerdings viel Zeit und massiven sozialen Wandel. Auf individueller Ebene können Menschen als eine dritte Option in ihre Aus- bzw. Weiterbildung oder sonstige Formen der Anpassung vor Ort investieren oder viertens die Option Exit wählen. Exit ist diejenige Option, die für Einzelne und kleinere Gruppen in vielen Fällen am schnellsten umsetzbar ist und bei Verfolgung den Schutz von Leib und Leben verspricht.[2]

Exit und Voice als grundlegende Antworten auf wahrgenommene Verschlechterung von Lebensbedingungen bzw. bessere Verhältnisse andernorts stehen seit Langem im Mittelpunkt von Analysen zu sozialen Ungleichheiten. Zum einen haben Schriften in der Tradition von Karl Marx bis heute immer wieder Gruppen ausgemacht, die in Zeiten des sozialen Wandels oder gar der Transformation einer sozialen Ordnung als Träger von politischem Widerspruch agieren sollen. Diese Denktradition eröffneten Marx und Engels mit dem vielzitierten Beginn des *Kommunistischen Manifests*, einer kurzen Analyse der sozio-ökonomischen Entwicklung im 19. Jahrhundert: «Ein Gespenst geht um in Europa – das Gespenst des Kommunismus.»[3] Damit verwiesen sie auf die Klassenbasis der Politik sozialer Ungleichheiten zur Mitte des 19. Jahrhunderts und die damit aufgeworfene «soziale Frage». In Anlehnung an diese Aussage konstatierten 150 Jahre später der Literaturwissenschaftler Michael Hardt und der politische Philosoph Antonio Negri: «Während der gesamten Geschichte der Moderne haben die Mobilität und die Migration der Arbeitskräfte die Disziplinierungen, denen die Arbeiter unterworfen waren, gesprengt (…). Ein Gespenst geht um in der Welt, und sein Name ist Migration.»[4] Die Autoren sehen in Migration eine Form des spontanen Widerstands und damit einen politisch relevanten Widerspruch zum kapitalistischen Wirtschaftssystem. In dieser Sicht ist Exit eine politische Antwort auf Probleme sozialer Ordnung und die Verbesserung von Lebensbedingungen. Auch heute ist die globale Arbeiterschaft größer als je zuvor, und sie wächst vor allem in Regionen, die als «Entwicklungsländer» oder «globaler Süden» bezeichnet werden, also in Staaten außerhalb Europas und Nordamerikas. Allein von 1980 bis 2005 hat sich die Arbeiterschaft in Subsahara-Afrika und Lateinamerika verdoppelt.[5]

Es existiert aber auch die gegenteilige Ansicht: Exit führe nicht zu Voice und habe Widerspruch als dominante Antwort auf vielfältige Ungleichheiten abgelöst. In dieser Perspektive leben wir in einer Welt, die weit von den Verhältnissen entfernt ist, die Karl Marx im 19. Jahrhundert beobachtete. Ein prominenter Vertreter dieser Denkrichtung ist der

Ökonom Branko Milanović. Er wendet ein Modell an, das zwei Merkmale von Verschiedenheit zwischen Individuen berücksichtigt, nämlich Klasse und Staatsangehörigkeit. Wenn man die globale Einkommensverteilung betrachtet, so war um 1820 die Klassenposition – verstanden im Marx'schen Sinne als Zugehörigkeit entweder zum Proletariat oder zur Bourgeoisie – der wichtigste Bestimmungsfaktor für das Einkommen von Individuen. Dabei trug die Klassenzugehörigkeit etwa 50 Prozent zur Stellung in der globalen Einkommenshierarchie bei, während der Wohnsitz bzw. die Staatsangehörigkeit nur ca. 20 Prozent ausmachten. Im Jahr 2000 hatte sich dieses Verhältnis fast umgekehrt. Heutzutage macht demnach der Staat, in dem eine Person lebt, um die 50 Prozent aus, während Klasse nur etwa 20 Prozent zum Unterschied beiträgt.[6] Grenzüberschreitende Migration ist demnach eine folgerichtige Antwort, um bessere Lebensbedingungen zu erzielen. Obwohl diese Befunde aufgrund der mangelhaften Daten in vielen Teilen der Welt mit größter Vorsicht zu interpretieren sind, erscheint die Umkehrung der Bedeutung von Klasse und Staatsangehörigkeit bzw. Wohnort und damit eine gesteigerte Relevanz von Migration auf den ersten Blick plausibel. Dies ist auch auf dem Hintergrund populärer Interpretationen zu sehen, die von einem «Zeitalter der Migration», von «Welten in Bewegung» und von «Welten der Mobilität» sprechen.[7] Eine globale Betrachtung von sozialen Ungleichheiten, in diesem Falle Einkommensungleichheiten, ist auch deshalb von Bedeutung, weil diese Unterschiede auf globaler Ebene sogar noch viel höher sind als in Nationalstaaten mit sehr ungleichen Einkommensverteilungen wie den USA oder Brasilien. Der Gini-Koeffizient, ein gebräuchlicher Maßstab zur Messung von Einkommensungleichheiten, lag in den USA im Jahre 2007 bei 41,[8] während er weltweit im Jahre 2008 etwa 71 betrug.[9]

Sicherlich kann nicht von einer einfachen Entwicklung von Voice hin zu Exit gesprochen werden. Denn schon auf den ersten Blick ist offensichtlich, dass Exit in manchen Fällen Widerspruch aus dem Exil bzw. aus einer Diaspora heraus überhaupt erst ermöglicht. Anhaltspunkte dafür bieten etwa nationsbildende Projekte wie die kurdischer oder tamilischer Organisationen.

Die Verknüpfung von Exit und politischem Widerspruch wird insbesondere in der sozialen Frage sichtbar, also der Politik, die soziale Ungleichheiten betrifft. Die soziale Frage berührt die für die betroffenen Menschen nicht akzeptablen Situationen menschlichen Leidens und Lebensverhältnissen, die auf soziale Ungleichheiten zurückzuführen sind. Migration ist ein Feld, in dem die soziale Frage deutlich hervortritt. Zwei Beispiele unter vielen verweisen darauf, dass Exit einmal ein Ausgangspunkt für Voice unter Migrant:innen selbst sein kann und zum anderen Exit zu gesellschaftlichen Konflikten um Emigration und Immigration führt.

Erstens engagieren sich manche Migrant:innen und Flüchtlinge in Organisationen, die sich um Belange in ihren Herkunftsländern kümmern. Eine weit verbreitete Praxis zielt darauf, finanzielle Rücküberweisungen für Infrastrukturprojekte in ihren (ehemaligen) Heimatorten zu organisieren, von Schulen und Gesundheitseinrichtungen bis hin zur Wasserversorgung.[10] Auch die immer weiter um sich greifenden Versuche von Herkunftsstaaten, Emigrant:innen das Wahlrecht aus dem Ausland heraus zu gewähren,[11] doppelte Staatsangehörigkeit zu tolerieren oder über Investitionsanreize für Emigrant:innen im Ausland deren Loyalität zu erneuern, weisen in diese Richtung.[12]

Zweitens erheben in den Herkunftsländern nicht nur Migrant:innen selbst, sondern auch andere Gruppen und Organisationen ihre Stimme, um etwa die Emigration von Hochqualifizierten zu verhindern bzw. zumindest eine Entschädigung dafür zu erlangen. Dafür steht die seit den 1960er-Jahren andauernde Debatte um die Abwanderung von Hochqualifizierten (*brain drain*) in den Herkunftsländern.[13] Und in den Zielländern haben sich in den letzten Jahrzehnten die Debatten um offene oder geschlossene Grenzen intensiviert und durch rechtspopulistische Tendenzen weiter politisiert.[14] Entzündet haben sich derartige Konflikte in neuester Zeit etwa an der humanitären Aufnahme von Flüchtlingen, so in Europa verstärkt im Rahmen der «Flüchtlingskrise» ab 2015. Dabei wird deutlich, dass neben der sozialen Position entlang von Klasse auch Verschiedenheiten wie ethnische Zugehörigkeitsgefühle, Mitgliedschaft in Religionsgemeinschaften oder Rechtsstatus eine Rolle für die Akzeptanz von Migration und wachsender kultureller

Vielfalt spielen. Im Lichte dieser Beobachtungen lässt sich durchaus von der sozialen als einer sozio-kulturellen Frage sprechen.

In politischen Debatten zur Migration wird dabei immer seltener von Klasse und umso öfter von kulturellen Merkmalen gesprochen, wie die Charakterisierung von Migrant:innen in der Folge von Arbeitsmigration in den 1960er-Jahren in Deutschland zeigt. Noch in den 1960er- und 1970er-Jahren wurden die Migrant:innen vorwiegend als Arbeiter:innen bezeichnet, was auf ihre soziale Position als Angehörige des Proletariats verwies. Der Fokus auf Klasse änderte sich mit ihrer Niederlassung jedoch allmählich, bis in den 1980er-Jahren vor allem Kategorien wie Ethnizität und Nationalität dominierten. Bezeichnungen wie «die Türken» oder «die Marokkaner» verwiesen auf Nationalität als entscheidendes Differenzmerkmal. Mit der radikal veränderten geopolitischen Lage nach der iranischen Revolution und nach dem Ende des Kalten Krieges geriet dann Religionszugehörigkeit immer mehr in den Mittelpunkt der Debatten um Merkmale von Migrant:innen. Vielfach konzentriert sich die Öffentlichkeit seitdem auf Kategorien wie Muslime als Personen und den Islam als Institution. Dabei waren und sind die Merkmale Klasse, Nation und Religion häufig nicht nur Fremdbeschreibungen, sondern auch Selbstbeschreibungen seitens organisierter Migrant:innen.[15] Ein weiteres Beispiel für Verschiebungen in den Kontroversen um Exit ist die Renaissance des Konzepts «Diaspora», das seit einigen Jahrzehnten nicht mehr nur für Religionsgruppen genutzt wird, die eine Minderheit in ihrem Siedlungsgebiet bilden, sondern vor allem außerhalb ihres Herkunftslandes lebende ethnische und nationale Gruppen beschreibt. Gerade in der Entwicklungskooperation tätige Organisationen sprechen von Diaspora in Form des Zusammenschlusses von Emigrant:innen als Brücke zwischen Herkunfts- und Zielländern.[16]

Exit, Voice und soziale Ungleichheiten sind somit über den ganzen Migrationsprozess hinweg aufeinander bezogen. Ein dem 21. Jahrhundert angemessenes Verständnis von Migration rückt somit soziale Ungleichheiten zwischen Regionen, Staaten, Gruppen und Menschen und deren Konsequenzen ins Zentrum. Soziale Ungleichheiten beziehen sich dabei auf vielfältige Differenzen, so etwa auf klassen- bzw. schichtenspezifische Merkmale wie Einkommen und Vermögen, Zugang zu Bildung, Arbeit, Wohnen und Gesundheit, aber auch auf sozialen Status wie soziale Anerkennung und ganz grundlegend die Achtung von Menschenrechten und der Menschenwürde.

Die gegenwärtigen sozialen, d. h. wirtschaftlichen, politischen und kulturellen Ungleichheiten zwischen Herkunftsländern im globalen Süden und Zielländern im globalen Norden erinnern an die sozialen Verwerfungen und die demographischen Entwicklungen, die in weiten Teilen Europas während des 19. Jahrhunderts vorherrschten. Damals galt die soziale Frage als das zentrale Thema fortlaufender politischer Konflikte zwischen den herrschenden Klassen und den Arbeiterbewegungen. Seit dem späten 19. Jahrhundert begannen sozialstaatliche Regulierungen in den Industrieländern, die soziale Frage zu bearbeiten. Indem die sich herausbildenden Wohlfahrtsstaaten materielle Risiken absicherten und Ressourcen umverteilten, mündeten sie langfristig in einem Klassenkompromiss. Kollektive und öffentliche Maßnahmen sichern seitdem in vielen europäischen Ländern, wenn auch nicht unbedingt immer umfassend, gegen Risiken wie Unfall, Krankheit, Altersarmut oder Arbeitslosigkeit ab. Im Unterschied zum globalen Norden stand in den Ländern des globalen Südens seit den 1950er- und 1960er-Jahren «Entwicklung» im Zentrum: Die vielfach gerade aus direkter kolonialer Herrschaft entlassenen Staaten zielten auf vermehrten Wohlstand und politische Stabilität durch wirtschaftliche Entwicklung. Somit bildete der Entwicklungsstaat im Hinblick auf Erwartungen für Fortschritt, Wirtschaftswachstum und Sicherung eine Entsprechung zum Sozialstaat bzw. Wohlfahrtsstaat.

Herkunfts- und Zielländer von Migration sind vielfach miteinander über Grenzen hinweg verflochten, d. h. es bestehen transnationale Bindungen. Die grenzübergreifenden Lebenswelten vieler Migrant:innen legen davon ein beredtes Zeugnis ab. Neben Rücküberweisungen, Reisen und politischer Teilhabe sind auch Familien manchmal über mehrere Staaten hinweg verteilt.[17] Transnationalisierung meint dabei nicht, dass der Nationalstaat durch nicht-staatliche oder globale Akteure ersetzt wird. Vielmehr geht es um die Durchdringung des sozialen Lebens durch grenzübergreifende Beziehungen zwischen Personen und Organisationen. Wenn es sich dabei um weltweite Beziehungen handelt, wird hier von Globalisierung gesprochen.

Beim Konflikt zwischen globalem Süden und globalem Norden handelt es sich in zweierlei Hinsicht um eine transnationalisierte Frage. Erstens ist es eine grenzübergreifende und in Teilen weltweite soziale Frage. Im Hinblick auf Kommunikation, Transport und Produktion ist die heutige Gesellschaft eine globale Gesellschaft bzw. eine Weltgesellschaft.[18] Die Probleme, auch in Bereichen wie Migration, sind zwar grenzübergreifend, die Bearbeitung aber findet häufig nicht nur auf internationaler, sondern auch auf nationaler oder lokaler Ebene und zwischen Staaten etwa durch Nichtregierungsorganisationen (NGOs) und Organisationen von Migrant:innen statt. Politische Entscheidungen und verbindliche rechtliche Regulierungen sind zumeist nationalstaatlich eingehegte Prozesse. Insbesondere Nationalstaaten fungieren sowohl in der Sozialpolitik als auch in der Migrationspolitik als relativ autonome Einheiten, auch wenn sie teilweise staatliche Autorität an supranationale Institutionen delegieren, so etwa im Hinblick auf intraeuropäische Migration an die Europäische Union (EU) oder in Westafrika an die Westafrikanische Wirtschaftsunion (ECOWAS). Staaten verpflichten sich zudem in ausgewählten Politikbereichen durch die Ratifizierung von Konventionen zur Einhaltung bestimmter Normen, so etwa im Politikfeld Flucht und Asyl in Form der *Genfer Flüchtlingskonvention*. Zweitens ist die soziale Frage dadurch transnationalisiert, dass Migrant:innen und ihre Organisationen aktiv über Grenzen hinweg engagiert sind, etwa finanzielle Rücküberweisungen, die Armut lindern können oder Ausgaben für Bildung und Gesundheit abdecken.[19]

Der Fokus auf grenzübergreifende Migration verdeutlicht, wie eine durch Ungleichheiten charakterisierte soziale Ordnung die Lebensbedingungen und politischen Konflikte der heutigen Welt prägt. Im Folgenden wird die Perspektive dieses Buchs in drei Schritten entwickelt. Zuerst steht Exit, also das transnationale Migrationsgeschehen im Kontext der Verschiedenheit von Gruppen, Staaten und Regionen im Mittelpunkt. Danach geht es zweitens um den Zusammenhang von (kultureller) Verschiedenheit und sozialen Ungleichheiten. Der dritte Teil erläutert die transnationalisierte soziale Frage, d. h. ein Zustand, in dem soziale Ungleichheiten rund um Migration von politischen Konflikten begleitet werden.

## Von Migration zu Verschiedenheit

«Grenzüberschreitende Migration» bezeichnet die Bewegung von Menschen aus ihrem Herkunftsland in andere Staaten. Dabei ist «Migration» nur eine Form von Mobilität, die darüber hinaus sämtliche Formen der räumlichen Bewegung umfasst, angefangen von Alltagsmobilität über Tourismus bis hin zu Saisonarbeit. Migration meint Wanderungen, die über kurzfristige Ortswechsel hinausgehen und eine Niederlassung an einem anderen als dem Ursprungsort einschließen.

Migration über Grenzen hinweg kann zu Formen der Niederlassung außerhalb des ursprünglichen Wohnlandes, aber auch zu Weiterwanderung bzw. Rückkehr führen. Der Begriff «transnationale» oder «internationale:r Migrant:in» bezieht sich hier auf Personen, die sich in anderen Staaten als dem Herkunftsland niederlassen, und «interne Migrant:innen» auf Menschen, die innerhalb eines Staates administrative Grenzen überschreiten und einen längerfristigen Ortswechsel vollziehen. Die Begriffe «Emigrant:in» und «Immigrant:in» wiederum finden auf den Auswanderungs- bzw. Einwanderungskontext Anwendung. Wenn nicht anders gekennzeichnet, wird hier «Migrant:in» für grenzüberschreitende Wanderung benutzt. Unter transnationaler bzw. internationaler Migrant:in wird gewöhnlich laut Definition der Vereinten Nationen (UN) eine Person verstanden, die länger als ein Jahr in einem anderen Land als dem Herkunftsland verweilt.[20] Es geht also um einen länderübergreifenden Ortswechsel über einen signifikanten Zeitraum hinweg. Während es in öffentlichen und teilweise in akademischen Diskussionen gebräuchlich ist, zwischen «Arbeitsmigrant:innen» und «Flüchtlingen» zu unterscheiden, wird hier zumeist der Oberbegriff Migrant:in benutzt und im jeweiligen Kontext spezifiziert. Geflüchtete sind immer auch Migrant:innen, wenn auch eine spezielle Kategorie.

Es gibt keine allgemein verbindliche Definition des Begriffs Migrant:in. Hier wird der Begriff Migrant:in auf ganz verschiedene Typen angewandt, bspw. niedergelassene Immigrant:innen; Personen, die erzwungen migrieren, darunter Geflüchtete und Asylbewerber:innen bzw. Flüchtlinge; solche, die aus Ermangelung an beruflichen Perspektiven ihre Wohnorte verlassen; Menschen, die im Rahmen von Heirat oder Familienzusammenführung wandern; Menschen, die aufgrund sich verschlechternder ökologischer und ökonomischer Bedingungen abwandern; oder auch Personen, für die Transitländer nach einer gewissen Zeit keine Durchgangsstation mehr darstellen und sich dann dort niederlassen, so etwa Migrant:innen aus sub-saharischen Ländern in Nordafrika. Solche Kategorien sind indes nicht unveränderlich: Beispielsweise betreten Menschen ein anderes Land als Tourist:in bzw. Besucher:in, verlängern dann aber ihren Aufenthalt, indem sie anfangen, dort zu arbeiten oder zu studieren. Umgekehrt kehren Personen, die vorhatten, sich in einem anderen Land niederzulassen, teilweise nach kurzer Zeit wieder in ihr Herkunftsland zurück. Und Migrant:innen, die innerhalb von Staaten wandern, migrieren in einem zweiten Schritt manchmal über Staatsgrenzen hinweg.

Etliche dieser Beobachtungen werden unter dem Begriff «*mixed migration*» gefasst. Er bezieht sich auf gemischte Gruppen von Flüchtlingen und Arbeitssuchenden, die zusammen wandern; Personen, die im Migrationsprozess ihren rechtlichen Status wechseln; oder auch Geflüchtete, die im nahen Ausland zuerst Sicherheit vor Verfolgung suchen, um dann in andere Länder weiterzuwandern, die mehr Schutz bieten.[21] Die Idee gemischter Migration basiert auf der Einsicht, dass es mehrere Motive für Migration geben kann und diese sich während des Migrationsprozesses oft auch ändern. Im Hinblick auf Geflüchtete müssen diese Motive häufig vor dem Hintergrund bewaffneter Konflikte gesehen werden, die teilweise – wie etwa in Syrien – mit Umweltzerstörung einhergehen.[22] Auch mögen etwa Migrant:innen aus Syrien, Afghanistan, Irak, Eritrea oder Somalia in ein Nachbarland wandern, um ihr Leben zu retten. Sind sie dort erst einmal in Sicherheit, können sich Pläne zur Weiterwanderung entwickeln, um bspw. den Kindern Zukunftsaussichten in einem europäischen Land zu eröffnen. Dabei spielen Migrationspolitiken eine große Rolle, die Regelungen für Arbeitserlaubnisse oder Asylgewährung verändern und ein- oder aussetzen. Ganze «Migrations-

| Jahr<br>Region | 1960 | 1970 | 1980 | 1990 | 2000 | 2010 | 2020 |
|---|---|---|---|---|---|---|---|
| Welt | 75,5 | 81,3 | 99,3 | 153,0 | 173,2 | 221,0 | 280,6 |
| Entwickelte Regionen | 32,3 | 38,4 | 47,5 | 82,8 | 104,0 | 130,6 | 157,3 |
| Weniger entwickelte Regionen | 43,1 | 43,0 | 51,8 | 59,2 | 59,2 | 80,0 | 107,2 |
| Am wenigsten entwickelte Regionen | 6,4 | 7,2 | 9,1 | 11,1 | 10,1 | 10,4 | 16,2 |

Quelle: Population Division of the Department of Economic and Social Affairs of the United Nations Secretariat (2020).[26]

*Tabelle 1.1: Globale Migration (stocks), 1960–2020*[25]
*(in Millionen)*

industrien» organisieren die damit verbundenen Wanderungsverläufe. Schmuggel- und Schleppernetzwerke oder verbesserte Kommunikations- und Transportkanäle beeinflussen dabei die Aspirationen von Migrant:innen und deren Umsetzung.[23]

Im Jahre 2020 waren etwa 280 Mio. Menschen weltweit über Staatsgrenzen hinweg migriert (Tabelle 1.1).[24] Der Anteil von Migrant:innen an der Weltbevölkerung stieg somit von 2,5 Prozent im Jahre 1960 auf 3,6 Prozent (Tabelle 1.2). In diesem Zeitraum von fast 60 Jahren nahm die Weltbevölkerung von 5,32 Mrd. auf 7,71 Mrd. zu, d. h. die absoluten Anteile von Migrant:innen an der Gesamtbevölkerung wuchsen stark an; von 75,5 Mio. auf über 280 Mio. Menschen. Dabei stieg der Anteil von transnationalen Migrant:innen an der Gesamtbevölkerung im globalen Norden in den vergangenen Jahrzehnten an. Er erhöhte sich bspw. in den OECD-Ländern von 1960 bis 2020 von 3,4 auf 12,4 Prozent.

Wenn sich der Blick von den Bevölkerungsanteilen von Migrant:innen in den einzelnen Ländern und Regionen (*stocks*) zu Bewegungen von Migrant:innen zwischen den Ländern und Regionen der Welt richtet (*flows*), dann ergeben sich weitere aufschlussreiche Einblicke. Transnationale Migration verläuft sowohl zwischen als auch innerhalb des globalen Südens und des globalen Nordens. Entlang der Kategorisierung der Weltbank von Staaten entsprechend ihres durchschnittlichen

| Jahr<br>Region | 1960 | 1970 | 1980 | 1990 | 2000 | 2010 | 2020 |
|---|---|---|---|---|---|---|---|
| Welt | 2,5 | 2,2 | 2,2 | 2,9 | 2,8 | 3,2 | 3,6 |
| Entwickelte Regionen | 3,4 | 3,6 | 4,2 | 7,2 | 8,7 | 10,6 | 12,4 |
| Weniger entwickelte Regionen | 2,1 | 1,6 | 1,6 | 1,6 | 1,4 | 1,6 | 2,0 |
| Am wenigsten entwickelte Regionen | 2,6 | 2,3 | 2,3 | 2,2 | 1,5 | 1,2 | 1,5 |

Quelle: Daten der Population Division of the Department of Economic and Social Affairs of the United Nations Secretariat (2020).[27]

*Tabelle 1.2: Globale Migration (stocks), 1960–2020 (in Prozent der Bevölkerung)*

Pro-Kopf-Einkommens in «entwickelte Länder» (*developed*), «andere mit hohem Einkommen» (*other high income*, z.B. Golf-Staaten) und «Entwicklungsländer» (*developing*) ergibt sich folgendes Bild: Weltweit sind die Anteile von Migration zwischen Entwicklungsländern (34 Prozent) und von Entwicklungsländern in entwickelte Länder (32 Prozent) ungefähr gleich hoch. Allerdings muss dabei auch Migration aus Entwicklungsländern in andere Staaten mit hohem Einkommen, z.B. in die Golf-Staaten des Mittleren Ostens, berücksichtigt werden (14 Prozent). Um etliches geringer ist der Anteil des globalen Migrationsvolumens zwischen den entwickelten Ländern (16 Prozent) und von den entwickelten in Entwicklungsländer (4 Prozent).[28] In öffentlichen Debatten und politischen Konflikten im globalen Norden ist die Süd-Nord-Richtung besonders präsent, also von Entwicklungsländern in entwickelte Länder bzw. andere Länder mit hohem Einkommen.

Die Quote an grenzübergreifender Migration hat sich in der letzten Zeit bis Mitte der 2010er-Jahre kaum verändert.[29] In Fünf-Jahres-Schritten gemessen weisen bilateral geordnete Daten, d.h. zwischen jeweils zwei Staaten, darauf hin, dass seit 1990 jeweils etwa 1,1 bis 1,3 Prozent der Weltbevölkerung über Grenzen hinweg mobilisiert wurde.[30] Dieser Anteil ist relativ stabil geblieben. Global gesehen ist also weiterhin nicht grenzüberschreitende Migration, sondern relative

Immobilität der Regelfall; also Immobilität oder Migration innerhalb des Wohnlandes. Und Europa bildet dabei gar nicht den Fluchtpunkt grenzübergreifender Mobilität: Die größten grenzüberschreitenden Bewegungen gab es zwischen Südasien und Westasien, insbesondere aus Süd(ost)asien in die Staaten am Persischen Golf, von Lateinamerika nach Nordamerika und innerhalb Afrikas.[31] Fluchtmigration innerhalb von Europa hat seit dem Beginn des Kriegs in der Ukraine (2022) einen Umfang angenommen, der in der jüngeren Vergangenheit noch am ehesten mit Flucht und Vertreibung direkt nach dem Zweiten Weltkrieg vergleichbar ist.

Migration ist klar geschlechtlich strukturiert: Während die Migrationsquote bei Frauen genauso hoch ist wie bei Männern, schlagen sich Veränderungen zwischen den Geschlechtern im Hinblick auf Bildungsabschlüsse geographisch nieder: Seit 1990 migrieren mehr hochqualifizierte Frauen als Männer aus den Entwicklungsländern in entwickelte Länder und andere Länder mit hohem Einkommen. Inzwischen wandern auch immer mehr Frauen, selbständig oder als Haushaltsvorstände. Damit hängt zusammen, dass Frauen in der Regel in Länder mit weniger diskriminierenden sozialen Institutionen migrieren, in denen sie damit auch gleichzeitig die besten wirtschaftlichen Möglichkeiten auffinden.[32] Dies ist ein Hinweis darauf, dass drei Merkmale der Verschiedenheit, hier also Rechtsstatus, Geschlecht und Bildungsstand, in Migrationsverläufen miteinander interagieren.

Dieses statistische Kurzporträt grenzüberschreitender Migration ist allerdings aus drei Gründen noch unzureichend. Denn erstens deckt die Definition der UN die grenzüberschreitende Mobilität nicht ab, die weniger als ein Jahr dauert. Darunter fallen etwa Saisonarbeiter:innen, die in der Regel nur einige Monate zur Erntezeit in einem anderen Land weilen und dann wieder in ihre Herkunftsländer zurückkehren. Zweitens erfasst die Definition der UN nicht die Rückkehrmigration von den ehemaligen Zielländern in die Herkunftsländer, häufig nach Abschluss des Berufslebens oder auch schon früher. Ungefähr ein Viertel bis ein Drittel aller Migrant:innen weltweit kehrt in das Herkunftsland zurück.[33] Drittens gibt es Kategorien von Mobilen, die viel länger als ein Jahr in einem anderen Land als ihrem Herkunftsland leben, gewöhnlich aber von offiziellen Stellen nicht als Migrant:innen kategorisiert werden. Darunter fallen etwa internationale Studierende – über 5 Millionen im Jahre 2020 – die in der Regel über mehrere Jahre im Studienland wohnen[34] und entsandte Arbeitnehmer:innen oder Führungskräfte in Unternehmen (*expatriates*); einmal ganz abgesehen von denjenigen, die über keine legale Aufenthalts- oder Arbeitserlaubnis verfügen.[35] Wenn ein weiter Begriff von Migration angelegt wird, der auch internationale Studierende oder entsandte Beschäftigte einschließt, so verwundert es nicht, dass in der EU der Anteil der EU-Bürger:innen, der in grenzübergreifende Mobilität involviert ist, weit über der globalen Quote von 3,6 Prozent liegt, nämlich bei etwa 11 Prozent.[36] Die Zahl der Länder, die sowohl signifikante Auswanderung als auch Einwanderung zu verzeichnen haben, ist zudem in den vergangenen Jahrzehnten stark gewachsen.

### *Migration als Kontinuum von freiwillig bis erzwungen*

Migration kann entlang eines Kontinuums von Freiheitsgraden gedacht werden – und zwar von freiwillig bis erzwungen. Bei «erzwungener Migration» (*forced migration*) sind es in der Regel die ärmeren, in der globalen Machthierarchie am unteren Ende angesiedelten und politisch instabileren Länder, in denen der Schutz ihrer Bürger:innen in Frage gestellt ist. Erzwungene Migration ist ein Oberbegriff, der alle Arten von Zwang einschließt, darunter physische Gewalt, Hungersnöte, wirtschaftliches Missmanagement und Korruption, Naturkatastrophen und Klimazerstörung. Als wichtige Untergruppe gelten Flüchtlinge[37] im Sinne der *Genfer Flüchtlingskonvention* (1951), die nur spezifische Verfolgungsgründe als legitimen Grund für Asylgewährung anerkennt, so etwa die Zugehörigkeit zu einer bestimmten religiösen, sozialen oder ethnischen Gruppe.[38] Nicht durch die *Genfer Flüchtlingskonvention* geschützt sind Geflüchtete in Situationen generalisierter Gewalt, z. B. in Bürgerkriegen. Für diese bieten manche Zielländer einen nachrangigen Status, den sogenannten subsidiären Schutz. Dieser gilt in der Regel nur bis zu dem Zeitpunkt, zu dem die Kampfhandlungen im Herkunftsland erloschen sind und bei Rückkehr keine Gefahr für Leib und Leben besteht.

Die Gesamtzahl von Geflüchteten erreichte im Jahre 2019 fast 80 Mio., die höchste Zahl seit dem Zweiten Weltkrieg. Von diesen gewaltsam vertriebenen Personen waren etwa 26 Mio. Flüchtlinge im Sinne der *Genfer Flüchtlingskonvention.* 51 Mio.der Geflüchteten zählten als Binnenvertriebene. Dazu kamen noch 4,2 Mio. Asylbewerber:innen und in etwa mindestens ebenso viele staatenlose Personen. Unter den Geflüchteten befanden sich etwa 40 Prozent Kinder.[39] Mehr als zwei Drittel (67 Prozent) aller Flüchtlinge stammten im Jahre 2018 aus fünf Ländern: Syrien (6,7 Mio.), Afghanistan (2,7 Mio.), Südsudan (2,3 Mio.), Myanmar (1,1 Mio.) und Somalia (0,9 Mio.).[40] Die fünf Länder mit den höchsten Zahlen an in den letzten Jahren entwurzelten Menschen aufgrund von gewaltsamen Konflikten sind wiederum als erstes Syrien (1,8 Mio.), die Demokratische Republik Kongo (1,7 Mio.), Äthiopien (1,1 Mio.), Burkina Faso (513 000) und Afghanistan (461 000). Unter den fünf Ländern mit den meisten neuen Binnenvertriebenen aufgrund von Katastrophen befinden sich Indien (5 Mio.), die Philippinen (4,1 Mio.), Bangladesch (4,1 Mio.), China (4 Mio.) und die USA (0,9 Mio.).[41] Mit dem Krieg gegen die Ukraine (2022) hat das Ausmaß an Flucht im Inneren des Landes und ins Ausland neue Höchststände erreicht.

Die meisten Geflüchteten verbleiben in den Herkunftsländern als Binnenvertriebene oder fliehen in die jeweiligen Nachbarländer. Dies bedeutet, dass 80 bis 90 Prozent aller Geflüchteten in den Ursprungsregionen verbleiben.[42] Häufig tritt Flucht im Rahmen von Nationalstaatsbildung auf (*state formation* und *nation-building*), wird aber auch durch Kriege zwischen Staaten, Bürgerkriege, Staatszerfall, gewaltsame staateninterne Konflikte mit Verfolgung bestimmter Gruppen und ökologischer Zerstörung geschürt. Die Verbreitung des europäischen Modells des Nationalstaats und die Instabilität von Staatsgewalt ist damit Teil des Kontextes sowohl staatsinterner als auch grenzüberschreitender Migration und Flucht. Es ist offensichtlich, dass die Ausbreitung des Nationalstaatsmodells oft einhergeht mit externer Intervention der ehemaligen Kolonialmächte in die neuen Staaten, die im Gefolge der Dekolonisierung zumeist ab Mitte des 20. Jahrhunderts entstanden sind. Die Staaten, aus denen in den letzten Jahren die meisten Flüchtlinge hervorgingen, sind solche, in denen kein effektives staatliches Gewaltmonopol herrscht und externe Interventionen erfolgt sind. Laut *Global Peace Index* gehören dazu Länder wie Afghanistan, Südsudan, Eritrea, Syrien und Somalia.[43] Ungleichgewichte zwischen Staaten finden sich also nicht nur im Feld der Wirtschaft, die sich etwa in Einkommensungleichheiten widerspiegeln. Vielmehr ist auch das politische Feld davon geprägt.[44] Dies bedeutet, dass Staatsangehörigkeit und damit Rechtsstatus als Merkmal der Verschiedenheit sowohl für materielle Ungleichheiten als auch für körperliche Sicherheit eine wichtige Rolle spielt.

Der Behauptung immer stärker zunehmender globaler Massenmigration ist mit Vorsicht zu begegnen. Zumindest ist die These vom radikalen Exodus aus den Ursprungsländern fragwürdig. Einen solchen Exodus vermeint der Ökonom und Entwicklungsforscher Paul Collier mit Bezug auf Migration von Afrika nach Europa zu sehen.[45] Seiner These widerspricht allerdings die Beobachtung, dass Migration innerhalb Afrikas quantitativ höher als interkontinentale Migration aus Afrika heraus ist; ganz abgesehen davon, dass es seit Jahrzehnten viel kurzfristige und saisonale Mobilität über die Grenzen afrikanischer Länder hinweg gibt. Mobilität, auch über Staatsgrenzen hinweg, ist also Teil des Alltagslebens vieler Menschen. Für Migration in und aus Westafrika – in historischer Perspektive als eine der mobilsten Regionen in Afrika bekannt[46] – gilt bspw., dass mit Ausnahme von Kap Verde nur ein sehr geringer Teil der Bevölkerung westafrikanischer Staaten nach Europa und in andere OECD-Länder migriert.[47] Für diejenigen Afrikaner:innen, die nach Europa wandern, ist seit über einem Jahrzehnt neben Italien, Spanien, Großbritannien, Frankreich, den Niederlanden und Portugal inzwischen auch Deutschland eine wichtige Destination.[48] Diese Migrant:innen stammen in Westafrika etwa aus Nigeria, in Ostafrika insbesondere aus Somalia und Eritrea.[49] Migration aus Afrika heraus zielt auf ganz verschiedene Regionen, nicht nur nach Europa, sondern auch in die Golfstaaten, zunehmend nach China,[50] aber auch nach Süd- und nach Nordamerika; letzteres in Folge einer langen Geschichte, die vor Jahrhunderten mit dem Sklavenhandel begann und seitdem einen als «*Black Atlantic*»[51] bezeichneten transnationalen sozialen Raum bildet. Migration in Afrika und aus Afrika in andere Kontinente mag als

Beispiel dafür gelten, wie sehr ein Blick auf tatsächliche Wanderungsbewegungen hilft, dramatisierende und grob vereinfachende Thesen vom Exodus zurückzuweisen und Exit als differenzierten Prozess zu sehen.

Obwohl hier der Schwerpunkt auf grenzüberschreitender Migration liegt, sollte nicht übersehen werden, dass staateninterne Migration, darunter auch Fluchtbewegungen, transnationale Migration zahlenmäßig bei weitem übertrifft. Weltweit wurden 2017 etwa 750 Mio. interne Migrant:innen gezählt, darunter auch viele Vertriebene. Allein in China betrug im Jahre 2010 die Zahl der offiziell registrierten internen Migrant:innen weit über 150 Mio.[52] Auch in Indien ist interne Migration seit den 1990er-Jahren in die Höhe geschnellt.[53]

### *Eine transnationale Perspektive auf Migration*

Schon an dieser Stelle wird deutlich, dass sich ein umfassendes Verständnis des Migrationsgeschehens und der damit verknüpften sozialen Ungleichheiten nicht primär in einer verengten Perspektive auf die Sozialintegration von Migrant:innen in Immigrationsländern erschöpfen kann. Darüber hinaus sind Nationalstaaten zwar entscheidende Akteure bei der Steuerung von Migration. Weiterhin gehören dazu aber auch Migrationsnetzwerke, internationale Organisationen, Nichtregierungsorganisationen (NGOs), Religionsgemeinschaften, Unternehmen und Gewerkschaften und selbstverständlich Gruppen und Netzwerke von Migrant:innen. Nationalstaatliche Engführungen gilt es zu überwinden, weil Ursachen, Treiber und Anreize für Migration, ihre Regulierung, die Beziehungen von Migrant:innen und Prozesse sozialer Kommunikation häufig quer zu staatlichen Grenzen liegen.

Diese transnationale Perspektive ist vor dem Hintergrund eines Rätsels zu sehen: Das soziale Leben ist immer mehr geprägt von grenzübergreifendem Austausch und Verbindungen,[54] nicht zuletzt durch Migration und Handel, aber auch durch die Wahrnehmung von Problemen wie Umwelt- und Klimazerstörung als grenzübergreifende Prozesse. Jedoch ist die politische Regulierung immer noch eng an Nationalstaaten und internationale Organisationen gekoppelt; ergänzt durch supranationale Gebilde wie die Europäische Union (EU). Auf nationalstaatlicher Ebene ist ein wichtiger Regulator der Wohlfahrtsstaat[55] und dessen funktionale Entsprechung, der Entwicklungsstaat. In einem breiten Verständnis von transnational kann somit nationalstaatliche Politik zu Migration als transnationalisiert bezeichnet werden. Während nun soziale Lebenswirklichkeiten quer zu Ländergrenzen liegen, befindet sich die autoritative Regulierung dieser transnationalen Beziehungen in den Händen von Staaten und internationalen Organisationen. Eine grundlegende Beobachtung der transnationalen Lebenswelt ergibt, dass Migrant:innen ihre Kontakte in die Herkunftsländer und zu den dazugehörigen Gruppen wie Familien nicht automatisch abbrechen, wenn sie sich in anderen Ländern niederlassen. Vielmehr halten etliche von ihnen Bindungen zu Angehörigen in den Herkunfts-, Transit- und anderen Ländern der Weiterwanderung aufrecht, etablieren sogar manchmal neue. Einige Migrant:innen engagieren sich darüber hinaus zivilgesellschaftlich und politisch in ihren Herkunftsländern. Zu transnationalen Aktivitäten zählen z. B., regelmäßig oder sporadisch Geld an die Familie im Herkunftsort oder die Migrant:innen im Zielland zu überweisen, politische Vorgänge im Herkunftsland zu verfolgen oder zu Projekten in den Herkunftsorten beizutragen.[56] Daten des Sozio-ökonomischen Panels (SOEP) zu grenzübergreifenden Finanztransaktionen unter Migrant:innen in Deutschland untermauern diese Befunde. Die SOEP-Daten weisen darauf hin, dass – je nach Gruppe, Herkunftsland und Bildungsstand – ein Zehntel bis ein Drittel aller Migrant:innen als stark transnational definiert werden können, je nach den Referenzwerten für Regelmäßigkeit und Intensität von grenzübergreifenden Interaktionen wie Informationsflüssen, Überweisungen, Investitionen, dem Austausch von Ideen und Reisen.[57] Ein spezifisches Beispiel ist die soziale Sicherung in familiären Netzwerken durch Informationsflüsse, Pflege und Geldleistungen in Deutschland unter Migrant:innen aus Kasachstan, Polen und der Türkei.[58] So ist etwa die häusliche Pflege älterer oder kranker Angehöriger von Migrant:innen oft grenzübergreifend organisiert, nicht nur im Hinblick auf finanzielle Unterstützung, sondern auch auf die Versorgung vor Ort. Transnationale Bindungen können zurück in die Herkunftsregionen reichen, aber auch in andere Länder, in denen sich Angehörige niedergelassen haben. Ein Beispiel sind Migrant:innen aus der Türkei, die sich in Ländern wie Deutschland, Frankreich, Schweden und den Niederlanden niedergelassen haben und Verbindungen über diese Ländergrenzen hinweg aufrechterhalten.[59] Kurzum, es gilt die vielschichtigen und grenzübergreifenden Bindungen von Individuen, Gruppen und Organisationen und deren mitunter simultanes Engagement über die Grenzen von Staaten hinweg zu berücksichtigen.

Während transnational im weiteren Sinne als Oberbegriff für grenzübergreifende Interaktionen dient, so bezieht er sich im engeren Sinne vor allem auf nichtstaatliche Akteure wie Migrant:innen oder NGOs. Die durch Prozesse der Transnationalisierung entstandenen grenzübergreifenden sozialen Verdichtungsräume werden «transnationale soziale Räume» genannt. Transnationalität kann entlang eines Kontinuums grenzübergreifender Interaktionen verstanden werden, das von einer niedrigen bis zu einer hohen Dichte und Intensität reicht.[60]

## Von Verschiedenheit zu sozialen Ungleichheiten

Negative und abwertende Kategorisierungen von Merkmalen der Verschiedenheit wie etwa Geschlecht, Ethnizität, Religion oder Alter verschlechtern Lebensverhältnisse für die Betroffenen und erhöhen damit soziale Ungleichheiten. Damit hängen soziale Ungleichheiten entscheidend von der Bewertung von Verschiedenheit bzw. Heterogenitäten ab.[61] Der explizite Gebrauch des Konzepts «soziale Ungleichheit» für wissenschaftliche Analysen und in öffentlichen Debatten ist jüngeren Datums; auch wenn es als Thema seit Langem bekannt ist. Die Grundannahme lautet, dass soziale Ungleichheiten nicht in biologischen oder natürlichen Faktoren wurzeln, sondern sozial geschaffen werden. In den Sozialwissenschaften wurde soziale Ungleichheit seit den 1970er-Jahren zu einem stehenden Begriff. Hier wird das Konzept im Plural verwendet, da es über ökonomische Dimensionen wie Einkommen oder Vermögen hinausgeht und Ungleichheiten auch in der politischen und kulturellen Sphäre erfasst. Soziale Ungleichheiten beziehen sich auf die ungleiche Verteilung von Kosten und Gewinn in Bezug auf begehrte Güter in und zwischen sozialen Einheiten wie Individuen, Gruppen, Organisationen und Staaten.[62] Im Wesentlichen können soziale Ungleichheiten als Verteilungsmuster verstanden werden, bei dem einige Akteur:innen aufgrund ihrer sozialen Position häufiger als andere wertvolle soziale und materielle Güter aus unterschiedlichsten Bereichen erhalten. Dazu gehören in der Wirtschaft z.B. Produktionsmittel, Einkommen, Land, Arbeitskraft; in der Politik z.B. fiskalische Befugnisse, Kontrolle von Wanderungen, Regierungsmacht; in der Kultur z.B. Lebensstil, Status; in sozialen Gemeinschaften z.B. der Zugang zu sozialen Netzwerken, Prestige, Reputation; und im Rechtswesen z.B. Pflichten und Rechte, Rechtsstatus von Ausländer:innen und Bürgerschaft. Soziale Ungleichheiten, die aus Kategorisierungen von Verschiedenheiten entstehen, wie etwa Einkommens- und Vermögensunterschiede[63] entlang von Geschlechtergrenzen oder ethnischen Grenzen, resultieren in ungleichen Erträgen, deren Verteilung häufig über Jahre, Jahrzehnte oder gar Jahrhunderte relativ stabil sind, damit also «dauerhafte Ungleichheiten»[64] darstellen.

### *Ein Beispiel für Ungleichheiten: Einkommen*

Globale Einkommensungleichheiten zwischen Menschen sind heute noch größer als im 19. Jahrhundert. «Globale Einkommensungleichheit» ist ein Konzept, das die Summe der Unterschiede des durchschnittlichen persönlichen Einkommens zwischen den Staaten und die Summe der Ungleichheiten der Einkommen innerhalb der Staaten berücksichtigt.[65] Als Karl Marx und Friedrich Engels *Das Kommunistische Manifest* (1848) verfassten, war die wirtschaftliche Situation der Arbeiter(klasse) auf der Welt im Vergleich zu heute egalitärer. Die überwiegende Mehrheit der Arbeiter:innen verfügte im Marx'schen Sinne nur über ihre Arbeitskraft, nicht aber über die Produktionsmittel. Sie lebte unter dem Durchschnittseinkommen des jeweiligen Landes. In Europa und Nordamerika verdienten Arbeiter:innen seinerzeit etwa das Doppelte im Vergleich zu solchen außerhalb dieser Regionen, es bestand also ein Verhältnis von ungefähr 2:1. Heute aber ist das Verhältnis schon 10:1, d.h. die Arbeiter:innen in den reichen Ländern der Welt haben ein Einkommen, das nun schon zehn Mal höher ist als das der Vergleichsgruppe in den ärmeren Ländern. Hinzu kommt, dass Ungleichheit der Einkommen zwischen den Ländern im 20. Jahrhundert durchgehend höher war als Ungleichheiten innerhalb von Nationalstaaten.[66]

Durch die wirtschaftlich aufstrebenden BRIC Länder – Brasilien, Russland, aber vor allem Indien und China – hat sich in den letzten beiden Jahrzehnten die globale Einkommensungleichheit zwischen den Staaten etwas reduziert, während die Ungleichheiten innerhalb der meisten Länder auf der Welt zunahmen.[67] Obwohl es etliche Kontroversen über gegenläufige Trends in den letzten Jahrzehnten gegeben hat, u. a. wegen der steigenden Einkommensniveaus in Ländern wie China und Indien und einer schnell wachsende Mittelklasse in diesen Staaten,[68] ist das Muster der ungleichen Verteilung von Einkommen im Weltmaßstab in den letzten beiden Jahrhunderten bemerkenswert stabil geblieben.[69]

### *Ein weiteres Beispiel: Staatsbürgerschaft*

Auf einer Landkarte der globalen Einkommensungleichheit, welche die Position jedes Haushalts bzw. Individuums im Gesamtgefüge angibt, ist deren relative Position vor allem dadurch bestimmt, ob er oder sie in einem armen oder reichen Land lebt. Kurz gesagt, die Staatsangehörigkeit[70] eines Landes bzw. ein relativ sicherer rechtlicher Status wie Wohnbürgerschaft (*denizenship*) kann neben anderen Merkmalen der Verschiedenheit als ein wichtiger Hinweis für soziale Ungleichheiten gelten. Daraus resultiert die Bedeutung der Staatsangehörigkeit bzw. genauer gefasst des Wohnlandes für das jeweilige Einkommensniveau: «*Nearly all the differences in wages between individuals in rich and poor countries are explained by the location of the work, not their personal characteristics*».[71] Ort bzw. Staat und Mitgliedschaft ist in den letzten hundert Jahren immer wichtiger für die Lebensverhältnisse von Individuen und Gruppen geworden. Generell gilt, dass die Bedeutung des Merkmals legaler Status bzw. staatliche Mitgliedschaft im Vergleich zur Klassenzugehörigkeit in den letzten Jahrzehnten noch gestiegen ist. In Zeiten von Globalisierung und Transnationalisierung ist die volle Mitgliedschaft in einem Nationalstaat für die Mehrheit der Menschen wichtiger für ihre Lebensverhältnisse geworden. Damit ist die Bedeutung politisch-rechtlicher und damit auch kultureller Faktoren für Lebensbedingungen gestiegen.

Dabei ist Mitgliedschaft in Staaten nicht nur für ökonomische Ressourcen, sondern auch für den Zugang und die Verwirklichung von zivilen, politischen, sozialen und kulturellen Rechten zentral. Volle Mitgliedschaft in einer politischen Gemeinschaft differenziert kategorisch zwischen dem Einschluss (Inklusion) der Zugehörigen und dem Ausschluss (Exklusion) von Nicht-Zugehörigen. Diese Art des Zusammenhangs von Inklusion und Exklusion ermöglicht den Einheimischen bzw. Insidern aktive gesellschaftliche Teilhabe und schließt zugleich Nicht-Mitglieder aus – ein Prozess sozialer Schließung.[72] Allgemein bezieht sich soziale Schließung auf einen Prozess bzw. Mechanismus, bei dem soziale Gemeinschaften Vorteile zu optimieren suchen, indem sie den Zutritt zu Erfolgschancen, Ressourcen und Anerkennung auf einen begrenzten Kreis von Bevorzugten beschränken. Soziale Schließung vollzieht sich «indem feststellbare Merkmale eines Teils der (aktuell oder potenziell) Mitkonkurrierenden: Rasse, Sprache, Konfession, örtliche oder soziale Herkunft, Abstammung, Wohnsitz usw. von den anderen zum Anlass genommen wird, ihren Ausschluss vom Wettbewerb zu erstreben.»[73] Damit ist es ein sozialer Mechanismus bzw. Prozess, der bei der Genese und Aufrechterhaltung von Ungleichheiten entlang verschiedenster Merkmale Anwendung finden kann.

Prozesse sozialer Schließung beziehen sich über den Zutritt zum Territorium eines Staates hinaus auf die Rechte bei Niederlassung. In der Regel sind liberal-demokratische Immigrationsstaaten nicht nur Wettbewerbsstaaten, die «billige und willige» oder auch hochqualifizierte Arbeitskräfte anheuern, sondern auch Wohlfahrtsstaaten, in denen für gewöhnlich etliche soziale Rechte unter bestimmten Umständen auch für niedergelassene Nicht-Bürger:innen mit permanenter Aufenthaltserlaubnis zugänglich sind. Damit verfügen sie über eine Wohnbürgerschaft. Soziale Schließung kann sich über den Rechtsstatus hinaus auch in Feldern wie Arbeitsmarkt, Bildung, Religion und Kunst abspielen. Das Konzept «soziale Schließung» nach Max Weber geht über marxistische Klassenanalysen weit hinaus, indem auch Intra-Klassenkonflikte in den Blick geraten, also z. B. zwischen Beschäftigten, die Migrant:innen sind, und solchen, die schon etabliert sind.[74]

Die gewachsene Bedeutung von Staatsangehörigkeit und Wohnbürgerschaft für Lebensverhältnisse wird durch eine Art Migrationsschere noch erhöht. Diese Schere zwischen vielfältigen Anreizen und Treibern von Migration auf der einen und den Einschränkungen grenzübergreifender Migration auf der anderen Seite hat sich in den vergangenen Jahrzehnten immer weiter geöffnet. In puncto Lebensverhältnisse herrschen große Unterschiede zwischen ökonomisch entwickelten Ländern und Entwicklungsländern. Einerseits sind dabei die globalen wirtschaftlichen Ungleichheiten und die politischen Machtungleichheiten ähnlich hoch, wenn nicht höher als im 19. Jahrhundert, auch wenn sich die Mechanismen der politischen Herrschaft im Postkolonialismus verändert haben. Außerdem verbreiten sich über soziale Medien Bilder und Vorstellungen eines besseren Lebens über den ganzen Globus. Andererseits sind die Möglichkeiten erfolgreicher transnationaler Mobilität sehr limitiert. Die Hürden sind aufgrund restriktiver Migrationskontrollen sogar gestiegen. Genauer muss dabei von restriktiver Schließung gegenüber nicht nachgefragten und unerwünschten Migrant:innen einerseits und selektiver Öffnung für nachgefragte und erwünschte Personen andererseits gesprochen werden. Exit als eine der wichtigsten Optionen für die Verbesserung von Lebensverhältnissen ist damit zunehmend institutionell differenziert.

### *Verschränkte Verschiedenheit*

Bisher ging es vor allem um zwei Merkmale von Verschiedenheit, die für soziale Ungleichheiten eine Rolle spielen: ökonomische Ressourcen am Beispiel von Einkommen und legaler Status am Beispiel von Staatsangehörigkeit und Wohnbürgerschaft. Selbstverständlich gibt es noch weitere wichtige Differenzierungen zwischen Personen und Gruppen, z. B. Ethnizität, Geschlecht, Religion, Alter oder sexuelle Orientierung. Es gibt also eine Vielfalt an Verschiedenheiten, bei der schon jede für sich betrachtet ungleichheitsrelevant sein kann. So spielte bspw. das Merkmal Religion für Aspekte der Diskriminierung in Immigrationsstaaten in den letzten beiden Jahrhunderten immer wieder eine bedeutende Rolle. In den USA wurden zur Mitte des 19. Jahrhunderts Katholik:innen, häufig aus Irland und Deutschland, von migrationsfeindlichen politischen Strömungen als fünfte Kolonne eines autoritären und nicht demokratisch legitimierten Papstes in Rom betrachtet.[75] Heutzutage finden sich ähnlich pauschalisierende Vorwürfe des Illiberalismus und der politisch-kulturellen Rückständigkeit gegenüber Muslimen und dem Islam in Europa.[76]

In letzter Konsequenz sind kulturbezogene Unterschiede zwischen Gruppen entlang von Merkmalen wie Religion oder Ethnizität im Rahmen von Süd-Nord Migration auch eine Folge der europäischen und später auch der nordamerikanischen Dominanz der Welt durch Kolonialismus und Imperialismus. Im weitesten Sinne ist ein Großteil transnationaler Migration ein postkolonialer Fluss in die umgekehrte Richtung von Süd nach Nord, mit ausgelöst durch die europäische Herrschaft über viele Teile der Welt. Pointiert formuliert würde auf Migration zutreffen: «Das Imperium schlägt zurück.»[77] Vorstellungen über kulturelle Verschiedenheit wie «Rasse» oder Ethnizität wurden entscheidend durch imperiale Expansion und damit einhergehende Ideologien wie die des Rassismus geprägt und werden auch heute noch in vielfältiger Weise auf Migrant:innen angewandt.

Die nun allgegenwärtigen Debatten um Anerkennung und kollektive Identitäten sind durch eine Verschränkung von Klasse, Ethnizität, Staatsbürgerschaft und anderen Differenzen wie Geschlecht oder Religion geprägt. Dabei rücken auch die Verflechtungen von Klasse und kultureller Verschiedenheit in den Blickpunkt.[78] In europäischen Immigrationsländern weisen die weit verbreiteten Diskussionen um traditionalistische Migrant:innen, die nicht fit für die liberale Demokratie seien, auf die Intersektion von Klasse und Religion hin. Diese Diskussion bezieht sich häufiger auf die Nachkommen von ehemaligen Arbeitsmigrant:innen und weniger auf statushöhere Hochqualifizierte. Auch in Auswanderungskontexten spielen kulturelle und Statusfragen eine wichtige Rolle in der Beziehung zwischen Staaten und Diaspora; in diesen Fällen entlang des Differenzkriteriums Nationalität bzw. Staatsangehörigkeit. Appelle der Regierungen mancher Emigrationsländer wie Marokko oder Ghana an ihre Bürger:innen im Ausland sollen ein Band zwischen Diaspora und Herkunftsstaaten schaffen.[79]

## Von sozialen Ungleichheiten zur transnationalisierten sozialen Frage

Die bisher genannten Themenstränge, nämlich Migration, Verschiedenheit und soziale Ungleichheiten, spitzen sich in der transnationalisierten sozialen Frage zu: Welche sozialen Ungleichheiten werden zum Thema politischer Konflikte? Wie wird die soziale Frage konstituiert?[80] Die soziale Frage verbindet Probleme der Verteilungsungleichheiten, z. B. hinsichtlich Einkommen, Vermögen und dem Zugang zu sozialen Rechten, mit solchen der Zugehörigkeitsungleichheiten, z. B. dem Zugang zu Staatsangehörigkeit, dem Zugriff auf individuelle Rechte, die Erfüllung von damit einhergehenden Pflichten und schließlich soziale und kulturelle Anerkennung.

### *Merkmale der gegenwärtigen sozialen Frage*

Die soziale Frage hat drei zentrale Kennzeichen. Das erste betrifft soziale Ungleichheiten, die von mobilisierten Akteur:innen als ungerecht wahrgenommen werden. Die Wahrnehmung von Ungerechtigkeit kann sich auf Verhältnisse wie das zwischen Arbeit und Kapital im 19. Jahrhundert und heute auch auf die Relation zwischen globalem Süden und globalem Norden bzw. kulturellen Mehrheiten und Minderheiten beziehen. Mehrheitsgruppen konstituieren sich, indem sie erfolgreich soziale Schließung gegen Konkurrent:innen durchsetzen. Daher sind Mehrheitsgruppen in der Regel Dominanzgruppen. Das zweite Kennzeichen berührt politische Konflikte um Ungleichheiten, z. B. Gewerkschaften und sozialistische Parteien gegen Verbände des Kapitals, Alter-Globalisten gegen Marktliberale, Repräsentant:innen von Mehrheitsgruppen gegen Minderheitsgruppen, die Vorstellungen einer nationalen kulturellen Homogenität gegen kulturellen Pluralismus in Anschlag bringen, oder umgekehrt Minoritäten, die eine wahrgenommene Ausgrenzung aus zentralen Bereichen des gesellschaftlichen Lebens thematisieren. Ein drittes Merkmal wird in institutionalisierten Versuchen sichtbar, die politisch umstrittenen und öffentlich thematisierten Ungleichheiten zu adressieren. Im 19. und 20. Jahrhundert waren das in vielen europäischen Staaten soziale Rechte und die Regulierung sozialer Risiken in national verfassten Wohlfahrtsstaaten. Heutzutage wird diese Antwort ergänzt um global formulierte Sozialstandards und zumeist nationalstaatlich garantierte kulturelle Rechte von Minderheiten. Zu den ungleichheitsrelevanten Regulierungen zählen ebenfalls Migrationskontrollen, um unerwünschte Migrant:innen auszuschließen, die bspw. als Sicherheitsrisiko gelten, oder wirtschaftlich nicht nachgefragte und kulturell von Mehrheitsgruppen als rückständig eingestufte Gruppen, die als nicht integrationswillig oder -fähig gelten.[81] Begriffe wie «Grenzschutz» suggerieren sogar, dass man sich vor ihnen wie vor feindlichen Truppen schützen müsse.

Wie schon die soziale Frage des 19. Jahrhunderts verweist die heutige transnationalisierte Frage auf Ungleichheiten, die im Extremfall Teilhabe und Anerkennung vollständig verhindern. Fast schon idealtypische Fälle sind damals wie heute Menschenhandel, Zwangsarbeit, Schuldknechtschaft und Zwangsehen. Weltweit leben gegenwärtig über 40 Mio. Menschen in Verhältnissen «moderner Sklaverei», in denen im Unterschied zur Sklaverei des 18. und 19. Jahrhunderts die Sklavenhalter:innen nicht einmal mehr ein Interesse am Erhalt der physischen Arbeitskraft haben müssen, da der Nachschub an Arbeitskräften in der Regel leicht zu beschaffen ist.[82] Allgemein erzeugen soziale Ungleichheiten beträchtliche Unterschiede im Zugang zu lebenswichtigen Gütern in den Bereichen Bildung, Arbeit oder Wohnen. Durch vollständige Exklusion wird den Akteur:innen jeglicher Zugang zu solchen Gütern verwehrt, wie im Fall der Vertreibung und Enteignung von Kleinbauern durch Landraub im ländlichen Afrika, aber auch in Lateinamerika und in Teilen Europas.[83]

Historisch gesehen waren der nationale Wohlfahrtsstaat bzw. der Entwicklungsstaat zentrale Antworten auf die soziale Frage und die damit verbundene Kontrolle von interner und grenzübergreifender Mobilität. Heute stellt sich angesichts der Verschiebungen in der sozialen Struktur von Ungleichheiten die Frage, welche Entwicklungen im Bereich Exit und soziale Sicherung über Nationalstaaten hinaus existieren: auf globaler, europäischer und lokaler Ebene. Insofern ist es von Bedeutung, wie soziale Sicherung für Migrant:innen und ihre Angehörigen auf globaler und supranationaler Ebene reguliert ist. Aber auch Ebenen unterhalb des Nationalstaats sind zu berücksichtigen; insbesondere spielt soziale Sicherung in Kleingruppen und hier vor allem Familien in grenzübergreifender Perspektive eine wichtige Rolle.[84]

Der Begriff soziale Frage ist nicht einfach ein anderer Ausdruck für soziale Ungleichheiten. Das Konzept soziale Frage verweist weitergehend auf die Wahrnehmung und die politische Mobilisierung hinsichtlich sozialer Ungleichheiten in Politik, Wirtschaft und Kultur. Dabei bildet die Spannung zwischen Gleichheiten und Ungleichheiten den grundlegenden Mechanismus der mit der transnationalisierten sozialen Frage befassten Politik: «*In the history of equality we find a constant tension between achieved focus of equality and resistance to the egalitarian idea.*»[85]

Dieser Zusammenhang verweist auf Normen der Gleichheit, deren unzureichende Umsetzung von etlichen Beteiligten als unfair bzw. ungerecht eingestuft wird. Ein wichtiges Merkmal der sozialen Frage ist, dass die Normen der Gleichheit den beteiligten Parteien als Orientierung in politischen Konflikten dienen. Beispielsweise organisierten sich die Arbeiterbewegungen im 19. Jahrhundert nicht nur um die Frage der individuellen Armut herum, sondern vor allem unter der Prämisse der gleichen Teilhabe. Ähnliches gilt heute bezüglich Ungleichheiten auf globaler Ebene und innerhalb der transnationalen Sozialräume. Die Meta-Norm-Gleichheit in demokratischen politischen Systemen[86] treibt die Aufdeckung und Skandalisierung von Ungleichheiten voran. Die Normen von Gleichheit stehen teilweise in direktem Widerspruch zu den verbreiteten Formen der Naturalisierung und damit der Rechtfertigung von Ungleichheiten. Darauf verweist bspw. das Menschenrecht auf Emigration, das nicht nur durch rechtliche Einreisebeschränkungen in Immigrationsländern, sondern auch durch die Kategorisierung von manchen Geflüchteten als «Scheinasylant:innen» oder «Wirtschaftsflüchtlinge» konterkariert wird.

Die gegenwärtige soziale Frage thematisiert noch viel stärker als im 19. und weiten Teilen des 20. Jahrhunderts ein Phänomen, das neben der Ungleichverteilung von ökonomischen Ressourcen auch kulturelle Anerkennung betrifft. Heute finden wir rund um Migration eine Mobilisierung und damit Politisierung um vielfältige Aspekte sozialer (Un-) Gleichheiten: Gleichheit der Lebensbedingungen als Treiber von Migration auf Seiten der Herkunftsländer und Gleichheit der Lebensverhältnisse als Begründung für die Abwehr von nicht willkommener Konkurrenz durch Migrant:innen auf Arbeits- und Wohnungsmärkten in den Zielländern. Die kulturelle Dimension spielt ebenfalls eine entscheidende Rolle, z.B. die (Nicht-)Anerkennung von Lebensweisen, Gruppenzugehörigkeiten und Religionen, die Migrant:innen mitbringen oder in Prozessen der Adaptation in einer neuen sozialen Umgebung entwickeln. Und nicht zuletzt geht es um Staatsbürgerschaft, welche politische Teilhabe durch gleiche politische Rechte garantiert, aber Nicht-Staatsbürger:innen kategorisch von vielen Rechten und Pflichten ausschließt.[87]

Auf Seiten der restriktiven Strömungen in den Immigrationsländern werden ebenfalls Normen der Gleichheit in Anschlag gebracht, indem z.B. auf die Bedrohung der herkömmlichen Lebensweise durch Migration aufmerksam gemacht wird. Dabei geht es um die Gleichheit unter den anwesenden Bürger:innen im Nationalstaat und eben gerade nicht um Gleichheit im globalen Maßstab. Insgesamt gesehen ist Migration eine jener Sphären, die Konflikte um Normen der Gleichheit und die fortwährende Aufdeckung von Ungleichheiten wie in einem Brennglas erscheinen lassen. Die verfügbaren Forschungsergebnisse für Europa in den letzten sechs Jahrzehnten deuten darauf hin, dass bei politischen Konflikten um Migration die Bedrohung kultureller Identifikationen auf Seiten von Gruppen in Immigrationsländern zumindest genauso wichtig wie die Wahrnehmung ökonomischer Konkurrenz war.[88]

Kategorisierungen der Verschiedenheit haben sich also verschoben, d.h. es hat sich ein «Begriffsbeben»[89] in Wissenschaft und Praxis vollzogen: Noch in den 1950er- und 1960er-Jahren diente Klasse als Merkmal, das darauf abzielte, Migrant:innen in den Zielländern als Angehörige der Arbeiterbewegungen zu mobilisieren.[90] Heute ist in Europa eher die Rede von Migrant:innen als kulturellen Akteur:innen, so etwa als Mitglieder von religiösen Gemeinschaften wie islamischen Moscheegemeinden.[91] Beobachtbar ist also teilweise ein Wandel des Diskurses von der sozio-ökonomischen Kategorie Klasse hin zu sozio-kulturellem Status, der mit Merkmalen wie Ethnizität und Religion verknüpft wird.[92] Die tatsächlich zu beobachtenden Veränderungen der Bedeutung von Verschiedenheiten wie Klasse im Unterschied zu kulturellen Merkmalen und sozialem Status gilt es im Verlauf der Analyse aufzuzeigen.

### *Die kulturelle Dimension der sozialen Frage*

Obwohl grenzüberschreitende Migration in ihren gegenwärtigen Erscheinungsformen nicht ursächlich für soziale Transformation ist, so finden wir doch Anzeichen dafür, dass Exit und dessen Folgen Teil von Prozessen eines tiefgreifenden sozialen Wandels sind.[93] Die wirtschaftliche Globalisierung hat z.B. die Nachfrage nach Fachkräften in expandierenden Sektoren wie Informationstechnologie (IT) gesteigert. Und ausländische Direktinvestitionen haben mit dazu beigetragen, dass Migration aus diesen Enklaven in attraktive Zielländer erfolgt.[94] Kulturell und rechtlich hat die Revolution der Menschenrechte (*rights revolution*), die seit den späten 1970er-Jahren an Fahrt aufnahm, mit dafür gesorgt, dass neben Klasse jetzt Kultur- bzw. Statusfragen in den Vordergrund öffentlicher Debatten getreten sind. Ein Element, das die transnationalisierte soziale Frage befördert, ist das Aufkommen einer «dritten Generation» an Rechten. Während die Abwehr- und Freiheitsrechte, also zivile und politische Rechte (erste Generation) und die wirtschaftlichen und sozialen Rechte als Teilhaberechte (zweite Generation) sich vorwiegend auf Individuen als Rechtsträger:innen bezogen, konzentriert sich diese dritte Generation auf Kollektivrechte bzw. Rechte von Individuen als Mitglieder von Gruppen, so etwa zur Förderung der Solidarität unter Menschen, Gruppen und innerhalb von Vergemeinschaftungen. Diese Rechte beinhalten bspw. ein Recht auf Ausübung spezifischer kultureller Praktiken wie etwa die Pflege der Sprachen von nationalen Minderheiten oder Migrant:innengruppen, Rechte auf Nutzung der Umwelt durch angestammte Bewirtschaftungsmethoden oder nachhaltige sozio-ökonomische Entwicklung.[95]

Insbesondere die Debatte um Multikulturalismus zeigt, dass sich das Universum an Rechten, Ansprüchen und Forderungen erweitert hat.[96]

Festgehalten werden kann zunächst einmal, dass die Thematisierung von individuellen und kollektiven Rechten eine Voraussetzung dafür ist, dass soziale Ungleichheiten als Ungerechtigkeiten und damit als transnationalisierte soziale Frage gefasst werden können. Ein Beispiel dafür sind Konflikte um Geschlechter(un)gleichheiten bei der Erbringung von Pflegedienstleistungen durch Migrant:innen. Gerade bei migrantischen Pfleger:innen in Privathaushalten gibt es nicht nur Ungleichgewichte zwischen Arbeitgeber:innen und Beschäftigten, die im Arbeitsverhältnis begründet liegen. Vielmehr spielt neben Merkmalen wie dem rechtlichen Status von Beschäftigten und Selbständigen im Hinblick auf Aufenthalts- und Arbeitserlaubnis auch ihre Zugehörigkeit zu ethnischen Gruppen, sozialen Klassen und Geschlechtern eine wesentliche Rolle für ihre Arbeits- und Lebensverhältnisse.

Während die Revolution der Menschenrechte seit den 1970er-Jahren die rechtliche Stellung und die Möglichkeiten von Migrant:innen tendenziell erweitert, ruft Immigration auch Vorstellungen nationaler Homogenität auf den Plan. Verfechter national-kultureller Gleichartigkeit behaupten, dass auch Gleichheit im Nationalstaat durch Migration gefährdet sei.[97] Migration wirkt dabei als Irritation für Gruppen in den Immigrationsländern, die sich aufgrund national bzw. ethnisch homogen gedachter Staatsbürgerschaft von bestimmten Migrant:innen abgrenzen; vor allem von solchen, deren kulturelle Praktiken sie als unvereinbar mit dem nationalen Ideal einer einheitlichen bzw. der eigenen Kultur ansehen. [98]

Die wachsende Bedeutung sozio-kultureller Aspekte im Verlaufe von Migrationsprozessen geht über die Immigrationsseite hinaus und trifft auch auf die Emigrationsseite zu. Migrant:innen organisieren sich häufig in herkunftsortbezogenen Vereinen. Und aus nachvollziehbaren Gründen schließen sich politisch Verfolgte nach erfolgtem Exit manchmal zu Interessenorganisationen zusammen, die Ansprüche als Diaspora erheben,[99] also als Verfolgte und Geflüchtete, die entweder Reformen im Herkunftsland anstreben oder gar einen ganz neuen Nationalstaat für die betroffene Minderheit fordern. Beispiele dafür sind Organisationen von Kurd:innen und Sikhs in verschiedenen europäischen Ländern. Regierungen der Herkunftsländer wiederum versuchen, ihre Diaspora an sich zu binden und zu kontrollieren, indem sie bspw. doppelte Staatsbürgerschaft tolerieren oder gar fördern.

## Ziel und Aufbau des Buchs

Diese Untersuchung stellt grenzüberschreitende Migration in einen breiteren Zusammenhang der Sozialstruktur und der Politik sozialer Ungleichheiten: Die transnationalisierte soziale Frage kann als ein zentraler Konflikt unserer Zeit gelten, der sich auf ganz verschiedenen Ebenen abspielt: von einem sich herausbildenden globalen Horizont einer Weltgesellschaft über Nationalstaaten und transnationale soziale Räume bis hin zu Familien. Im Hinblick auf Erklärungen dieser Entwicklungen geht es weder um eine Wiederbelebung der Klassenanalyse noch um Argumente für eine primär kulturelle Perspektive der Anerkennung von Minderheiten, die in Ansätzen des Postkolonialismus[100] sehr prominent vertreten ist. Vielmehr bietet dieses Buch eine umfassendere Perspektive, die Exit und dessen Konsequenzen für verschiedene Gruppen in ökonomischer, politischer und kultureller Hinsicht berücksichtigt und mit zum Ausgangspunkt der Erzeugung und des Erhalts von Ungleichheiten macht. Ziel dieses Buches ist es, über eine normative Bewertung hinaus zu einer analytischen Durchdringung der Folgen von Exit im Kontext der transnationalisierten sozialen Frage beizutragen. Dies schließt auch eine Berücksichtigung von Widerspruch ein.

Die Kernfrage für das Verständnis von Migration lautet: Wie wird grenzüberschreitende Migration und damit der Nexus von Exit und Voice als eine transnationalisierte soziale Frage unserer Zeit konstituiert? Dies führt zu mehreren Teilfragen: Welche Arten sozialer Ungleichheiten treiben Migrationsprozesse an und welche Wirkungen erzeugt Migration auf Ungleichheiten (Kapitel 2)? Hat sich vom 19. zum 21. Jahrhundert im globalen Norden die Reaktion von Menschen und Gruppen auf soziale Ungleichheiten und Beschränkungen von Freiheit gewandelt, etwa von politischem Widerspruch hin zu territorialer Auswanderung und damit einhergehend von Klasse zu Status und kulturellen Merkmalen (Kapitel 3)? Wie verhält es sich spiegelbildlich im globalen Süden (Kapitel 4)? Wie ist die klassische Antwort auf die soziale Frage, nämlich soziale Sicherung, weltweit und in Europa organisiert (Kapitel 5)? Wie äußern sich politische Konflikte um Klasse und Kultur in den Herkunfts- und Zielstaaten (Kapitel 6 und 7)? Wie kann die soziale Frage um eine ökologische Komponente erweitert werden, damit der Zusammenhang zwischen Umweltzerstörung und Migration verständlich wird (Kapitel 8)? Welche Rolle spielt dabei die sozialwissenschaftliche Migrationsforschung in der Öffentlichkeit? Und was vermag sie zur Gestaltung einer Politik beizutragen, die Mobilität über Grenzen hinweg als Ressource begreift (Kapitel 9)? Nicht zuletzt will dieses Buch mithilfe der im letzten Kapitel aufgestellten Thesen das Nachdenken darüber anregen, wie eine faire Ordnung von Migration aussehen könnte, die nicht primär die Immigrationsländer und Teile ihrer Bevölkerung bevorteilt.

# Teil I

## Globale Migration in theoretischer und historischer Perspektive

## Soziale Ungleichheiten als Ursache und Folge von Exit

### Der Nexus von grenzüberschreitender Migration und sozialen Ungleichheiten

Es war Jean-Jacques Rousseau, der im 18. Jahrhundert erkannte, dass Ungleichheiten keineswegs als quasi-natürliche Ergebnisse menschlichen Zusammenlebens entstehen, sondern moralischer Bewertung unterliegen und von daher, so eine heutige Formulierung, sozial konstituiert werden.[1] Diese Sicht hat seit der Französischen Revolution durch den Siegeszug der Idee sozialer Gleichheit, aufgrund ihrer politischen Relevanz und ihrem Niederschlag in Rechtsprechung und Rechten immens an Bedeutung gewonnen. Die Normen der Gleichheit, die als ein Maßstab für die Wahrnehmung und die Messung von Ungleichheiten dienen, stehen allerdings immer in starker Spannung zu naturalisierenden Einschätzungen, die Ungleichheiten in essentialisierender Weise einzelnen Kategorien von Personen qua Geburt, Biologie oder Kultur zuschreiben und damit legitimieren. So gibt es bspw. Stereotype, welche Gruppen von Migrant:innen besonders willig und geeignet für bestimmte Arten von Beschäftigung seien. In den 1970er-Jahren galten etwa Krankenschwestern aus Südkorea als überaus fügsam im Getriebe der Gesundheitsversorgung.[2] Derartige diskriminierende Stereotype bestimmen in diesem Fall die Einstellungspraxis, die Beschäftigung und damit die Lebensverhältnisse. Diese Beobachtungen sind im Zusammenhang mit transnationalen sozialen Ungleichheiten zu sehen. Transnationale Migration spielt eine große Rolle in verschiedenen Konzepten, welche die Dynamik sozialer Schichtung und sozialer Konflikte über den Nationalstaat hinaus zu fassen versuchen. Beispiele dafür sind Begriffe wie «transnationale kapitalistische Klasse», «transnationale Mittelklasse», «migrantisches Proletariat» und «globales Prekariat».[3]

Grenzüberschreitende Migration ist eine sichtbare Antwort auf zahlreiche transnationale soziale Ungleichheiten, ob nun im Hinblick auf Wohlbefinden, Freiheit, Sicherheit, Einkommen, Vermögen oder Beschäftigungsmöglichkeiten. Sie ist das menschliche Gesicht globaler Ungleichheiten. Migration bildet nicht nur «die älteste Strategie der Menschheit gegen Armut».[4] Migration verspricht darüber hinaus aufwärtsgerichtete soziale Mobilität, die es Individuen und Gruppen ermöglicht, die große Kluft zwischen ärmeren und reicheren Regionen relativ schnell zu überwinden. Diese Möglichkeit muss im Vergleich zu zeitaufwendigeren Optionen zur Schließung dieser Kluft gesehen werden, so etwa kollektive Strategien wie ein Ankurbeln des Wirtschaftswachstums in den Herkunftsländern[5] oder die Umverteilung von Ressourcen zwischen den Weltregionen, innerhalb dieser oder in kleineren sozialen Einheiten. Weiterhin kann Exit auch mit individuellen Strategien verglichen werden, wie Weiterbildung bzw. Erwerb neuer Kenntnisse und Fertigkeiten im Herkunftsland vor Ort. Die erfolgreiche Umsetzung einer solchen Strategie nimmt jedoch mehr Zeit als Exit in Anspruch.

Wichtig ist ein Verständnis der strukturellen Grundlagen, in die der Nexus von Migration und sozialen Ungleichheiten eingebettet ist. Das Ziel ist dabei nicht, eine erschöpfende Liste der Prozesse des Zusammenhangs von Exit und sozialen Ungleichheiten aufzureihen, sondern einige zentrale Mechanismen herauszustellen.[6] Dafür sind zwei grundlegende Fragen zu beantworten: Der erste Teil fragt, wie soziale Ungleichheiten die Gelegenheiten für verschiedene Gruppen beeinflussen, um grenzüberschreitend zu migrieren. In umgekehrter Richtung lautet die Frage im zweiten Teil: Wie prägt wiederum Migration die ungleichen Lebensverhältnisse in den Herkunfts- und Zielregionen? Zuvor geht es aber grundsätzlich um die Argumente für und wider offene Grenzen. Dies ist deshalb von Bedeutung, weil soziale Schließung durch Grenzen ein konstitutives Element globaler Ungleichheit darstellt.

## Grenzen und Migrationskontrolle

Lange Zeit galt Migration als Motor für sozio-ökonomische und politische Entwicklung als irrelevant. Aber Beobachter:innen argumentieren seit einer Weile, dass ein wirklich freier Fluss von Menschen über Grenzen hinweg der schnellste Weg wäre, um die globale Ungleichverteilung von Lebensverhältnissen zu überwinden, die sich über die letzten zwei Jahrhunderte herausgebildet hat.[7] Manche Forscher:innen behaupten sogar, dass die wohlfahrtsgenerierenden Auswirkungen von grenzübergreifender Migration diejenigen von Freihandel übersteigen würden.[8] Nun zeigen die empirischen Daten, dass ein solches Szenario in weiter Ferne liegt. In jüngster Vergangenheit machte die COVID-19-Pandemie deutlich, dass auch eine Renationalisierung von Grenzen selbst im Schengen-Raum innerhalb der EU möglich ist. Grundlegend ist die Migrationsquote der Weltbevölkerung mit gegenwärtig ca. 3,6 Prozent (2020) zu gering, um auf diesem Weg weltweit die Einkommensverhältnisse aneinander anzupassen.[9]

Für offene Grenzen gibt es neben diesem empirischen auch normative Argumente: So wird erstens auf das Menschenrecht zur Migration verwiesen, da die *Allgemeine Erklärung der Menschenrechte* Bewegungsfreiheit nicht auf den Herkunftsstaat beschränkt (Artikel 13). Zweitens formulieren die Befürworter:innen das Ziel, eine Art Feudalrecht abzuschaffen, das auf dem Zufall des Geburtslandes und damit der Staatsangehörigkeit beruht. Und drittens wird angeführt, dass offene Grenzen dabei helfen würden, historisch gewachsene Ungerechtigkeiten abzubauen, die u. a. auf die langfristigen Wirkungen des europäischen Kolonialismus zurückzuführen seien.[10]

Die Vertreter:innen relativ geschlossener Grenzen wiederum führen als Erstes die Vereinigungsfreiheit ins Feld, d. h. das Recht jeder Gruppe und damit jedes Staates, frei zu entscheiden, welche Mitglieder sie aufnehmen möchte. Zweitens wird vorgebracht, dass Verteilungsgerechtigkeit nur innerhalb eines Landes möglich sei, weil etwa Wohlfahrtsstaaten nur durch Ausschluss Nicht-Zugehöriger große Teile der Bevölkerung in Bereichen wie Arbeit, soziale Sicherheit und Bildung erfolgreich inkludieren könnten.[11] Durch zu große Konkurrenz zwischen Migrant:innen und Einheimischen, z.B. am Arbeitsmarkt, leide Solidarität und Reziprozität in Wohlfahrtsstaaten. Drittens seien zu hohe Einwanderungszahlen schädlich für die Demokratie, etwa aufgrund des Imports autoritärer politischer Vorstellungen. Auch kulturelle Traditionen, die in Verfassungen, aber auch informellen Normen zum Ausdruck kämen, z.B. die prinzipielle Gleichheit der Geschlechter, seien durch relativ offene Grenzen gefährdet.[12] Es existiert noch ein vierter, wenig beachteter Einwand, der sich in repräsentativen Bevölkerungsumfragen zeigt (*World Values Survey*, 2017–2020).[13] Aufgrund der Annahme, die Anwesenheit von Migrant:innen würde soziale Konflikte hervorrufen, lehnen manche Bürger:innen Immigration ab.

Die Argumente für und wider offene Grenzen verlaufen entlang einer klaren Trennlinie. Offene Grenzen werden aus einer kosmopolitischen Sicht heraus begründet, in der Ungleichheiten weltweit als Ärgernis gelten. Demgegenüber basiert die Position für geschlossene Grenzen auf einer Priorisierung politischer und sozialer Gleichheit in Nationalstaaten. Diese Beobachtung wird in Immigrationsländern auf der Einstellungsebene u.a. als Unterschied zwischen Kosmopoliten und Kommunitaristen diskutiert. Erstere, in der Regel materiell und statusmäßig relativ hoch gestellt, treten für offene Grenzen ein, während sich Letztere für striktere Zutrittsbeschränkungen aussprechen.[14]

## Wie soziale Ungleichheiten Migration prägen

Theorien der Migration erwähnen verschiedene Ungleichheiten als Ursache und Treiber für Exit. Dabei wird eine ganze Bandbreite an mit Exit verbundenen Ungleichheiten sichtbar, die von Faktoren wie der ungleichen Verteilung von Einkommen auf individueller Ebene über Prozesse der Staatenbildung und ihres Zerfalls bis hin zu Subsistenzstrategien von Haushalten reicht.[15]

### *Neo-klassische ökonomische Theorie: Nutzenoptimierung*

In den neo-klassischen ökonomischen Theorien entscheidet das Resultat der Abwägung von Kosten und Nutzen unter potenziellen Migrant:innen, ob eine Person migriert.[16] In dieser Perspektive zählen vor allem Unterschiede in Ressourcen, zumeist beim Einkommen. Je höher das Individuum den Nutzen des Exits einschätzt, desto größer ist die Wahrscheinlichkeit von Migration. In der Regel geht man davon aus, dass Migration, insbesondere interkontinentaler Art, finanziell förderlicher ist als staateninterne Migration.[17] Dies liegt daran, dass die attraktivsten Ziele in Europa, Nordamerika, Ozeanien und den Golfstaaten liegen. Aber auch Länder in Afrika, Lateinamerika, dem Mittleren Osten, Süd- und Südostasien sind wichtige Zielländer. In der letztgenannten Ländergruppe finden sich viele Staaten, die sowohl Herkunfts- als auch Zielland sind. Je besser die potenziellen Migrant:innen materiell gestellt sind, desto höher ist wiederum die Wahrscheinlichkeit, dass sie interkontinental zu den attraktivsten Zielen migrieren.

Dieses Modell erhebt einen universellen Erklärungsanspruch. Doch neben Einkommen können auch andere Parameter von entscheidender Bedeutung sein. Man denke etwa an die Migration von Wissenschaftler:innen aus Deutschland in die USA, wo häufig bessere Arbeitsbedingungen und Reputationsgewinn im Vordergrund stehen. Die Möglichkeiten des Re-Transfers dieser Ressourcen tragen dazu bei, dass die Quote an Rückkehrmigration in diesem Falle bei über zwei Drittel liegt.[18]

Die Kritik, dass das neo-klassische Modell nur auf Einkommen abheben würde, mag empirisch für eine Vielzahl von Studien zutreffen. Sie berührt aber nicht die Logik dieser Theorie, die neben Einkommen auch andere Faktoren nutzen kann, bei denen rationale Kosten-Nutzen-Kalkulationen durchgeführt werden. Gewichtiger ist schon ein anderer Einwand: Menschen handeln nicht unbedingt kostenoptimierend, sondern eher als «*satisficer*», die befriedigende Lösungen anstreben; z.B. im Rahmen einer Familienzusammenführung.[19] Damit stellt sich zugleich die Frage, wessen Vorteile und wessen Nutzen durch welche Entscheidungen optimiert werden.

### *Makro-Perspektiven aus der politischen Ökonomie: Zentrum und Peripherie*

Makro-Ansätze der politischen Ökonomie, die ihren Niederschlag in Dependenz- und Weltsystemtheorien finden, erkennen den Hauptmechanismus für die Erklärung des Einflusses von Ungleichheiten für Migration in den ungleichen Handelsbedingungen zwischen privilegierten und benachteiligten Staaten bzw. zwischen wirtschaftlichen und politischen Zentren und Peripherien. Ein differenziertes Bild schließt auch die Semi-Peripherie mit ein, also Staaten, die entweder auf dem Sprung ins Zentrum sind, z.B. die Volksrepublik China in den späten 1970er-Jahren, oder aus dem Zentrum abgestiegen sind, so etwa Portugal und Spanien im 17. und 18. Jahrhundert. Die strukturelle Durchdringung und die Entstehung von Ungleichgewichten in der Peripherie durch eine Spaltung in wirtschaftlich hochentwickelte und abgehängte Regionen – strukturelle Heterogenität – schaffen die Bedingungen für die massenhafte Entwurzelung ganzer Bevölkerungsgruppen.[20] Im Rahmen der Dependenz- und Weltsystemtheorien führt der Verlust von formal hochgebildeten und qualifizierten Personen, die aus der Peripherie in das Zentrum abwandern, zu einer weiteren «Entwicklung der Unterentwicklung». Ein wichtiger Prozess ist dabei der *brain drain.* Wie in einer Spirale trägt somit Exit zu einer weiteren wirtschaftlichen Verschlechterung der Lage für die Mehrheit der Bevölkerung in der Peripherie bei. Es sind die polit-ökonomischen Zentren und ihre Brückenköpfe in den Peripherien, die von diesem Arrangement profitieren.

Diese Ansätze interpretieren den Nexus von sozialen Ungleichheiten und Migration als Teil der Entwicklung des kapitalistischen Weltsystems und damit verknüpfter politischer Hegemonie seit dem 16. Jahrhundert.[21] Neuere Perspektiven setzen diese Theorien in den Kontext sozialer Transformation im Sinne von Karl Polanyi.[22] In dieser Lesart förderten die Zentren spätestens seit Ende der 1970er-Jahre eine Marktliberalisierung, die u.a. durch strukturelle Anpassungspolitiken des Internationalen Währungsfonds (IWF) den Ländern in der Peripherie aufgezwungen wurde, mit absehbaren Folgen wie erhöhten Armutsraten in den betroffenen Ländern.[23] Während und nach der Finanzkrise 2008 wurde Austeritätspolitik auch in der EU gegenüber den hoch verschuldeten Mitgliedsländern in Südeuropa angewendet. Auch aus diesen wandern seitdem wieder vermehrt Migrant:innen in Zentren wie nach Deutschland. Obwohl diese Theorien durchaus politische Faktoren thematisieren,[24] leiten sie diese doch primär nur aus ökonomischen Bedingungen ab. Sie sind damit nicht in der Lage, andere bedeutende Faktoren für Wanderungen konzeptuell adäquat zu fassen. Beispiele dafür sind durch Waffengewalt geschaffene Zwangsmigration oder politische Unterdrückung.[25]

### *Die Meso-Ebene: Migration als Haushaltsstrategie*

Auf der Meso-Ebene angesiedelte Theorien wie die Neue Ökonomie der Arbeitsmigration (*New Economics of Labour Migration*, NELM) konzeptualisieren Migration angesichts unsicherer Ernteerträge in ländlichen Regionen als eine Art informelle Versicherung bzw. als eine Möglichkeit, Einkommen durch Migration als informellen Kredit zu erzielen.[26] In eine ähnliche Richtung zielt auch der Subsistenz-Ansatz (*livelihood approach*), der Migration auch als eine Option sieht, um Einkommensquellen für Haushalte in ländlichen Regionen zu diversifizieren.[27]

Einkommen steht also vor allem für ein besonders sichtbares Zeichen von Lebensqualität, die auch durch andere Elemente wie gesundheitliche Versorgung, Sicherheit vor Verfolgung oder Zugang zu kulturellen Gütern gekennzeichnet ist.[28] Neben ökonomischen Faktoren wie Einkommen haben politische Bedingungen (z. B. menschliche Sicherheit), Wohnort bzw. Staatsbürgerschaft ebenfalls dazu beigetragen, dass (post-)industrielle Länder attraktiver geworden sind. Es ist plausibel, eine kombinierte Perspektive einzunehmen, die sowohl die Entwicklung kapitalistischer Produktionsweisen und Märkte, die Dislozierung von Menschen durch strukturelle und physische Gewalt in den Herkunftsländern als auch die Anwerbung und soziale Schließung durch Immigrationsstaaten in den Blick nimmt.

### Migration und soziale Transformation

Als Treiber von Migration zählt auch Vertreibung – und zwar nicht nur als Folge von bewaffneter Gewalt. Flucht und Vertreibung sind auch eine Folge von multikausalen Verursachungsketten.[29] Das gilt z. B. für diejenigen Geflüchteten, die aufgrund der Expansion kapitalistischer Landwirtschaft, einer Landpolitik, die großflächigere Betriebe und ökologische Zerstörung fördert, ihre Lebensgrundlagen verlieren.[30] Diese Elemente der Verwüstung und des Verlusts an Biodiversität werden teilweise durch schlechtes Regieren und den an Fahrt aufnehmenden Klimawandel verschärft. Die Gier nach Land durch multinationale Konzerne und ausländische Staaten äußert sich im Landraub in Regionen wie dem sub-saharischen Afrika. Diese Prozesse führen zu massiven Vertreibungswellen, wobei die negativen ökologischen Folgen durch die weiter zunehmenden Monokulturen noch verstärkt werden.[31] Während nun diese Mechanismen der Ausschließung durch Landnahme für Agribusiness, die Ausbeutung von Mineralien und Rohstoffen und dabei auch der Wasserreserven in Afrika, Lateinamerika, Teilen von Asien und Europas der primitiven Akkumulation im 18. und 19. Jahrhundert gleichen,[32] sind die zugrunde liegenden Prozesse doch andere. Unter anderem ist es neben der Spekulation mit Rohstoffen auch die massive Finanzialisierung der Wirtschaft, d. h. die Schaffung von immer komplexeren Finanzprodukten, die mit der Realwirtschaft zusammenwirken. Durch Finanzialisierung verstärkt sich die zyklische Unbeständigkeit von Sektoren wie dem Bergbau und der Landwirtschaft. Diese stellen in vielen Herkunftsländern wichtige Sektoren dar.[33] Spekulation und Finanzialisierung treiben die Extraktionswirtschaft voran, insbesondere dann, wenn sie in gewaltsamer Landnahme, der Vertreibung der Landbevölkerung und Hungersnöten resultiert.

Aus der historisch orientierten politischen Ökonomie lässt sich lernen, dass Emigration neben der Attraktion der Zielländer auch aus den im Herkunftsland vorherrschenden Ungleichheitsmustern hervorgeht. Das kann in dem für Europa gut untersuchten Ende des 19. Jahrhunderts gezeigt werden. Seinerzeit herrschten insbesondere in Mittel- und Osteuropa große Landgüter vor, die sämtliche landwirtschaftliche Ressourcen monopolisierten, während in anderen Regionen, bspw. in den skandinavischen Ländern, das Land weit weniger ungleich verteilt war und die aufkommende Industrialisierung die aus der Landwirtschaft kommenden Arbeitskräfte in einem etwas größeren Ausmaß aufzunehmen vermochte. Emigration nach Nord- und Südamerika war daher, gemessen am Anteil der Bevölkerung, aus den osteuropäischen Gebieten höher als aus den nordeuropäischen Regionen.

Insgesamt kann festgehalten werden, dass die Migrationsquoten für formal niedrig eingestufte Arbeiter:innen in der Regel in ökonomisch und politisch relativ ungleichen Gesellschaften höher sind als in relativ gleichen. Die europäische Erfahrung der letzten 200 Jahre deutet darauf hin, dass gerade die frühen Phasen von Industrialisierung und Urbanisierung von einer zunehmenden Ungleichheit von Einkommen und Vermögen begleitet werden.[34] In den letzten Jahrzehnten wiesen die Länder, die in puncto Pro-Kopf-Einkommen in der Mitte der Einkommenshierarchie der Welt lagen, die höchsten Ungleichheiten auf.[35] Es ist also kein Zufall, dass die Bezieher:innen von niedrigen Einkommen von den 1960er-Jahren bis noch ins erste Jahrzehnt des 21. Jahrhunderts hinein bspw. Mexiko in Richtung USA verließen. Es gab bis in die jüngste Vergangenheit in der Wahrnehmung der Handelnden zu wenige Möglichkeiten, in der sehr ungleichen Sozialstruktur Mexikos aufwärts gerichtete soziale Mobilität zu erzielen. Dieser Zusammenhang gilt gleichermaßen für die Dorfebene: Aus Dörfern mit relativ ungleichen Einkommens- und Vermögensverteilungen kommen mehr Migrant:innen als aus solchen, die relativ gleiche Verteilungen aufweisen.[36]

### *Wirtschaftliche Entwicklung und die Diffusion von Exit: Kumulative Kausalität und relative Deprivation*

Der Zusammenhang zwischen ökonomischer Entwicklung und Migration kann konzise in der sogenannten «umgekehrten U-Kurve» gefasst werden: Es besteht eine in Glockenform darstellbare Korrelation zwischen der Migrationsquote einerseits und dem mit dem Pro-Kopf-Einkommen gemessenen wirtschaftlichen Entwicklungsgrad andererseits.[37] Bei sehr niedrigem und bei sehr hohem Einkommen pro Kopf ist die Migrationswahrscheinlichkeit relativ geringer, bei mittlerem Einkommen relativ höher. Das aus globaler Sicht gesehen mittlere Einkommen lag im Jahre 2000 bei etwa 4000 bis 5000 US-Dollar und traf somit auf Staaten wie die Türkei, Marokko, Mexiko und die Philippinen zu – also seinerzeit wichtige Emigrationsländer. Allerdings legen die vorher dargestellten Einsichten zur (un)gleichen Verteilung von Ressourcen und zum wirtschaftlichen Entwicklungsniveau nahe, dass es nicht nur die Einkommenshöhe ist, welche Emigration antreibt. Vielmehr kommt es auch aus rein ökonomischer Sicht – unter Absehung etwa politischer Faktoren wie dem Verhältnis von restriktiver Schließung und selektiver Öffnung – auf das Ausmaß einer fairen bzw. egalitären Verteilung von Einkommen und Vermögen in den Herkunftsländern an.

Es ist die Fähigkeit, selbständig über Verbleib oder Exit zu entscheiden, die für die Verteilung von begehrten Gütern und für die Lebensverhältnisse einen Unterschied macht. Die Möglichkeit zur räumlichen Mobilität, auch Motilität oder Mobilitätskapital genannt,[38] ist dafür eine notwendige Voraussetzung. Motilität kann als Kontinuum verstanden werden, das sich auch in der Idee von gemischter Migration widerspiegelt. Die entscheidende Frage lautet, wer über welches Mobilitäts- bzw. Migrationskapital verfügt und welche Folgen das zeitigt. Falls es stimmen würde, dass die Migrationsquote unter den ärmsten Gruppen am höchsten wäre, dann würde Migration tendenziell sowohl Armut als auch ökonomische Ungleichheit verringern. Tatsächlich liegen verlässliche Daten zur Armutsreduktion durch finanzielle Rücküberweisungen vor,[39] nicht aber zur Reduktion von sozialen Ungleichheiten durch Migration. Sicher ist, dass die Mehrheit der grenzüberschreitenden Migrant:innen eben gerade nicht aus den ärmsten Schichten einer Bevölkerung stammt.

Die Frage ist dann, wie Selektivität bei Exit funktioniert. Eine endogene Perspektive, also eine, die aus sich selbst heraus verstärkende Prozesse berücksichtigt, vermittelt wichtige Einsichten über die Rolle von Ungleichheiten im Migrationsgeschehen. Der wichtigste Mechanismus ist dabei kumulative Kausalität. Diese besagt, dass Migration unter bestimmten Bedingungen als ein sozialer Diffusionsprozess mit abnehmenden Kosten konzeptualisiert werden kann.[40] Ein solcher Prozess kann idealtypisch in drei Phasen unterteilt werden, die in stilisierter Form in einer s-förmigen Kurve angeordnet werden: In der ersten Phase, in der sich vor allem Pioniermigrant:innen auf den Weg machen, sind es die in einer Herkunftsregion relativ Bessergestellten, die wandern und davon profitieren. In dieser Initialphase ist das Wachstum von Emigration noch relativ niedrig. In der zweiten Phase, in der ein starkes Anwachsen der Emigration zu beobachten ist, sind es dann die etwas weniger Begüterten, die zunehmend an der durch die Pioniermigration aufgebauten sozialen Infrastruktur teilhaben können. Manche nehmen professionelle Organisationen oder Schleuser:innen in Anspruch.[41] In dieser Phase folgen die neuen Migrant:innen den Pioniermigrant:innen bzw. werden durch professionelle Makler:innen geleitet und gesteuert.[42] Gerade in dieser Phase ist Migration ohne gültige Papiere tendenziell besonders stark im Steigen begriffen, da nicht alle Migrationswilligen legal in ein Zielland einreisen und Beschäftigung erlangen können.[43] In einer dritten Phase, wenn alle Migrationswilligen abgewandert sind, flacht die Migrationsquote ab. Damit endet ein solcher Zyklus.[44] Diese Darstellung muss allerdings durch eine Analyse der Wirkungen realer Kontrollpolitiken ergänzt werden.

Es gibt viele Beispiele für die Diffusion von Praktiken der Migration rund um den Globus, vom östlichen Punjab in Indien über Burkina Faso bis nach Ecuador.[45] Die Diffusionsprozesse, die nach der ersten Phase der Pioniermigration entstehen, sind jedoch nicht automatisch als Reaktion auf Einkommens- oder gar Vermögensunterschiede zwischen Emigrations- und Immigrationsregionen zu verstehen. Vielmehr sind sie von Netzwerkbildungen abhängig und von den politischen Bedingungen in den Herkunftsländern und den Migrationskontrollen durch Immigrationsstaaten geprägt. Diese politisch-rechtlichen Interventionen können die sich selbst verstärkenden Prozesse unterbrechen oder beenden. Migrationskontrolle vermag S-Kurven abzuflachen.[46] Kurzum, für die Dynamik von Migration sind sozio-ökonomische und politische Aspekte gleichermaßen entscheidend.

Migration als sich selbst verstärkender Effekt ist immer auch ein Prozess der relativen Deprivation. Wenn die materiellen, sozialen und psychischen Kosten für Migration relativ zu den erwarteten Gewinnen sinken, dann wächst der Wunsch nach Migration bzw. die damit verbundenen Aspirationen schneller als die legal verfügbaren Gelegenheiten, sich in einem der Zielländer niederzulassen.[47] Dagegen ist staateninterne Migration häufiger durch Bedingungen absoluter Deprivation geprägt, also dem Wunsch, überhaupt ein Einkommen zum Überleben zu erzielen oder das Haushaltseinkommen zu ergänzen.[48] In dem Ausmaß, in dem relative Deprivation in irregulärer Migration mündet, trägt sie auch zur weiteren sozialen Stratifikation in den Herkunfts- und Zielländern bei. Was die Herkunftsländer betrifft, so sind die Möglichkeiten des Kontakts zurück zu den Familien bei Migrant:innen ohne regulären Rechtsstatus geringer (z. B. keine Besuche); und in den Zielländern werden diese Migrant:innen leichter Opfer von ausbeuterischen Arbeitsverhältnissen wie Zwangsarbeit. Die Effekte relativer Deprivation sind auch auf der Makro-Ebene sichtbar. In den letzten beiden Jahrzehnten ist die Zahl der Herkunftsländer für Migration viel schneller gewachsen als die der Zielländer,[49] auch wenn zu berücksichtigen ist, dass viele Länder beides sind.

Über soziale Mobilität und Ungleichheiten im Falle von Rückkehrmigration gibt es weit weniger Wissen als über Erstmigration.[50] Es ist anzunehmen, dass die Rückkehrquote unter den Migrant:innen höher ist, die in den Zielländern sozial nicht aufgestiegen sind bzw. wirtschaftlich nicht erfolgreich waren. Der gegenteilige Fall, also eine geringe Rückkehrquote, wäre demnach unter denen zu beobachten, die soziale Aufwärtsmobilität erfahren haben. Interessanterweise gibt es Hinweise darauf, dass die Quote auch gering unter denen ist, die in den Immigrationsländern nicht erfolgreich waren, nämlich dann, wenn sie das negative Urteil in den Herkunftsorten fürchten.[51]

### *Zur politischen Soziologie der Migration: Politische Transformation und Staatsangehörigkeit*

Politisch-soziologische Ansätze, welche die Emigrationsseite in den Blick nehmen, heben auf Aspekte wie die Bildung von Staaten, den Wandel von Herrschaftsformen (z. B. Demokratisierung) und die Zunahme von Flüchtlingen in Prozessen der politischen Transformation ab. Global gesehen lässt sich ein eindeutiger Zusammenhang zwischen Demokratisierung und der langfristigen Zunahme von Migration feststellen.[52]

Analysen für die Zeit vor dem 19. Jahrhundert legen nahe, dass Handelsregime und ökonomische Konjunkturen für das Migrationsgeschehen wichtiger waren als staatliche Intervention.[53] Für den Zeitraum danach wird der Zusammenhang zwischen gewaltsamen Konflikten und Zwangsmigration in Prozessen der Bildung und Konsolidierung von Staaten eindeutig bestätigt. In Europa lässt sich eine solche «Flucht vor der Gewalt» ab dem 16. Jahrhundert zuerst im Zusammenhang mit religiöser Verfolgung (z. B. Hugenotten) und später vor allem bei der Bildung von Nationalstaaten und Kriegen erkennen.[54] Die Spätfolgen der Bildung von Nationalstaaten und, gerade in ehemaligen Kolonialgebieten, kontinuierlicher Intervention durch (ehemalige) imperiale Mächte, bilden auch in postkolonialen Situationen eine beträchtliche Hypothek. Diese äußert sich in Kriegen, Vertreibung und Verfolgung. Allerdings ist das Wissen um Zwangsmigration, das über Staatenbildung und damit zusammenhängenden Konflikten wie Bürgerkriegen und Prozessen des Staatenzerfalls hinausgeht, sehr beschränkt. Zu bestimmten Formen von Gewalt, wie z. B. Kriminalität und deren Zusammenhang mit Migration, liegen noch weniger Erkenntnisse vor. Zu beobachten ist bspw. gerade in Zentralamerika die Bedrohung von Jugendlichen durch kriminelle Banden, die in den letzten beiden Jahrzehnten zugenommen hat. Dies hat wiederum zum Anwachsen der Migration von unbegleiteten Minderjährigen in Richtung USA geführt.[55]

Politische Machtungleichgewichte zwischen Herkunfts- und Zielländern werden besonders bei der Selektion von Migrant:innen und bei der Gewährung von Mitgliedschaft wie Staatsangehörigkeit sichtbar. Was die Selektion von Migrant:innen durch die Zielländer betrifft, so ist soziale Schließung gegenüber Nicht-Mitgliedern zentral. Dabei ist nicht zu vergessen, dass Selektion und Zulassung nach askriptiven Kriterien zugunsten von Humankapital abgenommen hat.Weiterhin wirkt Staatsangehörigkeit eindeutig als ein institutioneller Mechanismus, der die Inklusion von Bürger:innen und erwünschten Migrant:innen und die Exklusion von unerwünschten Personen sicherstellen soll.[56] Die Bedeutung formal-rechtlicher Mitgliedschaft für Grenzübertritte wird etwa darin deutlich, dass Bürger:innen aus EU-Mitgliedsstaaten, der Schweiz und den USA in ungefähr 170 Länder ohne Visum einreisen können. Für Bürger:innen aus Afghanistan, Somalia oder Eritrea kann die Zahl der Staaten, für die sie kein Visum benötigen, an zwei Händen abgezählt werden.[57]

Diese Überlegungen legen nahe, dass rechtliche Gleichheit unter Bürger:innen in vielen Staaten des globalen Nordens, also den Etablierten in der Weltgesellschaft, von der kategorischen Exklusion von Außenseitern begleitet wird. Es geht um ein sich gegenseitig bedingendes Verhältnis. Dabei sind es Prozesse wie Solidarität und Reziprozität in nationalen Wohlfahrtsstaaten, die wiederum Restriktionen gegen bestimmte Kategorien der um Eintritt nachsuchenden Nicht-Mitglieder legitimieren. Länder, die im weltweiten Vergleich durch relativ geringe soziale Ungleichheit gekennzeichnet sind, weisen keine offenere Immigrationspolitik als Staaten mit höherer Einkommensungleichheit auf. Dies liegt u.a. daran, dass Gleichheit von den Mitgliedern nationaler Wohlfahrts- und Rechtsstaaten nicht unbedingt im Weltmaßstab gedacht wird, sondern sich primär auf den eigenen Staat bezieht.[58]

Haben sich Migrant:innen niedergelassen, trägt der Erwerb von Staatsangehörigkeit in den Zielländern Europas zu einer verbesserten Lebenssituation bei. Dies ist eine «Staatsbürgerschaftsprämie».[59] Denn im Vergleich zur Situation vor dem Erwerb weisen Eingebürgerte höhere Quoten der Partizipation auf dem Arbeitsmarkt, höhere Einkommen und mehr soziale Kontakte zu Nicht-Migrant:innen auf. Allerdings wäre noch zu klären, ob es nicht schon in diesem Sinne sozial stärker Inkludierte sind, die vorrangig die Staatsangehörigkeit in liberal-demokratischen Zielländern erwerben.

## Soziale Ungleichheiten als ein Ergebnis von Migration

Empirische Belege aus der Geschichte grenzüberschreitender Wanderungen deuten darauf hin, dass Migration eine gleichheitsstiftende Wirkung auf Lebensverhältnisse im Allgemeinen und Einkommen im Speziellen haben kann. Ein wichtiges Ergebnis ist aus dieser Perspektive die Reduktion der Einkommenskluft zwischen Emigrations- und Immigrationsländern. Transatlantische Migration zeigte diesen Effekt in der zweiten Hälfte des 19. Jahrhunderts und zu Beginn des 20. Jahrhunderts. Sie trug mit zur Angleichung der Löhne in den Amerikas sowie den Herkunftsländern in Europa bei. Ein entscheidender Unterschied zur heutigen Situation auf globaler und regionaler Ebene ist jedoch, dass der Anteil von Emigrant:innen an der Bevölkerung der Herkunftsländer damals viel höher war,[60] so dass Migration wahrscheinlich die Einkommensungleichheiten stärker als heute reduzieren konnte. Daraus folgt, dass transnationale Mobilität heute nicht mehr das Ausmaß an makroökonomischer Wirkung via Rücküberweisungen und demografischer Entlastung wie noch vor über 100 Jahren im transatlantischen Migrationssystem hat. Diese Überlegungen treffen in ähnlicher Form möglicherweise auch auf die beiden anderen Migrationssysteme des ausgehenden 19. Jahrhunderts zu, das süd- bzw. südostasiatische und das sibirische Migrationssystem. Gegenwärtig ist der wirtschaftliche Einfluss von Migration umgekehrt eher in den Immigrationsländern und derzeit vor allem als Abfederung zur relativen Alterung der Bevölkerung und zur Deckung des Bedarfs an Fachkräften deutlich sichtbar.[61] Emigration trägt demgegenüber in den Herkunftsländern nicht wesentlich dazu bei, Druck von der demographischen Transition und der damit hervorgerufenen großen Zahl an Neueintritten in die Arbeitsmärkte zu nehmen und die Löhne in den Emigrationsregionen zu steigern.[62]

Die makro-ökonomische Relevanz von grenzüberschreitender Migration für die Angleichung von Einkommen und Lebensverhältnissen hat also heute im Vergleich zur Situation im 19. Jahrhundert abgenommen. Es ist allerdings schwierig, klar bestimmbare Wirkungen von Migration auf (Un-)Gleichheiten nachzuweisen. Zu viele andere Faktoren bestimmen neben Migration die Lebensverhältnisse in den betreffenden Orten und Regionen. Kurz gesagt: «*rarely if ever has any causality been established convincingly*».[63] Dennoch existieren einige Hinweise auf die Wirkung von Migration auf Ungleichheiten.

### *Die ökonomische Effizienz offener Grenzen*

Ein erster ökonomischer Ansatz fragt danach, wie eine Konvergenz im Hinblick auf die Verfügbarkeit von materiellen Ressourcen im Weltmaßstab erreicht werden könnte. Ganz grundlegend lautet das Argument, dass langfristig gesehen die Einkommensungleichheiten zwischen Ländern abnehmen würden, wenn nur die Migrationsquoten hoch genug wären. Dann nämlich würde eine Angleichung der Verfügbarkeit von Produktionsfaktoren zwischen den Regionen eintreten. In dieser Hinsicht wäre also Migration vor allem eine Angleichung der ungleichen Verteilung der global verfügbaren Güter. Studien haben seit den 1980er-Jahren versucht, die Wirkungen von völlig offenen Grenzen abzuschätzen.[64] Ein zentrales Ergebnis lautete, dass sich unter dieser Bedingung in den Herkunftsländern das Bruttoinlandsprodukt (BIP) im Durchschnitt verdoppeln und so zu einer weltweiten Konvergenz der Löhne führen würde. Spätere Studien gingen sogar von noch größeren Effekten aus.[65] Die Folgen offener Grenzen würden der Bevölkerung in den Herkunftsländern Vorteile verschaffen, während die Arbeiterklasse in den bisherigen Zielländern relative Nachteile erleiden würde. Aus dieser Sicht würden selbst weniger drastische Maßnahmen wie etwa ein dreiprozentiges Wachstum von Immigration in den Industrieländern des globalen Nordens mehr bewirken als ein genereller Schuldenerlass für die als Entwicklungsländer kategorisierten Staaten.[66]

So gesehen wären offene Grenzen und damit die unbegrenzte Mobilität von Personen weltweit das effektivste Mittel, um die sozio-ökonomische Stratifikation der Welt, die sich in den letzten 200 Jahren als erstaunlich stabil erwiesen hat, grundlegend zu verändern. Im Grunde wären offene Grenzen für alle Produktionsfaktoren inklusive Arbeit der logische Ausdruck eines globalen ökonomischen Liberalismus. Aber auch hier ist wieder Vorsicht vor voreiligen Schlussfolgerungen geboten. Denn es ist nicht ausgemacht, dass die ärmsten Mitglieder der Weltgesellschaft profitieren würden.[67] Denn Migration setzt auch bei offenen Grenzen ökonomische, kulturelle und soziale Ressourcen voraus. Diese Kapitalien sind in den Herkunftsgesellschaften äußerst ungleich verteilt. Somit wären nach den verfügbaren Erkenntnissen auch weiterhin ungleiche Erträge für verschiedene Gruppen zu erwarten. Offene Grenzen wären also nicht unter allen Umständen im Interesse der Ärmsten.[68]

Eine zweite Theorie, eine polit-ökonomische, beruht auf Annahmen zu asymmetrischem wirtschaftlichem Wachstum und ungleich verteilter politischer Macht. Wie schon erwähnt, argumentieren Dependenztheorien, dass Emigration die Unterentwicklung in den Herkunftsregionen vertiefen und ökonomische Abhängigkeiten perpetuieren würde. Diese Effekte würden herkömmliche Lebensweisen unterminieren und soziale Bindungen schwächen. Beispielsweise würde die Infrastruktur für Bildung und Gesundheit unter der Entleerung ländlicher Gebiete leiden.[69] Zusätzliche soziale Kosten bestünden etwa darin, dass Familien für längere Zeiträume getrennt wären.

Ein dritter Ansatz, der eine Art goldene Mitte zwischen den genannten Perspektiven darstellt, argumentiert, dass negative Auswirkungen von Migration vor allem kurzfristig auftreten. Obwohl bei offeneren Grenzen die Ungleichheiten im Zugang zu Ressourcen wie Einkommen und Bildung abnehmen würden, könnte es etwa durch *brain drain* zu erhöhten Ungleichheiten zwischen Emigrations- und Immigrationsländern kommen. Trotzdem würden auf lange Sicht die positiven Wirkungen überwiegen.[70] So sind bekanntermaßen finanzielle Rücküberweisungen eine Ressource für Emigrationsländer, die auch relativ konjunkturunabhängig fließen können und, wie in der Corona-Pandemie, sogar in Krisenzeiten nicht unbedingt stark einbrechen.[71] Diese Beobachtung, die zuvor schon in ähnlicher Form während Rezessionen in den 1960er-Jahren gemacht wurde, zieht nicht in Betracht, dass finanzielle Rücküberweisungen zwar durchaus für Familien von Migrant:innen wichtige Funktionen in der Gesundheits- und Bildungsversorgung übernehmen. Sie können aber nicht politische und für sozio-ökonomische Entwicklungen notwendige Maßnahmen wie Landreformen ersetzen.[72]

Während alle drei Ansätze darin übereinstimmen, dass die ökonomischen Effekte auf die Immigrationsländer positiv sind – bspw. durch flexibel einsetzbare migrantische Arbeitskräfte – gibt es keine Einigkeit bezüglich der Auswirkungen auf die Herkunftsländer. Was diese betrifft, so ergibt sich ein positiver Nutzen zweifelsohne aus mikroökonomischer Sicht für individuelle Migrant:innen und ihre Familien bzw. Haushalte. Aber in makroökonomischer Hinsicht sind die Effekte umstritten, wie etwa in der Debatte um die Effekte der Abwanderung von Hochqualifizierten sichtbar wird. Während die einen behaupten, dass *brain drain* stattfände, betonen andere, dass die Abgewanderten den im Herkunftsland verbliebenen Personen Anreize setzen könnten, beruflich ebenfalls mehr zu investieren, um so auch emigrieren und möglicherweise zurückkehren zu können.[73] Letzteres wäre ein Szenario, das zu *brain circulation* führen könnte, also der Zirkulation von Hochqualifizierten. Relativ sicher ist bisher nur, dass *brain circulation* oft in der Migration zwischen ökonomisch ähnlich entwickelten Staaten stattfindet, z.B. zwischen den USA und Deutschland. Demgegenüber findet *brain drain* für die Herkunftsländer und *brain gain* für die Zielländer mit großer Wahrscheinlichkeit dann statt, wenn die Abgewanderten eben nicht ersetzt werden können. Ein Beispiel dafür ist medizinisches Fachpersonal aus den ärmsten Ländern.[74] Insgesamt wird deutlich, dass *brain drain* für bestimmte Regionen wie Zentralamerika oder Subsahara-Afrika durchaus ein großes sozio-ökonomisches Problem darstellt.[75]

In einer durch Migrationskontrollen geprägten Welt besteht aus politik-ökonomischer Sicht ein Zielkonflikt zwischen den in Immigrationsstaaten gewährten Rechten für Migrant:innen einerseits und der zugelassenen Zahl von Migrant:innen andererseits – *rights vs. numbers*. Danach kann entweder eine hohe Zahl an migrantischen Arbeitskräften bei nur geringer arbeits- und sozialrechtlicher Absicherung zugelassen werden oder für eine weit geringere Zahl hohe arbeits- und sozialrechtliche Standards gewährt werden.[76] Wenn die Anzahl von Zugelassenen optimiert werden soll, dann sind flexible Arbeitsmärkte mit wenigen Schutzmaßnahmen für Migrant:innen charakteristisch, und die Zahl der Beschäftigten kann dementsprechend unternehmensseitig einfacher angepasst werden. Diese Option wäre dann der optimale Weg, um die finanziellen Rücküberweisungen in die Herkunftsländer zu maximieren und damit zur Armutsbekämpfung beizutragen.

Jedoch stellt dieser Zielkonflikt zwischen Rechten und Zahlen keine unabänderliche Konstante dar. Vielmehr wird ein solcher Zielkonflikt durch die beteiligten Akteur:innen politisch konstituiert und beschreibt damit keinen rein ökonomischen Sachverhalt. Denn der Grad der sozialen Schließung durch Immigrationsländer ist keine gesetzte Größe, genauso wenig wie der Umfang an sozialen Rechten für einheimische Beschäftigte sowie für Migrant:innen. Vielmehr ist die Gewährung sozialer Rechte ein Ergebnis vergangener Kämpfe und Kompromisse.[77] Nichtsdestotrotz ist das Gedankenexperiment eines Zielkonflikts ein wichtiger Hinweis auf die Stellgrößen, die es bei der Zulassung von Migrant:innen, den ihnen zustehenden Rechten und den Rückwirkungen auf die Herkunftsländer zu beachten gilt.

Eine auf soziale Rechte und die Lage von Beschäftigten abzielende Perspektive geht über das vordergründige Argument hinaus, dass die Anwerbung von Arbeitskräften aus dem Ausland dazu diene, eklatante Arbeitskräftelücken zu schließen. Umgekehrt perpetuieren Immigrationspolitiken solche Lücken.[78] Denn häufig ist die Ausgangslage in bestimmten Sektoren so, dass die Arbeitsbedingungen und Löhne für einheimische Beschäftige unattraktiv sind. Migration kommt dann als eine kurzfristige Lösung ins Spiel. Aufgrund der Beschäftigung von Migrant:innen unter einschränkenden rechtlichen Regelungen – z.B. das Verbot, das einstellende Unternehmen vor einer gewissen Frist wieder zu verlassen – werden «willige» Arbeitskräfte geschaffen. Es entwickeln sich regelrechte Sektoren der Beschäftigung von Migrant:innen, so etwa in den Haushalts-, Pflege- und Baubereichen. Solche Konstellationen führen dazu, dass diese Art von Arbeit für einheimische Arbeitskräfte noch unattraktiver wird. Dadurch werden bestimmte Tätigkeiten mit Merkmalen wie ethnische oder «rassische» Herkunft assoziiert. Als Folge werden diese Tätigkeiten und die damit assoziierten Arbeitskräfte noch weiter abgewertet.

### *Mobilität und der Transfer von Ressourcen*

Auf der Mikroebene hat die Mobilitätswende[79] den Schwerpunkt auf die Mobilität verschiedener Faktoren gelegt – Waren, Ideen, Menschen – und beachtet über Migration hinaus auch alltägliche Mobilität. So fragt sie, wie die Neuansiedlung in einem anderen Land die Muster der alltäglichen Wege verändert.[80] Damit ergeben sich interessante komparative Einblicke. Beispielsweise sind Staaten mit den striktesten Grenzkontrollen auch diejenigen, welche die innerstaatliche Mobilität von Migrant:innen stark beschränken. Dies war in den letzten Jahrzehnten bei Migrant:innen aus Süd(ost)asien in den arabischen Golfstaaten der Fall.[81] Diametral entgegengesetzt sind es transnationale

Eliten, die aufgrund ihrer Staatsangehörigkeit vorwiegend visumsfrei reisen, über zahlreiche Zugänge zu Gütern und Annehmlichkeiten fast überall auf der Welt verfügen, sich mit ihren Ressourcen Zugänge zu begehrten Staatsangehörigkeiten verschaffen und dazu häufig noch in spezifischen Enklaven residieren.[82] Diese Kategorie bildet ein Beispiel für eine spezifische transnationale Lebensführung, einer Verschränkung von verschiedenen Ressourcen in sozialer, kultureller, ökonomischer und symbolischer Hinsicht.[83]

Bei der nun folgenden Unterscheidung zwischen Herkunfts- und Zielregionen sollte nicht nur bedacht werden, dass viele Länder beides sind. Darüber hinaus ist auch wichtig, dass die Differenzierung in Emigrations- und Immigrationsstaaten nur eine, wenn auch eine entscheidende analytische Unterscheidung ist. Interaktionen über Herkunfts- und Zielstaaten hinweg sind wiederum Teil von Strukturen und Prozessen, die transnationale soziale Räume bilden und nach eigenen Regeln verlaufen.[84]

### *Emigrationsregionen*

Eine der grundlegendsten Einsichten in den Nexus von Emigration und Entwicklung ist klar und einfach: «*emigration by itself cannot lead to national economic development*».[85] Dies bedeutet, dass die politisch-ökonomischen Bedingungen stimmen müssen, damit Emigrationsstaaten vom Exit profitieren können. Nur unter günstigen Bedingungen kann Emigration bspw. Investitionen von (ehemaligen) Emigrant:innen im Herkunftsland nach sich ziehen oder Rückkehrmigrant:innen helfen, ihre Heimvorteile auszuspielen, so dass sie etwa dem Ausbau der wirtschaftlichen Infrastruktur oder der Geschlechtergerechtigkeit dienen. Nicht zufällig finden sich derartige Ziele vor allem auf der Liste von internationalen Organisationen und Nichtregierungsorganisationen (NGOs), die in den Zielländern beheimatet sind.

Die beiden gebräuchlichsten Indikatoren zur Messung des Einflusses von Emigration auf soziale Ungleichheiten sind die Höhe der finanziellen Rücküberweisungen und die Rückkehr von Emigrant:innen. Was Rücküberweisungen betrifft, so werden diese entweder als exogen, also als zusätzliches Haushaltseinkommen oder als Ersatz für Einkommen behandelt. Wenn sie als zusätzliches Einkommen dienen, so wäre zu erwarten, dass Einkommensungleichheit abnimmt. Im Falle des Einkommensersatzes wäre eher ein Anwachsen der Ungleichheiten wahrscheinlich, da dabei unter Umständen eine hohe Abhängigkeit von einer einzigen Quelle besteht.[86] Der Transfer von Ressourcen kann auch über Rückkehrmigration vonstatten gehen, z. B. durch im Ausland erworbene Bildungsabschlüsse und vor allem berufliche Kenntnisse oder durch transnationale Bindungen, die einen ständigen Austausch von Ideen und sozialen Praktiken implizieren.[87] Die Wirkungen von Rücküberweisungen und Effekte durch Rückkehr variieren, je nachdem, ob sie auf der Ebene des Haushalts, der lokalen Gemeinde oder auf nationaler Ebene konzeptualisiert und gemessen werden.[88] So können Rücküberweisungen von Geld und Informationen eine wichtige Rolle für Familien im Geflecht der gegenseitigen Hilfe spielen. Nationale Staaten hingegen nutzen in der Regel Rücküberweisungen, um ausländische Devisen zu erlangen oder hinterlegen sie als Sicherheit für Kredite aus dem Ausland.[89]

In absoluten Zahlen erhalten ökonomisch besser positionierte Länder wie Frankreich, USA und Deutschland deutlich mehr Rücküberweisungen als wirtschaftlich ärmere Länder. Das heißt aber nicht, dass ärmere Länder weniger abhängig von Rücküberweisungen wären. Es sind im Gegenteil gerade Länder mit strukturschwachen Ökonomien, wie etwa Moldawien in Europa oder El Salvador in Zentralamerika, die hochgradig abhängig sind.[90]

Es gibt auch einen wichtigen Unterschied zwischen interner und transnationaler Migration im Hinblick auf Risiken und Gewinne. Mobilität innerhalb des Wohnlandes verringert die Risiken von Einkommensausfall, hat aber relativ geringere Effekte auf Armutsreduktion. Migration über längere Distanzen und über Grenzen hinweg hat, ceteris paribus, höhere relative Effekte im Hinblick auf Einkommen und Vermögen.[91] All diese Prozesse sind in den Gruppen und Organisationen von Migrant:innen bzw. ihrer Herkunftsregionen sozial eingebettet. Dazu gehören Heimatassoziationen, religiöse Gemeinschaften, ethnische Vereinigungen oder Alumni-Vereine. Im westafrikanischen Senegal sind es bspw. die religiösen Gemeinschaften der Mouriden, die sicherstellen, dass vor allem aus Europa stammende Rücküberweisungen in eine ganzen Reihe von Entwicklungsprojekten investiert werden.[92]

Nicht genügend beachtet werden in der Regel die umgekehrt fließenden Überweisungen, also von den Herkunfts- in die Zielländer.[93] Diese haben zumeist zum Ziel, Migrant:innen durch einen legalen Aufenthaltsstatus Arbeit und Wohnen in den Zielländern zu ermöglichen. Genau dazu ist ein teilweise kostenpflichtiger Rechtsbeistand notwendig. Umgekehrt fließende Überweisungen sind in den letzten Jahrzehnten auch gerade deshalb so wichtig geworden, weil sich das Feld der Migration grundlegend verändert hat. Insbesondere in Südasien, Südostasien und Ostasien haben sich die Kosten der Migration vervielfacht. Migrant:innen müssen oft hohe Summen aufbringen, um sich in einer Zielregion (vorübergehend) niederzulassen, bspw. für ein Studium oder den Erhalt einer Arbeits- und Aufenthaltserlaubnis.

Daher sind auch Agent:innen, die Mobilität organisieren, von zentraler Bedeutung. Für eine von Makler:innen organisierte Reise spricht auch, dass in den letzten Jahren die Todeszahlen und das Verschwinden von Migrant:innen *en route* überall auf der Welt zugenommen haben.[94] Um die Migrationskosten aufzubringen, verschulden sich viele Familien in den Herkunftsländern, wobei das Risiko hoch ist, beträchtliche Summen zu verlieren.[95] Insgesamt legen diese Erkenntnisse nahe, dass der Fluss von Überweisungen aus den Herkunfts- in die Zielländer beträchtlich ist, auch verglichen mit den Rücküberweisungen von Nord nach Süd. In manchen Fällen, wie etwa bei indischen Studierenden in Großbritannien oder den USA, sind die Flüsse von Süd nach Nord höher als umgekehrt. Es überrascht daher nicht, dass diese Ungleichgewichte insbesondere von Vertreter:innen der Emigrationsregionen als Hinweis auf einen ungerechten Tausch vorgebracht werden.[96]

Wenn es um Ungleichheiten zwischen verschiedenen Gruppen von Emigrant:innen geht, so sind es die schon vor der Migration sozialstrukturell und statusmäßig besser Gestellten, die aus Migration relativ mehr an Einkommen, Vermögen und Prestige ziehen. Als eine der ersten Studien bestätigte eine Untersuchung zu landesinterner Land-Stadt-Migration aus Indien diese Vermutung für die 1970er-Jahre.[97] Der zugrundeliegende soziale Mechanismus ist das Matthäus-Prinzip, d.h.

diejenigen, die in der sozialen Stratifikation schon zu Anfang der Prozesse bessergestellt sind, ziehen aus Migration auch mehr materielle und symbolische Vorteile.[98] Die Beispiele sind vielfältig. Die formalen Wege der Geldüberweisung über Banken und Geldtransferinstitute benachteiligen ärmere Migrant:innen mehr, vor allem wegen der relativ hohen Gebühren, die bis zu 20 Prozent des überwiesenen Betrags erreichen können. Auch die Kontogebühren bei Banken wirken diskriminierend.[99] Was die informellen Kanäle betrifft, von denen viele nach dem 11. September 2001 geschlossen wurden, ist das Bild nicht so eindeutig. Das im asiatischen und pazifischen Raum verbreitete *hundi*-System, d.h. nicht in bar abgewickelter Zahlungsverkehr, bietet seinen Betreiber:innen, den sogenannten *hundiwala*, eine günstige Gelegenheit, um als Makler:innen ihren Status in der jeweiligen lokalen sozialen Hierarchie zu steigern.[100] Sie sind die «lachenden Dritten» – *tertius gaudens* – in triadischen Sozialstrukturen.[101]

Die am klarsten identifizierbaren positiven Effekte von Rücküberweisungen betreffen die Linderung von Armut. Rücküberweisungen mindern Armut sowohl direkt, indem sie Bargeld zur Verfügung stellen, als auch indirekt, indem sie dazu beitragen, die Verschuldung eines Haushalts zu verringern.[102] In den Haushalten erhöhen Rücküberweisungen den Lebensstandard von Familien am Herkunftsort und verbessern den Zugang zu Schulbildung, Gesundheitsversorgung und Wohnen.[103] Darüber hinaus können Rücküberweisungen durch Effekte des «Durchsickerns» auch Haushalten zugutekommen, die sie selbst nicht erhalten. Denn über Rücküberweisungen wird stellenweise der Konsum angekurbelt, der wiederum die lokale Produktion von Gütern, die Schaffung von Arbeitsplätzen und neuer Infrastruktur anregt und somit die materielle Wohlfahrt in einer lokalen Gemeinde verbessert.[104]

Um diese Ergebnisse einzuordnen, ist allerdings zu berücksichtigen, dass die Pioniermigrant:innen aus eher relativ privilegierten Haushalten stammen und dazu tendieren, im Laufe der Migration ihre Position gegenüber den ärmeren Gruppen in den Herkunftsorten noch auszubauen. Dagegen sind die Angehörigen ärmerer Gruppen häufiger in staateninterne als in transnationale Migration involviert. Es ist auch bemerkenswert, dass die Ärmeren im Falle von grenzüberschreitender

Migration eher auf risikoreichere Migrationskanäle und dubiose Makler:innen angewiesen sind und daher häufiger ohne gültige Papiere die Grenzen überqueren.[105] Je etablierter jedoch Migrationskanäle sind, desto egalitärer sind die langfristigen Wirkungen.[106] Das liegt daran, dass soziales Kapital Kosten und Risiken für grenzüberschreitende Migration in der Regel senkt, weil Migrant:innen auf etablierte Beziehungsnetzwerke unterwegs und bei der Arbeits- und Wohnungssuche im Zielland zurückgreifen können. Rücküberweisungen aus interner Migration sind zwar relativ niedriger, resultieren aber in einem egalisierenden Effekt, während Rücküberweisungen aus grenzüberschreitender Migration eher das Gegenteil bewirken. Das liegt auch daran, dass transnationale Migration hohe Eintrittskosten erfordert wie etwa die Kosten für die Reise, ein Visum und Informationen. Dies macht sie für die Privilegierteren zugänglicher als für ärmere Haushalte.[107]

Was diverse Verschiedenheiten wie Kaste, Ethnizität, Geschlecht, Transnationalität und deren Konsequenzen für soziale Ungleichheiten in transnationaler Migration betrifft, so weisen die Befunde also klar in Richtung des *Matthäus-Prinzips*. Wie verschränkt all diese Heterogenitäten sind, wird am Beispiel von Transnationalität und Kaste deutlich. In der Doaba-Region im östlichen Punjab Indiens begleiteten Migration und grenzübergreifende Bindungen die Öffnung von landwirtschaftlichen Märkten. Dabei traten auch negative Effekte hervor, so etwa ein sinkender Grundwasserspiegel.[108] Im Rahmen der Migration nach Nordamerika und Europa ersetzte die Pflege transnationaler Bindungen die Kultivierung von Land. Dies führte aus zwei Gründen zu einer Reproduktion von Kastenhierarchien. Erstens trugen aufgrund der Selektivität von Migration, welche die höheren Kasten bevorteilte, die familiären sozialen Schließungen über Heiraten dazu bei, dass der hohe Grad an räumlicher und beruflicher Segregation und die ungleiche Verteilung von Landbesitz erhalten blieben. Eine diese Arrangements rechtfertigende religiöse Praxis – in diesem Falle der Hinduismus – wurde nebenbei auch gestärkt. Zweitens war transnationale Migration prestigebringender (*izaat*) als die Anpassung am Herkunftsort. Die Beiträge der Emigrant:innen zu Entwicklungs- bzw. Infrastrukturprojekten wie dem Bau von Schulen oder Abwasseraufbereitung halfen dabei, ihr Ansehen zu stärken.[109] Migrant:innen in transnationalen Räumen waren anfällig für demonstrativen Konsum. Sie versuchten im Herkunftsort ihr ökonomisches in symbolisches Kapital zu wechseln. Die symbolische Seite im Hinblick auf sozialen Status wird auch in ganz anderen Kontexten sichtbar, in Europa etwa bei rumänischen Emigrant:innen in der Nähe von Cluş, die ihr in Norditalien erzieltes Einkommen in Villen im Herkunftsort zur Schau stellten.[110]

Auch Geschlecht ist eine zentrale Heterogenität, die Ungleichheiten impliziert. Bei der Migration von Frauen ergänzten in den letzten Jahrzehnten stärker ökonomisch motivierte Strategien den früheren Schwerpunkt auf Familienzusammenführung. Das bedeutet, dass eine wachsende Zahl an migrierenden Frauen in relativ autonomer Weise im Ausland arbeitet. Einerseits ließe sich dabei vermuten, dass Frauen heutzutage selbständiger als früher in Migrationsprozessen agieren können. Dies trifft sogar auf Fälle zu, in denen sie nicht selbst migrieren.[111] Zum Beispiel hat die Migration von Männern aus Mexiko in die USA ohne ihre Familie in den 1980er- und 1990er-Jahren die Kontrolle und die Entscheidungsautonomie der zurückgebliebenen Frauen erhöht. So haben sich diese Frauen viel häufiger als andere dafür entschieden, im Herkunftsort nach Arbeit zu suchen. Auch nach der Heimkehr ihrer Männer gab es selten eine Rückkehr zu den früheren Machtbeziehungen.[112] Andererseits finden sich aber auch viele Beispiele, die nahelegen, dass geschlechtsbasierte Ungleichheiten in Familien im Verlauf von Migration perpetuiert wurden. So wählten im Rahmen von Migration zwischen Senegal und Frankreich im ausgehenden 20. Jahrhundert die jeweiligen Großfamilien Heiratspartnerinnen für männliche Migranten aus, unterbanden aber gleichzeitig die Zusammenführung von Familien in Frankreich. Die Frauen und Kinder dieser Migranten verblieben bei den Großfamilien im Herkunftsort, um den reibungslosen Fluss von Rücküberweisungen und die Rückkehr der männlichen Migranten in den Schoß der Familie und Gemeinde sicherzustellen. In Frankreich verstärkten Organisationen von senegalesischen Migrant:innen diesen Aspekt sozialer Kontrolle.[113]

Im Unterschied dazu illustriert das folgende Beispiel eine mögliche Gegenstrategie in Bezug auf geschlechterspezifische Ungleichheiten. Es handelt sich um den Mechanismus der Inversion. In den späten 1990er-Jahren stellten Frauen 80 Prozent derer, die aus Bangladesch stammten und in Malaysia arbeiteten. Nach der Rückkehr aus Malaysia und den Golfstaaten eröffneten viele Rückkehrmigrantinnen kleine Geschäfte oder begannen Viehzucht zu betreiben. Um das zu bewerkstelligen, mussten die betreffenden Frauen ihre neuen Rollen legitimieren. Dies taten sie, indem sie auf genau die religiösen Diskurse Bezug nahmen, die zuvor dazu dienten, um Frauen in einer inferioren Position zu halten. Sie argumentierten, dass es laut Koran und islamischer Tradition prinzipiell keine Einschränkungen für die Geschäftstätigkeit von Frauen gäbe.[114] Darüber hinaus verwiesen diese Frauen auf Praktiken in Malaysia, das in religiöser Hinsicht als Vorbild für Bangladesch diente. Um derartige Prozesse zu beschreiben und zu erklären, gilt es, Migration auch als ein Ergebnis von Konflikten und damit zusammenhängenden Aushandlungsprozessen innerhalb von Haushalten und Familien zu fassen, also etwa zwischen Männern und Frauen, Jungen und Alten, Eltern und Kindern.

Die Auswirkungen von Migration auf politische Ungleichheiten sind mit Vorsicht zu bewerten. Was Prozesse der Demokratisierung betrifft, so liefern die vorhandenen Einsichten ein ambivalentes Bild.[115] Beispielsweise ergab eine Untersuchung der politischen Partizipation von Migrant:innen und Demokratisierungsprozessen in der Dominikanischen Republik und in El Salvador, dass die transnationalen politischen Aktivitäten in diesen beiden Ländern während der 1990er- und 2000er-Jahre die formalen demokratischen Regeln des politischen Wettbewerbs stärkten.[116] Die Analyse zeigt allerdings ebenso deutlich, dass der Beitrag der Emigrant:innen zur Vertiefung des demokratischen Prozesses sehr begrenzt ist. Im Einzelnen ist belegt, dass in beiden Emigrationsländern wichtige Gründe für die Migration in einem autoritären Regierungssystem, politischer Unterdrückung und dem Fehlen sozioökonomischer Chancen lagen. Durch räumlichen Exit bildeten die Migrant:innen eine neue Wählergruppe, mit denen die Herrschenden in den Emigrationsländern rechnen mussten. Trotzdem gibt es klare Grenzen dafür, was die transnationalen politischen Aktivitäten von Migrant:innen zur Ausbreitung demokratischer Praktiken beitragen können. Im

Fall der Dominikanischen Republik war die Wirkung der Wähler:innen unter Migrant:innen im Ausland aufgrund der geringen Partizipation der (Re-)Migrant:innen und der Tatsache, dass der Großteil von ihnen das Wahlrecht eher als ein symbolisches Recht sah eher gering und beschränkte sich auf diejenigen, die innerhalb der etablierten Parteiapparate arbeiteten.

In El Salvador lieferten die Heimatassoziationen einen Beitrag zur Entwicklung partizipatorischer Institutionen und zur Dynamik lokaler politischer Teilhabe. Migrant:innen wurden in diesem Falle zu einer neuen und schwer berechenbaren Machtgruppierung. Sie konnten ihre Ressourcen nutzen, um gegenüber Nicht-Migrant:innen ihre eigenen Pläne durchzusetzen.[117] Es ist also Vorsicht angebracht, Migrant:innen in der Rolle als Akteur:innen für einen tiefgehenden politischen und sozialen Wandel zu sehen. Schließlich gehören in etlichen Fällen die Migrant:innen selbst zu den lokalen Eliten, auch wenn Diasporagruppen möglicherweise bestehende politische Regime radikal infrage stellen.[118] Ebenso ist nicht zu übersehen, dass – über die genannten Fälle hinaus – die Interessen der Migrant:innen meist stärker auf die Teilnahme an der Politik des Immigrationslandes ausgerichtet sind.[119]

Als Theorien der Dependenz und des Weltsystems in wissenschaftliche und öffentliche Debatten Eingang fanden, wurde auch der Begriff *brain drain* populär. Bis heute durchlief die Diskussion um dieses Konzept drei Phasen. In einer ersten stand die Behauptung im Mittelpunkt, dass durch die Anwerbung von Hochqualifizierten die Kosten für Sozialisation und Ausbildung auf die Herkunftsländer abgewälzt würden – und zwar ohne Kompensation durch die davon profitierenden Ziel länder. In dieser Perspektive erscheint Migration als ein Prozess, der es Immigrationsländern ermöglicht, kostengünstig qualifizierte Arbeitskräfte einzusetzen, weil sie nicht für deren Ausbildung aufkommen müssen.[120] Dabei finden sich prekäre Arbeitsverhältnisse unter als Hochqualifizierte eingestuften Arbeitskräften, etwa in Branchen wie der indischen Informationstechnologie. In diesem Fall werden sie für Kurzzeiteinsätze in den USA genutzt.[121] Die Praxis des *benching*, also des Wartens auf Einsätze, verhilft den Unternehmen zu einer willigen Arbeitskraftreserve. In einer zweiten Phase der Diskussion um *brain drain* wurden solche negativen Schlussfolgerungen weiter differenziert. Dabei interpretierten viele Beobachter:innen die Abwanderung qualifizierter Arbeitskräfte dahingehend, dass mehr Personen im Herkunftsland in die Bildung von kulturellem Kapital bzw. Humankapital investierten als vorher. Grund dafür sei das Beispiel derer, die mit einer solchen Bildung attraktive Beschäftigungsmöglichkeiten im Ausland gefunden hätten. Als Beispiel diente für gewöhnlich der Gesundheitssektor in afrikanischen Ländern.[122] Auch die von den erfolgreichen Migrant:innen getätigten Rücküberweisungen könnten andere Personen motivieren. So wurde in neutralisierender Absicht von einer *brain circulation* gesprochen. Diese Vermutung hat aber nur dann ihre Berechtigung, wenn die Abwanderung von Fachkräften mit neu Ausgebildeten kompensiert werden kann. Denn am Ende der Kaskade des Exits von Fachkräften gibt es immer Herkunftsländer, die Abwanderung nicht mehr durch vermehrte Ausbildungsaktivitäten kompensieren können; z. B. Malawi im Gesundheitsbereich in der Kette USA-Kanada-Südafrika-Malawi (*brain cascades*).[123]

Manchmal wurden auch Argumente ins Feld geführt, die betonten, dass in vielen Herkunftsländern und in manchen Bereichen wie den Natur- und Ingenieurswissenschaften zu viele Fachkräfte ausgebildet werden würden, die dann nicht qualifikationsgerecht zum Einsatz kämen (*brain waste*). Eine Beschäftigung in Zielländern wäre daher angebracht. Dieses Argument überzeugt nicht. Denn was als qualifizierte und was als ungelernte Arbeit gilt, ist höchst variabel und wird sozial in Arbeitszusammenhängen konstituiert.[124]

In einer dritten Phase der Diskussion um *brain drain* ist nun davon die Rede, dass durch Exit sogar Vorteile für die Herkunftsstaaten entstünden. Gewöhnlich gelten Länder wie die Philippinen als Beispiel. Dort werden gezielt Arbeitskräfte zum Export ausgebildet. Vergessen wird dabei allerdings, dass es gerade im Gesundheitssektor auf den Philippinen substanzielle personelle Engpässe gibt, die schon seit Jahrzehnten trotz einer vermehrten Ausbildungsaktivität nicht geschlossen werden können. Zusätzlich sind viele der aus dem Ausland zurückgekehrten Pflegekräfte arbeitslos.[125] Weiterhin ist zu beachten, dass die Ausbildungsinstitutionen in manchen Regionen wie Subsahara Afrika nicht über ausreichende Kapazitäten verfügen, um überhaupt für den Export von Arbeitskräften ausbilden zu können. In den Fällen, in denen der *brain drain* eine kritische Schwelle übersteigt, sind die negativen Folgen schließlich unübersehbar. Ein besonders prägnantes Beispiel ist Haiti: Mehr als 85 Prozent der an Hochschulen Ausgebildeten hatten Anfang der 2000er-Jahre das Land bereits verlassen.[126]

Insgesamt gibt es viele Hinweise darauf, dass Migration dazu beitragen kann, die Lebensbedingungen von Migrant:innen und ihren Angehörigen zu verbessern. Allerdings wirkt Migration, gerade aufgrund der klassenspezifischen Selektivität, nicht fundamental ungleichheitsreduzierend, weder im wirtschaftlichen noch im politischen Bereich. Migration ist Teil von sozialem Wandel, was am Beispiel geschlechtsspezifischer Mobilität recht deutlich wird. Aber sie trägt nicht entscheidend zu einer sozialen Transformation entlang von Heterogenitäten wie Kaste, Ethnizität, Geschlecht oder Klasse bei. Kurzum, Migration ist kein Gleichmacher, wenn es um grundlegende soziale Ungleichheiten geht. Um diesem Ziel näher zu kommen, müssten auch ärmere Gruppen noch viel stärker die Möglichkeit haben, sich an transnationaler Migration zu beteiligen.[127]

### *Immigration*

Während die Wirkungen von Migration auf Ungleichheiten in den Emigrationsregionen umstritten sind, ergibt sich für die Immigrationsländer ein eindeutigeres Bild: Insgesamt profitieren die Einwanderungsregionen gerade in wirtschaftlicher Hinsicht immens von Immigration. Aber welche Gruppen ziehen daraus Gewinne, und wer trägt die ebenfalls anfallenden Kosten? Sicherlich spielen Faktoren wie die Art der Migrationskontrolle, die Zahl der Migrant:innen und die Offenheit für kulturelle Vielfalt in der jeweiligen Bevölkerung eine Rolle. Immigration in die OECD-Länder wird in der Regel relativ strikt kontrolliert, und der Anteil der Immigrant:innen (Personen, die im Ausland geboren sind) unter den Berufstätigen beträgt im Durchschnitt etwa 15 Prozent. Höher liegt der Prozentsatz dann, wenn zentrale Sektoren der Wirtschaft von migrantischen Arbeitskräften abhängen, wie etwa die Finanzbranche in Luxemburg oder die Bauwirtschaft und der Tourismus in der

Schweiz. Was nun den Anteil von als gering- oder mittelqualifiziert eingestuften Migrant:innen betrifft, so sind etwa in Deutschland hohe Prozentsätze in ganz bestimmten Sektoren vorzufinden, etwa in der Landwirtschaft, in der Gastronomie, auf dem Bau, in der Fleischverarbeitung und in der Haushalts- und Pflegearbeit. Die empirischen Belege zeigen hier eindeutig, dass Immigration aus anderen EU-Staaten und von außerhalb der EU die ökonomische Wohlfahrt steigert.[128]

In bestimmten Sektoren und Orten kann es jedoch zu negativen Auswirkungen auf die lokal ansässige Bevölkerung kommen.[129] So ist eine weit verbreitete Position in der Forschung, dass in Immigrationsländern Unternehmen und die als höher qualifiziert eingestuften Beschäftigten von Immigration profitieren, während die formal als gering bewerteten Qualifizierten eher Nachteile erleiden.[130] Jedoch gibt es drei Gründe, die an einer solch generalisierten Behauptung erhebliche Zweifel aufkommen lassen. Erstens sind Arbeitsmärkte in der Regel segmentiert, d. h. in voneinander getrennte Bereiche im Hinblick auf Löhne, Arbeitsbedingungen und Karrierechancen gespalten.[131] Migrant:innen konkurrieren in der Regel eher mit anderen Migrant:innen, die früher gekommen sind, als mit Nicht-Migrant:innen. In diesem Fall hat Immigration keine nennenswerten Effekte auf die Löhne und die Beschäftigungsquote der einheimischen Ansässigen. Zweitens wurde schon oft beobachtet, dass kaum Konkurrenz zwischen Migrant:innen und schon länger Ansässigen zu beobachten ist, weil letztere die Sektoren verlassen, in die Migrant:innen einsteigen. Beispiele dafür sind die Arbeit in Kohlebergwerken und der Stahlindustrie in den 1960er- und 1970er-Jahren in Westeuropa.[132] Drittens bieten Immigrant:innen häufig Dienstleistungen an, von denen auch ärmere Einheimische profitieren; bspw. Änderungsschneidereien oder Schnellimbisse.[133] All diese Ergebnisse verweisen darauf, dass segmentierte Arbeitsmärkte und berufliche Eigenständigkeit zwei der Hauptmechanismen sind, welche die potenziell bzw. tatsächlich vorhandenen negativen Effekte auf ärmere Einheimische und bereits ansässige Migrant:innen abfedern.

### *Diskursive Kategorisierungen und Ungleichheiten*

Rechtliche und soziale Kategorisierungen bestimmen Lebensverhältnisse von Migrant:innen.[134] Eine soziolinguistische Perspektive betont dabei die performative Rolle von Sprache in der Produktion von binären Kategorisierungen.[135] Sprachliche und damit auch semantische Aspekte sind wesentlicher Bestandteil der Grenzziehungsarbeit, die der Entstehung von sozialen Ungleichheiten in Migrationsprozessen zugrunde liegen.[136] Andauernd werden diskursiv neue Kategorien von Migrant:innen und Mobilen produziert, in der wissenschaftlichen Forschung etwa Zwangsmigrant:innen, darunter auch Klimaflüchtlinge und Transitmigrant:innen. Zwangsmigrant:innen fallen nicht unbedingt unter den Schutz, den die *Genfer Flüchtlingskonvention* verschafft. Eine weitere zentrale Kategorisierung ist die zwischen Mobilen und Migrant:innen, wobei erstere sowohl in öffentlichen Debatten als auch in der empirischen Forschung nur selten mit negativen Folgen von Migration assoziiert werden. Einschlägige EU-Dokumente verwenden den Begriff «Mobile» für die Freizügigkeit von Bürger:innen aus EU-Mitgliedsstaaten.[137] Aber auch hier gibt es Ausnahmen wie die Thematisierung von «Armutsmigration» aus Rumänien und Bulgarien nach Deutschland Mitte der 2010er-Jahre. In diesem Falle gerieten sowieso schon marginalisierte Gruppen wie Roma ins Visier der Kritik.[138] Selten erwähnte die mediale Berichterstattung, dass sich unter den in Deutschland arbeitenden Personen aus Südosteuropa auch viele Ärzt:innen und Ingenieur:innen finden.

### *Harte Grenzziehungen und Reformen*

Neben der bedeutenden Rolle von Sprache für ungleichheitsrelevante Kategorisierungen[139] machen Nationalstaaten andauernd Gebrauch von harter, materieller Macht, um Grenzen zu ziehen und zu überwachen. Dabei kann von einer Ko-Produktion von sprachlicher und materieller Kategorisierung gesprochen werden. Das lässt sich etwa in öffentlichen Debatten beobachten, in denen Kategorisierungen und Eingruppierungen folgenschwere Konsequenzen haben, wie das Beispiel der sprachlichen Einteilung in «wirkliche Flüchtlinge» und «Scheinasylant:innen» zeigt.[140] Solche Kategorisierungen bilden auch die

Grundlage für Denkweisen und Wahrnehmungen von Flucht und Migration.

Ein anderes Beispiel betrifft Szenarien, die einen Gewinn aus Migration für alle Beteiligten in Aussicht stellen, in diesem Falle sogenannte «Szenarien des Dreifachgewinns» (*triple win scenarios*).[141] Gemäß dieses Konzepts hat Migration das Potenzial, alle Beteiligten besser zu stellen, vom Herkunftsland über das Zielland bis zu den Migrant:innen selbst. Selbst, wenn solche Behauptungen empirisch belegbar wären – was in dieser pauschalisierenden Form äußerst umstritten ist – werden in der Regel dabei etwa diejenigen kaum beachtet, die in den Herkunftsländern Aufgaben wie die Kinderbetreuung der Emigrant:innen übernehmen.[142] Es wird also häufig übersehen, dass nicht nur Migrant:innen selbst ganz direkt von Migration betroffen sind. Gewinner:innen und Verlierer:innen finden sich also auch jenseits der direkt Mobilen, so etwa unter den relativ immobilen Familienangehörigen.

Eine zentrale Form der Grenzziehung betrifft den Zugang zu Staatsangehörigkeit. Immer mehr liberal-demokratische Nationalstaaten haben ihre *ius sanguinis*-Regeln, also die Zuschreibung von Staatsangehörigkeit durch den Status der Eltern, um *ius soli*-Bestimmungen ergänzt. Damit gelten zusätzlich auch Regeln des Erwerbs von Staatsangehörigkeit aufgrund der Geburt in einem staatlichen Territorium. Diese Erweiterung hat Deutschland mit dem neuen Staatsangehörigkeitsgesetz im Jahre 2000 vollzogen: Kinder von ausländischen Eltern, die in Deutschland geboren werden und von denen ein Elternteil über eine unbefristete Aufenthaltsberechtigung verfügt, erwerben über das *ius soli*-Prinzip die deutsche Staatsangehörigkeit.[143] Die ganz anders gelagerte Situation in den Golfstaaten, in denen der Erwerb der Staatsangehörigkeit durch Arbeitsmigrant:innen unmöglich ist, verweist darauf, dass der Trend der Ergänzung von *ius sanguinis*- um *ius soli*-Bestimmungen nicht einfach global gilt, sondern an bestimmte rechtsstaatliche Bedingungen in den Zielländern geknüpft ist. Von Bedeutung ist auf jeden Fall, dass Regelungen des Erwerbs der Mitgliedschaft, aber auch die Aktivitäten und die Erfolge rechtsradikaler politischer Parteien die Wahl eines Landes als Zielland mit beeinflussen können.[144] Daraus folgt, dass Staaten mit ausgeprägt xenophoben Strömungen somit einen

Wettbewerbsnachteil gegenüber solchen aufweisen, die eine «Willkommenskultur» für Fachkräfte pflegen.

### *Soziale Struktur von Arbeitsmärkten*

Durch die Beschäftigung von Migrant:innen in den vergangenen 150 Jahren haben Unternehmen vor allem Zugriff auf eine willige Arbeitskraftreserve erlangt. Im Hinblick auf die damit zusammenhängende soziale Stratifikation ist eine wichtige Frage, wie Migrant:innen kategorisiert werden. Im Unterschied zur Anwerbung der «Gastarbeiter» in den 1960er-Jahren in Deutschland, in der diese Migrant:innen am unteren Ende der beruflichen Hierarchie einstiegen,[145] ist die Situation heute viel diverser geworden. Immer mehr Migrant:innen arbeiten auch als Unternehmer:innen oder Selbständige. Im Europa der 1960er- und 1970er-Jahre vollzog sich die Eingliederung von Arbeitsmigrant:innen in westeuropäische Arbeitsmärkte in einer Weise, die kaum eine Spur in der Tiefenstruktur sozialer Ungleichheiten hinterließ. Dies kann als Prozess der «Unterschichtung» begriffen werden: Migrant:innen nahmen Arbeitsplätze an und zur gleichen Zeit stiegen die einheimischen Arbeiter:innen in der Hierarchie auf. Es handelte sich um eine Art «Fahrstuhleffekt»[146] in segmentierten Arbeitsmärkten. Das bedeutet, dass sich die Situation aller beteiligten Gruppen verbesserte, obwohl sich an der grundlegenden Struktur von Ungleichheiten nichts änderte. Heutzutage scheint der Fahrstuhleffekt größtenteils verschwunden zu sein, ohne dass es zu stark politisierten Verteilungskonflikten gekommen wäre. Migrant:innen sind allerdings trotz ihres rasant anwachsenden Anteils unter Fachkräften immer noch stärker als unqualifizierte oder geringqualifizierte Arbeiter:innen rubriziert.[147] Unterschiede gibt es dennoch zwischen den beiden Phasen. In der Nachkriegszeit bis in die 1970er-Jahre hinein war eine gewisse soziale Aufwärtsmobilität ein Merkmal sowohl der Ansässigen als auch der Migrant:innen. Ab den 1980er-Jahren ging die Aufwärtsmobilität für die meisten Beschäftigten zurück.[148]

Etliche Migrant:innen erfahren darüber hinaus eine dreifache Benachteiligung durch ihren Status als Immigrantinnen, als Arbeiterinnen und als Frauen. In formal gering qualifizierten Positionen eingestufte

Frauen finden häufig nur in einer begrenzten Anzahl von Sektoren Beschäftigung. Dazu zählen im Dienstleistungssektor vor allem Bereiche wie Reinigung und Pflege, die von ansässigen Arbeiter:innen gemieden werden. Daher ist es zur Bestimmung der sozialen Position sinnvoll, die jeweiligen Verschränkungen von Rassifizierung, Klasse und Geschlecht zu bestimmen.[149]

Bei der Wahrnehmung von Ungleichheiten ist es entscheidend, welche Kriterien von den Bewertenden herangezogen werden. Beispielsweise gibt es im Hinblick auf Migration häufig eine tiefe Kluft zwischen der öffentlichen Meinung einerseits und den Befunden aus ökonomischen oder soziologischen Analysen andererseits. Viele Umfragen quer durch Europa haben in den vergangenen Jahrzehnten festgestellt, dass eine große Minderheit und manchmal sogar eine Mehrheit der Befragten der Ansicht war, dass Immigrant:innen mit den Ansässigen in Konkurrenz um Arbeitsplätze stehen oder zumindest einen negativen Einfluss auf die Löhne hätten.[150] Im Gegensatz dazu haben ökonomische Studien immer wieder darauf verwiesen, dass Immigration in den letzten Jahrzehnten in der Regel weder Lohndruck nach unten verursachte noch die Arbeitslosigkeit allgemein oder für bestimmte Gruppen erhöhte. Dies bedeutet zwar nicht, dass Immigration unter keinen Umständen negative Folgeeffekte auf die lokale Bevölkerung hätte. Allerdings sind diese bisher eher lokal und, wenn überhaupt nachweisbar, auf formal niedrig qualifizierte Arbeitskräfte beschränkt.[151] Die vorliegenden Untersuchungen stimmen darüber überein, dass Immigration das Wirtschaftswachstum stimuliert, die Wettbewerbsfähigkeit der Zielländer erhöht und negative Effekte auf Löhne und Beschäftigung insgesamt eher gering ausfallen.[152]

### *Die soziale Konstitution von Migration als Meta-Problem*

Die Frage lautet demnach, warum öffentliche Wahrnehmung und Forschungsergebnisse häufig weit auseinander liegen. Dafür gibt es im Wesentlichen zwei Erklärungen: Die erste geht davon aus, dass es eine wachsende Kluft zwischen denen gibt, die aus ökonomischer Globalisierung Nutzen ziehen und denen, die sich in diesen Prozessen abgehängt fühlen. Da ökonomische Transaktionen viel weniger sichtbar sind als Migrant:innen, wird grenzüberschreitende Migration in der Regel als ein wesentlicher Ausdruck von Globalisierung interpretiert. Migration steht somit stellvertretend für die Folgen grenzübergreifender Öffnungen. In einer solchen Situation liegt für manche Politiker:innen die Versuchung nahe, Migration als wichtigsten Ausdruck für Globalisierung zu setzen. Dabei tritt neben verschiedentlich geäußerten positiven Folgen Migration vor allem als ein Meta-Problem hervor. Schon auf den ersten Blick wird deutlich, dass sich sämtliche soziale Probleme mit Migration verbinden lassen; darunter Arbeitslosigkeit, innere Sicherheit, kulturelle Konflikte oder Konkurrenz um Wohnungen.[153] Die zweite Erklärung ist im Unterschied dazu migrationsspezifisch und hebt auf die in Immigrationsstaaten ungleich verteilten Gewinne und Kosten ab. Im Grunde geht es um den Unterschied zwischen privaten Gewinnen und öffentlichen Kosten. Während die aus Migration erzielten Gewinne zumeist privatisiert werden können, vor allem durch die involvierten Unternehmen, werden die Kosten in der Regel sozialisiert; so etwa im Hinblick auf öffentliche Dienstleistungen und Bildungseinrichtungen. Ein Teil der Bevölkerung fühlt sich so von Verlusten bedroht.[154]

Allerdings sind die empirisch beobachtbaren Widerstände gegen Migration häufiger mit kulturellen als mit ökonomischen Argumenten verknüpft.[155] Als kulturelle Bedrohung trägt der Widerstand gegenüber Immigration auch zu einer Versicherheitlichung von Migrationspolitik bei. Migrant:innen werden damit nicht nur als Bedrohung für physische Sicherheit, sondern noch weitergehender für das kulturelle Selbstverständnis wahrgenommen.[156] Die erste und eine modifizierte zweite Erklärung können auch zusammen gesehen werden: Die restriktiven Antworten mancher Wähler:innen resultieren zum einen aus Vorstellungen, dass die nationale kulturelle Homogenität und die damit zusammenhängende Lebensweise bedroht sei. Genauso sichtbar sind aber auch eine Unzufriedenheit mit und ein Vertrauensverlust in «politische Eliten».[157] Insgesamt wird hier deutlich, dass sich die Konstitution der sozialen Frage nicht nur auf die Folgen von Exit für Migrant:innen selbst, sondern vor allem auch auf bereits ansässige Mehrheitsgruppen bezieht.

## Exkurs: Mobilität und Transnationalität von ökonomischen Eliten

Die räumliche Mobilität großer Menschenmengen aus den ländlichen in städtische Gebiete oder in andere Länder und gar nach Übersee aus Europa, war für die soziale Frage des 19. und beginnenden 20. Jahrhunderts charakteristisch. Ähnliche Massenbewegungen gab es in Süd- und Südostasien und in Russland in Richtung Sibirien.[158] Nicht nur Arbeiter:innen migrierten intern oder überquerten Grenzen. Dies unternahmen in der Mitte und zum Ende des 19. Jahrhunderts, also in einer Zeit, in der sich nationale Bourgeoisien konsolidierten, auch Geschäftsleute.[159] Ein Teil davon gehörte damals wie heute zu den ökonomischen Eliten, die durch drei Merkmale gekennzeichnet sind: Erstens erhalten sie hohe Rendite aus ein- oder mehrfachen Einkommensquellen (Vermögen, Arbeit, Rente) in Verbindung mit einer dominanten Marktposition. Zweitens ist damit eine starke Machtposition verknüpft, mit vielen Möglichkeiten, politische Prozesse zu beeinflussen. Und drittens geht damit ein hoher sozialer Status mit einem charakteristischen Lebensstil einher.[160]

Ökonomische Eliten in OECD-Regionen sind eine strategisch wichtige Kategorie, zumal ihre grenzüberschreitende Mobilität überdurchschnittlich hoch ist. Während die Migrationsquote weltweit derzeit bei ca. 3,6 Prozent (2020) liegt, ist diese bei ökonomischen Eliten höher und beläuft sich voraussichtlich auf ca. 12 bis 15 Prozent.[161] Auf der Grundlage der Zusammensetzung von Aufsichtsräten und der Leitung von Firmen (CEO) kann davon ausgegangen werden, dass der Anteil bei ökonomischen Eliten weit höher als die durchschnittliche Quote in den OECD-Ländern liegt.[162]

Migration geht oft mit Transnationalität einher. Gerade bei ökonomischen Eliten ist die Annahme plausibel, dass der Grad an Transnationalität wichtig ist, da er grenzübergreifende Verflechtung misst. Allerdings gibt es zwei Probleme der Messung.[163] Erstens sind es oft die Bindungen zwischen Unternehmen und Personen, die analysiert werden – und nicht die zwischen Personen. Zweitens gibt es keinen klaren

Richtwert, wie dicht die Bindungen über Grenzen hinweg sein müssen, um von einer kohäsiven transnationalen Gruppe sprechen zu können. Trotzdem gibt es einige Anhaltspunkte, was die Eigentümer:innen und die führenden Angestellten in den größten Unternehmen ausgewählter OECD-Länder betrifft.[164] Unter den Mitgliedern von Aufsichtsräten variiert in vergleichender Perspektive die Migrationsquote sehr stark; wobei das Herkunftsland sich hier auf den Lebensmittelpunkt und nicht auf den Sitz des jeweiligen Unternehmens bezieht. Die Quote ist mit 25 Prozent relativ hoch in Ländern wie Deutschland, Großbritannien, Kanada und den Niederlanden. Unter den CEOs kommt etwa ein Achtel aus dem Ausland. Hier gibt es allerdings eine große Spannbreite, die von 72 Prozent in der Schweiz bis zu 0 Prozent in China reicht.[165] Der Grad an Transnationalität ist höher bei denjenigen CEOs, die über Arbeitserfahrung im Ausland verfügen: Etwa 23 Prozent unterhalten sehr intensive Kontakte ins Ausland, die sie zumeist im Verlauf einer innerbetrieblichen Karriere geknüpft haben. Der Grad an Transnationalität korreliert positiv mit der Größe eines Unternehmens. Eine weitere Kategorie sind Vermögensmilliardäre. Auch hier ist die Variation immens. Etwa ein Viertel bis ein Drittel aller Milliardäre aus den Herkunftsländern Deutschland, Schweden, Frankreich, Kanada und Israel haben ihren Wohnsitz ins Ausland verlegt. Im Gegensatz dazu liegt der Prozentsatz fast bei null für Milliardäre aus China, Japan, Südkorea, den Philippinen, den USA, der Türkei und Chile. Es verwundert nicht, dass sich der höchste Grad an Transnationalität bei Rentiers findet. Aber die Verlagerung des Wohnsitzes ins Ausland ist wiederum sehr niedrig bei denjenigen, die Unternehmen leiten und daher vor Ort sein müssen. Dazu zählen Vermögensmilliardäre. Einige davon sind auch *working rich*, d.h. hochbezahlte Manager:innen.[166]

Es gibt nur ein OECD-Land, in dem die ökonomischen Eliten mit Bezug auf ihre Karrieren und Netzwerke als durchgehend transnational gelten können. Dabei handelt es sich um die Schweiz.[167] Es existieren noch zwei weitere Cluster, die einen höheren Grad an Berufs- und Netzwerktransnationalität aufweisen als der Rest der OECD-Welt. Das erste Cluster besteht aus einigen Staaten des Commonwealth, darunter Großbritannien, Kanada und Australien. Das zweite Cluster wird durch eine nordwesteuropäische Achse gebildet. Dazu zählen Deutschland, die Niederlande und Großbritannien. Bei ökonomischen Eliten in Frankreich, den USA, China und Japan sind wiederum keine vergleichbaren transnationalen Karriere- und Kommunikationscluster zu finden.

Wenn für Netzwerke die Metapher von Speichen (Bindungen) und Naben (Knoten von Bindungen) verwendet wird, dann sind neben den Speichen auch die Naben von Interesse. Zu letzteren gehören «globale Städte» wie New York, Tokio oder London mit ihren jeweiligen Wirtschaftssektoren. Netzwerke unter ökonomischen Eliten, die Wirtschaftszentren verknüpfen, können im Geflecht der Städte über Jahrhunderte hinweg zurückverfolgt werden. Im 17. und 18. Jahrhundert gehörten dazu Netzwerke, die Amsterdam, Rotterdam und Den Haag verbanden. Derartige Netzwerke zwischen diesen Städten sind auch für die beiden ersten Jahrzehnte des 21. Jahrhunderts zu beobachten. Heute lässt sich eine Zunahme transnationaler Netzwerke mit lokalen Naben feststellen. Eine Studie, die fünf Millionen Unternehmen weltweit berücksichtigt, kommt zu dem Ergebnis, dass etwa in London ansässige Unternehmen viel stärker mit im Ausland lokalisierten Pendants kommunizieren als mit solchen in Großbritannien.[168] Vermutlich ist dieser Befund auf die starke Stellung des Finanzsektors in der City of London zurückzuführen.

Welche Effekte hat die transnationale Netzwerkbildung unter ökonomischen Eliten für die Muster von Ungleichheiten? Dabei können der Zusammenhang des Grades an Transnationalität einerseits und das gemeinsame Bewusstsein unter ökonomischen Eliten andererseits betrachtet werden. Ein Merkmal einer «Klasse für sich» ist ein gemeinsames Bewusstsein. Genau hier lässt sich die Rolle von Ideologie verorten. In *What Does the Ruling Class Do When It Rules?* kommt Göran Therborn zu dem Schluss, dass dominante und von Eliten geteilte Ideologien weniger dazu dienen, die unteren Klassen zur Konformität mit den Wünschen der Eliten anzuhalten. Vielmehr ist ihre wichtigste Funktion, die soziale Kohäsion unter Eliten zu stärken.[169] Genau unter diesem Gesichtspunkt kann auch die Rolle von Schlüsselpersonen (*single linkers*) verstanden werden, die in den Aufsichtsräten von Firmen wirken. Sie schließen «strukturelle Lücken», verknüpfen also ansonsten unverbundene Netzwerke miteinander.[170] Global agierende Geschäftsnetzwerke werden vor allem von Personen in Finanzinstitutionen als Schlüsselpersonen angetrieben. Damit ist die hier aufgrund mangelnder empirischer Befunde nicht zu beantwortende Frage aufgeworfen, ob und wie solche Personen politische Kontrolle über Ländergrenzen hinaus ausüben.[171]

## Ausblick: Migration ermöglicht soziale Mobilität und verstärkt dauerhafte Ungleichheiten

Die Antwort auf die Frage, ob und vor allem wie grenzüberschreitende Migration mit dem Wandel von sozialen Ungleichheiten in Bereichen wie Ökonomie, Kultur und Politik zusammenhängt, bündelt die hier angestellten Überlegungen. Eine mögliche Antwort ist, dass Migration in der Gegenwart mit sozialem Wandel wie der Minderung von Armut und größerer Geschlechtergleichheit einhergeht und diese Veränderungen sogar verstärken kann. Die bisher vorliegenden Befunde deuten allerdings in eine andere Richtung. Grenzüberschreitende Migration löst über minimale Veränderungen der sozialen Ordnung hinaus nicht selbst soziale Transformationen aus. Es verhält sich eher umgekehrt. In Zeiten sozialer Transformation wie der kapitalistischen Industrialisierung im 19. Jahrhundert oder der gegenwärtigen Umweltzerstörung kann Migration zu einer wichtigen Strategie werden, um das Überleben zu sichern oder die Lebensverhältnisse von Personen und Haushalten zu verbessern. Jedoch werden dabei die grundlegenden sozialen Strukturen zumindest der Zielländer nicht verändert.[172]

Eine Erklärung für diesen Sachverhalt könnte darin liegen, dass das Potenzial für weitreichenden sozialen Wandel deshalb begrenzt ist, weil die «kulturellen und Machtarrangements» so wirken, dass Migrant:innen in den Zielländern vorwiegend in bereits bestehende Positionen hineingeschleust werden.[173] In den Herkunftsländern wiederum ist Emigration eine ökonomische Strategie zur Verbesserung der Lebensverhältnisse, die für politische Regime gleichzeitig als Sicherheitsventil dient. Des Weiteren kompensieren finanzielle Rücküberweisungen in den Emigrationsstaaten vor allem Strukturschwächen und dienen als

Instrument des Zahlungsausgleichs sowie der Beschaffung von Devisen. Gleichzeitig schaffen Rücküberweisungen Ressourcen für Schulbildung und Gesundheitsversorgung. Klar ist auf jeden Fall die armutsreduzierende Wirkung von Rücküberweisungen in den Herkunftsländern. In den Zielländern erleben Migrant:innen in der ersten Phase des Aufenthalts allerdings oft eine Entwertung von beruflichen Qualifikationen, weil bspw. Ausbildungsabschlüsse aus dem Herkunftsland nicht anerkannt werden.[174]

Insbesondere interkontinentale Migration wird aus ökonomischer Sicht vorwiegend als günstig für sozialen Wandel von Verhaltensmustern und die Schaffung von Chancen gesehen. Doch gerade permanente Migration kann über Netzwerkmobilität dazu führen, dass in den Herkunftsländern ganze Landstriche entvölkert werden und der Abfluss von Ressourcen und Kenntnissen die demografische Basis lokaler Entwicklung aushöhlt und Infrastrukturen in Bildung und Gesundheit langsam verschwinden.[175] In anderen Bereichen, wie der Politik, ist der Wandel in der Regel ambivalent. Es kommt manchmal zu einem stärkeren Engagement der im Ausland lebenden Migrant:innen und Aktivitäten von Diaspora, was jedoch nicht unbedingt einer stärkeren Demokratisierung im Herkunftsland förderlich sein muss, sondern genauso häufig bestehende Konflikte anheizen kann, im Extremfall sogar über die Finanzierung von Waffen und bewaffneter Intervention.

Die Verstärkung bestehender sozialer Ungleichheiten und die Schaffung neuer Disparitäten wird an der «neuen internationalen Arbeitsteilung» anschaulich.[176] Die damit verknüpften Entwicklungen stellen dabei eine klare Differenzierung zwischen relativ freiwilliger Arbeitsmigration und erzwungener Migration in Frage. Zwangsmigration wird in der Regel vorwiegend als durch physische Gewalt verursacht angesehen. Daneben gibt es allerdings auch «strukturelle Gewalt»[177], die sich in ökonomischen Prozessen wie der Entwurzelung ländlicher Bevölkerung durch Landkonzentration widerspiegelt. Zwangsmigration hat «nicht nur überlebt. Vielmehr wird sie reproduziert und weitet sich noch aus, während die kapitalistische Produktionsweise überall auf der Welt dominant wird»[178] und zu einem immer enger zusammenwachsenden Weltmarkt führt.

Zusammengefasst bezeichnet grenzüberschreitende Migration einen Pfad, der soziale Aufwärtsmobilität für Migrant:innen im Immigrationsland, für deren Angehörige im Herkunftsland und zum Teil auch für die ansässige Mehrheitsbevölkerung im Zielland eröffnet. Gleichzeitig zementiert Migration allerdings dauerhafte Ungleichheiten. Tieferliegende Machtbeziehungen und Ungleichheiten im Zugang zu Ressourcen entlang von Kategorisierungen wie Geschlecht, Ethnizität, Kaste, Alter, Religion und Klasse werden in der Regel fortgeführt. Hieraus ergibt sich die Bedeutung der transnationalisierten sozialen Frage, die in der Überlappung verschiedener sozialer Ungleichheiten ihren Ausgang nimmt.

## Vom Widerspruch zum Exit? Migration und Wohlfahrtsstaat

### Die soziale Frage im globalen Kontext

Die soziale Frage von heute dreht sich neben dem Konflikt zwischen Kapital und Arbeit auch um kulturelle Verschiedenheit und Vielfalt. Einerseits sammelt sich eine stetig wachsende Zahl politischer Gruppierungen und NGOs über Staatsgrenzen hinweg rund um Themen wie Umwelt- und Klimazerstörung, Ernährungssouveränität, Menschenrechte, Gendergleichheit, Migration oder religiöse Praktiken in christlichen, hinduistischen, buddhistischen und islamischen Gemeinschaften.[1] Andererseits lässt sich aber auch eine Mobilisierung zum Widerstand gegen kulturelle Vielfalt und Migration feststellen. Diese Gegenbewegungen wiederum behaupten, dass sie kulturelle Homogenität gegen eine wachsende Spaltung national verfasster Gesellschaften erhalten wollen. Die Verbindung von Süd-Nord-Migration, aber auch Süd-Süd-Migration mit derartigen kulturellen Konflikten ist kein Zufall, da transnationale Migration nicht nur wirtschaftliche Fragen aufwirft, wie etwa einem wahrgenommenen Wettbewerb um Arbeitsplätze in Zielländern,[2] sondern auch Teil des kulturellen Konfliktes um «Wir» gegen «die Anderen» sein kann. Transnationale Migration steht somit stellvertretend für eines der Felder, in denen im globalen Norden die Lösung der alten sozialen Frage im Rahmen des nationalen Wohlfahrtsstaates in Bedrängnis gerät. Denn nationale Wohlfahrtsstaaten behandeln primär die Regulierung und Umverteilung von Ressourcen, nicht Fragen von Identität. Wohlfahrtsstaatlichkeit ist dabei bisher an einen festen nationalstaatlichen Rahmen gebunden. Die Frage lautet daher: Worin unterscheidet sich die heutige soziale Frage von der des 19. und 20. Jahrhunderts?

Eine schon eingangs aufgegriffene Vermutung lautet: Im 19. Jahrhundert bildete Widerspruch die dominante Strategie der Unzufriedenen und derjenigen, die bessere Lebensverhältnisse anstrebten, während angesichts der Bedeutung von Ort und Staatsangehörigkeit heutzutage Abwanderung die am weitesten verbreitete Option darstelle. Aus drei Gründen sind Zweifel an einer solchen Annahme angebracht: Erstens war, sowohl im globalen als auch im europäischen Kontext gesehen, grenzüberschreitende Migration prozentual gesehen gegen Ende des 19. Jahrhunderts wahrscheinlich sogar höher als heute.[3] Gleichzeitig war die Mobilisierung entlang von Arbeit und Kapital in den Regionen, die heute als globaler Norden bezeichnet werden, sehr hoch. Daher wäre es vorschnell, anzunehmen, dass Exit und Voice sich gegenseitig ausschließen und damit ein Nullsummenspiel sind. Zweitens gilt zwar heute Auswanderung, nicht aber Einwanderung, als ein Menschenrecht. Die Einlasskontrollen in den Ländern des globalen Nordens, einschließlich der autoritär regierten Staaten am Arabischen Golf,[4] sind gegenüber wirtschaftlich nicht nachgefragten und kulturell nicht willkommenen Migrant:innen höher denn je. Dieser Sachverhalt trifft insbesondere auch auf Geflüchtete zu. Drittens ist das Hauptcharakteristikum der heutigen Globalisierung nicht die Mobilität von Arbeitskräften, Dissidenten und Verfolgten, sondern die Mobilität von Kapital, Waren und Dienstleistungen. Dabei hat Exit im Sinne von Kapitalverlagerungen und Investitionen in Übersee den politischen Einfluss von Organisationen wie Gewerkschaften seit den 1970er-Jahren durch die glaubhafte Drohung mit Abwanderung von ökonomischem Kapital entscheidend eingeschränkt.[5]

Dennoch ist die Frage nach dem sich wandelnden Verhältnis von Widerspruch und Exit produktiv. Denn sie erlaubt einen genaueren Blick auf einen möglichen Wandel politischer Debatten und Konflikte von Klasse zu Kultur, von materieller Umverteilung hin zur Anerkennung von kollektiven Identitäten und sozialen Praktiken. Grob vereinfacht lassen sich dabei vier Unterschiede zwischen dem 19. und dem 21. Jahrhundert feststellen: Erstens entwickelten sich in Europa als Reaktion auf politische Kämpfe zwischen Kapital und Arbeit seit dem späten 19. Jahrhundert nationale Wohlfahrtsstaaten. Jedoch sind diese inzwischen durch weitere Ungleichheiten entlang von sozialen und kulturellen Merkmalen charakterisiert, und Risiken werden vermehrt von

Gruppen auf Individuen abgewälzt. Widerspruch ist also nicht verschwunden. Manche Konflikte haben sich allerdings partiell vom Wohlfahrtsstaat in den Rechtsstaat verlagert. Gerade Fragen der Anerkennung von Minderheiten sind eine Domäne des Rechtsstaats. Zweitens gibt es Hinweise auf eine in den vergangenen Jahrzehnten immer effektiver werdende staatliche Migrationskontrolle, die es ermöglicht, nicht nur die nationalen Grenzen zu überwachen. Vielmehr werden diese durch Auslagerung und Fernsteuerung in die Territorien der Auswanderungs- und Transitstaaten hinein erweitert. Sie unterliegen einem Prozess der Externalisierung. Die Möglichkeiten eines erfolgreichen Exits von Süd nach Nord erscheinen unwahrscheinlicher als zuvor. Drittens ist die politische Relevanz von rechtlichem Status und kultureller Vielfalt für die soziale Frage noch deutlicher geworden. Und während viertens im 19. Jahrhundert vor allem sozialistische und anarchistische Theorien soziale Bewegungen wie die Arbeiterbewegung inspirierten, ist die Situation zu Anfang des 21. Jahrhunderts viel aufgefächerter. Heute gibt es keine erkennbar kohärente Theorie, der es gelungen wäre, Gruppen über eine Vielzahl von Unterschieden wie etwa Klasse, Ethnizität und Geschlecht hinweg in eine klar erkennbare Richtung politisch zu mobilisieren. Widerspruch erscheint also pluralistischer als zuvor.

## Zur Geschichte der sozialen Frage

Auf globaler Ebene erinnern Armut, gravierende soziale Ungleichheiten und politische Instabilität heute an die Lebensbedingungen, die in weiten Teilen Europas während des 19. Jahrhunderts vorherrschten. Damals war die soziale Frage das zentrale Thema politischer Konflikte zwischen den herrschenden Klassen und den Arbeiterbewegungen.[6] Die soziale Frage erwuchs aus einer grundlegenden sozialen Transformation im Zuge der industriellen Revolution. Sie war nicht nur durch ökonomische Herausforderungen, sondern auch durch eine Transformation sozialer Beziehungen, politischer Partizipation und kultureller Praktiken gekennzeichnet.[7] Dabei brachte kapitalistische Industrialisierung in ihren Anfängen einen erhöhten Grad an sozialer Ungleichheit mit sich:

Während die Industriekapitäne und die prosperierenden Mittelklassen zu den Gewinner:innen gehörten, fanden sich die Lohnarbeiter:innen und die Unterbeschäftigten auf der Verliererseite wieder. Prominente Intellektuelle lieferten Mitte des 19. Jahrhunderts eindringliche Beschreibungen der Armut in den europäischen Metropolen. Dazu zählt Alexis de Tocqueville, der – ähnlich wie später Charles Dickens und Friedrich Engels – nach einem Besuch in Manchester resümierte: «*From this foul drain the greatest stream of human industry flows out to fertilize the whole world. From this filthy sewer pure gold flows. Here humanity attains its most complete development and is most brutish; here civilization works its miracles, and civilized man is turned back almost into a savage.*»[8] Die meisten der unter derart unwürdigen Bedingungen lebenden Menschen entstammten der Landbevölkerung und waren durch den Sog der Industrialisierung in die Städte gewandert.

Über die soziale Frage wird in der Regel im Singular gesprochen, ganz im Unterschied zu sozialen Problemen wie Armut oder Arbeitslosigkeit, die im Plural auftreten. Und als Frage verlangt sie nach einer Antwort. Diese formte sich in Nordwesteuropa in Gestalt des nationalen Wohlfahrtsstaates seit dem ausgehenden 19. Jahrhundert. Durch sozialstaatliche Regulierungen geriet die soziale Frage zu einer staatlichen Aufgabe und konnte so immer mehr eingehegt werden. Das Ergebnis dieser wohlfahrtsstaatlichen Intervention war ein Klassenkompromiss in Form einer Umverteilung von Gütern und Lasten. Dieser Wohlfahrtsstaat entstand zuerst in autoritären Regimes, so in Gestalt der Bismarck'schen Sozialgesetzgebung. Dabei sollte aber nicht vergessen werden, dass der Wohlfahrtsstaat «von oben» auch eine Reaktion auf die «von unten» einsetzende Mobilisierung zur Demokratisierung der Gesellschaft war. In Deutschland trat dies eindrücklich durch den wachsenden politischen Erfolg der Sozialdemokratie hervor.[9]

Der europäische Wohlfahrtsstaat erlebte seine Blütezeit nach dem Zweiten Weltkrieg. Zu Anfang dieses goldenen Zeitalters, den *trentes glorieuses*, argumentierte T. H. Marshall, dass der Wohlfahrtsstaat auf sozialen Rechten beruhe, die auf der Grundlage von zivilen und politischen Rechten seit dem 18. Jahrhundert erkämpft worden seien.[10] So ermöglichte etwa das Wahlrecht für Männer den Aufstieg sozialistischer und sozialdemokratischer Parteien. Soziale Rechte kontrollierten und regulierten die Kommodifizierung von Arbeitskraft, d. h. ihrer Verwendung als Ware wurden rechtliche Grenzen gesetzt. Die skandinavischen Wohlfahrtsstaaten waren in der zweiten Hälfte des 20. Jahrhunderts Vorreiter nicht nur der Regulierung von Kommodifizierung, sondern auch der De-Kommodifizierung von Arbeitskraft, indem sie es ihren Bürger:innen unter bestimmten Bedingungen ermöglichten, ein marktunabhängiges Einkommen als Ersatz für Marktbeteiligung zu erzielen.[11]

Nach dem Zweiten Weltkrieg wurde nicht nur der Wohlfahrtsstaat weiter aus- und umgebaut. Auch seine Grenzen wurden deutlich sichtbar. Durch wirtschaftliche Krisen und politische und sozio-kulturelle Grenzen – z. B. die Bereitschaft, finanziell zum Wohlfahrtsstaat beizutragen – traten Legitimationsprobleme auf. So waren die Möglichkeiten des Wohlfahrtsstaats gerade dann besonders eingeschränkt, wenn – wie während Wirtschaftskrisen – der Bedarf für Unterstützung am größten war.[12] Darüber hinaus gilt es die Wirkungen der beschleunigten Globalisierung und Begleiterscheinungen wie transnationale Migration in den Blick zu nehmen. Diese Entwicklungen wurden nicht einfach durch das beschleunigt, was seit den 1980er-Jahren vermehrt unter dem Stichwort «Globalisierung» behandelt wurde, also der weltweiten Vernetzung in allen Bereichen des sozialen Lebens. Eine entscheidende Rolle spielte vielmehr eine marktliberale Wende – von ihren Kritiker:innen zuerst als neo-konservativ und dann als neo-liberal bezeichnet. Diese fand in zwei führenden angelsächsischen Staaten in den Regierungszeiten von Ronald Reagan und Margaret Thatcher in den 1980er-Jahren ihren ersten Höhepunkt. Seitdem sind Einkommensungleichheiten innerhalb der fortgeschrittenen Industrieländer weiter gewachsen.[13] Sozialstaatliche Politik hebt infolgedessen immer mehr auf Arbeitsmarktaktivierung ab und sieht Arbeitskraft als zu flexibilisierenden Faktor. Diese Tendenz hat sich, wenn auch abgeschwächt, in den kontinentaleuropäischen, in den skandinavischen und in südeuropäischen Ländern durchgesetzt.[14]

Die wirtschaftsliberale Wende führte nicht dazu, dass der Markt von den Fesseln staatlicher Regulierung befreit wurde. Eher schon wurde Staatsgewalt dazu genutzt, nationale sowie internationale Institutionen umzugestalten: «*to provide safe harbor for capital, free from fear of infrigement by policies of progressive taxation or redistribution*».[15] Ziel war es, die kapitalistische Wirtschaftsordnung besser gegen die Zumutungen eines umverteilenden Wohlfahrtsstaats und ökonomischer Demokratie wie der Mitsprache von Beschäftigten bei Unternehmensentscheidungen zu wappnen. Wirtschaftsliberale Produktions- und Marktprinzipien erscheinen aus dieser Sicht als alternativlos. So erstaunt es im Sinne einer Gegenbewegung zu marktliberalen Tendenzen nicht, dass in den ersten beiden Jahrzehnten des 21. Jahrhunderts die soziale Frage erneut und dieses Mal in Form einer transnationalisierten sozialen Frage die politische Arena betrat.[16] Die dabei diskutierten Aspekte betreffen nicht nur vorwiegend im nationalstaatlichen Rahmen zu adressierende ökonomische Aspekte wie Einkommen, Steuern und Arbeitsmarktregulierungen, sondern berühren grundlegende Fragen transnationaler sozialer Ordnung wie etwa diejenige nach gerechter Verteilung von Ressourcen über Ländergrenzen hinweg und der Verantwortung für klimagerechte Anpassungen. Zentral geht es um die soziale Anerkennung von Gruppen, die sich von den Vorteilen der Globalisierung als weitgehend ausgeschlossen wahrnehmen.

Die gegenwärtige soziale Frage weist insofern Ähnlichkeiten mit dem Konflikt zwischen Proletariat und Bourgeoisie im 19. Jahrhundert auf, als es dabei auch um Furcht vor Verlust an Macht, Status und Gütern auf Seiten der politisch dominanten und ökonomisch privilegierten Gruppen geht. Über Privilegien verfügen heute im Unterschied zum 19. Jahrhundert nicht nur die jeweiligen Eliten, sondern auch breite Teile einer durch den nationalen Wohlfahrtsstaat geförderten und einer allerdings in den letzten Jahrzehnten einkommens- und vermögensmäßig im globalen Vergleich stagnierenden Mittelklasse in den OECD-Staaten.[17] Aber immer noch sichern Wohlfahrtsstaaten im globalen Norden für Vollmitglieder zumindest ein Minimum an Regulierung und Umverteilung.

Aufgrund der gestiegenen Bedeutung von Wohnort bzw. Staatsangehörigkeit für Lebensverhältnisse ist grenzüberschreitende Migration ein strategisches politisches Feld für die soziale Frage. Dabei ist eine generelle soziale Transformation zu berücksichtigen, die auch vor Migrationsprozessen nicht Halt macht. Migration ist demnach ein spezieller Fall, in dem sich eine allgemeine Entwicklung von Klasse zu Kultur und Status als Domäne politischer Auseinandersetzungen manifestiert. Allgemeiner gefasst sind es gerade die neuen sozialen Bewegungen, die seit den 1970er-Jahren Fragen der Identität und der sozio-kulturellen Praktiken aufwerfen. Ausdruck finden diese Merkmale in Bewegungen für mehr Geschlechtergleichheit, Umwelt- und Klimaschutz, alternative Lebensstile, religiöse Freiheiten, aber auch in nationalistischen Bewegungen für kollektive Selbstbestimmung und in religiösem Fundamentalismus[18] wie dem politischen Islam und evangelikalen christlichen Gruppierungen. Diese gesellschaftlichen Entwicklungen sind auch im Bereich der Migration sichtbar, so etwa der durch Migration begleiteten Pluralisierung von Sprachen, Religionen und Lebensstilen in vorwiegend national gedachten Gesellschaften der Immigration.[19]

## Drei Phasen der transnationalisierten sozialen Frage

Um die Folgen von Exit für die transnationalisierte soziale Frage zu erfassen, können drei Phasen unterschieden werden: die erste Globalisierung der Moderne bis zum Ersten Weltkrieg; die relative De-Globalisierung nach dem Ersten Weltkrieg und die eingebettete Globalisierung nach dem Zweiten Weltkrieg; und schließlich die zweite Globalisierung seit den 1970er-Jahren. Diese Periodisierung dient hier als ein heuristisches Instrument, um wesentliche Merkmale der sozialen Frage im Wandel bestimmen zu können. Die erste Phase ist geprägt durch die kapitalistische Industrialisierung, eine damit einhergehende Urbanisierung und eine Revolution im Transportwesen und im Bereich der Kommunikation. Die Eisenbahn, das Dampfschiff und der Telegraph stehen sinnbildlich für diese Revolution. Es war die Periode der «großen Beschleunigung»[20] durch Industrialisierung, Verstädterung, Imperialismus und rasant wachsenden weltweiten Handel. Die zweite Phase nach dem Ersten Weltkrieg kann als eine Zeit der relativen wirtschaftlichen De-Globalisierung, der weiteren Expansion von nationalen Wohlfahrtsstaaten in Europa und der Institutionalisierung von strikten Migrationskontrollen gesehen werden. Schließlich ist die dritte Periode seit den 1970er-Jahren, eine Art zweite Globalisierung der Moderne, durch einen steigenden Marktliberalismus und Versuche der De- und Re-Regulierung zugunsten der Eigner:innen von ökonomischem Kapital und dabei insbesondere finanziellem Kapital geprägt.

## Vom Manchester-Kapitalismus zu nationalen Wohlfahrtsstaaten – von Ausbeutung zu Ausschließung

Seit dem Ende des 19. Jahrhunderts entwickelten sich in Europa und Australien und in geringerem Maße in Nordamerika nationale Wohlfahrtsstaaten als Lösung für politische Kämpfe um die soziale Frage. Die ökonomische Öffnung für Waren, Dienstleistungen und Kapital kann in nationalen Wohlfahrtsstaaten als Teil eines Klassenkompromisses begriffen werden. Die Inklusion der Bürger:innen und privilegierter Nicht-Bürger:innen wie Wohnbürger:innen kommt auf Kosten der Exklusion derjenigen, die außerhalb der jeweiligen Territorien der Wohlfahrtsstaaten leben, aber auch der Migrant:innen, die nur einen minderen rechtlichen Status haben oder sich ohne gültige Papiere aufhalten. In Nationalstaaten war wirtschaftliche Öffnung für Waren und Kapital nur im Tausch mit rechtlich-sozialer Schließung gegenüber Menschen in einer Weltgesellschaft mit hohen sozialen Ungleichheiten zu haben. Dieser Sachverhalt drückt sich in Exklusion gegenüber Nicht-Mitgliedern von nationalen Wohlfahrtsstaaten aus. Interessanterweise wird jedoch in der Forschung kaum thematisiert, welche Folgen wiederum die offeneren Grenzen in vielen Herkunftsländern gegenüber Mobilität aus den privilegierten Ländern jetzt schon haben. Dazu gehören bspw. die ökologischen Folgen der Scharen von Tourist:innen für die Wasserversorgung in vielen Ländern Afrikas und Asiens.[21]

Drei Phasen können im Verlauf der letzten anderthalb Jahrhunderte hinsichtlich des Verhältnisses von Wohlfahrtsstaaten und Migration unterschieden werden:

### *Erste Phase: Elitenkonsens und Demokratisierung*

Der Wohlfahrtsstaat entstand als Reaktion der herrschenden Klassen in Westeuropa auf die Herausforderungen der sozialen Frage. Er bildete neben den repressiven Sozialistengesetzen eine Antwort auf die «vagabundierenden Armen»,[22] also die entwurzelte Landbevölkerung. Insbesondere aber war die Sozialgesetzgebung in der Ära Bismarck eine Reaktion auf die politisch aufstrebende Arbeiterbewegung und die aus ihr hervorgehenden sozialdemokratischen und sozialistischen Parteien. Klar ist, dass nicht so sehr die Anfänge des Wohlfahrstaates im ausgehenden 19. Jahrhundert, wohl aber der Ausbau in der Zeit nach dem Ersten Weltkrieg ein direktes Resultat der Regierungsbeteiligung sozialdemokratischer Parteien in verschiedenen europäischen Ländern war.[23] Das Proletariat in Europa und Australien übte seinen politischen Einfluss seit Mitte bzw. Ende des 19. Jahrhunderts immer mehr über die Wahlurne aus.[24] Auf diese Weise fungierten die erste und zweite Generation an Rechten – zivile Rechte wie das Recht auf ein faires Gerichtsverfahren und politische Rechte wie das Wahlrecht – als Sprungbrett für die dritte Generation an Rechten für Bürger:innen – die sozialen Rechte, z. B. das Recht auf Bildung und auf Absicherung im Krankheitsfall und noch später in Staaten wie Deutschland auch wirtschaftliche Rechte, z. B. die betriebliche Mitbestimmung.

In dieser ersten Phase hatte die soziale Frage der ersten Globalisierung der Moderne einen transnationalen und sogar kosmopolitischen Charakter: «Arbeiter aller Länder vereinigt euch!» skandierten Karl Marx und Friedrich Engels im *Kommunistischen Manifest*. Im ausgehenden 19. Jahrhundert erschuf die Arbeiterbewegung neue und grenzübergreifend wirksame Praktiken, wie etwa universale Symbole und Rituale, so z. B. den Mai-Feiertag, neue Methoden des Kampfes wie Streiks, Petitionen, Sabotage und klassenbasiertes Wählen. Migrant:innen gehörten zu den Protagonist:innen. Sie verbreiteten die neuen Organisationsformen und Ideologien rund um den Globus.[25]

### *Zweite Phase: Inklusion von Bürger:innen und Exklusion von Nicht-Mitgliedern*

In der zweiten Phase, zwischen dem Ersten Weltkrieg und den 1970er-Jahren, wurden soziale und ökonomische Rechte in schnellem Tempo in Wohlfahrtsstaaten institutionalisiert.[26] Dies geschah im Rahmen einer relativen ökonomischen De-Globalisierung. In Deutschland wurde in dieser Zeit bspw. die von Bismarck geschaffene Unfall- und Invaliditätsversicherung ergänzt um eine Arbeitslosenversicherung (1929) und eine Rentenversicherung (1957). Der nationale Wohlfahrtsstaat ist die Blaupause für die öffentliche soziale Sicherung in den OECD-Staaten, obwohl es signifikante Unterschiede im Grad und der Art sozialer Sicherung und sozialer Rechte gibt.[27] Der nationale Wohlfahrtsstaat tritt in vielen Formen auf. Neben sozialer Absicherung gegen Risiken der Beschäftigung, die besonders stark in Kontinentaleuropa ausgeprägt ist, gibt es auch Interventionsformen wie Zugang zu Bildung oder Wohneigentum, die wiederum in angelsächsischen Wohlfahrtsstaaten stärker verbreitet sind.

Der intellektuelle *locus classicus* für den Wohlfahrtsstaat als Ausdruck einer nationalstaatlich eingebetteten Globalisierung war T. H. Marshalls Konzept der «sozialen Bürgerschaft» und damit verbundener sozialer Rechte. Letztere entwickelten sich seit Ende des 19. Jahrhunderts. T. H. Marshall definierte soziale Bürgerschaft folgendermaßen: «Mit dem sozialen Element bezeichne ich eine ganze Reihe von Rechten, vom Recht auf ein Mindestmaß an wirtschaftlicher Wohlfahrt und Sicherheit, über das Recht an einem vollen Anteil am gesellschaftlichen Erbe, bis zum Recht auf ein Leben als zivilisiertes Wesen entsprechend der gesellschaftlich vorherrschenden Standards.»[28] Dieses Konzept von Bürgerschaft offenbart das Verhältnis von Demokratie und Kapitalismus. Der zentrale Fokus liegt auf der Spannung zwischen Demokratie, die auf gleichen Rechten aller Bürger:innen gründet, und den sozialen Ungleichheiten, die durch Wirtschaften im Kapitalismus erzeugt werden. Marshall argumentiert, dass die Expansion der Rechte von Bürger:innen und vor allem der sozialen Rechte im Verlauf des 20. Jahrhunderts in liberalen Demokratien einen Kompromiss zwischen den sozialen Klassen ermöglicht hätten. Seiner Meinung nach stabilisierten soziale

Rechte und daran anknüpfende Sozialpolitik den Wohlfahrtskapitalismus als legitimes System sozialer Ungleichheiten auf nationaler Ebene in Westeuropa zur Mitte des 20. Jahrhunderts.

Soziale Bürgerschaft verweist somit auf einen Kompromiss nach Jahrzehnten des Konflikts um die soziale Frage. Sie gründet auf einer Art mildem Nationalismus,[29] der Gegenseitigkeit unter den Mitgliedern gerade durch Exklusion von Nicht-Mitgliedern ermöglicht. Soziale Bürgerschaft in Nationalstaaten kann aber auch in einem rabiaten Wohlfahrtschauvinismus kulminieren, der kategorisch Migrant:innen aus Maßnahmen der sozialen Sicherung ausschließt. Einen solchen Extremfall bilden etliche Golfstaaten im Mittleren Osten. Noch viel extremer waren sozialdarwinistisch und rassistisch grundierte Ausgrenzungen in faschistischen Regimes wie dem Nationalsozialismus. Die radikale rassistische Ausgrenzung bildete die entscheidende legitimatorische Grundlage zur Ausbeutung von «Fremdarbeitern» aus West- und Osteuropa während des Nazi-Regimes.[30] Die Maßnahmen im Rahmen der japanischen Besatzung von China und Korea in den 1930er- und 1940er-Jahren ähneln dieser Form rassistischer Exklusion zur Ausbeutung von Arbeitskraft.[31] Festzuhalten ist, dass die soziale Frage in der zweiten Phase des Wohlfahrtsstaats in politischer wie auch in sozialwissenschaftlicher Sicht als eine vorwiegend national zu behandelnde verstanden wurde.

### *Dritte Phase: Bearbeitung neuer Formen der sozialen Frage*

Nationale Wohlfahrtsstaaten sind nicht dafür geschaffen, Fragen rund um kulturelle Differenzen zu bearbeiten. Fragen der Anerkennung folgen einer grundlegend anderen Logik als die von Regulierung und Redistribution von Gütern und der Absicherung der daraus entstehenden Risiken in Märkten.[32] Ungleiche Anerkennung von Gruppen erfordert ein aktives Eingreifen staatlicher Organe zum Schutz und zur Förderung spezieller Gruppen wie Minderheiten, während Umverteilung in der Regel, je nach Ansatz, einen universellen Charakter aufweist oder nach materieller Unterstützung für Bedürftige verlangt – in der Regel unter Absehung kultureller Verschiedenheiten wie Ethnizität oder Religion.

In der dritten Phase durchdrangen marktliberale Ideen die Wirtschaftspolitik und erlebten eine Renaissance. Diese Prozesse wurden u.a. in regionalen Integrationsprojekten wie der EU sichtbar. Dabei vollzog sich die europäische Integration über einen gemeinsamen Markt. Allerdings ist dazu auf suprastaatlicher Ebene bis heute kein korrespondierendes Wohlfahrtsregime entstanden. Stattdessen blieb die Dimension des Sozialstaats fest in der Hand der jeweiligen nationalen Mitgliedsstaaten; von einigen Ausnahmen wie Freizügigkeit der Arbeitskräfte innerhalb der EU, Antidiskriminierungspolitik und Arbeitsplatzsicherheit einmal abgesehen.

In der EU findet somit eine Inklusion der Zugehörigen aus den Mitgliedsstaaten und eine weitgehende Exklusion von Drittstaatsangehörigen statt.[33] Dieser Exklusion ist eine territoriale soziale Schließung über Kontrollen an den nationalen Grenzen und in Transit- und Herkunftsländern vorgelagert. Wie die Migrationen in Folge des Krieges in Syrien seit 2011 in Europa recht deutlich machen, ähnelt auch in einer suprastaatlichen Einheit wie der EU die Logik der Schließung der nationalstaatlichen. Sie verlagert sich aber eben teilweise von der nationalen zur supranationalen Ebene, d.h. an die Außengrenzen der EU, auch wenn die damit verbundenen Fragen der Verteilung von Verantwortung für die ankommenden Migrant:innen und Flüchtlinge noch nicht geklärt sind und für viel Konfliktstoff sorgen.[34]

Die Legitimation dieser Formen von sozialer Schließung beruht eindeutig auf institutionellen Überlegungen. Obwohl eine direkte Konkurrenz zwischen Einheimischen und Migrant:innen um wertvolle Güter wie Arbeitsplätze nur vereinzelt nachweisbar ist,[35] gibt es ein institutionelles Argument: Bei offenen Grenzen würden angesichts eines großen Angebots an «billigen und willigen» Arbeitskräften Arbeitsmarktregulierungen wie die Sozial- und Tarifpartnerschaft zwischen Gewerkschaften und Unternehmer:innen zusammenbrechen, das institutionelle Gefüge der Arbeitsmärkte würde somit in Mitleidenschaft gezogen. Denn bei einem Überfluss an geeigneten Arbeitskräften hätten Unternehmensverbände keinen Anreiz mehr mit Gewerkschaften zu verhandeln. Ansatzweise war diese Entwicklung schon Anfang der 1990er-Jahre in der Baubranche in Deutschland sichtbar. Generalunternehmen kooperierten seinerzeit in der Regel mit Subunternehmen aus benachbarten ost- und südeuropäischen Regionen, wobei letztere ihre eigenen Arbeitskräfte mitbrachten. In Deutschland traten in der Folge immer mehr Unternehmen in der Baubranche aus dem Arbeitgeberverband aus.[36]

Die gebräuchlichste Metapher, um die bisher seit dem 19. Jahrhundert kontinuierliche – wenn auch teilweise unterbrochene – Erweiterung sozialer Rechte zu beschreiben, ist die der konzentrischen Kreise. Es ist eine weit verbreitete Annahme, dass, je weiter ihr Radius im Hinblick auf anonyme Menschen und Gruppen voranschreitet, die Formen von generalisierter Reziprozität und diffuser Solidarität schwächer werden.[37] Bisher würde ein Stahlarbeiter in Finnland wohl eher für die Altersversorgung einer finnischen Bäuerin als für die Rente seines Kollegen im südlichen Italien aufkommen wollen. In diesem Sinne könnte der nationale Wohlfahrtsstaat als eine inzwischen optimale Einheit zur Absicherung von Risiken verstanden werden. Dabei ist entlang der Logik konzentrischer Kreise auf globaler oder supranationaler Ebene nur eine schwache Form der Sicherung vorstellbar. Auf weltweiter Ebene sind es allenfalls die Bekräftigung sozialer Menschenrechte, rechtlich nicht verbindliche Sozialstandards und die Tätigkeit von UN-Organisationen, die gewisse Impulse setzen können. Gemäß dieser Logik gilt, je größer der Personenkreis – zumal noch aus verschiedenen nationalen Gemeinschaften – ist, desto weniger ausgeprägt sind Verpflichtungen und desto geringer fällt dementsprechend die Institutionalisierung von Sicherung aus.[38]

Während der Auseinandersetzungen um die soziale Frage im 19. Jahrhundert existierten noch keine internationalen Abkommen oder Organisationen, die sich mit sozialer Sicherung beschäftigten. Erst nach dem Ersten Weltkrieg konstituierte sich die International Labour Organization (ILO), im Rahmen des Völkerbundes, und nach dem Zweiten Weltkrieg begannen UN-Organisationen damit, soziale Rechte zusammen mit allgemeinen Menschenrechten zu thematisieren.[39]

Heutzutage fordert die transnationalisierte soziale Frage das Modell des nationalen Wohlfahrtsstaats heraus. Die alte soziale Frage des 19. Jahrhunderts wurde und wird vorwiegend mit sozialen Rechten für die jeweilige sesshafte Bevölkerung beantwortet.[40] Und diese war vor allem mit dem Status der Staatsangehörigkeit verknüpft. Eine solche Lösung wäre auf globaler Ebene (noch) eine normativ angeleitete Utopie. Denn es gibt keine institutionalisierte Form von Weltbürgerschaft. Bisher existieren allenfalls rechtlich unverbindliche Sozialstandards, die darauf beruhen, dass multinationale Firmen diese freiwillig einhalten.

## Migrationskontrolle: Von Massenmobilität zu ausgefeilter Migrationspolitik

Staaten haben schon immer zu Herrschaftszwecken die Bewegung von Menschen kontrolliert und soziale Schließung ausgeübt: Mauern wurden von den frühen chinesischen Herrschern genauso wie von den mittelalterlichen Städten Europas gebaut, um den Zugang zu überwachen. In der Neuzeit etablierte der Westfälische Friede von 1648, der den Dreißigjährigen Krieg beendete, das Prinzip der ungeteilten staatlichen Souveränität.[41] Durch diese Norm und damit die Ziehung markanter Grenzen wurde immer auch auf eine wiederkehrende Frage geantwortet: Wer hat Zugang zu einem Staat, zu dessen Ressourcen, und wer gehört überhaupt dazu?

Am Ende des 19. und zu Anfang des 20. Jahrhunderts lagen in Europa, aber auch Asien, Zentralasien und Sibirien, die Migrationsquoten mindestens so hoch wie heute, wenn nicht sogar bedeutend höher.[42] Damals waren es emigrationsseitig europäische Länder, aus denen Arme und Dissidenten in die weißen Siedlerkolonien in den Amerikas und andernorts wanderten, etwa nach Australien und Südafrika. Es entstand u. a. ein Atlantisches Migrationssystem.[43] Für Europa wirkte Migration in die Siedlerkolonien und die neu unterworfenen Kolonien in Afrika und Asien zeitweise wie ein demographisches und politisches Sicherheitsventil. In der ersten Phase bestand gerade im Vergleich zur zweiten Phase, also der Zeit zwischen dem Ende des Ersten Weltkriegs und den 1970er-Jahren, eine höhere Mobilität. Ein anschauliches Beispiel bildet das Atlantische Migrationssystem von Europa nach Nordamerika. Einige europäische Länder hatten sehr hohe Emigrationsquoten: So wanderte von den Britischen Inseln fast die Hälfte der Bevölkerung und in Italien etwa ein Drittel der Bevölkerung aus; vorwiegend nach Übersee, aber auch in europäische Zielländer. Weltweit gab es zwischen 1815 und 1914 etwa 660 Migrant:innen pro einer Mio. Einwohner pro Jahr. Aber zwischen 1945 und 1980 lag diese Zahl nur bei 215 Migrant:innen pro einer Mio. Einwohner pro Jahr.[44]

Seit 1980 hat sich die absolute und relative Zahl an Migrant:innen wieder kontinuierlich erhöht. Gemessen am Anteil an der Weltbevölkerung waren dies jedoch keine drastischen Zuwächse.[45] Außerdem sollte berücksichtigt werden, dass nicht nur Menschen in Richtung Arbeitsplätze unterwegs sind, sondern – noch viel massiver – Arbeitsplätze in diejenigen Teile der Welt wandern, in denen die gesuchten Arbeiter:innen vorhanden sind. Direktinvestitionen im globalen Süden in den entsprechenden Industriezweigen, so etwa Bekleidung, Elektronik und Stahl, führen seit Jahrzehnten zu einer Abwanderung und Verlagerung von Arbeitsplätzen in diesen Sektoren aus den klassischen Industrieländern und auch Transitionsländern in solche mit geringeren Produktionskosten.[46]

### *Erste Phase: Massenauswanderung*

In der ersten Phase, insbesondere von den 1880er-Jahren bis 1914, waren die Immigrationskontrollen im transatlantischen Raum relativ liberal. Europa war vor allem Teil des Atlantischen Migrationssystems mit den Amerikas. Im transatlantischen Sozialraum wanderten zwischen 1845 und 1945 etwa 55 bis 58 Mio. Menschen von Europa nach Nord- und Südamerika. Der größte Anteil entfiel auf die Zeit vor dem Ersten Weltkrieg. Ein signifikanter Anteil von ihnen kehrte im Übrigen wieder in ihre Herkunftsregionen zurück, in manchen Fällen bis zu einem Drittel. Dies trifft tendenziell sogar auf Fälle zu, in denen die Migrant:innen im Herkunftsland der Gefahr der Verfolgung ausgesetzt waren, so etwa im Falle von Juden und Jüdinnen aus Osteuropa.[47] Auch außerhalb dieses Systems finden sich in dieser Phase zwei größere Migrationssysteme. Im (Südost-)Asiatischen Migrationssystem verließen im gleichen Zeitraum etwa 19 Mio. Menschen aus China und 29 Mio. aus Indien ihren Wohnort und wanderten in andere Teile Asiens und nach Ost- und Südafrika aus. Viele von ihnen waren Vertrags- und Zwangsarbeiter:innen, die nach Erfüllung ihrer Verträge wieder in die Heimat zurückkehrten.[48] Eine voraussichtlich etwas geringere grenzüberschreitende Mobilität kennzeichnete das Sibirische Migrationssystem, das den Osten Russlands mit Südostasien verband.

Eine wichtige Einschränkung der transnationalen Migration sollte erwähnt werden: Das «Lange 19. Jahrhundert» von 1789 bis 1914 (Eric Hobsbawm) war eine Periode mit ausgeprägter Migrationsregulierung. Allerdings war Kontrolle viel weniger umfangreich und restriktiv als in den darauffolgenden beiden Phasen. Ein Unterschied ist zentral: Die damaligen Kontrollen zielten weniger auf grenzüberschreitende als auf interne Migrant:innen. Beispielsweise beobachteten vor der deutschen Einigung von 1871 die lokalen staatlichen Behörden vor allem die «vagabundierenden Armen», um die Zuständigkeit für die Armenhilfe zu bestimmen. Alle diese Migrant:innen mussten Identifikationsdokumente mit sich tragen, damit im Falle der Bedürftigkeit die Herkunftsgemeinde für die Fürsorge in Anspruch genommen werden konnte.[49]

### *Zweite Phase: Migrationsrestriktionen im Wohlfahrtsstaat*

Während der zweiten Phase unterbrachen zwei Weltkriege die transnationalen Migrationsbewegungen. Der Tiefpunkt wurde zwischen den beiden Weltkriegen erreicht, während die Nachkriegsphasen mit massiver Flucht und Vertreibung insbesondere in Mittel- und Osteuropa einhergingen. Neben den bereits genannten Gründen wie der Expansion von Wohlfahrtsstaaten und der Wahrnehmung, etwa in den USA, dass Immigration aus Gründen der Integrationskapazität beschränkt werden sollte, waren es auch die Weltwirtschaftskrise nach 1929 und striktere Auswanderungsbestimmungen aus der neu formierten Sowjetunion (UdSSR), die grenzüberschreitende Migration einschränkten. Im Unterschied zur ersten Phase stand nun nicht mehr die Kontrolle der internen Migration, sondern der grenzüberschreitenden Wanderungen im Mittelpunkt. Hierbei traten Prozesse der selektiven institutionellen Schließung hervor: Eine tendenziell reduzierte soziale Ungleichheit in den Immigrationsländern, insbesondere nach dem Zweiten Weltkrieg, implizierte eine verstärkte soziale Schließung nach außen. Dies hatte den nicht intendierten Effekt, dass etwa Einkommensungleichheiten im globalen Maßstab zunahmen. In dieser Hinsicht war die Abnahme von Einkommensungleichheiten innerhalb verschiedener Immigrationsländer in Europa und Nordamerika erstens ein Effekt von Arbeitsmarktinstitutionen, welche die Konkurrenz in Arbeitsmärkten beschränkten,[50] und zweitens teilweise auch ein Effekt von Immigrationsrestriktionen. Migrationsrestriktionen waren das *sine qua non* für die Effektivität der Abschottung von Arbeitsmärkten und damit auch der Einschränkung ungezügelter Kommodifizierung von Arbeitskraft. Die zweite Phase passt also ganz genau in das Pendel, das Karl Polanyi mit dem Konzept der «Doppelbewegung» beschrieb: Nach dem Ersten Weltkrieg hielten Prinzipien der sozialen Sicherung die Ideologie und die Praxis des sich selbst-regulierenden Marktes in Schach.[51]

Gegen Ende dieser zweiten Phase, ab den 1950er- und in den 1960er-Jahren, nahm Immigration in westliche Zielländer Europas wieder an Fahrt auf, bspw. durch Migration aus den ehemaligen Kolonien in Asien und Afrika, einschließlich der Anwerbung von «Gastarbeitern» aus Süd- und Südosteuropa.[52] Die sozialstrukturelle Folge war eine «Unterschichtung» der Klassenstruktur in den Immigrationsländern und ein «Fahrstuhleffekt» für die einheimischen Arbeiter:innen, die in attraktivere Positionen aufsteigen konnten.[53]

Ebenfalls in diesen Zeitraum lassen sich die Anfänge einer «Revolution der Rechte» datieren. Menschenrechte gewannen außergewöhnlich stark an Bedeutung für die Begründung von (sozial-)politischen Maßnahmen.[54] Dies traf und trifft insbesondere auf liberal-demokratische politische Systeme zu. So gab die deutsche Regierung Mitte der 1960er Jahre die Rotationspolitik gegenüber «Gastarbeitern» nicht nur aufgrund von Forderungen der Unternehmen auf, sondern auch deshalb, weil das Auswärtige Amt fürchtete, dass ausländische Beobachter:innen wegen der Einschränkung des Rechts auf Niederlassung für Migrant:innen Parallelen zum Zwangsarbeitersystem während der Zeit des Nationalsozialismus ziehen könnten.[55] Insgesamt wurden soziale Rechte mehr und mehr menschenrechtlich fundiert. Im Hinblick auf Migration kann dies als typischer Fall von interner Universalisierung gesehen werden. Zwar gelten soziale Rechte in vollem Umfang bei weitem nicht für alle Migrant:innen, und schon gar nicht für Migrant:innen ohne gültige

Papiere. Aber seit Anfang der 1960er-Jahre wurden etwa in Deutschland sukzessive diejenigen Rechte erweitert, die bei vorhergehendem legalem Aufenthalt und Beschäftigung den Übergang in eine dauerhafte Anwesenheit, d.h. Niederlassung und Wohnbürgerschaft ermöglichten.[56]

*Dritte Phase: Der Ausbau selektiver Immigrationsregulierung*

Auch die dritte Phase kann zweigeteilt werden. In den 1980er-Jahren gab es in Nordwesteuropa weitflächige Restriktionen für Migrant:innen. Spätestens seit Anfang der 2000er-Jahre ist die Landschaft wieder vielfältiger geworden. Viele Länder unternahmen Anstrengungen, Hochqualifizierte anzuwerben. Eine große Rolle spielte dabei die Begründung, dass diese Hochqualifizierten notwendige Kenntnisse und Fähigkeiten mitbringen würden und sich kulturell leicht anpassen könnten. Eine Auswahl nach sozialer Klasse[57] war mit Vorstellungen über die kulturelle Erwünschtheit von Migrant:innen verknüpft. Im Unterschied dazu sind die Regelungen bezüglich der als weniger qualifiziert eingestuften Arbeiter:innen[58] im Laufe der Zeit restriktiver geworden. Diese Einschätzung stimmt auch mit repräsentativen Umfragen in Europa überein, die darauf hinweisen, dass hochqualifizierte Migrant:innen in der Bevölkerung auf eine höhere Akzeptanz als formal geringer Qualifizierte stoßen.[59]

Die Behörden vereinfachten also die Regelungen für Hochqualifizierte, während sie für Geringqualifizierte strenger und komplexer wurden.[60] Dieser Prozess spiegelt einen Wandel in zweierlei Hinsicht: Erstens liegt der Schwerpunkt nicht mehr – wie noch in den 1960er- und zu Anfang der 1970er-Jahre – auf der Nachfrage nach Arbeiter:innen für tayloristische Massenproduktion in Branchen wie der Stahl-, Elektro- und Automobilindustrie. Zweitens sind die offiziellen Begründungen, Regelungen für Geflüchtete einmal ausgenommen, rein wirtschaftlich gefasst. Dies ist auch vor dem Hintergrund zu sehen, dass eine Selektion von Migrant:innen entlang von ethnisch-nationalen und rassifizierten Kriterien seit den 1960er-Jahren zunehmend als diskriminierend in Verruf geriet. Den Auftakt für diese Entwicklung bildeten die USA, die Mitte der 1960er-Jahre – direkt nach den Bürgerrechtsgesetzen – ihre auf Europa ausgerichteten Einwanderungskanäle für andere Teile der Welt öffneten. Auch Australien, das Anfang der 1970er-Jahre die rassistische Exklusion gegenüber asiatischen Immigrant:innen aufhob, kann als prominentes Beispiel dienen.

Trotz der Dominanz restriktiver Politiken gewannen seit Ende der 1970er-Jahre weltweit Menschenrechte als Begründung für die Gewährung von Rechten in Nationalstaaten immer mehr an Bedeutung. Dies trifft nicht nur auf Debatten über Flüchtlinge zu, sondern auch auf die Niederlassung von Immigrant:innen in den Zielländern. Die wachsende Betonung von Menschenrechten in öffentlichen Debatten, wissenschaftlichen Analysen und Begründungen für Regulierungen verweist auf eine tiefgehende gesellschaftliche Entwicklung, die seit einigen Jahrzehnten insbesondere in den neuen sozialen Bewegungen sichtbar wird. Diese Bewegungen sind «*coded in categories taken from the movements' issues, such as gender, age, locality etc., or, in the case of environmental and pacifist movements, the human race as a whole*».[61] Dabei kümmern sie sich nicht primär oder vorwiegend um materielle Umverteilung, sondern mindestens genauso stark um kulturelle Anerkennung und soziale Kohäsion.[62] Viele soziale Bewegungen kreisen um Fragen der kollektiven Identität, sei es aus feministischer Perspektive oder mit Bezug auf die Belange von lesbischen, schwulen, bisexuellen, Trans- und Queer-Personen (LGBTQ). Einige dieser sozialen Bewegungen können als Anzeichen für «gegenhegemoniale Globalisierung»[63] aufgefasst werden.

Im Politikfeld Migration haben im Rahmen der Niederlassung von Migrant:innen menschenrechtliche Erwägungen Eingang gefunden. Typisch für menschenrechtliche Argumentationsstränge betont das Konzept der «post-nationalen Mitgliedschaft»[64] die steigende Relevanz von internationalen Konventionen und supranationalen Politiken für die Anerkennung der Rechte von Migrant:innen in den einzelnen Nationalstaaten. In dieser Sichtweise haben sich Rechte einerseits und nationale Identität andererseits weitgehend entkoppelt. Auch wenn aus heutiger Sicht diese Perspektive aus den 1990er-Jahren überaus optimistisch erscheinen mag, so erfasst sie doch den Trend, dass niedergelassene Migrant:innen mit unbefristetem Aufenthalt eine Art Wohnbürgerschaft ohne volle politische Mitgliedschaft erlangen können.[65] Dies gilt nicht nur für Migrant:innen aus anderen EU-Mitgliedsstaaten, sondern häufig auch für niedergelassene Personen aus Drittstaaten (*extracommunitari*). Insgesamt gelten also menschenrechtliche Überlegungen auch für legal niedergelassene Immigrant:innen, die nicht über die Staatsangehörigkeit des Ziellandes verfügen. Solange sie aktiv im Arbeitsmarkt tätig sind bzw. waren, genießen sie wie andere Arbeiter:innen und Rentner:innen auch Zugang zu einem Großteil der sozialen Rechte. Allerdings dürfen sie als Staatsangehörige von Ländern außerhalb der EU in der Regel nicht wählen. Ausgenommen ist das lokale Wahlrecht in einigen Ländern, wie z.B. den Niederlanden und Schweden. Gerade die Rechtsprechung suprastaatlicher Institutionen wie des Europäischen Gerichtshofs (EuGH) hat dieser Entwicklung immer wieder Vorschub geleistet. Staatsbürgerschaft und Wohnbürgerschaft sind aus dieser Sicht also enger zusammengerückt.

In den vergangenen beiden Jahrhunderten schwang das Pendel der Migrationskontrolle zwischen Toleranz und Restriktion hin und her. Relativ liberale Politiken können im ausgehenden 19. und beginnenden 20. Jahrhundert und für kurze Zeit in den 1960er-Jahren verortet werden und restriktivere Phasen in der Zeit zwischen den beiden Weltkriegen und seit den ausgehenden 1970er-Jahren. Restriktionistische oder gar exklusionistische Politiken haben sich in den drei Phasen verändert. In der ersten Phase des 19. Jahrhunderts richtete sich die Restriktion hauptsächlich gegen interne Migrant:innen sowie Migrant:innen als zwangsverpflichtete Arbeitskräfte und Vertragsarbeiter:innen. Als solche wurden etwa Migrant:innen aus Indien in Südafrika, mexikanische Migrant:innen in den USA und chinesische «*sojourner*» in politischen Debatten um Immigration in Kanada und Australien thematisiert. Diese Opposition typisierte aus Asien kommende Vertragsarbeiter:innen als Menschen, die minderwertige «rassische» Merkmale aufweisen würden.[66]

Damit einher ging klassenbasierte Selektion und Ausschließung. Beispielsweise wurden in den Auswanderungshäfen Bremen und Hamburg vor Überfahrten nach Nordamerika nur Passagiere aus den Zwischendecken streng kontrolliert. Den in der ersten und zweiten Klasse reisenden Gästen blieben diese Prozeduren erspart.[67] In der zweiten Phase, in der vor allem für Arbeitsplätze mit geringen Qualifikationsanforderungen Arbeitskräfte aus dem Ausland für Industrie und Landwirtschaft eingestellt wurden, galten strenge Gesundheitskriterien. Demgegenüber zielten in der dritten Phase die Kontrollen vor allem auf Migrant:innen ohne gültige Papiere und vermeintlich nicht legal reisende Asylbewerber:innen. Die beiden Kategorien hängen gerade in restriktiven Zeiten eng zusammen, da undokumentierte Grenzübertritte in der Regel die einzige Möglichkeit bilden, um überhaupt in europäischen Staaten Asyl beantragen zu können. Diese Möglichkeit ist auch explizit in Artikel 31 der *Genfer Flüchtlingskonvention* vorgesehen.[68] In dieser dritten Phase ist Kontrolle durch Fernsteuerung eine dominante Strategie, fernab der nationalstaatlichen Grenzen der Zielländer und tief in den Territorien der Herkunfts- und Transitländer. Zu den Instrumenten gehören Visaanforderungen, der Aufbau einer Infrastruktur zur Kontrolle, inklusive Überwachungstechnologie in Transit- und Herkunftsländern, Rücknahmeabkommen mit den Herkunftsländern und Mittel für Entwicklungskooperation im Austausch für Zusammenarbeit bei der Überwachung von Migration.[69] Die Externalisierung von Migrationskontrolle wird von Maßnahmen gerahmt, die verfolgte Menschen daran hindern, auf dem Staatsgebiet der Zielländer einen Asylantrag zu stellen. Insgesamt erfolgten also in den letzten Jahrzehnten weitere Schritte hin zu einer technisch hochgerüsteten staatlichen Migrationskontrolle, die es ermöglicht, nicht nur die nationalen Grenzen zu kontrollieren, sondern die Außengrenzen in Transit- und Herkunftsregionen zu erweitern, u. a. durch systematische Externalisierung und Fernsteuerung.[70] Diese restriktiven Maßnahmen tragen gerade nicht zu einer realistischen Einschätzung von Migration bei. Die tatsächliche Anzahl an Migrant:innen innerhalb der einzelnen Staaten in Europa war über die letzten Jahrzehnte hinweg regelmäßig weit niedriger als die in repräsentativen Umfragen geschätzten Zahlen. Während etwa 12 Prozent der Bevölkerung in Deutschland im Jahre 2015 Migrant:innen waren – also Personen mit eigener Migrationserfahrung – so beliefen sich in Meinungsumfragen die durchschnittlichen Schätzungen auf ca. 24 Prozent, also das Doppelte.[71]

Diese Überlegungen verweisen darauf, dass sich Nationalstaaten als

Wohlfahrtsstaaten und als territorial verfasste Sicherheitsstaaten parallel entwickelten. Für die Folgen von Exit für die transnationalisierte soziale Frage ist entscheidend, dass grenzübergreifende Interaktionsprozesse, wie sie auch in Migration zur Geltung kommen, eine klare Trennung von «außen» und «innen» unmöglich machen. Die Auswirkungen globaler sozialer Ungleichheiten diffundieren nicht einfach von «außen» nach «innen», in die Nationalstaaten hinein. Es sind vielmehr die inter- und transnationalen Verschränkungen zwischen Staaten und die Einbettung in globale Mobilitätsregime, die Fernkontrolle und damit die Externalisierung von Migrationspolitik vorantreiben.

Ähnlich wie im Bereich Sozialpolitik ist auch das Feld der Regulierung von Migration und Flucht eines, das fest in der Hand souveräner Nationalstaaten liegt. In diesen Feldern sind Nationalstaaten noch weniger als im Wirtschaftsbereich bereit, Kompetenzen an eine internationale Instanz abzugeben. Während ein globales Regime für Arbeitsmigration noch in weiter Ferne liegt, existiert allerdings ein solches teilweise schon für Flüchtlinge im Rahmen der *Genfer Flüchtlingskonvention* und der entsprechenden Zusatzabkommen. Doch auch bei der GFK brauchen die Signaturstaaten keine Sorge zu haben, dass sie rechtlich für ihre Handlungen bzw. Unterlassungen belangt werden könnten.

Einheiten wie die EU, die Rudimente einer gemeinsamen Flüchtlingspolitik aufweisen, sind bisher an einer erfolgreichen Umsetzung gescheitert. In der EU gilt bspw. das *Dubliner Übereinkommen*, dem entsprechend das erste Mitgliedsland, das ein Flüchtling betritt, für das Asylverfahren zuständig ist.[72] Schon bei der ersten großen Bewährungsprobe, der Aufnahme von Flüchtlingen vor allem aus Syrien im Jahre 2015, scherten etliche Mitgliedsstaaten aus und waren nicht willens, die Kosten (und den möglicherweise längerfristigen Nutzen) der Aufnahme von Flüchtlingen zu teilen. Andere wiederum, wie Deutschland, die 2015 einen Großteil der Geflüchteten in der EU aufnahmen, hatten dies zuvor ebenfalls abgelehnt.

Es lässt sich resümieren, dass genauso wie der Ausbau sozialer Sicherung und sozialer Rechte die Entwicklung von Migrationskontrolle ein Kennzeichen des Nationalstaats war, das insbesondere im und nach dem Ersten Weltkrieg durch verstärkte Restriktionen und durch Dokumente wie Reisepässe und Visa zur Geltung kam.[73] Damit zusammen fiel die zweite Phase des Ausbaus von Wohlfahrtsstaaten in Europa: Mehr soziale Rechte resultierten auch in einer stärkeren Differenzierung von Mitgliedern und Nicht-Mitgliedern.[74] Die Optionen für Auswanderungswillige sind angesichts wohlfahrtsstaatlicher Sicherung und effektiver Migrationskontrolle tendenziell geringer geworden. Beispielsweise gibt es heutzutage keine Siedlerkolonien mehr, in denen Migrant:innen einwandern könnten. Staaten im globalen Süden beherbergen eine große Zahl jüngerer Menschen, die angesichts der massiven demographischen Transition nur teilweise in die dortigen Arbeitsmärkte aufgenommen werden können. Die «demographische Transition» bezeichnet u.a. den Übergang von hohen Geburtenraten und hoher Sterblichkeit zu vorübergehend weiterhin hohen Geburtenraten und abnehmender Mortalität.[75] Summa summarum sind die Möglichkeiten für grenzüberschreitende Migration gerade auch aufgrund erhöhter Kontrollkapazitäten von Staaten im Laufe der letzten 200 Jahre geringer geworden.

## Die steigende politische Bedeutung von kulturell codierter Verschiedenheit

Die politische Relevanz kultureller Heterogenität ist in den letzten Jahrzehnten immer wichtiger geworden. In Europa und Nordamerika zeigt sich dieser allgemeine Trend besonders eindrücklich in der Politisierung von Unterschieden wie Religion in Form eines angeblichen Kampfs der Kulturen (*clash of civilizations*[76]). Gleichzeitig fordern Gruppen von niedergelassenen Migrant:innen verstärkt die Anerkennung ihrer kulturellen Praktiken und Rechte ein; so etwa im Hinblick auf ihre Eingliederung als offiziell anerkannte Religionsgemeinschaften. Diese Beobachtungen sind ein Hinweis auf die gewachsene Bedeutung von Anerkennung als zentralem Merkmal der Inklusion sowohl von Migrant:innen als auch einheimischen Nicht-Migrant:innen in Immigrationsländern. Noch im Rahmen der Anwerbung und Niederlassung von «Gastarbeitern» in den 1960er- und 1970er-Jahren standen Fragen der Regulierung entlang von Klassenlinien politisch an erster Stelle.[77] Sobald sich aber Migrant:innen nicht mehr nur als ökonomische Akteur:innen sahen bzw. von den Mehrheiten in den Zielländern auch als politische Akteur:innen verstanden wurden, gerieten auch Fragen sozio-kultureller Anerkennung in den Blick.

Die Thematisierung von kultureller Verschiedenheit impliziert identitätspolitische Auseinandersetzungen. Auch in den ersten beiden Phasen fand Identitätspolitik statt. Denn jegliche Klassenpolitik ist Identitätspolitik. Allerdings wird etwa in klassenförmiger Mobilisierung nicht explizit auf kulturelle Unterschiede, sondern auf sozio-ökonomische Ungleichheiten trotz aller kulturellen Verschiedenheit als Grundlage der Kritik an bestehenden Verhältnissen verwiesen. Diese Konstellation änderte sich in der dritten Phase, in der die Politisierung kultureller Verschiedenheit in den Vordergrund trat.

### *Erste Phase: Nationalismus und Klassenkonflikte*

In der ersten Phase wurden die grenzüberschreitenden Wanderungen gegen Ende des 19. Jahrhunderts von lebhaften Debatten und politischen Konflikten um kulturelle Verschiedenheit begleitet. Dies ist nicht verwunderlich in einem Zeitalter des Nationalismus, in dem zumindest in Europa und den Amerikas die Nationalstaatsbildung ihrem Höhepunkt zustrebte. Es sei hier nur an die Ausgrenzung chinesischer Migrant:innen in den USA erinnert, die 1881 in Kalifornien begann und von der organisierten Arbeiterschaft auch auf nationaler Ebene vorangetrieben wurde.[78] Das Einwanderungsverbot für diese Gruppe wurde erst während des Zweiten Weltkriegs aufgehoben. Chinesische Migrant:innen wurden als «unfreie» Arbeitskräfte markiert, wobei restriktive Politik von Zwangsmigration sprach und diese als direkten Gegensatz zum «*frontier spirit*» – einem nationalen Mythos – deklarierte. So galten Migrant:innen aus China als eine «würdelose Rasse».[79] Ironischerweise war die Immigration der Vorfahren derjenigen, die diese Argumente vorbrachten, häufig unter dem Vorzeichen von Zwangsmigration verlaufen.

In der Tat sind Phänomene wie Zwangsarbeit und Schuldknechtschaft wichtig für das Verständnis der transatlantischen Migration des

18. Jahrhunderts. Auch der Widerstand des «atlantischen Proletariats» in Europa, Afrika und Nordamerika seit dem 16. Jahrhundert ist von Bedeutung. In den zugrunde liegenden Kämpfen wurden die modernen Bedeutungen von Merkmalen wie «Rasse», Nation und Geschlecht erst geschaffen.[80] Als Folge bildeten in Europa und den USA kulturelle Stereotype eine Grundlage für eine *divide et impera*-Strategie der Herrschaft am Arbeitsplatz und darüber hinaus. So zielte ausgrenzende Migrationspolitik auch auf religiöse Stereotype, z. B. antisemitische Haltungen gegenüber den «Ostjuden» in Deutschland und den USA. Das hatte konkrete Folgen: Zwischen 1885 und 1914 deportierte die deutsche Reichsregierung zehntausende jüdische Migrant:innen zurück nach Russland.[81] Auch die Migrant:innen, denen Zugang zum Territorium gewährt wurde, wurden teilweise rassifiziert, also einer niedrigeren oder gar minderwertigeren «Rasse» zugeordnet. Ein Beispiel dafür sind Immigrant:innen aus Südeuropa in den USA, die noch zu Beginn des 20. Jahrhunderts als «dunklere Rasse» galten.[82]

Ein besonders instruktiver Fall betrifft polnische Migrant:innen im Deutschen Reich im ausgehenden 19. Jahrhundert.[83] Neben Nation musste wiederum Religion als Exklusionsgrund herhalten. Nation und Religion waren in diesem Falle – im heutigen Sprachgebrauch – «intersektional» verschränkt. Dies wird besonders eindrücklich am Beispiel der «Ruhrpolen». Diese Immigrant:innen passten vorzüglich in Bismarcks «Kulturkampf» gegen die katholische Kirche, die als transnationale Organisation aus seiner Sicht zu wenig national orientiert war. So wurde im Deutschen Reich bspw. die religiöse Unterweisung von Kindern durch polnische Geistliche in polnischer Sprache untersagt.[84]

Besonders auffällig wird der Kontrast zwischen Klasse und kulturellen Verschiedenheiten als Grundlage für kollektives Handeln in den Organisationen der Arbeiterbewegungen. Obwohl die Mobilisierungsquote im späten 19. Jahrhundert im Vergleich zur Mitte des Jahrhunderts schon signifikant höher war, lässt sich eine markante Lücke zwischen einer internationalistischen Rhetorik einerseits und einer nationalistisch und rassistisch durchwirkten Praxis andererseits ausmachen. In Europa wurde schließlich zu Beginn des Ersten Weltkriegs überdeutlich, dass die nationalistische Karte die viel beschworene Klassensolidarität übertrumpfte. In den USA wiederum zeigte sich die Spaltung der Arbeiterbewegungen entlang von «Rasse». Vereinfacht gesagt verlief die Trennlinie innerhalb dieser sozialen Bewegung zwischen einer Fraktion, welche die weiße Vorherrschaft sichern wollte und afro-amerikanische Arbeiter:innen ausschloss (z.B. die *American Federation of Labor*, AFL), und einer anderen Gruppierung, nämlich internationalistisch orientierten Organisationen (z.B. die *International Workers of the World*, IWW) und ab den 1930er-Jahren auch dem *Congress of Industrial Organizations* (CIO).[85] Die internationalistische Fraktion sprach sich auch gegen den US-Imperialismus in Übersee aus. Das politische Wirken der internationalistischen Teile der US-amerikanischen Arbeiterbewegung galt aber nicht primär der kulturellen Anerkennung von Minderheiten, sondern der Abschaffung kultureller Differenzlinien, um wirtschaftliche Ausbeutung zu überwinden. Denn, so das Argument, kulturelle Ausgrenzung würde nach der Abschaffung von Ausbeutung politisch irrelevant werden.[86]

### Zweite Phase: Klassenkonflikte und Klassenkompromiss im Wohlfahrtsstaat

In der zweiten Phase, direkt nach dem Ersten Weltkrieg, wurden die Massen der Arbeiter:innen noch weiter in den Bann von nationalistischem Denken gezogen. Die internationalistische Komponente verlor an Schwung und die Arbeiterbewegungen spalteten sich weiter in sozialdemokratische und Moskau-orientierte Richtungen. Diese Spaltung vertiefte sich nicht zuletzt angesichts der Machtübernahme der Bolschewiken in Russland und der Gründung der UdSSR.[87] Dennoch schritt die Internationalisierung von Sozialpolitik voran. Im Jahre 1919 formierte sich die *International Labour Organization* (ILO) mit Sitz in Genf als tripartistische Einheit – Gewerkschaften, Unternehmen, Staaten. Fortschritte in der sozialen Sicherung wurden vor allem im nationalen Rahmen erzielt. Diese Entwicklung begünstigte bis zur Weltwirtschaftskrise im Jahre 1929 in Europa und Nordamerika steigende Löhne und Sozialreformen. Die faschistischen Diktaturen in Europa erhoben dagegen rassistische Exklusion und in Deutschland die brutale Massenvernichtung von Juden und anderen Minderheiten zu einem staatstragenden Prinzip.

Nach dem Zweiten Weltkrieg war diese zweite Phase in manchen Ländern durch einen relativ hohen Grad an kulturell-ethnischer Homogenität gekennzeichnet, so etwa in den USA. Eine Ursache dafür war ein Einwanderungsmoratorium von den 1920er- bis in die 1950er-Jahre, eingeläutet durch die Immigrationsrestriktionen von 1917 und 1924. In Europa gab es zwar im Unterschied dazu im und nach dem Zweiten Weltkrieg eine hohe Rate an Zwangsmigration und Vertreibung, insbesondere in Mittel- und Osteuropa. Aber auch hier stieg die Bedeutung kultureller Homogenität als wünschenswerter Zustand im Vergleich zur Periode vor dem Ersten Weltkrieg an. Die Hauptkonfliktlinien verliefen in der Sozial- und Arbeitsmarktpolitik entlang des Merkmals Klasse.[88]

In dieser zweiten Phase kann die weitere Entwicklung des Wohlfahrtsstaats als ein Klassenkompromiss im Hinblick auf die materielle Umverteilung gesehen werden. Nach dem Zweiten Weltkrieg schien ökonomisches Wachstum mit wohlfahrtsstaatlicher Sicherung vereinbar; auch wenn Wirtschaftskrisen auf die Grenzen dieses Modells hinwiesen.[89] Dieses Arrangement trug zur Legitimierung bestehender sozialer Ungleichheiten bei. Seit Ende der 1970er-Jahre kann allerdings eine entscheidende Verschiebung in dem politischen Kräfteverhältnis zwischen Kapital und Arbeit konstatiert werden – und zwar zu Ungunsten des Faktors Arbeit und seiner organisierten Vertretung durch Gewerkschaften.[90] Dadurch wurde der stets fragile Klassenkompromiss in Frage gestellt.

### *Dritte Phase: Politisierung kultureller Verschiedenheit*

Wichtig sind die Folgen für die heraufziehende dritte Phase. Ein Ansatzpunkt sind die unterschiedlichen Mobilitätsoptionen von Kapital und Arbeit. Der Exit von Arbeitskraft hat nicht die gleiche Wirkung bzw. Drohpotential wie die Abwanderung von Kapital. Für die Kapitalseite ist Exit eine plausible Drohkulisse im Kontext einschränkender Regulierung von Arbeitsmärkten. Zugleich sind Immigrationspolitiken gegenüber Personen in demokratisch-kapitalistischen Staaten viel restriktiver als gegenüber ökonomischem Kapital. Aus den post-industriellen Ökonomien sind seit den 1970er-Jahren etliche Sektoren vermehrt in nichtgewerkschaftlich organisierte Regionen abgewandert.[91] Die Veränderung der Kräftekonstellation zwischen Kapital und Arbeit im globalen Norden hat eine Entwicklung begünstigt, die Risiken nicht Kollektiven zuordnet, wie das noch in Institutionen wie der in puncto Leistungen relativ einkommensunabhängigen Gesetzlichen Krankenversicherung in Deutschland zum Ausdruck kommt. Vielmehr werden jetzt Individuen zum Subjekt der Verantwortung für das eigene Schicksal bestimmt.[92] Die Risiken eines gelungenen Lebens werden somit tendenziell von Gruppen auf Individuen verlagert. Daher sprechen manche Beobachtungen zeitdiagnostisch gar von einer «Risikogesellschaft», in der diese Form der Individualisierung eine immer stärkere Rolle spielt.[93]

Weiterhin stellt die Transnationalisierung grenzüberschreitender Bewegungen von Dienstleistungen, der Migration von Menschen und die damit einhergehenden Prozesse einer nun im Vergleich zu den Jahrzehnten nach dem Zweiten Weltkrieg wieder zunehmenden kulturellen Vielfalt eine Herausforderung für den nationalen Wohlfahrtsstaat dar, zumal dieser auf einer nationalstaatlich institutionalisierten Solidarität und Klassenkompromissen beruht. Die Anerkennung von Geschlecht, Ethnizität, Religion und verwandten Verschiedenheiten kann vom klassischen Wohlfahrtsstaat nicht umfassend reguliert werden. Demgegenüber ist es der regulative und nicht der umverteilende Nationalstaat, der im Hinblick auf Anerkennung von Verschiedenheit aktiv ist. Dieser kommt im Rechtsstaat zur vollen Ausprägung. Als Beispiel für regulative Politik wären etwa Anti-Diskriminierungsmaßnahmen im Hinblick auf Geschlecht und Ethnizität zu nennen. Möglicherweise trägt die Europäische Union zu dieser Entwicklung bei, da ein anspruchsvolles Verständnis von Gleichheit und Solidarität bisher in den Hintergrund tritt und abgespeckte Vorstellungen von Sozialintegration diskutiert werden, die eher regulative als redistributive Politiken und Maßnahmen nach sich ziehen.[94]

Die für Migrationsprozesse in Zielländern typische Entwicklung von eher klassenkämpferischer Mobilisierung hin zu Kämpfen um Anerkennung wird durch eine allgemeinere gesellschaftliche Entwicklung verstärkt, die sich in den neuen sozialen Bewegungen seit den 1970er-

Jahren niederschlägt.[95] Es geht dabei um Fragen rund um die Rechte von Frauen, das Recht auf freie Wahl der geschlechtlichen Orientierung, das Recht auf ökologische Nachhaltigkeit, das Recht auf freie Religionsausübung und inzwischen vermehrt auch die Rechte von Tieren. Daneben wird die Umsetzung von Rechten gefordert, die schon einen prominenten Platz in politischen Debatten einnehmen, so etwa Rechte auf körperliche Unversehrtheit, auf politische Partizipation und auf einen menschenwürdigen Lebensunterhalt. Da sich also allgemeine gesellschaftliche und migrationsspezifische Trends überlappen, erzeugen sie womöglich gerade deshalb eine so starke Resonanz in öffentlichen Debatten über Immigration.

Politische Mobilisierung um soziale Ungleichheiten und kulturelle Differenzen stellen eine notwendige Voraussetzung dar, um von einer transnationalisierten sozialen Frage zu sprechen. So wurde Redistribution verstärkt um Fragen der Anerkennung kultureller Verschiedenheit ergänzt. Klasse als ein Merkmal der Verschiedenheit und der Mobilisierung verschwindet zwar nicht. Aber kulturelle Verschiedenheiten wie Ethnizität oder Religion und auch generellere Verschiedenheiten wie Geschlecht gewinnen an Bedeutung.

Die gestiegene Bedeutung von kultureller Verschiedenheit ist in zwei gegenläufigen Entwicklungen sichtbar. Die erste bezieht sich auf den Kampf um Anerkennung von und für Minderheiten, damit diese im politischen und wirtschaftlichen Leben gleichberechtigt partizipieren können. Die darauf reagierende zweite Entwicklung, die diese Ansprüche dezidiert ablehnt, sieht in der Akzeptanz derartiger Forderungen von Minderheiten eine Gefahr für die kulturelle Homogenität und vereinzelt sogar der Rechte der Mehrheitsbevölkerung.

Der erste Trend geht hin zum Multikulturalismus. Begründet wird diese Denkrichtung vor allem damit, dass kulturelle Anerkennung eine wichtige Voraussetzung für die gleichberechtigte Teilhabe von Minoritäten am nationalen wirtschaftlichen, kulturellen und politischen Leben sei. Politikphilosophisch wird argumentiert, dass multikulturelle Politiken wie Gleichstellungspolitiken, Anti-Diskriminierungsmaßnahmen, mutter- und herkunftssprachlicher Unterricht in Schulen, Ausnahmeregelungen für religiöse Praktiken wie Schächten (z. B. *halal*) oder auch

| Ebene<br>Sphäre | Personen | Kollektive |
|---|---|---|
| *Kulturell (Anerkennung)* | • Ausweitung fundamentaler kultureller Rechte als Menschenrechte; z. B. religiöse Praktiken (wie Ausnahmeregelungen, *halal*-Nahrung; rituelles Schlachten; islamische Bestattungen)<br>• Recht auf Unterricht in der Herkunftssprache; als Ergänzungsfach oder als Fremdsprache | • Repräsentation der Traditionen, Praktiken und Religionen von Immigrant:innengruppen in Curricula und Organisationen des Staates<br>• Staatliche Hilfen für Migrant:innenorganisationen<br>• Sichtbarkeit von Immigrant:innen in staatlichen Organen wie der Polizei |
| *Politisch (Entscheidungen)* | • Wahlrecht für Wohnbürger:innen auf lokaler Ebene; Toleranz gegenüber doppelter Staatsbürgerschaft<br>• Instanzen, die Sozialintegration bedienen (z. B. Ministerien, Beauftragte für Migration) | • Migrant:innengruppen repräsentieren ihre Interessen in Beiräten und korporatistischen Arrangements (z. B. Kirche-Staat)<br>• Quoten in öffentlichen Organisationen wie politischen Parteien |
| *Ökonomisch (Umverteilung)* | • Gleichstellungspolitik für Mitglieder benachteiligter Gruppen | • Ökonomische Privilegien für benachteiligte Gruppen (z. B. Spielcasinos in indigenen Regionen)<br>• Restitution von Land |

*Tabelle 3.1: Multikulturalismus – Kulturelle, politische und ökomische Rechte und Politiken*

Bekleidungsvorschriften letztlich die Sozialintegration einer national verfassten Gesellschaft insgesamt förderten.[96] Obwohl nun kulturelle Rechte im Zentrum stehen, verfolgen multikulturelle Politiken auch Ziele in der politischen und ökonomischen Sphäre (Tabelle 3.1).[97]

Multikulturelle Ansätze und Politiken versuchen, die Inklusion in Bürgerschaft voranzutreiben und zwar über formal gleiche politische und soziale Rechte hinaus. Dazu soll vor allem die Anerkennung kultureller Praktiken dienen, die wiederum mit substanziellen politischen und sozio-ökonomischen Rechten und Politiken gekoppelt werden. Erklärtes Ziel solcher Politiken ist es nicht nur, die Sozialintegration von

Minderheiten zu fördern, sondern zur sozialen Kohäsion der jeweiligen Immigrationsgesellschaft als Ganzes beizutragen. Es ist dabei kein Zufall, dass multikulturelle Politiken zentral in Ländern entwickelt wurden, die nationale Minoritäten in Gestalt von Ureinwohner:innen aufweisen; so etwa in Kanada und Australien, in Europa etwa Schweden mit den Sami im Norden des Landes. Bemerkenswert ist, dass zumindest eines dieser Länder – Australien – fast nahtlos von einer rassistisch geprägten Exklusionspolitik («*white Australia policy*»), die bis Mitte der 1970er-Jahre galt, zu multikulturellen Politiken überging.

Kritiker:innen bemängeln nun, dass multikulturelle Politiken das genaue Gegenteil des Beabsichtigten bewirken würden. Aus dieser Sicht untergrabe kulturelle Diversität die Solidarität im Wohlfahrtsstaat[98] – gemessen etwa an den Ausgaben für sozialstaatliche Zwecke. Vereinfacht gesagt fielen die Wohlfahrtsausgaben umso geringer aus, je stärker multikulturelle Politiken implementiert würden. Andere Kritiker:innen monieren, dass der ausschließliche Blick auf Kultur die wichtigeren Fragen, die sich um Klasse drehten, verdrängen würden.[99] Demgegenüber erwidern die Verfechter multikultureller Politiken, dass diese Behauptung durch eine quantitative Analyse im Hinblick auf nordamerikanische, europäische und ozeanische Wohlfahrtsstaaten nicht bestätigt würde.[100]

Ein zweiter, gegenläufiger Trend kommt in einem diametral entgegengesetzten Programm zum Ausdruck. Es handelt sich auch um eine Reaktion auf Multikulturalismus, vor allem bei politischen Bewegungen, welche die kulturelle Homogenität nationaler Kollektive beschwören. Die Aufgabe von Minoritäten – sofern diese überhaupt als solche wahrgenommen werden – sei es, sich möglichst schnell in eine nationale kulturelle Einheit einzufügen, die tiefe Wurzeln in einer fernen Vergangenheit habe. Diese Bewegung ist dabei nicht unabhängig von der Transformation des Wohlfahrtsstaats seit den 1980er-Jahren zu sehen. Marktliberale Politiken in den USA und Großbritannien, die Agenda 2010 in Deutschland und ähnliche Programme in Ländern wie den Niederlanden, haben häufig nicht zu offenem Massenprotest geführt. Allerdings bereiteten sie den Boden für Möglichkeiten einer xenophoben Politik, die in Migration ein Feld sieht, in dem Unzufriedenheit mit der eigenen sozialen Position in Form von Abwertungen anderer Gruppen mobilisiert werden kann. Diese Kritik wird in Bahnen von «Wir» vs. «die Anderen» gelenkt, indem Migrant:innen als Ursache für diverse Verschlechterungen stilisiert werden.

Verstärkt wurde die Wahrnehmung von kultureller Differenz schon durch die Folgen der Anwerbepolitik und der Migration aus den (ehemaligen) Kolonien in den 1960er- und 1970er-Jahren. Denn allmählich wurde für diese Migrant:innen auch die rechtliche Gleichstellung und die Anerkennung der Gleichwertigkeit sozialer und kultureller Praktiken wichtiger. Damit hat sich bspw. die Präsenz des Islam in Europa vergrößert. Auch Fluchtmigration rührt aus multiplen Ländern in Lateinamerika, Afrika und vielen Teilen Asiens und trug so in den letzten Jahrzehnten zur religiösen, ethnischen, linguistischen Re-Pluralisierung gerade Europas bei. Immer mehr ist dabei Politik in den Zielländern auch von einem Wohlfahrtsnationalismus geprägt. Dies wird etwa an dem Zuwachs an Wählerstimmen deutlich, die nationalistische und Anti-Immigrations-Parteien in Europa erfahren.[101] Die post-moderne Relativierung von Wahrheitsansprüchen, die sich durch das Stichwort «alternative Fakten» kennzeichnen lassen, ist inzwischen massiv in ein rechtsnationalistisches Lager eingedrungen.[102]

Die erstarkte migrationsfeindliche Stimmung geht mit Veränderungen im Parteiensystem europäischer Staaten einher. Sowohl Mitte-Links als auch Mitte-Rechts-Parteien änderten ihre Positionen im Hinblick auf wirtschaftliche und kulturelle Fragen. Auf der Mitte-Links-Position haben sich seit Ende der 1990er-Jahre sozialdemokratische Parteien in Wirtschaftsfragen ihren liberalen und konservativen Konkurrenten angenähert. Mit diesem inhaltlichen Wandel ging auch eine veränderte Rekrutierung der Führung dieser Parteien einher. Die sozialdemokratischen Politiker:innen kamen immer weniger aus der Arbeiterklasse, sondern aus einer formal relativ hochgebildeten Schicht. Zur gleichen Zeit bewegten sich auch manche Mitte-Rechts-Parteien, indem sie bei sozialen Fragen wie Familie, Immigration und nationale Identität «traditionelle Werte» modifizierten und ebenfalls in die politische Mitte rückten.[103] Christlich-demokratische Parteien hatten religiöse Werte und Normen als auch traditionelle Haltungen zu Geschlecht und Sexualität als Kern ihrer politischen Identität definiert – änderten diese aber allmählich, genauso wie ihre Positionen zu Immigration. Ein Beispiel ist die deutsche CDU/CSU, die sich vom Slogan «Deutschland ist kein Einwanderungsland» zu einer Immigrationspolitik für nachgefragte Fachkräfte und einer dezidiert nationalen Integrationspolitik orientierte.

Diese Kursänderungen der europäischen Mitte-Links- und Mitte-Rechts-Parteien machten etliche Wählergruppen heimatlos, sowohl solche, die linke wirtschaftspolitische Positionen unterstützten, als auch jene, die kulturkonservative Präferenzen in der Immigrationspolitik vertraten. Diese Wähler:innen fanden und finden sich nicht ausschließlich, aber häufig unter denjenigen, die weniger formale Bildung genossen haben und aus der Arbeiterklasse stammen. Immerhin mach(t)en diese Gruppen einen Anteil von fast einem Viertel unter den Wähler:innen in Europa und Nordamerika aus. Das Lager der Nicht-Wähler:innen ist gewachsen, wie auch der Zulauf zu rechtspopulistischen und rechtsextremen Parteien und Bewegungen. Im Verlauf all dieser Entwicklungen gewannen Status und Kultur als Mobilisierungsachsen an Bedeutung.[104]

Eine entscheidende Frage, die sich an diese Debatten anschließt, ist: Welche (kulturellen) Verschiedenheiten werden Gegenstand politischer Debatten? In den 1990er-Jahren verschob sich in Europa der Fokus auf den Islam, während sich in den USA die Kontroversen um Spanisch als Verkehrssprache und um «Rasse» drehten.[105] Nun handelt es sich beim Islam, bei Sprachen der Herkunftsländer von Migrant:innen und bei «Rasse» nicht um neue Verschiedenheiten, die zum ersten Mal in der Moderne politisiert werden. So spielte bspw. der Islam schon im 19. Jahrhundert in europäischen Diskussionen zur Zeit des Kolonialismus eine große Rolle. Auch der Widerstand gegen den europäischen Kolonialismus bediente sich des Islams, um ihn als solidaritätsstiftendes Element der Einheit zu konnotieren. «Rasse» nahm insbesondere im 19. und 20. Jahrhundert eine entscheidende Rolle ein, um Hierarchien zwischen Gruppen und die angebliche zivilisatorische Mission des Imperialismus zu begründen.[106]

Während nun Kulturalisierung mit einem Schwerpunkt auf Zugehörigkeit und Mitgliedschaft eine regelhaft festzustellende Folge von

Migration ist, wird sie gegenwärtig weiter forciert. Durch Kulturalisierung kam es in den vergangenen Jahrzehnten auch zum Wandel von Debatten und politischen Konflikten, die weniger auf Ausbeutung zielten, sondern stärker als zuvor die Dichotomie von Einschluss und Ausschluss, Inklusion und Exklusion betonten.[107] Zusammen mit diesem Wandel hat sich auch das politische Subjekt des sozialen Wandels verändert. Gerade in der ersten Phase war es vorrangig die Arbeiterklasse, die als dominante Klasse der Zukunft imaginiert wurde.[108] In einer zweiten Phase folgten in Europa sozialdemokratische Parteien und in diese Richtung orientierte Flügel in den christdemokratischen Parteien, die während ihrer Regierungsverantwortung einen Klassenkompromiss vorantrieben. Dieser manifestierte sich während der *trentes glorieuses* im weiteren Ausbau des Wohlfahrtsstaates. In der dritten Phase spielen nun nicht Mehrheiten, sondern eher kulturalisierte Minderheiten eine entscheidende Rolle; nicht nur als Opfer von Diskriminierung im Sinne von Viktimisierung,[109] sondern auch als autonome politische Kräfte. Kurzum, die Mehrheit wird in dieser politischen Vision durch multiple Minderheiten als imaginierte Träger:innen politischer Veränderung abgelöst.

Aus dieser Sicht ist der Wohlfahrtsstaat nicht den Zielen der Französischen Revolution nähergekommen, die das Gleichheitspostulat mit dem Prinzip der Demokratie und der Solidarität verbinden wollten: *liberté*, *égalité* und *fraternité*. Folgt man Aimé Césaire, nach Leopold Senghor einer der geistigen Vordenker der *Négritude*-Bewegung in der frankophonen Welt, fehlte es vor allem an Anerkennung:

*«Liberté, égalité, fraternité, prônez toujours ces valeurs, mais tôt ou tard, vous verrez apparaître le problème de l'identité. Où est la fraternité? Pourquoi ne l'a-t-on jamais connue? Précisément parce que la France n'a jamais compris le problème de l'identité. Si toi, tu es un homme avec des droits avec tout le respect qu'on te doit, et bien moi aussi, je suis un homme, moi aussi j'ai des droits. Respecte-moi. A ce moment-là, nous sommes frères. Embrassons-nous. Voici la fraternité».*[110]

Insgesamt hat die Bedeutung von Klasse für politische Auseinandersetzungen nicht unbedingt abgenommen. Vielmehr hat die Bedeutung von kulturellen Differenzen für die soziale Frage zugenommen. Es handelt sich also mitnichten um ein Nullsummenspiel. Migrationsfragen waren in den letzten beiden Jahrhunderten immer auch durch Aspekte kultureller Verschiedenheit strukturiert. Allerdings haben kulturelle Fragen seit den 1970er-Jahren immer mehr die «vertikale» Klassenachse um eine «horizontale» Kulturachse ergänzt. Zum einen ist die Wahrnehmung globaler Interdependenz und damit einhergehender Phänomene wie Migration gestiegen, und zum anderen entwickeln sich über die frühere Kulturalisierung von Migration hinaus gegenwärtig politische Debatten und Konflikte in einem Kontext gesamtgesellschaftlicher Diskussionen um kulturelle Anerkennung verschiedenster Heterogenitäten, darunter geschlechtlicher, religiöser und ethnischer.

## Zur Pluralität von Theorie: Impulse für soziale Bewegungen

Die Bedeutung von Sozial- und Gesellschaftstheorien für die politische Praxis liegt auf der Hand. Um Strukturen und Prozesse als sozial ungleich oder ungerecht einzustufen und in der öffentlichen Sphäre zum Gegenstand von Politik zu machen, bedarf es einer Anleitung durch systematisch angelegte Erklärungen und ihrer Übersetzung in allgemein verständliche Thesen. Theorien und Analysekonzepte schaffen eine Art kognitive Landkarte bzw. ein Modell, das zentrale Punkte für das Verständnis sozialer Strukturen und Prozesse liefert.[111] Unter Theorie sei hier in einem sehr weiten Verständnis eine Erklärung verstanden, die in diesem Falle die ungleiche Verteilung von materiellen Gütern, aber auch mangelnde Anerkennung und damit zusammenhängende Machtoptionen thematisiert. Somit sind alle, die politisch tätig sind, also auch Sozialwissenschaftler:innen, an der Formulierung der transnationalisierten sozialen Frage beteiligt. Diese Akteur:innen konstituieren damit überhaupt erst die soziale Frage und tragen dazu bei, dass aus einem Analysekonzept ein Praxiskonzept werden kann. In anderen Worten, Konzepte wie Klasse erhielten eine politische Bedeutung, indem Theoretiker:innen und Praktiker:innen darüber sprachen. Nur so wurden

Theorien zu Plänen, die politische Mobilisierung anleiteten. Dabei ist es erst einmal nicht entscheidend, ob Theorien eher indirekt als Legitimation für schon getroffene Entscheidungen und etablierte Denkmuster dienen[112] oder ob man von einem eher direkten Theorieeffekt auf soziale Verhältnisse ausgeht.[113]

### *Erste Phase: Produktion und faire Verteilung*

Zur Mitte und gegen Ende des 19. Jahrhunderts inspirierten sozialistische Theorien soziale Bewegungen wie die Arbeiterbewegungen im Nordwesten Europas und parallel dazu und teilweise darin integriert Teile der Frauenbewegungen. Stilbildend waren Schriften wie die sozialkritischen Romane von Charles Dickens oder Sozialanalysen wie *Die Lage der arbeitenden Klassen in England* von Friedrich Engels.[114] Derartige Beschreibungen und Analysen der sozialen Lage können auch als Vorläufer einer neuen Wissenschaft von der Gesellschaft gesehen werden, der Soziologie. In England lässt sich das an den Forschungen von Charles Booth und später Beatrice und Sidney Webb zeigen, die systematisch die Lebensbedingungen der Arbeiterschaft dokumentierten und analysierten, um eine sozialwissenschaftliche Grundlage für Sozialreform und Sozialpolitik zu schaffen.[115]

In dieser ersten Phase waren die Theorien der politischen Ökonomie, welche die soziale Frage konstruierten, vor allem mit dem Problem der Verteilung beschäftigt. Zwar spielten auch Fragen der Anerkennung eine wichtige Rolle, worauf die internen Statushierarchien in der Arbeiterklasse hinwiesen und wobei – gerade in Deutschland – der Schwerpunkt auf der Mobilisierung der Facharbeiterschaft lag.[116] Jedoch war für Theorie und Praxis die durchweg zentrale Frage, ob der Kapitalismus in der Lage sei, eine faire Verteilung des ökonomischen Wachstums zu garantieren.[117] Das von Karl Marx inspirierte Denken ging davon aus, dass die Konzentration der Macht über die Produktionsmittel politisch auf lange Sicht nicht haltbar war. Die politische Mobilisierung des Proletariats vollzog sich entlang dieser Denkfigur. Der Grad an Mobilisierung erreichte seinen Höhepunkt sowohl in national organisierten Gewerkschaften als auch in der Sozialistischen Internationale in ihren ersten beiden Organisationsformen (1864, 1899). Die Sozialistische

Internationale ging in Opposition zu einer nach ihrer Auffassung imperialistischen Ordnung, welche die weltweite Ausbeutung der Arbeiterklasse sicherte. Die Erfolge der Arbeiterbewegungen und die allmähliche Herausbildung von Wohlfahrtstaaten führten dazu, dass der Fokus von der Verteilung der Güter (Distribution) stärker auf die Regulierung von Kommodifizierung und schließlich auch Umverteilung fiel.

### *Zweite Phase: Höhepunkt und Niedergang der Klassentheorien*

Direkt nach dem Zweiten Weltkrieg stand der Klassenkompromiss in Form des weiteren Ausbaus des Wohlfahrtsstaats im Mittelpunkt. Auch die wissenschaftliche Konzeptualisierung von Wohlfahrtsstaat und sozialer Bürgerschaft erlebte in den Arbeiten von T. H. Marshall einen Höhepunkt. In der Diskussion um eine neue Weltordnung über den nationalen Wohlfahrtsstaat hinaus überlegte der britische Historiker Edward Hallett Carr: «*Nor are political rights and political principles the dominant preoccupation of the contemporary world. The statement often, and justly, made that the future of democracy depends on its ability to solve the problem of full employment illustrates the subordination of political to social and economic ends in the modern world. Internationalism, like nationalism, must become social.*»[118]

Mit dem stetigen Ausbau des Wohlfahrtsstaates unter dem Vorzeichen des Kalten Krieges wurde vom Proletariat immer weniger als einheitlichem Akteur gesprochen. Verstärkt kam hingegen die Frage auf, ob es überhaupt politische Einheiten im Sinne einer «Klasse für sich» geben könne. Manche Beobachter:innen gingen dann konsequenterweise in der dritten Phase sogar so weit, zu behaupten, dass Klasse als zentrale analytische Kategorie in den Sozialwissenschaften ausgedient hätte.[119] Während dies vielen anderen Beteiligten zu weit gehen mochte, sollte dieser radikale Vorschlag wohl auch signalisieren, dass die Bedeutung von Klasse in der Theoriebildung a priori kein Primat im Vergleich mit anderen Heterogenitäten eingeräumt werden kann.

Ganz so pauschal lässt sich die Lage allerdings nicht fassen. Grenzübergreifende Mobilisierung um die soziale Frage vollzieht sich durchaus entlang von Klassenunterschieden. Beispielsweise wird heutzutage von einem «internationalen sozialen Bewegungs-Unionismus» gesprochen, der gerade außerhalb Europas, Nordamerikas und Australiens durch Arbeiterbewegungen vorangetrieben wird.[120] Und auch jenseits formaler Kanäle gibt es die *Southern Initiative on Globalization and Trade Union Rights*, die durch einen ländlichen Internationalismus, z. B. die Internationale Landarbeiterbewegung, vorangetrieben wird. Sie ist auch in Arenen wie dem Weltsozialforum (WSF) vertreten.[121] Wichtig ist die Idee der *Multitude*, einer heterogenen Sammlung von sozialistischen, anarchistischen, öko-sozialistischen und feministischen Gruppierungen. Die *Multitude* bezeichnet eine Vielzahl von «Singularitäten, die gemeinsam handeln».[122] Sie ist zwar nicht mehr wie die Arbeiterklasse als neues revolutionäres Subjekt konzipiert, tritt aber gleichwohl für die Demokratisierung der Weltgesellschaft ein und steht dabei einem «*Empire*» und Netzwerken der Herrschaft gegenüber, die global agieren. Charakteristisch für all diese Ausprägungen ist, dass sie kein teleologisches – auf ein einziges Endziel gerichtetes – Evangelium der Modernisierung predigen. Im Gegenteil, sowohl kapitalistische als auch (real-)sozialistische Formen der Modernisierung mit ihrem Festhalten an Wirtschaftswachstum als zentralem Fixpunkt sind Hauptziele der Kritik seitens vieler sozialer Bewegungen, insbesondere solchen, die ökologische Ziele verfolgen. Das wird etwa in den Bewegungen deutlich, die sich gegen einen zerstörerischen Klimawandel richten.[123]

### *Dritte Phase: Die kulturelle Wende der Klassenanalyse*

Im Unterschied zur ersten und zur zweiten Phase ist die Situation zu Anfang des 21. Jahrhunderts weit pluralistischer. Heute gibt es keine erkennbar kohärente Theorie rund um die transnationalisierte soziale Frage. Eine solche Theorie müsste eine Vielzahl von Verschiedenheiten adressieren, darunter auch Klasse. Vielmehr gibt es heute eine große Bandbreite von Ansätzen, die von marxistisch inspirierten Theorien bis hin zu postmodernen und postkolonialen Perspektiven reichen.

Anstatt nun vorschnell von einer abnehmenden Bedeutung von Klasse und zunehmender Relevanz von Mitgliedschaft und kulturellen Verschiedenheiten für die soziale Frage zu sprechen, ist ein Blick auf die Verschränkung der beiden Dimensionen zielführender. Dies wird am

Beispiel von Immigration anschaulich. Kulturelle Merkmale sind als formal-rechtliches Selektionskriterium für Immigrant:innen unwichtiger geworden. In Nordamerika und Europa kann eine rasante Abnahme von rechtlichen Normen konstatiert werden, die Migrant:innen auf der Grundlage askriptiver Merkmale wie Ethnizität oder «Rasse» auswählen und zulassen.[124] Derartige Selektionskriterien widersprechen in der Regel grundlegenden Menschenrechten. Wie schon erwähnt, haben sich in den vergangenen drei Jahrzehnten die Zulassungskriterien für Geringqualifizierte und Hochqualifizierte entscheidend verändert. Dies geht auch damit einher, dass denjenigen, die aus ökonomischen Gründen bevorzugt als Immigrant:innen zugelassen werden, höhere Integrationschancen im Zielland zugeschrieben werden. In der Tat findet eine Debatte darüber erst gar nicht statt. Man könnte dies als eine Art Kulturalisierung von Klasse verstehen oder, genauer, eine Form der sozialen Schließung, die auf der Folie von Klassenzugehörigkeit Erwartungen an die kulturelle Passung von Migrant:innen für volle Mitgliedschaft formulieren. Anders gesagt fungiert soziale Klasse bei den Kategorisierungen von Migrant:innen häufig als Proxy für zukünftige und wünschbare kulturelle Mitgliedschaft. Klasse kanalisiert in dieser Perspektive die Wahrnehmung kultureller Praktiken und Merkmale von Migrant:innen. Umgekehrt bilden kulturelle Merkmale wie ein bestimmter bildungsbezogener Habitus, verknüpft mit formal hohen Bildungsabschlüssen, ein Instrument, um – zumindest aus der subjektiven Sicht von Migrant:innen – eine möglichst hohe soziale Klassenposition im Zielland einzunehmen.[125]

Es gibt eine Wahlverwandtschaft zwischen der «kulturellen Wende» in den Sozial- und Geisteswissenschaften einerseits[126] und der Kulturalisierung von Politik andererseits. Diese Beobachtung ist instruktiv hinsichtlich der Rolle, die Theorie für politische Mobilisierung spielt – und umgekehrt. Zumindest kann die geschichtliche Abfolge der einzelnen Schritte nachvollzogen werden. In einem ersten Schritt verlor Klasse in den Sozialwissenschaften jegliche essentialistische Bedeutung. Dies hing mit dem Aufkommen des Sozialkonstruktivismus seit den 1960er-Jahren zusammen. Sozialkonstruktivismus bezeichnet eine Perspektive auf Prozesse, mit denen soziale Wirklichkeit durch das Handeln von Menschen und deren Interpretationen und Wissen geschaffen wird.[127] Diese Erkenntnis schlug sich bspw. in bahnbrechenden Studien zur Entwicklung der Arbeiterklasse in England nieder.[128] Insbesondere Ansätze wie die historische Soziologie und die Sozialgeschichte entwickelten auf dieser Grundlage eine Vorstellung, die Klasse als eine diskursiv konstruierte politische Kategorie deutete.[129] In vielen sozialgeschichtlichen Arbeiten schlug sich diese Tendenz in einer stärkeren Beachtung kultureller anstelle von sozio-strukturellen Kategorien nieder. Sozialhistoriker:innen erzählten die Geschichte der «einfachen Leute» nicht als Folge von makrostrukturellen Prozessen wie Industrialisierung und Urbanisierung, sondern auch als Geschichten von Arbeiter:innen, die sozio-kulturelle Akteur:innen sind.[130]

Parallel zu dieser Re-orientierung der Sozialgeschichte wurde stärker auf die Verknüpfung von Sprache und Institutionen geachtet, wie etwa in der Diskurstheorie und der Genealogie bzw. «Archäologie des Wissens» bei Michel Foucault.[131] Als Ausgangspunkt dienten nicht mehr Denkfiguren wie Basis und Überbau, sondern ein konstruktivistisches Verständnis von Heterogenitäten wie Klasse. Das drückte sich auch in Hinweisen auf die Verschränkung von Klasse, Rassismus und Geschlecht in feministischen Analysen aus, die im Konzept der «Intersektionalität» kulminierten.[132] Dazu traten Untersuchungen, die Erklärungen für die Erzeugung von sozialen Ungleichheiten aus Kategorisierungen entlang von Klasse, «Rasse», Geschlecht, Ethnizität, Religion oder Alter boten. In den Blickpunkt traten Prozesse bzw. soziale Mechanismen der Herstellung von Ungleichheiten.[133] Im Zuge der kulturellen Wende richtete sich der Blick auch stärker auf lokale Kämpfe und damit auf Analysen, wie «einfache Menschen» ihr Leben bestreiten.[134] Ein trefflicher Ausdruck dieser Entwicklung ist die «Black-Lives-Matter»-Bewegung, die ausgehend von den USA auch in Europa und andernorts in den Jahren 2020 und 2021 einen hohen Mobilisierungsgrad erzielte.

Es gibt heute kein Zurück zu den alten, materialistischen Verständnissen von Klasse.[135] Klar ist, dass gerade die Verbindung von diskursiven und sozial-strukturellen Elementen in der Analyse von Klasse und kultureller Verschiedenheit zielführend ist. Es gilt also folgende Einsicht: «*disengaging class from the previously assumed sovereignty of ‹objective› economic and social interests without turning it into an artefact of language or a figment of the collective imagination.*»[136] Migration bildet dabei ein ideales Politikfeld zum Verständnis dieser Prozesse, weil in ihm Migrant:innen in der Anfangsphase oft als wirtschaftliche Akteur:innen oder Opfer von Verfolgung und Gewalt und in späteren Phasen zusätzlich auch als sozio-kulturelle Akteur:innen begriffen werden und sich selbst als solche begreifen.

### *Soziale Transformation: Politische Bewegungen und Gegenbewegungen*

Im Hinblick auf Gegenbewegungen zu Strömungen wie Marktliberalismus bzw. Marktfundamentalismus gibt es Parallelen zwischen der ersten und der dritten Phase. Die Überlegungen zu grundlegender sozialer Transformation und sozialen Gegenbewegungen, die Karl Polanyi entwickelte,[137] können auch zum Verständnis der gegenwärtigen Entwicklungen herangezogen werden.[138] Polanyis Beobachtungen betrafen die ersten beiden der hier diskutierten Phasen. Anstatt sich auf Ausbeutung im Kontext von Kapitalakkumulation zu konzentrieren, kreiste Polanyis Denken um die Schaffung von Märkten und die Verdinglichung von letztlich fiktiven Produktionsfaktoren, nämlich Arbeit, Land und Geld. Bis zum Ersten Weltkrieg, also dem Ende der ersten Phase, beschreibt Karl Polanyi die politisch-ökonomischen Entwicklungen als vom «Mythos des freien Marktes» geprägt. Zeitgenössische Diagnosen sehen dabei eine Parallele zur zweiten modernen Globalisierung seit den 1970er-Jahren, weil in einer solchen Perspektive auch heute wieder eine Bewegung hin zu Marktliberalisierung verlaufe, wenn auch unter anderen Bedingungen.[139] Realweltlich komme sie etwa in einer geringeren Regulierung des Finanzwesens und einer stärkeren Finanzialisierung der Wirtschaft zum Ausdruck.[140]

Eine weitere Ähnlichkeit kann hinsichtlich der Gegenbewegungen zu diesen Marktprozessen konstatiert werden. In der zweiten Phase vom Ende des Ersten Weltkriegs bis in die 1970er-Jahre haben demgegenüber die Gegenbewegungen mehr Einfluss entfaltet, nicht nur in den wohlwollenden Formen der regulierten Kommodifizierung und sogar der De-Kommodifizierung von Arbeitskraft, sondern auch in Gestalt der Diktaturen des Nationalsozialismus und des Stalinismus. Ob heute wiederum eine Phase beginnt, in der die Gegenbewegungen zum Marktliberalismus an Einfluss gewinnen und damit Austeritätspolitik im globalen Norden und Strukturanpassungsprogramme im globalen Süden zurückdrängen oder ob sich nicht doch autoritäre politische Tendenzen durchsetzen werden, kann sicherlich noch nicht abschließend beurteilt werden. Zwar gibt es Belege dafür, dass die Schuldenpolitik internationaler Institutionen wie des Internationalen Währungsfonds (IWF) die Situation für Arbeitslose und Personen in prekärer Beschäftigung verschlechtert hat.[141] Zudem führte die COVID-19-Pandemie seit 2020 zu einer verstärkten Bedeutung nationalstaatlicher Politik für Wirtschaftsförderung und sozialer Sicherung; wie auch schon als Antwort auf die Finanzkrise im Jahre 2008. Die weltweite Pandemie, zusammen mit dem zerstörerischen Klimawandel, bilden neue Herausforderungen von bisher unbekanntem Ausmaß. Auf jeden Fall sollte dabei nicht jener Teil einer Gegenbewegung vergessen werden, die sich seit Anfang der 2000er-Jahre nicht den Zielen der Französischen Revolution, also Freiheit, Gleichheit und Solidarität verschreibt, sondern in nationalistisch-homogenisierenden Vorstellungen Lösungen sucht. Wichtig ist es daher angesichts der transnationalisierten sozialen Frage, die polit-ökonomischen Überlegungen um sozio-kulturelle Dimensionen zu erweitern.

## Ausblick: Kein Ende der sozialen Frage

Der historisch-vergleichende Abriss, der die drei Phasen des Zusammenhangs von Exit und der sozialen Frage seit dem 19. Jahrhundert abdeckt, hat die Ähnlichkeiten und Unterschiede in vier Bereichen in den letzten 150 Jahren vorgestellt: Wohlfahrtsstaat, Migrationskontrolle, Klasse und kulturelle Vielfalt und schließlich die Rolle von Theorien. Die Wiederkehr der sozialen Frage und die Rückkehr des Transnationalen in den Sozialwissenschaften im ausgehenden 20. Jahrhundert spiegeln eine höhere Aufmerksamkeit gegenüber grenzübergreifenden Prozessen und Vernetzungen in vielen sozialen Bereichen wider, nicht nur im Feld der Wirtschaft oder im Bereich Migration, sondern auch ganz grundlegend in Kommunikationsprozessen. In der Tat ist die Wahrnehmung der Vernetzung und der Interdependenz im Hinblick auf Migration, aber auch militärische Bedrohungen, Klimawandel und Umweltzerstörung in den letzten Jahrzehnten gestiegen. Einerseits finden sich Hinweise in Umfragen wie der *World Values Survey*, dass Meta-Prinzipien wie Gleichheit und Demokratie weltweit geteilt werden und die öffentliche Wahrnehmung von transnationaler Verflechtung und Interdependenz im Steigen begriffen ist.[142] Darüber hinaus ist mehr öffentlich zugängliche Information über transnationale soziale Ungleichheiten in den Sozialwissenschaften, aber auch in der Öffentlichkeit insgesamt vorhanden.[143] Andererseits ist offensichtlich, dass die Rückkehr des Transnationalen in Form eines stärker integrierten Weltmarkts, nicht zuletzt im Finanzsektor, immer stärker die Versuchung wachsen lässt, die negativen Auswirkungen über Gebühr zu simplifizieren und zu politisieren, also etwa ursächlich Migration und Migrant:innen dafür verantwortlich zu machen. Da sich mit Migration fast alle sozialen Probleme verbinden lassen, ist es eine Meta-Frage, die sich vorzüglich für fast alle Übel dieser Welt anführen lässt.[144] Diese Tendenz befeuert auch die Kulturalisierung von Verschiedenheit und die Versicherheitlichung oder gar Kriminalisierung von Migration.

Ein wichtiges Resultat der vorliegenden Analyse ist, dass die Transnationalisierung der grenzüberschreitenden Bewegungen von Kapital, Menschen, Ideen und der wachsende politische Marktliberalismus seit den 1970er-Jahren zunehmend den Wohlfahrtsstaat herausgefordert haben. Die national gebundene Solidarität, Reziprozität in den Sozialversicherungen, vor allem aber der institutionalisierte Klassenkompromiss, sind brüchiger geworden. Fragen der Anerkennung im Gefolge der Politik um Geschlecht, Ethnizität, Religion und verwandten kulturellen Verschiedenheiten können nicht sinnvollerweise durch wohlfahrtsstaatliche Politiken adressiert werden. Primär ist es der Rechtsstaat, der hier aktiv wird, z. B. durch Maßnahmen der Gleichstellung und Anti-Diskriminierung; noch weitergehender durch kulturelle Rechte. In diesen Bereichen sind es nicht soziale Klassen, die als Akteur:innen im Hinblick auf Widerspruch adressiert werden, sondern

Gruppen mit kulturell kodierten Merkmalen wie Ethnizität, Religion oder Geschlecht.[145]

Wie der Abriss der Entwicklung der transnationalisierten sozialen Frage im Kontext von Exit vom 19. Jahrhundert bis heute zeigte, ist diese Frage als «internationale soziale Frage»[146] zum Gegenstand von Politik und Forschung geworden. Und stärker als zuvor ist die soziale Frage heute mit kulturellen Verschiedenheiten verknüpft.

## Zur Kopplung von Migration und Entwicklung: Der nationale Entwicklungsstaat

### Von Kolonialismus und Rassismus zu Entwicklung

Die Debatten um den Zusammenhang von Entwicklung und Migration sind zentral für das Verständnis der Folgen von Exit für die transnationalisierte soziale Frage, da der Entwicklungsstaat in vielen Herkunftsstaaten in gewisser Weise den funktionalen Gegenpart zum Wohlfahrtsstaat in Europa und Nordamerika darstellt. Dabei ist zu beachten, dass der Wohlfahrtsstaat zu einer Zeit entstand, als europäische Mächte die Welt auf imperiale Weise kolonialisierten. Dadurch wurde, im Anschluss an die brutale Versklavung im transatlantischen Dreieckshandel zwischen Europa, Afrika und den Amerikas, die Verflechtung zwischen diesen Weltregionen verstärkt.[1] Die imperialistische Landnahme in außereuropäischen Gebieten erreichte einen Höhepunkt in der zweiten Hälfte des 19. Jahrhunderts. Dabei sticht nicht einfach der Aspekt ökonomischer Ausbeutung hervor, sondern auch die Funktion des Imperialismus zur Konsolidierung der Herrschaft in entstehenden europäischen Wohlfahrtsstaaten. Es handelte sich beim europäischen Kolonialismus immer auch um «Sozialimperialismus» zur Ablenkung innerstaatlicher politischer Spannungen nach außen.[2] Die gewaltsame rassistische Komponente des Imperialismus offenbarte sich zu Anfang des 20. Jahrhunderts bspw. im Genozid an indigenen Völkern wie den Herero und Nama in Deutsch-Südwestafrika.

Rassismus wurde in den Kolonien für Zwecke von *divide et impera*, also «teile und herrsche», eingesetzt. Dies wurde besonders in den weißen Siedlerkolonien in den Amerikas, in Afrika und teilweise in Ozeanien sichtbar, indem nicht nur Sklaverei, sondern auch die Herstellung und Legitimierung von Hierarchien unter Migrant:innen der Kontrolle von Arbeitskräften diente. Rassistische Exklusion von Migrant:innen aus China in den USA und aus Polen im Deutschen Reich legt davon ein beredtes Zeugnis ab. Rassismus kann in all diesen Fällen als ein Instrument der Einhegung von Klassenkonflikten «nach innen» begriffen werden. Dies führt zu der Vermutung, dass Rassismus nicht einfach aus Klassenkonflikten abgeleitet werden kann, sondern diesen vorausgeht bzw. sie verstärken kann.[3]

In den Kolonien selbst legten die allgegenwärtigen Formen der Zwangsarbeit und die damit verbundene Zwangsmobilität für die unterworfenen Territorien und dazugehörigen Bevölkerungen die Grundlage für die spätere Migration in den jeweiligen Regionen als auch für Süd-Nord-Migration.[4] Das Konzept «Entwicklung» und damit der Entwicklungsstaat betraten aber erst Ende der 1940er-Jahre in einer Rede von US-Präsident Harry S. Truman zu Beginn des Kalten Krieges die internationale politische Bühne. Dies geschah in etwa zeitgleich mit einer Welle an Dekolonialisierung im Sinne der formalen politischen Unabhängigkeit vieler europäischer Kolonien. Die Grundidee von Entwicklung lautete, dass die «Entwicklungsländer» der «Dritten Welt» gegenüber den «entwickelten Ländern» in der «Ersten» und «Zweiten Welt» aufholen sollten und könnten.[5]

Es ist eher unwahrscheinlich, dass der Wohlfahrtsstaat des globalen Nordens in den ehemals kolonialisierten Gebieten etabliert wird, obwohl es durchaus Ähnlichkeiten im sozialstaatlichen Ausbau gibt,[6] was die grundsätzlich genutzten Instrumente wie Sozialversicherung (*social insurance*) und soziale Unterstützung (*social assistance*) betrifft. Ein wichtiger Unterschied ist allerdings, dass Sozialversicherung und steuerfinanzierte Sozialleistungen zu den Kernelementen wohlfahrtsstaatlicher Sicherung in Europa und Nordamerika gehören, während in vielen Teilen der Welt soziale Unterstützung im Sinne von Grundsicherung von größerer Bedeutung ist.[7] Die Differenzierung von Wohlfahrtsstaat und Entwicklungsstaat bedeutet also keineswegs, dass im Entwicklungsstaat keine wohlfahrtsstaatlichen Elemente vorhanden wären. Aber in etlichen Regionen der Welt reagieren sozialstaatliche Interventionen eher auf agrarische Risiken. In diesen Fällen ist sozialstaatliche Unterstützung weniger stark auf individuelle soziale Rechte und Risiken des industriellen Arbeitsprozesses ausgerichtet. Vielmehr stehen Risiken wie etwa Dürren im Mittelpunkt.[8] Diese Beobachtung trifft neben Südafrika insbesondere auf Südasien und die Volksrepublik China zu.

Wohlfahrtsstaaten und Entwicklungsstaaten zeigen trotz aller Unterschiede wichtige Gemeinsamkeiten. Sowohl die Idee des Wohlfahrtsstaats als auch des Entwicklungsstaats gründen auf der Annahme, dass es eine kollektive Verantwortung für das Wohlergehen der Bevölkerung in einer nationalstaatlich verfassten politischen Einheit gibt. Dabei bezieht sich in Wohlfahrtsstaaten diese Verantwortung auf Risiken aus den (post-)industriellen und den agrarischen Produktionsprozessen, während in Entwicklungsstaaten primär Wirtschaftswachstum und daraus abgeleitete Interventionen – darunter auch sozialpolitische Maßnahmen – im Vordergrund stehen.[9] Kurzum, die Konzepte «Wohlfahrtsstaat» und»Entwicklungsstaat» sind heuristische Begriffe, welche die grundsätzlichen Orientierungen staatlicher Intervention in Beschäftigung und sozialer Sicherung andeuten. Es gibt viele Typen des Wohlfahrtsstaats und des Entwicklungsstaats innerhalb der verschiedenen Weltregionen.[10] Letztlich sind sowohl Wohlfahrtsstaat als auch Entwicklungsstaat eurozentrische Konzepte und in vielen Fällen ist nicht geklärt, ob sie auf außereuropäische Konstellationen umstandslos anwendbar sind.

### *Entwicklung als Zivilreligion*

Die Idee von Entwicklung stellt immer noch ein wirkmächtiges Paradigma dar, das Politik anleitet. Sie fungiert als eine «Zivilreligion» des Fortschritts[11] für die ehemaligen Kolonien und seinerzeit unterworfenen Regionen. In den Teilen der Welt, die im Kalten Krieg als Entwicklungsländer und heute oft als globaler Süden kategorisiert werden, war Entwicklung ein Versprechen auf ständig verbesserte Lebensbedingungen. Das Konzept Entwicklung, obwohl wissenschaftlich immer wieder heftig in Frage gestellt, hat sich in der Politikpraxis als Orientierung gehalten. Es gab zwar immer wieder Änderungen in der Ausrichtung von Entwicklungspolitik auf globaler Ebene. So war bis in die 1960er-Jahre hinein Wirtschaftswachstum das Hauptziel; wurde in den 1970er-Jahren jedoch durch einen Schwerpunkt auf Armutsbekämpfung abgelöst.[12] Lange Zeit wurde Entwicklung mit dem Indikator

Bruttosozialprodukt pro Kopf gemessen. Dies hat sich im Laufe der Zeit verändert, so etwa durch den *Human Development Index* (HDI), der neben der Einkommensverteilung auch Kindersterblichkeit und Bildungsniveau misst. Die Idee von Entwicklung hat sich insgesamt bisher als bemerkenswert dauerhaft erwiesen und wurde immer wieder an neue politische und intellektuelle Eckpunkte angepasst. Dies zeigt sich auch daran, dass Entwicklung mit einem Fokus auf jeweils andere kollektive Akteur:innen verknüpft wurde, die als Trägergruppe Entwicklung vorantreiben sollte. Inzwischen komplementieren führende Organisationen wie der Internationale Währungsfonds (IWF) und die Weltbank den nationalen Entwicklungsstaat zunehmend durch andere Akteur:innen, so vor allem internationale Institutionen, den lokalen Staat, Nichtregierungsorganisationen (NGOs) und nicht zuletzt Migrant:innen.

Das Konzept einer «nachholenden Entwicklung» für Länder des globalen Südens basiert auf Modernisierungstheorien, die besagen, dass es vorwiegend Faktoren in den sogenannten Entwicklungsländern selbst sind, die Entwicklung hervorbringen und befördern. Es sind in dieser Perspektive also endogene Gründe, die verhindern oder ermöglichen, dass das ökonomische Entwicklungsniveau dieser Länder an das der wirtschaftlich erfolgreicheren Länder aufschließt. Die Entwicklungsländer müssten ihre Politik und Maßnahmen so umstellen, dass sie das Stadium der Unterentwicklung verlassen und eine nachholende Entwicklung ermöglichen. Es gelte, verschiedene Stadien zu einem immer höheren Entwicklungsniveau zu durchschreiten.[13]

Kritiken an Modernisierungstheorien sind so alt wie diese selbst. Für den vorliegenden Zusammenhang ist von Bedeutung, dass etwa Dependenz- und Weltsystemtheorien umgekehrt davon ausgehen, dass Unterentwicklung kein Stadium auf dem Weg in eine (post-)industrielle Moderne sei, sondern eine Sackgasse, die durch ungleiche Ausgangspositionen in der Weltwirtschaft verursacht werde. Ursache für die mangelnde wirtschaftliche Entwicklung der Peripherien sei eine hierarchische Abhängigkeit von den Zentren, die ökonomisches Kapital und politische Macht kontrollierten.[14] Diese beiden und damit verwandte Theorierichtungen sind auch in Bezug auf die Rolle von

Migration für wirtschaftliche Entwicklung von entscheidender Bedeutung.

In den letzten beiden Jahrzehnten sind im Gefolge des Schwerpunkts auf Rücküberweisungen als Modus der Entwicklungsfinanzierung auch Migrant:innen und deren Organisationen – oft summarisch und generalisierend als Diaspora bezeichnet – in Erscheinung getreten. Insbesondere nach dem Ende des Kalten Krieges trat Diaspora als kollektive Entwicklungsakteurin auf. Nach Bauern im Rahmen der Grundbedürfnisstrategie seit den 1970er-Jahren und Frauen betraten nun auch Migrant:innen als Entwicklungsagent:innen die politische Bühne. Diese Abfolge an Akteur:innen erinnert an Friedrich Nietzsches «Ewige Wiederkunft des Gleichen»[15]: Im Zeitverlauf gilt jeweils eine bestimmte Gruppe als zentraler Träger für Entwicklung.

### *Drei Phasen der Verknüpfung*

Drei Phasen der Verknüpfung von Migration und Entwicklung können unterschieden werden: In Phase 1, während der 1950er- und 1960er-Jahre, herrschte eine optimistische Sichtweise vor: Migrant:innen könnten mit Rücküberweisungen von Geld und durch im Ausland erworbene Kenntnisse nach ihrer Rückkehr die sozio-ökonomische Entwicklung ihres Landes voranbringen. Als weiterer positiver Aspekt wären die Regierungen der Herkunftsländer mit Rücküberweisungen in der Lage, ihre Zahlungsbilanzdefizite abzumildern. Phase 2, die auf die 1970er- und 1980er-Jahre datiert werden kann, war eine sowohl aus wissenschaftlicher als auch politischer Sicht skeptische Zeit, in der die Meinung vorherrschte, Exit würde nicht Entwicklung, sondern Unterentwicklung befördern; vor allem durch die Persistenz von Armut und durch die Abwanderung von Hochqualifizierten. In der gegenwärtigen Phase 3, die in den späten 1990er-Jahren ihren Ausgang nahm, gerieten die rapide ansteigenden Rücküberweisungen wieder in den Fokus der Entwicklungspolitik. Die transnationalen Bindungen von Migrant:innen werden insbesondere durch eine Agenda zu Rücküberweisungen durch die Weltbank seit Anfang der 2000er-Jahre als vorteilhaft für Entwicklungsfinanzierung gesehen. Insgesamt lassen sich somit drei Phasen mit einem Hin- und Herpendeln zwischen optimistischen Annahmen in Phase 1 und 3 und einer skeptischen Sichtweise in der dazwischen liegenden Phase 2 identifizieren. Allerdings ist Phase 3 noch viel stärker als Phase 1 durch eine Kombination marktliberaler und partizipatorischer Elemente geprägt.

### *Phase 1: Migration und Entwicklung – Rücküberweisungen und Rückkehr*

In der ersten Phase, vor allem während der 1950er- und 1960er-Jahre, kam in der Politik westlicher Industrieländer die Ansicht zur Geltung, dass es «Arbeitskräftelücken» mit Migrant:innen zu füllen gelte – was auch der sozio-ökonomischen Entwicklung in den Herkunftsländern zugutekommen würde.[16] Letzteres ergäbe sich aus Rücküberweisungen und dem mit Rückkehrmigration verbundenen Transfer von Kenntnissen und Wissen. Eine solche Ansicht spiegelte die generelle These der Modernisierungstheorie und den Glauben an die Kapazität von Nationalstaaten wieder, die sowohl ökonomisches Wachstum als auch Migration nach ihren Bedürfnissen lenken könnten. Sie war auch mit den Lehren der häufig als neoklassisch bezeichneten Richtung in der Ökonomie vereinbar, die nahe legen, dass Exit von überschüssigen Arbeitskräften aus sogenannten unterentwickelten Regionen zu einem neuen Gleichgewicht von Arbeit und Kapital führen würde.[17] Wenn Arbeit in den globalen Norden migriere, entstünden Nachfragelücken im globalen Süden, was wiederum Kapitalinvestitionen in den Herkunftsländern zur Folge hätte und schlussendlich wirtschaftliche Entwicklung hervorrufen würde. Sowohl Herkunfts- als auch Zielländer in Europa artikulierten in dieser Zeit den Wunsch, dass Migration insbesondere im Rahmen der Anwerbung von Arbeitskräften wie etwa «Gastarbeitern» nur temporär und nicht als Einwanderung vonstattengehen und mit der Rückkehr ins Heimatland und damit einem Transfer von Fertigkeiten und Wissen beendet werden solle.[18] Auch in den USA, einem der «klassischen» Einwanderungsländer, ging bspw. das *Bracero*-Programm für Arbeiter:innen aus Mexiko von temporärer Migration aus. Davon unterschieden werden kann Migration aus den ehemaligen Kolonien und abhängigen Territorien nach Europa und in die USA, so von Algerien nach Frankreich, der Karibik und Südasien nach Großbritannien, aus Indonesien in die Niederlande, dem Kongo nach Belgien und aus Mexiko in die USA. In diesen Fällen ging die Immigration häufig mit weitergehenden rechtlichen Ansprüchen auf Niederlassung einher.

Es wurde kontrovers diskutiert, ob die Höhe der Rücküberweisungen dazu führen würde, dass sie in den Herkunftsländern nicht nur für Konsum, sondern für Investitionen verwendet werden könnten, so dass ein Wachstum an Produktivität und Wirtschaftsleistung folgen würde. Im Nachhinein betrachtet liegen keine Hinweise darauf vor, dass die optimistischen Erwartungen erfüllt worden wären.[19]

### *Phase 2: Unterentwicklung und Migration – Armut und brain drain*

Die Modernisierungstheorie wurde in der darauffolgenden Phase durch die Dependenztheorie und später durch die Weltsystemtheorie kritisiert. Diese Theorien kehrten die Kausalbeziehung im Nexus von Migration und Entwicklung um. Anstatt eine Ursache-Wirkungskette von Migration zu Entwicklung herzustellen, postulierte diese Perspektive nun eine umgekehrte Kausalität, nämlich von politik-ökonomischer Unterentwicklung hin zu (grenzüberschreitender) Migration. Dabei gab es keinen Platz für eine positive Rolle von Migration. Im Gegenteil, Exit erschien als äußerst problematisch. Denn aus Sicht der Dependenztheorie führte Unterentwicklung zur Abwanderung der am besten ausgebildeten Personen, die von der Peripherie in die Zentren migrierten. Somit würde durch den *brain drain* von Fachkräften die Entwicklung der Unterentwicklung noch verstärkt. Daher sollte Migration nicht auch noch gefördert werden. Zu sehr würde diese Abwanderung zu noch mehr Unterentwicklung beitragen, welche die Konstellation Peripherie-Zentrum stärken würde.[20]

Diese Denkrichtung konnte nun interessanterweise sogar dazu genutzt werden, eine Politik restriktiverer Migrationskontrollen zu legitimieren. Es existiert insofern eine Wahlverwandtschaft dieser Kritik von Exit mit den Migrationspolitiken der meisten europäischen Zielländer in den 1970er-Jahren, die sich in Richtung einer restriktiveren Politik orientierten. Allerdings wurden die Politiken nicht einfach restriktiver, sondern selektiver. Grenzen fungierten somit als «Sortiermaschinen»[21] für erwünschte und unerwünschte Migrant:innen. Für bestimmte Sektoren wie das Baugewerbe, Tourismus, Pflege und Gesundheit galten die neuen und restriktiveren Verordnungen in der Regel nicht bzw. nicht in vollem Umfang. Insgesamt lautete aber die ausgegebene Lösung: mehr Investitionen in den Herkunftsländern, um die dortige nationale Wirtschaftsentwicklung zu fördern. So sollte bspw. in Dhaka investiert werden, damit dort Bekleidung produziert werden könnte. Dies wäre für die wirtschaftliche Entwicklung Bangladeschs förderlicher als Emigration in die Golfstaaten. Darüber hinaus wurde Handel für effizienter als Migration für die Entwicklung gehalten. Hierin waren sich neo-klassische und marxistische Ökonom:innen in dieser Zeit einig.[22]

Während der 1970er- und 1980er-Jahre ersetzte die marxistisch inspirierte politische Ökonomie folgerichtig den Begriff Entwicklung durch «Unterentwicklung». Dependenz bzw. Abhängigkeit wurde als strukturelles Merkmal der Peripherie definiert, die vom Zentrum beherrscht wurde. Im Sinne der Dependenztheorie war eine eigenständige nationale Entwicklung in der Peripherie teilweise vom Weltmarkt entkoppelt zu denken. Dazu passt auch, dass sich in dieser Zeit der Schwerpunkt von Entwicklungspolitik, der bis dahin vorwiegend auf Wirtschaftswachstum ruhte, zu einer Grundbedürfnisstrategie zur Armutsbekämpfung verlagerte. Die ILO lancierte diese Entwicklungsstrategie.[23]

Hinweise auf die These von der Entwicklung der Unterentwicklung durch Migration in Folge von *brain drain* finden sich auch in der Gegenwart. Manche Analysen sehen in Exit auch positive Aspekte, z. B. durch den Transfer von Wissen in die Herkunftsländer im Rahmen von transnationalen Bindungen und permanentem Austausch zwischen Emigrant:innen und relativ Immobilen, nicht unbedingt nur durch Rückkehrmigration. Aber selbst diese Studien identifizieren «*brain strain hotspots*», in denen schlicht und einfach die Abwanderung von Fachkräften um ein Mehrfaches höher ist als die Möglichkeit, diese durch einheimisches Personal zu ersetzen.[24] Die Beobachtung trifft bspw. auf einen Großteil des Gesundheitswesens im südlichen Afrika zu. In diesem Zusammenhang warnt auch die Weltgesundheitsorganisation (WHO) seit Längerem vor den negativen Konsequenzen für die Versorgung der Bevölkerung in den Herkunftsländern.[25] Ob *brain drain* auf lange Sicht die skizzierten negativen Effekte tatsächlich hervorruft, hängt entscheidend von der wirtschaftlichen Verfasstheit des Herkunftslandes ab. Staaten wie Taiwan, Südkorea oder China waren etwa sehr erfolgreich darin, die abgewanderten Expert:innen durch attraktive Arbeitsmöglichkeiten wieder zurück ins Land zu holen. Dieser Prozess wird als «*reverse brain drain*»[26] bezeichnet. Derartige Beobachtungen stehen im Mittelpunkt der Hoffnungen in der gegenwärtig noch andauernden dritten Phase.

### *Phase 3: Von Migration zu Entwicklung – Das Zelebrieren transnationaler Zirkulation*

Phase 3 begann am Ausgang der 1990er-Jahre und ist geprägt durch die Idee der Ko-Entwicklung.[27] Migrant:innen gelten dabei als Entwicklungsagent:innen par excellence, indem sie die Herkunfts- und Zielregionen durch Rücküberweisungen miteinander verbinden. In diesem Sinne ist auch eine Rückkehr zur optimistischen Perspektive von Migration und Entwicklung in den 1960er-Jahren verbunden, wenn auch mit etwas veränderten Schwerpunkten. Wie in Phase 1 spielen Rücküberweisungen eine große Rolle, ebenso wie der Re-Transfer von Fertigkeiten und Wissen. Die Funktion der Rücküberweisungen für die Entwicklungsfinanzierung stellt die Weltbank seit Anfang der 2000er-Jahre in den Mittelpunkt.[28] Daneben gibt es einige Hinweise darauf, dass zusätzlich «soziale Rücküberweisungen» (*social remittances*) von Bedeutung sind, also der Transfer von Wissen über u. a. Menschenrechte, Demokratie und Geschlechtergleichheit. Bei Migrant:innen wird manchmal beobachtet, dass sie die Politik in ihrem Herkunftsland durchaus beeinflussen, und zwar durch «*ideas of citizen rights and responsibilities and different histories of political practice*»,[29] die sie in den Immigrationsländern praktizieren.[30] Wenig beachtet wird in diesem Zusammenhang, dass die Organisationsformen der Migrant:innen, häufig ein Transfer aus den Herkunfts- in die Zielländer, eine unabdingbare Grundlage für diese sozialen Rücküberweisungen bilden.[31] Aus transnationaler Sicht existiert also keine Einbahnstraße.

Die Idee der sozialen Rücküberweisungen ist nicht neu. Schon in den 1960er-Jahren wurde von umgekehrten Rücküberweisungen in dem

Sinne gesprochen, dass Rückkehrer:innen Ideen und Verhaltensweisen aus den Zielländern in ihre Herkunftsländer transferieren könnten.[32] Soziale Rücküberweisungen gehen einher mit einer Betonung zivilgesellschaftlicher Aktivitäten und Orientierungen von Migrant:innen und dem damit verbundenen sozialen Kapital in Form von Vertrauen und gegenseitiger Reziprozität. Während von den 1960er- bis in die 1990er-Jahre Migration und Entwicklung stärker unter ökonomischen Vorzeichen betrachtet wurden, spielen inzwischen also auch der Transfer politischer Ideen wie Demokratie und Menschenrechte, Interventionen nach gewaltsamen Konflikten sowie Geschlechtergerechtigkeit eine zunehmende Rolle zur Legitimierung von Programmen, die Migration und Entwicklung zusammen denken.

Besonders auffällig betonen die entsprechenden Protagonist:innen in Politik und Wissenschaft in der gegenwärtigen Phase die transnationale Zirkulation von Menschen, Geld und Ideen.[33] Erstens sehen manche internationale Organisationen in temporärer und zirkulärer Migration ideale Voraussetzungen dafür, dass involvierte Migrant:innen am Herkunftsland orientiert bleiben. Damit, so der Grundgedanke, wird es wahrscheinlicher, dass sie regelmäßig finanzielle oder soziale Rücküberweisungen tätigen. Gleichzeitig sollen diese Formen von Migration sicherstellen, dass *brain drain* durch frühzeitige Rückkehr und soziale Re-Integration nicht zu einem akuten Problem für die Herkunftsländer wird. Derartige Vorstellungen finden sich in etlichen internationalen Dokumenten, so ganz prominent im Abschlussbericht der *Global Commission on International Migration*, die vom damaligen Generalsekretär der UN, Kofi Annan, Anfang der 2000er-Jahre einberufen wurde.[34] Zweitens gehen mit dem Schwerpunkt auf Zirkulation vermehrte Versuche der Herkunftsländer einher, mit den Emigrant:innen im Ausland nicht nur in Kontakt zu bleiben, sondern sie auch für nationale Entwicklungszwecke einzusetzen. Beispielsweise initiierten einige Herkunftsländer, darunter Kolumbien und Südafrika, Netzwerke unter im Ausland lebenden Wissenschaftler:innen und anderen Expert:innen. Dabei zielten entsprechende Programme nicht einfach auf die permanente Rückkehr dieser Fachkräfte ins Herkunftsland. Vielmehr förderten diese Maßnahmen auch Wissenstransfer über Kurzbesuche im Herkunftsland, organisiert z.B. von *diaspora knowledge networks*.[35] Drittens ist aus einer Perspektive der Zirkulation das Engagement von diasporischen Gruppen beim Wiederaufbau nach gewaltsamen Konflikten positiv zu bewerten. All diese Versuche setzen voraus, dass Migrant:innen nicht nur als Akteur:innen auf individueller, sondern auch auf kollektiver Ebene sichtbar sind. Diese Aktivitäten sollen sowohl durch Staaten in den Herkunfts- und Zielregionen als auch durch internationale Organisationen wie der International Organization for Migration (IOM) und dem Entwicklungsprogramm der UN (UNDP) begünstigt werden.

Gründe für das Aufleben einer optimistischen Version des Nexus von Migration und Entwicklung liegen auch im voranschreitenden Prozess der ökonomischen Integration in der EU. Im Vertrag von Lissabon (2002) setzte sich die EU zum Ziel, mit den USA in puncto Anwerbung von Hochqualifizierten in einer Informationsökonomie und Wissensgesellschaft gleichzuziehen. Die damit verknüpften Strategien der Anwerbung formal hochqualifizierter Arbeitskräfte können als eine Art umgekehrte Entwicklungspolitik für die Mitgliedsstaaten der EU angesehen werden. Dies geschieht immer in Verbindung mit Versuchen, auch Länder des globalen Südens in die Migrationskontrolle im Austausch für Entwicklungskooperation mit einzubeziehen. Sämtliche politische und wirtschaftliche Interaktionen mit Staaten wie Algerien, Marokko, Senegal, Tunesien, Türkei und Ukraine vollziehen sich vor diesem Hintergrund.[36] Weiter begünstigend wirkt die Alterung der europäischen Bevölkerungen, die eine Diskussion darüber ausgelöst hat, wie etwaige Arbeitskräftelücken zu schließen seien. Hier scheint inzwischen Konsens darüber zu herrschen, dass Immigration diese zweite demografische Transition zwar nicht umkehren oder anhalten, aber zumindest abfedern könnte.[37]

Das Ideal zirkulärer Migration wird gleichwohl von einem gegenläufigen Trend begleitet. Dieser besteht in der Externalisierung von Migrationskontrolle weg von den Grenzen europäischer Zielländer hinein in Herkunfts- und Transitländer. Geläufige Instrumente sind rigorose Visabestimmungen und Kontrollen in Kooperation mit den Zielländern. Erfolgreiche Externalisierung befreit erst einmal von menschenrechtlichen Dilemmata. Denn die Externalisierung von Migrationskontrolle trägt dazu bei, die konsequente Anwendung von menschenrechtlichen Normen zu umgehen, so etwa im Hinblick auf die Nicht-Diskriminierung von Flüchtlingen. Die hauptsächliche Funktion von Externalisierung ist, die Debatten um und die Kosten von Migrationskontrolle aus der jeweiligen nationalen Sphäre der Immigrationsstaaten herauszuhalten. Kategorisieren Zielländer Migrant:innen als nicht schutzbedürftig, so können die Behörden sie im Prinzip abschieben und in ihre Herkunftsländer deportieren.[38] Diese Praxis wird durch die Regel des *non-refoulement* abgemildert, also das Verbot, nicht in Länder abzuschieben, in denen den Deportierten Folter droht.

## Vom nationalen Entwicklungsstaat zum marktliberal operierenden lokalen Staat und einer transnationalen Zivilgesellschaft

Die Kritik an der «Zivilreligion namens Entwicklung»[39] stellt spätestens seit den 1970er-Jahren die Vorstellung eines homogenen Blocks von Entwicklungsländern und die Idee eines unilinearen sozio-ökonomischen Fortschritts in Frage. Zuvor existierte die Hoffnung, dass eine nachholende Entwicklung mit einem Gang durch die verschiedenen Stadien der wirtschaftlichen Entfaltung in Europa zu erreichen sei. Dabei wurde aber im Laufe der Zeit überdeutlich, dass die privilegierteren Länder über die Gestaltung weltwirtschaftlicher Prinzipien die aufholbereiten Staaten auf Distanz zu halten versuchen. Ein typisches Beispiel ist die Welthandelsordnung. Die dazugehörige Institution, die World Trade Organization (WTO), vertritt in der Regel die Interessen der verhandlungsmächtigsten Staaten.[40] Diese Asymmetrie zieht sich durch alle drei Phasen des Nexus von Migration und Entwicklung.

Erst eine fundamentale Veränderung der Prinzipien sozialer Ordnung ermöglichte die gegenwärtige optimistische Phase. In heuristischer Absicht können Staat, Markt und Zivilgesellschaft als drei Grundprinzipien sozialer Ordnung gelten. Zwei Veränderungen haben sich seit den 1980er- und 1990er-Jahren herauskristallisiert. Die alles überwölbende

Veränderung ist eine Verlagerung weg vom Apparat des Nationalstaats als Motor und Koordinator von Entwicklung. Ein weiterer Meta-Mechanismus hat nun wieder stärker als in der Zeit unmittelbar nach dem Zweiten Weltkrieg Einzug gehalten, nämlich der Markt im Sinne von Marktliberalismus. Aus diesem Wandel folgen Versuche einer umfassenden Verdinglichung, d. h. Kommodifizierung von Arbeit, aber auch eine verstärkte Deregulierung von Märkten und die Privatisierung öffentlicher Güter.[41] Die grundlegende Idee lautet, dass Märkte selbstregulierend statt staatsreguliert sein sollten. Dabei geht allerdings die wichtige historische Einsicht verloren, dass die Schaffung von «freien Märkten» immer ein stark staatsregulierter Prozess war.[42] Die Durchsetzung fundamentalistischer Marktprinzipien bedeutet, dass der Staat die dafür notwendigen rechtlichen Rahmenbedingungen einführt und durchsetzt, sich zugleich aber aus der Bereitstellung von öffentlichen Gütern zurückzieht und sich auf die Aufgaben für Sicherheit, Militär und Infrastruktur beschränkt.

Strukturanpassungsprogramme illustrieren die marktliberalisierenden Tendenzen in vielen Entwicklungsstaaten seit den 1980er-Jahren.[43] Die Rolle von Akteur:innen wie internationalen Organisationen war dabei entscheidend.[44] In Europa wurden derartige Programme im Rahmen der Bewältigung der Finanzkrise von 2008 in südeuropäischen Ländern aufgelegt, so in Portugal und Griechenland. Eine solche Form der marktliberalen Globalisierung begünstigt eine Art «Transnationalismus von oben», was auch erleichterten Zugang für ausländisches Kapital in die betroffenen Länder bedeutet.

Die Kehrseite des Marktliberalismus wird sichtbar in neokolonialer Landnahme, der Zerstörung kleinbäuerlicher Produktion und einer darauffolgenden Vertreibung von Kleinbauern und marginalisierten Gruppen von ihren Anbauflächen. Die Methoden der hochtechnisierten und durchkapitalisierten Landwirtschaft durch ausländische Konzerne und Staaten erfordern u. a. Biotechnologien unter Einsatz von genmodifiziertem Saatgut, das zumeist für die Mehrheit der landlichen Bevölkerung aus finanziellen Gründen nur sehr schwer zugänglich ist. Eine allmähliche Verdrängung von Kleinproduzent:innen tritt häufig auf. Eine Folge ist Migration in die umliegenden Städte oder ins Ausland.[45]

Eine markliberale Anschauung löste seit den 1980er-Jahren die Vorstellung einer relativ autonomen wirtschaftlichen Entwicklung durch den nationalen Entwicklungsstaat ab. Diese Neuorientierung kulminierte im Begriff des *Washington Consensus*.[46] Der Begriff wurde ursprünglich 1989 von dem Ökonomen John Williamson geprägt, um eine Liste von zehn spezifischen wirtschaftlichen Handlungsempfehlungen zusammenzufassen, darunter eine disziplinierte Fiskalpolitik, Neuverteilung öffentlicher Ausgaben und Handelsliberalisierung. Diese Denkweise erachtet die Policy-Grundsätze als ein standardisiertes Reformpaket, das für krisengeschüttelte Länder im globalen Süden geeignet sei und an dem sich Institutionen wie der IWF, die Weltbank und das US-Finanzministerium orientieren sollten.

In den letzten Jahrzehnten haben sich, teilweise auch als Antwort auf die Kritik am *Washington Consensus*, die vorherrschenden Konzepte über «Entwicklung» verschoben. Jetzt wird stärker über eine Verschränkung von Staat, Markt, Zivilgesellschaft und in manchen Konzeptualisierungen auch Familie gesprochen.[47] Dieser Wandel kann im Verhältnis der Prinzipien zueinander nachvollzogen werden: Staat und Zivilgesellschaft und Markt und Zivilgesellschaft. Diese Entwicklung hat eine erhöhte Bedeutungszuschreibung an den lokalen Staat, internationale und zivilgesellschaftliche Organisationen mit sich gebracht. Daher gilt es, Konzepte wie «Staat» aufzubrechen und über Staat auf verschiedenen Ebenen zu sprechen; etwa lokale, nationale, supranationale, internationale Staatlichkeit. Ähnliches gilt für das Konzept «Zivilgesellschaft». Zur Erfassung von Veränderungen müssen auch Formen wie Diaspora als Form transnationaler Vergemeinschaftung in den Blick genommen werden, Zivilgesellschaft also auch als transnationale Zivilgesellschaft gedacht werden.

### *Staatlichkeit und Zivilgesellschaft*

Während der 1950er- und 1960er-Jahre legitimierten Modernisierungstheorien die zentrale Rolle des nationalen Entwicklungsstaats. Starke Staatsbürokratien, ja sogar Entwicklungsdiktaturen galten als Garanten dafür, Industrialisierung, moderne Schul- und Hochschulbildung, Alphabetisierung und andere Normen, die inzwischen weltweite Akzeptanz erlangt hatten, einzuführen und umzusetzen. Eine Neuorientierung trat Anfang der 1970er-Jahre mit der Grundbedürfnisstrategie ein, die auf die Abschaffung von Armut und Mangelernährung zielte und dabei mehr Wert auf Graswurzel- und Selbsthilfeinitiativen legte. Darüber hinaus erlangten die der nationalen Ebene untergeordneten staatlichen Institutionen größere Bedeutung. Im Gefolge von Dezentralisierung und damit verwandten Kampagnen, so etwa zur Förderung von *ownership* (Eigentümerschaft) und *stakeholdership* (Interessenvertretung), erlangten lokale Regierungen, zusammen mit zivilgesellschaftlichen Organisationen, in den durch internationale Organisationen geförderten Projekten eine stärkere Rolle.

Marktliberale Maßnahmen hielten verstärkt seit Anfang der 1980er-Jahre Einzug. Dies geschah vorwiegend durch Maßnahmen der strukturellen Anpassung über internationale Organisationen wie den Internationalen Währungsfonds (IWF). Dies wiederum verschob die Agenda des nationalen Entwicklungsstaats: Internationale Organisationen und Geldgeber:innen vertrauten weniger auf nationalstaatliche Politik und förderten stattdessen Organisationen auf lokaler Ebene, Nichtregierungsorganisationen (NGOs) und Unternehmen. Statt nationalstaatlicher Regulierung waren es marktförmige Maßnahmen und zivigesellschaftliche Praktiken, die Einzug hielten. So wurde etwa Krankenversicherung vermehrt als Privatversicherung angeboten oder als Plan, der durch zivilgesellschaftliche Organisationen durchgeführt wurde.[48]

In diesem Kontext treten Migrant:innen vor allem als Sender:innen von individuellen oder kollektiven Rücküberweisungen in Erscheinung. Die damit verbundene Hoffnung lautet, dass Migrant:innen einen entscheidenden Beitrag zur Armutsbekämpfung und Konfliktlösung in den Herkunftsstaaten leisten. Die Grundidee geht zurück bis in die 1950er-Jahre, als die französische Regierung begann, Organisationen von Migrant:innen aus westafrikanischen Ländern wie Mali zu fördern. Seinerzeit geschah dies im Rahmen von Rückkehrförderung. Seit den 1990er-Jahren nutzen auch Länder wie Spanien, Italien, Großbritannien und die Niederlande derartige Maßnahmen. In Deutschland hielten diese Bemühungen im Rahmen des Austauschs unter den Mitgliedsstaaten der EU und hier insbesondere mit Frankreich in den 2000er-Jahren verstärkt Einzug.[49] Nicht zufällig sind es Immigrationsländer mit starken postkolonialen Bindungen, in denen Ko-Entwicklungsprogramme am ausgeprägtesten sind, so z. B. Frankreich und Großbritannien. Gemeinsam ist diesen Praktiken, dass die Regierungen der Zielländer und internationale Organisationen auch die Zusammenarbeit von Migrant:innenorganisationen mit Nichtregierungsorganisationen (NGOs) fördern.

Die Herkunftsstaaten nehmen dabei eine wichtige, ja entscheidende Rolle in der Kontrolle von grenzübergreifenden Bindungen ein. So hat China seine Rhetorik den transnationalen Gegebenheiten angepasst und adressiert Chines:innen in Übersee damit, dass sie zurückkehren sollten, um ihrem Land zu dienen.[50] Diese Aufforderung ist selbstverständlich immer mit attraktiven Arbeitsmöglichkeiten an Institutionen wie Unternehmen und Universitäten oder profitablen Investitionsmöglichkeiten verbunden. Der Wunsch von Nationalstaaten nach Kontrolle von Emigrant:innen kreuzt sich hier also mit den transnationalen Praktiken von Migrant:innen.[51] Eine sehr direkte Verknüpfung ergibt sich etwa daraus, dass Regierungen in manchen Herkunftsländern Rücküberweisungen als ein strategisches Element betrachten, um Gläubigern im Ausland Sicherheiten für Kredite anzubieten.[52]

### *Markt und transnationale Zivilgesellschaft*

Marktliberal orientierte ökonomische Maßnahmen werden häufig durch zivilgesellschaftliche Elemente komplettiert. Über das Feld der Migration hinaus wird soziales Kapital von internationalen Organisationen, nationalstaatlichen Regierungen und NGOs als förderlich für ökonomisches Wachstum und für Demokratie gesehen.[53] Was die Bedeutung von Zivilgesellschaft für Entwicklung betrifft, so zirkulieren gegenwärtig zwei ganz verschiedene Perspektiven – zum einen liberales Wirtschaftsdenken und zum anderen partizipative Ansätze. Aus beiden Blickrichtungen ist die Beteiligung von Migrant:innen in Entwicklungsprojekten zu begrüßen. Die erste Auffassung legt den Schwerpunkt auf eine Art Markt-Migrant:in, die zweite auf den Typus Politik-Migrant:in.

Liberal orientiertes ökonomisches Denken legt nahe, dass Migrant:innen als Individuen zu den effizientesten Agent:innen für Entwicklung gehören. Die Verpflichtung, die internationale Migrant:innen gegenüber ihren Herkunftsregionen und -gruppen verspüren, ist kompatibel mit einer Marktbürgerschaft, die effizient Mittel zur Armutslinderung einsetzt, wovon letztlich alle Bewohner:innen in den Herkunftsgemeinden profitieren.

Die zweite, explizit politisch orientierte Perspektive, ist durch Hoffnungen auf kollektive Rücküberweisungen geprägt, die von einer Gruppe von Emigrant:innen für die Finanzierung von öffentlichen Gütern in den Herkunftskommunen vorgesehen sind.[54] Die praktische Bedeutung dieser Form kann auch darin gesehen werden, dass nationalstaatliche Regierungen und internationale Organisationen häufig auf Kollektive zurückgreifen, so etwa Heimatassoziationen, diasporische Wissensnetzwerke, Netzwerke von Geschäftsleuten oder religiöse Organisationen. Es ist kein Zufall, dass organisierte Gruppen von Migrant:innen wie Heimatassoziationen in Mexiko, Rückkehrervereinigungen in Jamaika oder karitative Stiftungen in Ägypten eine wachsende Bedeutung in den politischen Debatten ihrer Staaten erlangt haben.[55]

Nicht vergessen werden dürfen die kleineren sozialen Einheiten wie Familien, über die der weit überwiegende Teil der Rücküberweisungen verläuft. Hier ist ein dritter Typus angesiedelt: Familien-Migrant:in. Dies ist gerade in transnationalen Familien bzw. Haushalten wichtig, deren Angehörige über mehrere Länder hinweg verstreut wohnen. Immer mehr Frauen migrieren auch unabhängig, nicht nur als Partner:innen ihrer Ehemänner. Ein Beispiel dafür ist Migration zur Beschäftigung im Pflegesektor.[56] Auch relativ restriktivere Migrationskontrollen tragen zur Zunahme transnational verfasster Familien mit Haushalten in mehreren Ländern bei.[57] Gleichzeitig ist es angesichts von günstiger gewordenen Transportmöglichkeiten und den vielen Transaktionsfeldern, die das Internet bietet, immer einfacher geworden, in Kontakt zu bleiben.

Ganz sicherlich ist es nichts Neues, dass Migrant:innen mit ihren Familien über Grenzen hinweg in Verbindung bleiben, um Ressourcen nach Hause zu schicken.[58] Neu ist hingegen der Diskurs, in welchem das staatszentrierte Entwicklungsparadigma durch ein markt- und zivilgesellschaftsorientiertes ersetzt wird. Dabei ist das neue Paradigma nicht ohne Spannungen, wie die Gegenüberstellung von Marktorientierung und zivilgesellschaftlicher Politikorientierung nahelegt, also etwa der Fokus auf individuelle Aktivität im Unterschied zu kollektivem Handeln. Die Gemeinsamkeit liegt eher in der Abkehr vom ehemals dominanten Staatsparadigma. Dieser neue Ansatz wird von internationalen Organisationen wie der Weltbank, Entwicklungsorganisationen und Zielländern in der OECD gefördert.

Eine der Hoffnungen, die dem Nexus von Migration und Entwicklung aus Sicht der Zielländer zugrunde liegen, ist, dass sozio-ökonomische Entwicklung langfristig den «Migrationsdruck» auf Europa reduziert. Spätestens seit dem EU-Gipfel von Tampere (1999) deuten etliche bilaterale und multilaterale Maßnahmen in diese Richtung. Verstärkt werden sollen die Kooperation beim Migrationsmanagement zwischen Herkunfts-, Transit- und Zielländern, bei der Eindämmung irregulärer Migration, Rückkehr- und Rücknahmeabkommen und bei der Reduktion von Gebühren für Rücküberweisungen.[59] Im Jahre 2012 verabschiedete die EU den *Globalen Ansatz zu Migration und Mobilität* (GAMM). Darin hob sie die Bedeutung von «Mobilitätspartnerschaften» gerade mit afrikanischen Ländern und Migration als «Entwicklungshebel» hervor.[60] Auch in Handelsabkommen sind diese Prioritäten und Präferenzen niedergelegt. So heißt es etwa im Abkommen von Cotonou (2003), das die Partnerschaft der EU mit Staaten in Afrika, der Karibik und dem Pazifik regelt dass Migrant:innen ohne gültige Ausweisdokumente repatriiert werden sollten.[61]

Aus einer transnationalen Perspektive erscheinen Merkmale vorteilhaft, die aus einer nationalen Sicht lange eher als integrationshinderlich galten, z. B. Pendeln zwischen Herkunfts- und Zielländern. Grenzübergreifend gesehen sind es genau diese Personengruppen, die nun vermehrt als Brückenbauer:innen und Makler:innen gesehen werden. Transnationalität als Merkmal der Vielfalt ist somit ein Bestandteil der sozialen Frage geworden. Und aus der Sicht nationaler Integrationspolitik in den Zielländern sind bestimmte Formen von Transnationalität durchaus vereinbar mit Integration in die nationale Gemeinschaft und Inklusion in Felder wie Beschäftigung und Bildung.[62] Die Anerkennung der positiven Wirkungen der genannten Formen von Transnationalität in Entwicklungskooperation und Konfliktreduktion wird auch gestützt durch Erkenntnisse aus der Forschung zu transnationalen sozialen Bewegungen. Transnationale Aktivist:innen verfügen in der Regel über solide lokale Wurzeln und nutzen diese als Grundlage für grenzübergreifende Praktiken.[63] Im Falle von Migrant:innen sind es Bindungen in mindestens zwei Ländern. Beispiele dafür finden sich zuhauf; so etwa die Aktivitäten etlicher afrikanischer Organisationen in Deutschland, die sich für die Schaffung von Kollektivgütern wie Schulen oder Wasserversorgung in den Herkunftsorten engagieren.[64]

## Diaspora im Migrations-Entwicklungs-Nexus

Beim Nexus von Entwicklung und Migration taucht ein dehnbares Konzept immer wieder auf: Diaspora. Dabei ergibt eine historische Betrachtung, dass der Begriff in verschiedenen Phasen in ganz unterschiedlicher Weise genutzt wurde. Auch heutzutage existieren mannigfaltige Bedeutungen des Begriffs nebeneinander, die sich geschichtlich in ganz verschiedenen Epochen herausgebildet haben.[65] Hier wird dieses Konzept benutzt, um die vielfältigen Erwartungen an Migrant:innen als Entwicklungsagent:innen und die Selbstbeschreibungen transnational orientierter Gruppen und Organisationen genauer zu fassen.

### *Diaspora: Zur Karriere des Begriffs*

Im Wesentlichen durchlief das Konzept Diaspora bisher drei Phasen: Während die Bedeutung des Begriffs zunächst auf die Zerstreuung des jüdischen Volkes nach der Zerstörung des zweiten Tempels in Jerusalem abzielte, trat in einer zweiten Phase seit dem 16. Jahrhundert eher die Verbindung zwischen Mitgliedern einer religiösen Gemeinschaft in den Vordergrund, so etwa zur Beschreibung der Situation von Minderheitengruppen wie Katholik:innen und Jüd:innen in Gebieten mit anderweitigen religiösen Mehrheiten. In einer dritten Phase, die nach dem Zweiten Weltkrieg einsetzte, vollzogen sich in rascher Abfolge mehrere Umdeutungen. Erstens fand der Begriff auf nicht-religiöse Belange Anwendung. Darüber hinaus wurde er formal definiert, vor allem in den

Sozialwissenschaften. In einer Minimaldefinition bedeutet Diaspora den Glauben an einen gemeinsamen Ursprung und insbesondere auch das Bestehen regelmäßiger Bindungen in das Herkunftsland über transnationale Netzwerke.[66] Danach kann von Diaspora die Rede sein, wenn eine Zerstreuung aus einem Heimatland in mindestens zwei andere Staaten vorliegt, eine kollektive Erinnerung an das Heimatland gepflegt wird, eine Rückkehrbewegung existiert und ein starkes ethnisches «Wir-Gefühl» spürbar ist.[67] Der Begriff unterliegt in dieser dritten Phase einer Bedeutungsverschiebung von Diaspora im Singular zu Diaspora im Plural. Zu Hochzeiten des Entwicklungsstaats spielte der Begriff Diaspora im Entwicklungsdiskurs eine Rolle in der Konfrontation der Blöcke. Diaspora galt im Rahmen des Kalten Krieges als Instrument der Supermächte USA und UdSSR. Diese nutzten Diaspora, um die Machtansprüche in ihrem jeweiligen Einflussbereich zur Geltung zu bringen.

Seit den 1990er-Jahren treten zeitgleich mit den Umdeutungen des Entwicklungsstaats hin zu mehr marktliberalen und zivilgesellschaftlichen Verständnissen von Entwicklung auch poststrukturalistische und postmoderne Interpretationen von Diaspora auf. So stellen etwa die Kulturwissenschaften zwei Sichtweisen von Diaspora einander gegenüber – einmal als Phänomen, das sich vor allem auf ein territoriales Zentrum bezieht, z.B. die jüdische Erfahrung im 20. Jahrhundert in Bezug auf Israel; zum anderen eine postmoderne Perspektive, die einen emanzipatorischen Anspruch erhebt. In dieser zweiten Sichtweise ersetzen multiple Identifikationen und Netzwerke den Bezug auf ein klares Zentrum und eine gemeinsame Identität. Als Prototypus dafür gilt die Afrikanische Diaspora.[68] Wo aus postmoderner Sicht die Gruppenidentifikationen als eine Art «dissemi*nation*» mit einer über die Welt verstreuten Nation angesehen wird, kristallisiert sich in Bezug auf Staatsbürgerschaft ein Modell der «trans*nation*» heraus. [69] Dem entsprechen die seit Mitte der 1990er-Jahre zunehmenden Bemühungen vieler Herkunftsstaaten, die Beziehungen zu «ihren» Bürger:innen im Ausland zu intensivieren.

Was die Immigrationsländer betrifft, so werfen die verschiedenen Interpretationen des Begriffs Diaspora zentrale Fragen für die Adaptation von Migrant:innen auf. Diaspora impliziert in den meisten der genannten Definitionen eine wie auch immer geartete kulturelle Differenz zwischen der jeweiligen Diaspora und der Mehrheitsgesellschaft. So gesehen wäre der Gegenbegriff zu Diaspora «Assimilation» im Sinne eines kulturellen Verschmelzens im Aufnahmeland. Eine wichtige Frage lautet dann, welche Formen der Adaptation im jeweiligen Immigrationsland notwendig sind, um erfolgreiche transnationale Arbeit in Politik, Wirtschaft und im Sozial- oder Bildungssektor leisten zu können. Empirisch lässt sich zeigen, dass Kompetenz in der Sprache des Immigrationslandes, ein hoher beruflicher Status und vielfältige soziale Kontakte im Immigrationsland als Voraussetzungen für kompetente Entwicklungsarbeit durch Migrant:innen fungieren.[70] Sozialintegration widerspricht also nicht notwendigerweise der Pflege transnationaler Beziehungen.

Es gibt dabei einen unübersehbaren Trend zum «*ethnic labelling*», der den Begriff Diaspora in vielen Fällen analytisch problematisch macht, weil er zu einer Essentialisierung der (vermeintlichen) Charakteristika von sozialen Kategorien führt.[71] Häufig nutzen Gruppen in der Diaspora den Begriff, um die kulturelle Homogenität einer Migrant:innenkategorie aus einem bestimmten Herkunftsland zu signalisieren. In der Regel sind aber Migrant:innen aus demselben Herkunftsland durch vielfältige soziale, politische, ökonomische und kulturelle Differenzen geprägt, die sich in der Organisationslandschaft widerspiegeln. Es geht darum, zu verstehen, wie Merkmale im Prozess der Formierung diasporischer Aktivitäten konstituiert und verwendet werden.

Der Gebrauch des Begriffs Diaspora ist seit den 1980er- und 1990er-Jahren parallel zur dritten Phase des Nexus von Entwicklung und Migration rapide angestiegen. Die Bedeutungsvielfalt hat zugenommen. Der kleinste gemeinsame Nenner aller wissenschaftlichen und politischen Perspektiven besteht darin, dass sich Diaspora auf grenzübergreifende kollektive Erfahrungen bezieht, die sich an bestimmten Kristallisationspunkten festmachen. Diese Referenzpunkte können unterschiedlich sein: ein (noch zu schaffender) Staat, eine Nation, ein Volk, eine Sprache, eine Kultur, eine Religion, eine Herkunftsgemeinde – oder gar eine Vision denationalisierter Lebensweisen. Wichtig ist dabei, dass es nicht einfach und primär um eine Vervielfachung tatsächlich existierender

Diaspora geht, sondern um eine wachsende Zunahme von Organisationen und Gruppen, die sich und die grenzübergreifenden Bindungen als Diaspora bezeichnen, und Regierungen, die «ihre» Bürger im Ausland als Diaspora kennzeichnen. Im Wittgenstein'schen Sinne geht es also um den Gebrauch des Begriffs, der dessen Verständnis schafft.[72]

### *Diaspora als zentrale Akteurin für Entwicklung und Migration*

Grenzübergreifende Praktiken und Institutionen sind ein Beleg für die transnationalen Ausprägungen der sozialen Frage. Diaspora ist ein anschauliches Beispiel dafür, wie sich Gruppen vergemeinschaften, sich also Gruppenbildung auf der Grundlage subjektiv empfundener Zugehörigkeit vollzieht.[73] Diese Vergemeinschaftungen können nicht einfach als etwas Gegebenes gesehen werden, sondern sind ein Ergebnis sozialer Prozesse.[74] Diaspora entsteht mit Bezug auf das Inland im Ausland («*domestic abroad*»[75]). Jedoch verlängern Diaspora bzw. transnationale Gruppen und Organisationen nicht einfach die Politik der Herkunftsländer. Stattdessen bilden sie eigenständige soziale Formen, die zwar starke Bezüge zu den jeweiligen Herkunfts- und Zielländern aufweisen, aber auch eigenständige Sozialräume darstellen.[76] In diesen transnationalen sozialen Räumen vollzieht sich die Mobilisierung von Migrant:innen; in einigen Fällen auch unter den Kindern von Migrant:innen, wie etwa in der kurdischen Diaspora in Schweden und Deutschland.[77]

Als Hoffnungsträgerin ist Diaspora inzwischen ein Überbegriff, der es ganz verschiedenen ideologischen Strömungen erlaubt, für ihre Programme zu werben: Positionen, die Unternehmertum propagieren und in Migrant:innen vor allem grenzübergreifend tätige Kleinunternehmer:innen sehen; solche, die in Diaspora Graswurzelbewegungen erkennen, die mithilfe von kollektiven Rücküberweisungen die Lebensverhältnisse ärmerer Teile der Bevölkerung verbessern können; oder diejenigen, die homogene Vorstellungen von Nation pflegen und möglicherweise fernab des Herkunftslandes eine nationale Befreiungsbewegung befeuern.[78] Die marktliberalen und die politisch partizipativen Varianten spiegeln sich auch im Verständnis dessen wider, was als Diaspora bezeichnet wird. Aus wirtschaftsliberaler Sicht besteht Diaspora aus einzelnen Migrant:innen bzw. deren Familien, während sich die politisch partizipative Perspektive stärker mit Assoziationen von Emigrant:innen beschäftigt, die kollektiv Rücküberweisungen zur Schaffung von Kollektivgütern in den Herkunftsgemeinden organisieren.[79] Eine weitere Dimension geht über den engeren Zusammenhang von sozioökonomischer Entwicklung und Migration hinaus. Es finden sich viele Beispiele für das Streben von Diaspora nach ethnischer Homogenität; etwa unter irischen Emigrant:innen in den USA vor 1922[80] oder Sikhs aus dem Punjab in den USA und Europa, insbesondere vor 1949.[81] Neuere Fälle betreffen die kurdische Diaspora in Bezug auf die Türkei, Syrien, Iran und Irak[82] und den fehlgeschlagenen Versuch der Bildung eines unabhängigen Staates durch Organisationen der tamilischen Diaspora.

## Die Kontinuität der sozialen Frage im globalen Kontext: Menschenhandel, Zwangsarbeit und moderne Sklaverei

Als Zwischenergebnis lässt sich festhalten, dass Exit weltweit sowohl in den Ziel- als auch den Herkunftsländern Folgen für die Ausprägung der sozialen Frage aufweist. Besonders deutlich wird dieser Zusammenhang in extremen Formen von Ausbeutung und sozialer Schließung. Dabei repräsentiert die soziale Frage im Sinne brutaler Ausbeutung von Menschen nicht nur eine historische Phase im 19. Jahrhundert in Europa. Sie ist in den ersten Jahrzehnten des 21. Jahrhunderts ein globales Phänomen, das in allen Weltregionen in Form von Menschenhandel, Zwangsarbeit und Zwangsehen[83] sichtbar ist. Es ist ganz zentral an transnationale Migration geknüpft: Weltweit lebten und arbeiteten im Jahre 2016 mindestens 40 Mio. Menschen in Verhältnissen, die als «moderne Sklaverei» bezeichnet werden können.[84] Davon befanden sich etwa 25 Mio. in Situationen der Zwangsarbeit und über 15 Mio. in Zwangsehen.[85] Der Anteil von Migrant:innen unter Zwangsarbeiter:innen variiert je nach Sektor: etwa 23 Prozent aller Zwangsarbeiter:innen arbeiten außerhalb ihres Herkunftslandes; bei sexueller Ausbeutung klettert der Anteil sogar auf 74 Prozent. Es gibt auch viele landesinterne Migrant:innen, die nicht in den einschlägigen Statistiken internationaler Organisationen auftauchen.

Klare Geschlechterdifferenzen treten in der Verbreitung von Zwangsarbeit zutage: Es gibt dabei mehr Frauen als Männer.[86] Migrantinnen sind besonders verwundbar für Menschenhandel und Zwangsarbeit. Dies gilt insbesondere dann, wenn sie aus Situationen fliehen, die durch Gewalt und Konflikt geprägt sind und dabei zumindest zeitweilig auf die Unterstützung ihrer Familien verzichten müssen. Diese Zwangsmigrantinnen haben häufig keinen Zugang zu formal abgesicherten Formen der Beschäftigung und der sozialen Sicherung. Sie wandern unter gefährlichen Bedingungen und arbeiten unter illegalen Umständen, in denen sie leicht Opfer von Ausbeutung und sexualisierter Gewalt werden.

Viele der betroffenen Menschen stammen aus Herkunftsländern des globalen Südens und arbeiten sowohl in angrenzenden Ländern als auch im globalen Norden. Diese Formen der Ausbeutung widersprechen den Grundprinzipien von Wohlfahrtsstaatlichkeit, da sie den Beschäftigten keinerlei soziale Rechte zugestehen, und sie liegen auch quer zu Entwicklungsstaatlichkeit, weil sie neben Menschenrechten jegliche Art von Wahlfreiheit verletzen. Hier richtet sich der Blick exemplarisch auf Menschenhandel und Zwangsarbeit. Eine kulturelle Dimension betrifft die Geltung von sozialen Normen, die Zwangsarbeit ermöglichen, oder vorwiegend rechtlichen Normen, die aus menschenrechtlicher Sicht helfen sollen, Zwangsarbeit zu bekämpfen.

Es geht hier nicht nur um Ausbeutung als Prozess im klassischen marxistischen Sinne, der die Aneignung des Mehrwerts durch Eigentümer:innen der Produktionsmittel beschreibt. Ausbeutung sei hier verstanden als ein Prozess, der faires und zulässiges Handeln in mehrfacher Hinsicht fundamental verletzt. Jegliche Normen eines Rechtsstaats oder einer zivilgesellschaftlichen Moralökonomie, die auch Pflichten seitens der Unternehmen festlegen, kommen in diesem Zusammenhang nicht zum Tragen. Die Betroffenen sind nicht nur struktureller Gewalt in Form des Ausschlusses von Produktionsmitteln ausgesetzt, sondern erleiden vielfältige Formen physischer und psychischer Gewalt und werden misshandelt, oft mit chronischen Folgen für ihre Gesundheit. Häufig steht das nackte Überleben auf dem Spiel. Somit haben die Beschäftigten auch keinerlei Möglichkeit, eventuelle Ansprüche auf dem Rechtsweg durchzusetzen. Denn moderne Sklav:innen, die formal aufgrund des gesetzlichen Verbots nicht mehr Eigentum von Halter:innen sind,[87] befinden sich in der Regel in einem Dilemma. Entweder werden sie in einem Zwangsverhältnis ausgebeutet oder sie riskieren, selbst Repressalien zu erleiden und/oder zu erleben, wie ihre Familien negativ sanktioniert werden. Dies wird bspw. in Formen der Migration deutlich, welche die Reisen und Arbeit im Zielland organisieren und bei denen sich die Migrant:innen und deren Familien hoch verschulden.[88] Dabei unterscheidet sich moderne Sklaverei von ihren historischen Vorgängern. Während noch im 18. und 19. Jahrhundert Sklavenhalter:innen durchaus Interesse am langfristigen Erhalt der Arbeitskraft ihrer Sklav:innen zeigten, weil sie ihr Eigentum schützen wollten, ist die Situation heute anders. Moderne Arbeitssklav:innen können jederzeit ersetzt werden, sind also in jeglicher Hinsicht disponibel.

### *Menschenhandel*

Menschenhandel ist mit Schmuggel nicht zu verwechseln. Menschenhandel betrifft hier organisiertes Verbrechen, während der Schmuggel von Personen – obwohl in vielen Fällen illegal – eine von Migrant:innen zu bezahlende Dienstleistung darstellt, die nicht zwingend mit Gewalt gegenüber Personen noch mit Formen von anschließender Zwangsarbeit verbunden ist.[89] Laut Angaben der Behörde der UN für Drogen und Kriminalität kamen fast zwei Drittel aller Opfer von Menschenhandel zwischen 2014 und 2016 von außerhalb des Landes, in dem sie Ausbeutung erlitten.[90] Es handelt sich also vorwiegend um transnationale Migrant:innen. Drei Viertel der Befragten auf der zentralen Mittelmeerroute von Libyen nach Europa berichteten in *Flow Monitoring Surveys* der International Organization for Migration (IOM) von Misshandlung, Gewaltanwendung und Verschleppung von Menschen.[91] Bemerkenswert ist dabei, dass auch Kinder und Jugendliche, gerade wenn sie allein reisen, von Menschenhandel und Ausbeutung betroffen sind.[92] Zu den Ausbeutenden gehören nicht nur die Menschenhändler:innen selbst, sondern später auch manche Unternehmer:innen und Vermieter:innen. Ganz deutlich tritt hervor, dass insbesondere unsichere Migrationspfade, teilweise als Resultat der Fernsteuerung von Migrationskontrolle in den Herkunfts- und Transitländern, Migrant:innen verwundbarer machen, weil sie sich dann auf dubiose Mittler:innen verlassen.[93]

Ein spezieller Mechanismus, der Menschenhandel und Zwangsarbeit fördert und diesen teilweise zugrunde liegt, ist Schuldknechtschaft. Schulden können für Jahre, Jahrzehnte oder gar Generationen andauern. Sie werden nach Angaben des Menschenrechtsrats der UN dazu benutzt, um Menschen in verschiedenen Sektoren zu platzieren und auszubeuten. Dabei handelt es sich bevorzugt um solche Sektoren, die schwerer als betriebliche Produktionsstätten von außen kontrollierbar sind, wie etwa im Baugewerbe, bei der Hausarbeit, in der Landwirtschaft oder bei der Prostitution.[94] Zu den Mitteln, um Schulden in Zwangsarbeit münden zu lassen, gehören hohe Gebühren für die Vermittlung von Arbeit als Voraussetzung für Migration. Menschenhandel im Rahmen transnationaler Migration schließt so nahtlos an Praktiken an, die auch bei staateninterner Migration in vielen Weltregionen Anwendung finden. Davon betroffen sind häufig Landarbeiter:innen, die in Minen, der Fischverarbeitung oder der Teppichherstellung ausgebeutet und von jeglicher Teilhabe am sozialen Leben ausgeschlossen werden. Eine dazwischen liegende Form ist Schuldknechtschaft, die durch saisonale Migration abgeleistet werden muss.[95]

### *Zwangsarbeit*

Durch exorbitante Vermittlungsgebühren für Arbeit im Ausland, die später kaum abbezahlt werden können, und falsche Versprechungen über die Art der Arbeit und die Löhne, die in der Regel unter dem jeweiligen nationalen Standard liegen, drängen Menschenhändler:innen verwundbare Migrant:innen in Zwangsarbeit. Da sie über keine gültigen Dokumente verfügen, können diese Migrant:innen auch nicht die Arbeitsstelle wechseln. So arbeiten Zwangsmigrant:innen häufig in Sektoren und Orten, die kaum effektiv kontrollierbar sind.[96] Von den Hausarbeiter:innen sind fast ein Fünftel weltweit Migrant:innen und bei drei Viertel von ihnen handelt es sich um Frauen. Hausangestellte in Asien und der Pazifikregion, aber auch in Europa, sind häufig entweder in legal sanktionierten Zwangsverhältnissen (z. B. Golfstaaten) oder überproportional irregulär beschäftigt. Für die Beschäftigten, die sich nicht in aufenthalts- bzw. arbeitsrechtlicher Illegalität befinden, wirken funktionale Äquivalente, indem sie etwa durch Visen an eine:n Arbeitgeber:in gebunden sind. Aufgrund mangelnder rechtlicher Regulierung, Lücken in der Kontrolle oder arbeits- und aufenthaltsrechtlicher Illegalität greift die Überwachung häufig ins Leere; ein Zustand, der sich durch die *Domestic Workers Convention* der ILO (2011) etwas gebessert hat. Ähnlich schwer wie Hausarbeit ist der Bausektor zu kontrollieren, in dem Migrant:innen bspw. dazu gezwungen sind, als Scheinselbständige zu operieren.[97]

Zu den weiteren Sektoren, in denen Zwangsarbeit von Migrant:innen weit verbreitet ist, zählen nicht nur das verarbeitende Gewerbe wie die Bekleidungsindustrie, sondern auch die Rohstoffgewinnung für die elektronische Industrie. Letztere findet sich insbesondere bei der Gewinnung von seltenen Erden, etwa den Mineralien Tantal, Wolfram und Kassiterit. Für gewöhnlich werden diese Erden in Konfliktgebieten gewonnen, in denen bewaffnete Gruppen auf «Gewaltmärkten»[98] Zwangsarbeiter:innen einsetzen. Diese Gruppen finanzieren sich über den Verkauf dieser Rohstoffe. Und weit weg von Kontrollorganen sind auf hoher See für gewöhnlich auch die Fischverarbeitung und der Fischfang. Migrant:innen werden zum Teil über Jahre hinweg zur Arbeit in Fischereiflotten gezwungen. Auch Lager für Geflüchtete sind Orte, in denen Zwangsarbeit zu finden ist.[99]

Insgesamt kann Zwangsarbeit als eine «Form adverser Inkorporation» in Arbeitsverhältnisse gesehen werden.[100] Hervorzuheben ist, dass Zwangsarbeit beileibe keine residuale Form der Beschäftigung ist. Vielmehr liegen ihre Ursachen und Bedingungen in der Organisation globaler Produktionsnetzwerke, in denen Firmen Aufträge in den Produktionsketten vergeben, die eine willige und flexible Arbeiterschaft benötigen. Für Indien wird bspw. geschätzt, dass etwa die Hälfte der Binnenmigrant:innen von Agent:innen abhängen, in deren Schuldknechtschaft sie stehen. Diese Abhängigkeit wird als «Neo-Knechtschaft» bezeichnet.[101] Die weit verbreiteten Formen moderner Arbeitssklaverei bedeuten eine Absage an eine menschenrechtliche Grundierung von Beschäftigung und sozialer Sicherung. Mildere Formen der Zwangsarbeit treffen etwa dann zu, wenn (migrantische) Arbeiter:innen rechtlich auf einen Betrieb festgelegt sind und an gewerkschaftlicher Organisation gehindert werden.

## Ausblick: Der transformierte Entwicklungsstaat und die weltweite Kontinuität der sozialen Frage

In den letzten vier Jahrzehnten hat eine teilweise Verlagerung vom Entwicklungsstaat hin zu Prinzipien des Marktes, der Zivilgesellschaft und des lokalen Staates stattgefunden. Weiterhin schlug sich Marktfundamentalismus in Strukturanpassungsprogrammen nieder. In diesem Kontext erfolgte die von internationalen Organisationen wie der Weltbank und den Regierungen etlicher Zielländer propagierte Rolle von Migrant:innen bzw. Diaspora als Entwicklungsagent:innen. Dies schlägt sich nicht nur in vermehrten Diskussionen um Geldüberweisungen aus den Zielländern zurück in die Herkunftsländer nieder (oft unter Nichtbeachtung der umgekehrten Richtung), sondern auch in der veränderten Rolle von Diaspora, die nun nicht mehr Teil des Ost-West-Konflikts ist. Vielmehr geht es jetzt um Entwicklungskooperation als zivilgesellschaftliche Aufgabe.

Werden die Folgen von Exit für die soziale Frage im globalen Kontext betrachtet, so lassen sich auch Kontinuitäten von der Zeit des Kolonialismus und der Herausbildung des industriellen Kapitalismus bis in die Gegenwart feststellen. Die dargestellten Formen der Zwangsarbeit im Speziellen und moderner Sklaverei im Allgemeinen erinnern etwa an das «atlantische Proletariat», das sich ab dem 17. Jahrhundert im Dreieck Europa, Afrika und Nordamerika seit der kolonialistischen Landnahme vollzog. Die Kennzeichnungen dieses «buntscheckigen Haufens» als «landlos, enteignet», «arm», «mobil und transatlantisch» weisen viele Ähnlichkeiten mit denjenigen Migrant:innen auf, die heutzutage auf der untersten Ebene sozialer Hierarchien angesiedelt und damit der Gefahr gewaltförmiger Arbeitsverhältnisse ausgesetzt sind.[102] Es waren seinerzeit über den Atlantik hinweg mobile Matrosen, Sklav:innen, Schuldknechte, Zwangarbeiter:innen und Landarbeiter:innen, die Widerstand leisteten und die neben den Organisationen der mittleren und oberen Klassen eine Rolle bei der Abschaffung der Sklaverei spielten. Hier gibt es Parallelen etwa zu heutigen Bewegungen von Migrant:innen, die über keine gültigen Papiere verfügen.

# Die Regulierung von Migration und sozialen Rechten: Globale und europäische Perspektiven

## Implizite globale Regime für soziale Sicherung und Migration

Die beiden Weltkriege sowie die Dekolonialisierung wirkten als Katalysatoren für die Entwicklung sowohl von Wohlfahrts- als auch Entwicklungsstaaten.[1] In Europa verwandelte der nationale Wohlfahrtsstaat die soziale Frage in «eingefrorene Konflikte».[2] In den 1950er- und 1960er-Jahren gab es einen weiteren Ausbau des Wohlfahrtsstaats. Im Zuge der Dekolonialisierung nach dem Zweiten Weltkrieg in den sich neu formierenden Staaten in Afrika und Asien entstand das Modell des nationalen Entwicklungsstaats.[3] Mit der Bildung politisch unabhängiger Staaten wuchsen in Afrika und Asien die Hoffnungen auf Beschleunigung materieller Wohlfahrt für weite Teile der Bevölkerung.[4] Dabei sollte beachtet werden, dass in Wohlfahrts- und Entwicklungsstaaten Beschäftigungs- und Sozialpolitik zwar wichtige Instrumente der Intervention in Lebensverhältnisse darstellen, aber andere Felder ebenfalls von Bedeutung sind. Das zeigt sich etwa in der Steuerpolitik oder Anti-Diskriminierungspolitik. Beispiele dafür sind Maßnahmen gegen Kasten-basierte Diskriminierung in Indien oder Unterstützung für HIV-positive Personen in Südafrika.[5]

Es gibt zwar kein explizites globales Regime für soziale Rechte und Sozialpolitik. Allerdings lässt sich eine globale soziale Ordnung der Bearbeitung von sozialen Ungleichheiten und sozialen Risiken identifizieren. Und obwohl auch für Migration ebenfalls kein dezidiertes globales Mobilitätsregime existiert, ist hier nach den tatsächlich wirkenden Prinzipien der Regulierung von Migration zu fragen, um zu verstehen, wie soziale Ungleichheiten gefördert oder abgemildert werden. Im Folgenden wird daher in einem ersten Schritt aus einer globalen Perspektive die Verflechtung der Regulierung von Beschäftigung und sozialer

Sicherung mit Migration dargestellt. In einem zweiten Schritt wird das Zusammenspiel von Sozial- und Migrationspolitik am Beispiel Europas analysiert sowie zentrale Mechanismen und Prozesse herausgearbeitet, die Muster sozialer Ungleichheit abbilden.

## Zum Nexus von sozialer Sicherung und Migration

Staaten unterscheiden sich stark darin, wie sie Zugänge zu sozialer Sicherung regulieren. So liegt etwa in Europa der Schwerpunkt auf sozialen Rechten. In anderen Regionen erhalten wiederum nur kleine Teile der Bevölkerung Zugang zu sozialer Sicherung durch garantierte Rechte.[6] Das gilt für viele Herkunftsländer von Migrant:innen. In diesen Fällen sind dann eher nichtöffentliche Formen der sozialen Sicherung verbreitet, z. B. in Familienverbänden. Insgesamt hat nur etwa ein Viertel der Weltbevölkerung Zugang zu umfassender und staatlich abgesicherter sozialer Sicherung. Trotz dieser Unterschiede sollte beachtet werden, dass sich bestimmte Elemente, wie etwa Sozialversicherungen, in vielen Ländern verbreitet haben, wenn auch in sehr unterschiedlichem Ausmaß.[7] Zu den inzwischen weltweit häufig praktizierten Maßnahmen gehören auch soziale Transferleistungen, so etwa nicht konditionierte Zuschüsse zur materiellen Mindestsicherung.[8]

Migration ist über alle miteinander verflochtenen Staaten hinweg ein Prozess, mit dem Unternehmen ihren Zugang zu Arbeitskräften sichern. Außerhalb der OECD-Länder ist in den letzten Jahrzehnten die Anzahl der Arbeitskräfte um etwa die Hälfte gewachsen, d. h. von 1,9 Milliarden im Jahre 1980 auf über 3,1 Milliarden im Jahre 2006.[9] Am höchsten war dieses Wachstum in der Kategorie Entwicklungsländer: Über 80 Prozent der dort beschäftigen Arbeitskräfte arbeitet unter prekären Bedingungen, u. a. mit Löhnen, die das Existenzminimum nicht abdecken. Weltmärkte für Produkte und Dienstleistungen hängen entscheidend von dem Arbeitskräftereservoir ab, das in den Sektoren zu finden ist, die als informelle Ökonomie bezeichnet werden.[10]

Sowohl die formelle als auch die informelle Ökonomie sind durch drei Strategien geprägt, welche die verschiedenen Räume von Beschäftigung und sozialer Sicherung kreuzen: ausländische Direktinvestitionen, Subunternehmertum und das Management von Lieferketten. Gerade die letzte Strategie dient dazu, den Wettbewerb unter lokalen Unternehmen zu erhöhen, was wiederum auch einen Abwärtsdruck auf Löhne erzeugt.[11] Es ließe sich darüber spekulieren, bis zu welchem Grad derartige Lieferketten grenzüberschreitende Migration aus rein ökonomischer Sicht ersetzen. Obwohl es dafür Anzeichen im verarbeitenden Gewerbe gibt, trifft diese Entwicklung allerdings nicht auf den Dienstleistungssektor und nicht auf als hochqualifiziert eingestufte Beschäftigte zu. Im Dienstleistungssektor wächst seit Jahren die Nachfrage nach Arbeitskräften (wozu auch Gewerke mit Subunternehmen zählen) und insbesondere solchen mit speziellen Kenntnissen, etwa in den Bereichen Gesundheit und Forschung. Daher wäre es voreilig, zu schließen, dass die angesprochenen Unternehmen – in den Zielländern einst Hauptbefürworter der Anwerbung auch von formal gering qualifizierten Arbeitskräften – heutzutage ausschließlich an Auslandsinvestitionen oder Lieferketten interessiert wären.[12] Gerade in den Bereichen, in denen die Lieferketten kurz sind, also im Baugewerbe, der Landwirtschaft, dem Hotel- und Gaststättengewerbe, im Gesundheits- und Pflegesektor, werden nach wie vor und sogar in wachsendem Ausmaß Migrant:innen in Regionen wie Europa, den Golfstaaten, in Ostasien und in Nordamerika nachgefragt.

Trotz des zügigen Wachstums des weltweiten Arbeitskräftepools führt die gegenwärtige Migrationsquote nicht zu einer Konvergenz im Lohnniveau zwischen Herkunfts- und Zielländern. Arbeiter:innen in den meisten Herkunftsländern schließen eben gerade nicht allmählich zu ihren Kolleg:innen in Europa auf. Eher ist ein Wachstum der mittleren Einkommensschichten in Ländern wie China und Indien zu beobachten. In vielen Herkunftsstaaten hingegen verbleiben öffentliche Maßnahmen der Regulierung von Arbeit und sozialer Sicherung auf einem geringen Niveau, was wiederum auch die Migrationswahrscheinlichkeit tendenziell erhöht – ohne dass sich dieses Potenzial umstandslos in Exit umsetzen würde.[13]

Interessanterweise spielt das Niveau sozialer Sicherung eine entscheidende Rolle für die Wahrscheinlichkeit, dass sich potenzielle in tatsächliche Migration verwandelt. Es gibt einen klaren statistischen Zusammenhang zwischen dem Grad wohlfahrtsstaatlicher Absicherung einerseits und Emigration andererseits. Hierauf verweisen Erkenntnisse aus den post-kommunistischen Systemen Mittel- und Osteuropas (MOE-Staaten) und dabei hauptsächlich den Beitrittsstaaten zur EU. Je höher das Niveau an sozialstaatlicher Absicherung, desto geringer ist Emigration, die durch bessere Lebensbedingungen im Ausland motiviert ist. Und umgekehrt sind in den MOE-Staaten, in denen die Ausgaben für soziale Sicherung geringer ausfallen, die Emigrationsquoten relativ höher.[14]

Entsprechende Überlegungen gelten sinngemäß unter umgekehrten Vorzeichen auch für Zielländer. Gerade in den Zielländern von Migration, die ein relativ niedriges Niveau an Sozialleistungen aufweisen, ist der Anteil von migrantischen Arbeitskräften höher als in solchen, in denen öffentliche soziale Sicherung stärker ausgeprägt ist. Dies ergibt ein Vergleich nordwesteuropäischer Wohlfahrtsstaaten mit vielen ölfördernden Staaten im Mittleren Osten, die nicht nur mehr ausländische Arbeitskräfte beschäftigen, sondern diese sozial- und zivilrechtlich noch schlechter stellen als andere Weltregionen. Diese Situation entspricht den Erwartungen des Dilemmas Rechte vs. Zahlen: Ein geringeres Niveau von (sozialen) Rechten in den Zielländern macht die Beschäftigung von Migrant:innen für die dortigen Unternehmen attraktiver und damit wahrscheinlicher.

## Elemente eines globalen Migrationsregimes

Offensichtlich gibt es kein einheitliches System der Regulierung von grenzüberschreitender Migration, zumindest nicht im Sinne eines kohärenten Sets von weltweit gültigen «Prinzipien, Normen, Regeln und Entscheidungsprozeduren».[15] Zwar existiert ein partielles Regime für Asyl, das seit Anfang der 1950er-Jahre im Rahmen der *Genfer Flüchtlingskonvention* und der Nachfolgeprotokolle durch den United Nations High Commissioner for Refugees (UNHCR) administriert wird.

Während sich die geographische Reichweite der *Genfer Flüchtlingskonvention* ursprünglich nur auf Europa erstreckte, hat sich diese in den letzten Jahrzehnten auf die gesamte Welt erweitert. Zu den Gründen für die Gewährung von Schutz zählen neben der Zugehörigkeit zu sozialen, religiösen und ethnischen Gruppen nun auch neue Sachverhalte wie Verfolgung aufgrund von Geschlecht und nicht-staatlicher Gewalt. Die wenigen Migrationsregime zur Regulierung von Arbeitsmobilität haben nur eine regionale Reichweite, so wie die Wirtschaftsunion Westafrikas (*Economic Union of West African States*, ECOWAS) oder die EU.[16] Innerhalb der EU repräsentiert die Freizügigkeit von Arbeitskräften einen der vier Pfeiler neben der Mobilität von Kapital, Waren und Dienstleistungen.[17]

Zielländer haben bisher eine globale Regulierung von (Arbeits-)Migration abgelehnt und präferieren aus naheliegenden Gründen bilaterale Abkommen, zumeist über Anwerbeverträge. So wurden seitens nordwesteuropäischer Länder im Europa der 1960er-Jahre Abkommen mit süd- und südosteuropäischen und nordafrikanischen Herkunftsländern geschlossen. Demgegenüber ist die internationale Regulierung von Arbeitsmigration in den Konventionen der ILO dokumentiert, etwa aus den Jahren 1949 und 1975. Durch Kampagnen versucht die ILO seitdem die Ratifikationsquote zu erhöhen. Inzwischen haben etwa 80 Staaten die beiden Konventionen zu Migrant:innen ratifiziert.[18] Darüber hinaus gibt es eine UN-Konvention zu den Rechten von Migrant:innen und ihren Familien aus dem Jahre 1991, die bisher von noch weniger Ländern ratifiziert wurde, darunter praktisch keinem der Hauptzielländer von Migration. Dementsprechend fehlen rechtliche Instrumente, um soziale Menschenrechte von Migrant:innen weiter voranzutreiben. Die Konventionen konstituieren kein rechtsgültig durchsetzbares Gesetz (*hard law*). Es bleibt Organisationen wie der ILO und der UN daher vor allem der sozial-moralische Mechanismus des «Beschämens» (*shaming*). Neben den ILO- und UN-Konventionen zu migrantischen Arbeiter:innen und ihren Familien finden sich auch sektorspezifische Konventionen, z.B. der *Global Code of Practice on the International Recruitment of Health Personnel* der Weltgesundheitsorganisation (WHO). Aber in der Praxis können viele Herkunftsländer ihr Gesundheitswesen nicht vor den teilweise aggressiven Rekrutierungsversuchen der Zielländer schützen.[19]

Zu den relevanten rechtlichen Rahmenbedingungen für Migration gehören vor allem die sozialen Grundrechte, die in der *Allgemeinen Erklärung der Menschenrechte* verankert sind (1949). Dazu zählt das in Artikel 13 verbriefte Recht, das Land der Staatsangehörigkeit zu verlassen und wieder zu betreten. Viele autoritär regierte Staaten verbieten allerdings den freien Exit. Insgesamt haben Exit-Verbote und «*closed borders*»[20] seit dem Zusammenbruch der realsozialistischen Systeme im Ostblock abgenommen, auch wenn etliche Länder Auslandsreisen mit Kriterien wie politischem Wohlverhalten verbinden, so etwa China. Zentral ist nun, dass es kein dem Recht auf Exit korrespondierendes Recht auf Eintritt in ein anderes Land als das der eigenen Staatsangehörigkeit(en) gibt. Haben Migrant:innen erst einmal ein anderes Land betreten, so gelten etwa für Asylbewerber:innen durchaus Menschenrechte wie das, nicht in ein Gebiet zurückgeschickt zu werden, in dem Verfolgungs- und Foltergefahr droht. Hier setzt das *non-refoulement* ein. Und im Prinzip existiert ein Recht auf Familienzusammenführung für Migrant:innen mit legalem bzw. legalisiertem Status. Hierdurch ist das souveräne Recht des Staates, Migrant:innen auszuwählen, durchaus in bestimmte Bahnen gelenkt. Jedoch sind Staaten nicht absolut verpflichtet, menschenrechtlichen Erwägungen zu folgen.

### *Zur Politik des globalen De-facto-Migrationsregimes: Migrationsmanagement*

Obwohl also nicht von einem globalen Regime im formalen Sinne gesprochen werden kann, legt ein Blick auf die Assemblage von Regulierungen ein De-facto-Migrationsregime frei.[21] Die meisten Versuche hin auf dem Weg zu einer globalen Governance können unter dem Stichwort «Migrationsmanagement»[22] gefasst werden. Dabei geht es zumeist um die Versöhnung von ökonomischer Effizienz mit normgeleiteten Prinzipien, welche die Rechte von Migrant:innen betonen. Daher werden in der Regel ungleichheitsgenerierende Prozesse wie Handelsabkommen und Handelspraktiken[23] oder Ressourcenausbeutung nicht thematisiert; so etwa das Überfischen durch große Trawler vor den Küsten Westafrikas und damit die Vernichtung der Lebensgrundlage einheimischer Fischer in Ländern wie dem Senegal.[24] Insgesamt nimmt der Ansatz des Migrationsmanagements die Machtasymmetrien zwischen den Herkunfts- und Zielländern nicht gebührend in den Blick.[25]

Nach den ersten Versuchen eines globalen Migrationsmanagements bei der Welternährungskonferenz in Kairo (1994) und durch die Berner Initiative (2001–2004) zielte auch die *Global Commission on International Migration* (GCIM) auf einen «kohärenten Ansatz für Migration».[26] Ganz explizit schlug der Bericht Maßnahmen vor, um finanzielle Transaktionen von Migrant:innen von den Ziel- zurück in ihre Herkunftsländer zu erleichtern, z.B. über die Senkung von Gebühren für Rücküberweisungen. Solche Praktiken, so der Vorschlag der GCIM, seien mit «guter Wirtschaftspolitik» zu ergänzen. Interessanterweise bezog sich diese Ermahnung nur auf die Herkunftsländer. Auch in Fortsetzung der Erkenntnisse der Weltbank Anfang der 2000er-Jahre erschienen nun migrantische Diasporas als Entwicklungsakteur:innen.[27] Der darauf folgende *High-Level Dialogue on International Migration and Development*, der zweimal – 2006 und 2013 – im Rahmen der Vollversammlung der UN stattfand, wiederholte diese begrifflichen Unterscheidungen und Policy-Empfehlungen, so etwa das Verbot der Diskriminierung gegenüber Migrant:innen.[28]

Auch das *Global Forum on Migration and Development* (GFMD), das seit 2007 jährlich tagt, hat all diese Themen immer wieder diskutiert.[29] Dabei gingen die Forderungen des GFMD, insbesondere des zivilgesellschaftlichen Zweigs, weit über die vorangehenden interstaatlichen Treffen hinaus. So forderte das Treffen in Manila (2008) grundlegende soziale Rechte nicht nur für reguläre, sondern auch für irreguläre Migrant:innen. Ein weiteres Beispiel ist das Treffen in Stockholm (2013), auf dem darauf hingewiesen wurde, dass der Beitrag von Migration über finanzielle Rücküberweisungen hinausgeht und Impulse für sozialen Wandel geben könne, z.B. für Geschlechtergerechtigkeit und Demokratisierung.[30]

Keine dieser Initiativen stellte aber das dominante Diktum des Freihandels in Frage und berücksichtigte auch nicht, dass die politischen und ökonomischen Asymmetrien durch die gegenwärtigen Handels-

und Wirtschaftsregime perpetuiert werden. Diese Beobachtung ist auch vor dem Hintergrund zu sehen, dass es in Foren wie dem GFMD wenig Einflussmöglichkeiten für zivilgesellschaftliche Organisationen wie Gewerkschaften, Landarbeiterbewegungen und religiöse Gemeinschaften gibt.[31] Somit unterstützten die Regierungsvertreter:innen auf dem GFMD nicht die grundlegenden Konventionen der ILO (1949 und 1975) und der UN (1990). Vielmehr verweisen sie immer wieder auf «*best practices*» in Programmen für temporäre Arbeitsmigration.[32]

Als ein vorsichtiger Schritt hin zu einem stärker formalisierten Migrationsregime kann die Aufwertung der *International Organization for Migration* (IOM) als eine der UN assoziierte Organisation gewertet werden.[33] Diesen Status hat auch die Welthandelsorganisation (WTO) inne. Die IOM erfüllt damit gemäß den Statuten der UN (insbesondere Artikel 57 und 63) die Rolle als Beobachterin von zwischenstaatlicher Migration in der UN, wovon allerdings Flüchtlinge ausgenommen sind. Diese werden weiterhin durch das Hochkommissariat der UN für Geflüchtete betreut.[34] Ein weiterer zaghafter Versuch der Annäherung an eine Regulierung ist der *Globale Pakt für sichere, geordnete und reguläre Migration*. Es handelt sich um ein internationales Abkommen, auf das sich die Mitgliedstaaten der UN im Jahre 2018 geeinigt haben.[35] Der Pakt sieht vor, Migration besser zu steuern und die Rechte von Migrant:innen zu stärken. Es gibt zwar keine neuen Vorschläge, die über die auf den Foren in den letzten Jahrzehnten erwähnten Maßnahmen hinausgehen. Neu ist aber, dass die UN-Mitglieder Migration zumindest als gemeinsam zu bewältigende Herausforderung definieren. Die gemeinsame Situationsbeschreibung könnte als erster Schritt in Richtung eines expliziten Migrationsregimes dienen.

Der Grund für die mangelnde Koordination von Migrationspolitik auf globaler Ebene liegt auf der Hand. Aus Sicht der Herkunftsländer wäre ein Kartell wünschenswert, das über die Emigration von Arbeitskräften verfügt; ähnlich wie das OPEC-Kartell der ölproduzierenden Staaten. Die Zielländer würden verständlicherweise versuchen, ein solches Kartell aufzubrechen und mit Ausreißern zu verhandeln. Und in der Tat wäre die Wahrscheinlichkeit hoch, dass einzelne Herkunftsländer aus einem solchen Kartell ausscheren würden, um ihre individuelle

Position zu verbessern. Die Situation stellt somit ein klassisches Gefangenendilemma dar, in dem die Zielländer selbst bei Absprachen unter Herkunftsländern nur darauf warten müssten, bis das erste ausschert.[36] Statt einer kollektiv optimalen Lösung für die Herkunftsländer von Migrant:innen käme es also voraussichtlich zu einer sub-optimalen Konstellation, in der diese Staaten aufgrund von fehlendem Vertrauen untereinander doch wieder zu bilateralen Abkommen zurückkehren würden.

Obwohl also nicht von einem formalen globalen Migrationsregime gesprochen werden kann, kommt durch die auf ganz unterschiedlichen Ebenen geltenden Regelungen deutlich zum Ausdruck, dass ein De-facto-Regime existiert. Dabei wirken internationale Organisationen und staatliche Institutionen zusammen. So platzierten etwa internationale Organisationen wie die Weltbank, verschiedene UN-Organisationen und später auch das GFMD seit Anfang der 2000er-Jahre die Rolle von Rücküberweisungen auf der entwicklungspolitischen Agenda. Einzelstaaten und deren Organisationen für Entwicklungskooperation, wie etwa das *Department for International Development* (DFID) in Großbritannien und die Gesellschaft für Internationale Zusammenarbeit (GIZ) in Deutschland, griffen diese Ideen auf und bauten sie aus. Programmatische Erklärungen, wie die *Sustainable Development Goals* (SDG) der UN, gehen ebenfalls in diese Richtung.[37]

Es kann festgehalten werden, dass die globale Governance von Migration im Vergleich zur Regulierung des Handels und selbst im Vergleich mit Sozialstandards schwach ausgeprägt ist.[38] Während bspw. die WTO derzeit (2021) 164 UN-Mitgliedsstaaten umfasst, hat nur eine Handvoll von Immigrationsstaaten die Konventionen unterzeichnet, welche die grundlegenden sozialen Rechte von Migrant:innen achten. Es gibt keinen internationalen Prozess, der Migration mit Hilfe von durchsetzbaren Sanktionen regulieren würde.

## Die Implementation von Sozialstandards in grenzüberschreitender Migration

Exit und die Folgen für die transnationalisierte soziale Frage spiegeln die Spannung zwischen dem Nationalstaat und globalen Dynamiken sowie die Differenz zwischen sozialen Rechten und Sozialstandards wider.

### *Nationale Bürgerschaft als globaler Gradmesser von Lebensverhältnissen*

Nationale Bürgerschaft hat klare Folgen für die räumliche Verteilung von globaler sozialer Ungleichheit. Dies liegt in den Prinzipien begründet, nach denen Staatsangehörigkeit zugesprochen wird: entweder gemäß dem Abstammungsprinzip (*ius sanguinis*; gilt für alle Staaten), dem Territorialprinzip bei Einbürgerung nach der Geburt (*ius soli*, gilt für manche Staaten zusätzlich) oder gemäß der Erfüllung rechtlicher Kriterien bei sanktioniertem Aufenthalt (*ius domicilii*). Insbesondere der Zufall der Geburt, der beim *ius soli* und *ius sanguinis* herrscht, hat weitreichende Konsequenzen für die Lebensbedingungen. Das Geburtsland bzw. Land der Staatsangehörigkeit der Eltern bestimmt mit, über welche Ressourcen eine Person im Lebensverlauf verfügen kann. Zusätzlich zu den drei genannten Prinzipien setzt sich immer mehr das Prinzip der Käuflichkeit von Staatsangehörigkeit durch, eine Art *ius pecuniae*. Mit hohen Geldsummen und Investitionszusagen kann in der EU derzeit (2021) etwa in Malta und Zypern ohne weitere Auflagen die jeweilige Staatsangehörigkeit erworben werden.[39] Gerade die gestiegene Bedeutung von *ius pecuniae* als Zugang zu Rechten deutet darauf hin, dass Zugehörigkeit als wichtigste Dimension von Bürgerschaft zu hinterfragen ist. Die Käuflichkeit von Staatsangehörigkeit ist Ausdruck eines marktliberalen sozialen Ordnungsprinzips, das die kontraktuelle Seite des Verhältnisses von Staaten und Bürger:innen betont und gerade eben nicht die in Staatsbürgerschaft zum Ausdruck kommende Garantie von Rechten und Pflichten. Es ist eine soziale Ordnung, in der das Prinzip *sauve qui peut* regiert.

### Menschenrechtliche Fundamente von sozialen Rechten und Sozialstandards

Dieser Sachstand ist Ergebnis einer längerfristigen Entwicklung seit dem Zweiten Weltkrieg. Zuvor wurde seit dem 18. Jahrhundert der Kampf gegen soziale Ungerechtigkeiten mit Hilfe von moralischen und humanitären Argumenten geführt. Heute überwiegen menschenrechtliche Begründungen, die allerdings von autoritären politischen Systemen wie der Volksrepublik China explizit abgelehnt werden.[40] Als Beispiele für menschenrechtliche Grundierungen mögen die transnationalen Bewegungen gelten, etwa zur Abschaffung von «moderner Sklaverei» und der Boykott von Produkten, die aus Kinderarbeit stammen. Zumeist weisen diese Forderungen eine instrumentelle und eine ethische Seite auf. Der instrumentelle Aspekt betont, dass durch die Beachtung von sozialen Menschenrechten eine gesündere und leistungsfähigere Bevölkerung für den Arbeitsmarkt bereitstünde; der ethische lautet, dass Menschenwürde aus Prinzip anzuerkennen sei.

Grundlegende soziale Rechte in der *Allgemeinen Erklärung der Menschenrechte* (1948) sind ein fundamentales Recht auf Schulbildung, ein Recht auf Arbeit und darauf, eine Gewerkschaft zu gründen oder ihr beizutreten, das Recht auf ein Einkommen, das ein Minimum an Teilhabe in der Gesellschaft zulässt; und schließlich Nahrung, Kleidung, Wohnung, medizinische Versorgung und soziale Sicherung (Artikel 22–27).[41] Im Laufe der Zeit entwickelten sich soziale Rechte nicht nur als Faktor, der wirtschaftliche Entwicklung abfedern soll, sondern auch als intrinsische Rechte, als Rechte an sich.[42]

All diese Abkommen und Erklärungen betonen die Universalität der Menschenrechte. Sie haben eine weltweite Bedeutung auch deshalb, weil die meisten UN-Mitgliedsstaaten den Pakt über wirtschaftliche, soziale und kulturelle Rechte (Sozialpakt) unterzeichnet und ratifiziert haben.Indem Eingaben von Minderheitengruppen erlaubt wurden, haben dieser und weitere internationale Pakte[43] mit Hilfe der entsprechenden UN-Organisationen darüber hinaus die Fähigkeit von NGOs gestärkt, «von unten» auf Nationalstaaten Druck auszuüben. Der hohe Anteil an UN-Mitgliedsstaaten, die diese Konventionen ratifiziert haben, steht in großem Kontrast zur geringen Anzahl von Staaten, welche die Konventionen zum Schutz von Migrant:innen unterzeichnet haben. Um die Beachtung sozialer Rechte zu erhöhen, kam es Ende der 1990er-Jahre bei der Internationalen Arbeitskonferenz der ILO zu einer *Erklärung zu den Grundprinzipien und Rechten bei der Arbeit* (*Declaration on Fundamental Principles and Rights at Work*). Dabei wählte die ILO eine kleine Zahl an international anerkannten sozialen Standards aus, denen Universalität zugesprochen wurde, und zwar unabhängig davon, ob sie als ILO-Konventionen deklariert waren oder nicht.[44]

Internationale Organisationen wie die Weltbank, der IWF oder die WTO können die Parameter sozialer Sicherung in erheblichem Umfang beeinflussen, indem bspw. Kredite mit Konditionen für den Abbau von sozialen Subventionen für den öffentlichen Nahverkehr verbunden sind. Seit den 1990er-Jahren ist eine Ergänzung dieser wirtschafts- und sozialpolitischen Ausrichtung erkennbar, indem rigide Wirtschaftspolitiken der Austerität nun durch einen Fokus auf Bedürftige, eine höhere Bewertung lokaler und zivilgesellschaftlicher Akteur:innen und Strategien wie «*empowerment*» und «*capacity building*» flankiert werden.[45] Eine Abkehr von den Grundpfeilern der Austerität bedeutet das aber keineswegs.

### *Gegenbewegungen zur Austeritätspolitik*

Austeritätspolitik ruft auch Widerstand hervor. So beruht die Anti- bzw. genauer: Alter-Globalisierungsbewegung auf der Behauptung, die geltenden Regeln des Welthandels und der Einkommens- und Vermögensverteilung seien ungerecht.[46] Eine Sichtweise, welche die gegenwärtigen Globalisierungstendenzen und deren negative Auswirkungen auf Beschäftigte, darunter Migrant:innen, kritisiert, basiert auf der Einsicht, dass eine grenzenlose Kommodifizierung von Arbeit nicht nur destruktive Auswirkungen auf die Beschäftigen hat, sondern auch gesamtgesellschaftlich auf allen Ebenen – global, national, lokal – ihren Tribut fordert. Darauf bezieht sich die Forderung nach einer Wiedereinbettung von Märkten durch Institutionen der sozialen Sicherung.[47]

Ökonomisches Kapital ist relativ mobil über Staatsgrenzen hinweg. Sozialstandards können diese Mobilität zwar nicht einfangen, wohl aber auf grundlegende Rechte verweisen.[48] In einem transnationalen

Kontext sind es nicht soziale Bürger:innenrechte, die als Referenznorm gelten, sondern vorrangig soziale Menschenrechte, die in der Regel in Sozialstandards als nicht sanktionierbaren Normen niedergelegt sind.

Über Sozialstandards hinaus können transferierbare Formen sozialer Sicherungsansprüche dazu beitragen, Risiken für Beschäftigte abzufedern. Um internationale Konventionen für den Schutz von Migrant:innen zu realisieren, sind mindestens vier Typen von Policy-Instrumenten relevant:[49] (1) einseitige Maßnahmen, durch die das Zielland den gleichen Maßstab der Sicherung an alle Migrant:innen anlegt, unter Absehung von Wohnort, Staatsangehörigkeit und Immigrationsstatus; (2) bilaterale Abkommen zwischen Herkunfts- und Zielland, um den Bezug und den Transfer von sozialen Sicherungsleistungen zu regeln; (3) Mehrfachabkommen, die häufig vom Zielland mit mehreren Herkunftsländern geschlossen werden, so wie etwa die USA mit 24 Herkunftsländern in Europa und anderen Weltregionen (2009); (4) multilaterale Vereinbarungen, in der Regel zwischen Ländergruppen, die regional gegliedert sind, so etwa das reziproke Abkommen zwischen der Caribbean Community (CARICOM) oder innerhalb der EU die Direktiven EC Nr. 883/2004 und Nr. 987/2009.[50] Ein Beispiel für die EU ist die Regulierung der Freizügigkeit der Arbeitskräfte in der EU[51] und die Abkommen zwischen der EU und Staaten im Maghreb. Die für Migrant:innen sichersten Abkommen hinsichtlich der Transferierbarkeit von Leistungen sind immer noch bilaterale Sozialversicherungsabkommen, die internationale Konventionen berücksichtigen.

Bilaterale und multilaterale Sozialversicherungsabkommen zielen darauf ab, die Übertragbarkeit von erworbenen sozialen Sicherungsansprüchen über die Grenzen hinweg für Migrant:innen zu garantieren oder zumindest zu erleichtern. Bilaterale Sozialversicherungsabkommen diskriminieren in der Regel nicht zwischen Staatsangehörigen und Migrant:innen und stellen Regeln für die Kooperation der Institutionen in den jeweiligen Staaten und den Zugang zu Ansprüchen auf. Damit wird es möglich, die Beiträge und Ansprüche in den betreffenden Ländern festzustellen und den Transfer der Leistungen zu regeln. In den meisten Fällen geht es dabei um Langzeitansprüche in den Bereichen Alter, Unfall und Behinderung, während Zugang zu Gesundheitseinrichtungen und steuerfinanzierte Leistungen wie Sozialhilfe oder Erziehungshilfen in der Regel davon ausgenommen sind. Und ganz offensichtlich haben Migrant:innen im informellen Arbeitsmarkt keinen Zugang zu derartigen Leistungen.[52] In Europa liegt die Quote der in formaler Hinsicht sozial (teilweise) abgesicherten Migrant:innen bei über 80 Prozent; in manchen Teilen Südasiens und Subsahara-Afrikas bei nur 4 Prozent.[53]

Weltweit gesehen decken bilaterale, multiple oder multilaterale Abkommen der sozialen Sicherung nur etwa 20 bis 25 Prozent der Migrant:innen ab. Solche Abkommen sind gerade deshalb wichtig, um Lücken in der Altersversorgung zu vermeiden.[54] Schätzungen zufolge hat ungefähr die Hälfte aller Migrant:innen einen Rechtsanspruch auf im Zielland erworbene Leistungen. Allerdings hat ein großer Anteil Probleme, derartige Ansprüche nach seiner Rückkehr ins Herkunftsland geltend zu machen. Oft ist der volle Zugang nur bei permanenter Anwesenheit im Zielland möglich. Etwa 25 Prozent der Migrant:innen haben überhaupt keine Ansprüche im Zielland oder arbeiten ohne rechtliche Absicherung im informellen Sektor.[55]

### *Zwischenfazit: nationale und globale Bürgerschaft*

Für transnationale Sozialräume gibt es keine durch soziale Rechte und soziale Bürgerschaft etablierten Referenzrahmen wie auf nationaler Ebene. Beispielsweise leiden die ILO-Konventionen 97 und 143 daran, dass sie für nationalstaatliches Recht nicht zwingend sind. Daher macht es sicherlich keinen Sinn von transnationaler sozialer Bürgerschaft zu sprechen, außer bei überlappenden nationalen Bürgerschaften, die etwa in doppelter Staatsbürgerschaft sichtbar werden. Dabei sind Bürger:innen zumindest potenziell volle Mitglieder in zwei oder mehr nationalen politischen Gemeinschaften.

Schon gar nicht kann von Weltbürgerschaft unter Einschluss sozialer Rechte in einem institutionellen Sinne die Rede sein. De facto ist sie in sehr schwach ausgeprägter Weise nur in kleinen Nischen sichtbar, so etwa bei der Kompensation von Personen, deren Land bei von der Weltbank geförderten Infrastrukturprojekten enteignet wird.[56] Soziale Menschenrechte können auch sehr selten durch Betroffene vor (internationalen) Gerichten eingeklagt werden; bei Sozialstandards ist das ohnehin nicht möglich. Vielmehr konstituieren globale Normen in diesem Falle am ehesten einen Horizont, der im langfristigen historischen Verlauf zu einem Bewusstsein beiträgt, das über die «Grenzen des Gegenwärtigen»[57] hinausgeht. Trotz der Tatsache, dass es keine kohärenten Regime in den Bereichen soziale Sicherung und Migration gibt, existieren doch Meta-Normen, welche in den entsprechenden Debatten immer wieder als Referenzpunkte dienen. Ein Beispiel dafür sind die Normen Gleichheit und Demokratie, die einen Wandel von öffentlichem Bewusstsein im Hinblick auf transnationalen Tausch, Interdependenz und Abhängigkeiten signalisieren und Rudimente einer Verrechtlichung von sozialer Sicherung über lokale und nationale Ebenen hinaus bilden.[58] Die Debatten und Kämpfe darum sind allerdings zumeist lokal, national und transnational. Dies wird am Beispiel der transnationalisierten sozialen Frage in der EU ersichtlich.

## Migration und die soziale Frage in der EU*

Die Dynamik der Ungleichheiten in Europa betrifft zum einen die wachsende Kluft zwischen den Einkommen – zwischen Lohneinkommen und Gewinneinkommen, Einkommen aus Arbeit und Einkommen aus Kapitalanlagen – und zum anderen Disparitäten der Lebensverhältnisse in den verschiedenen Regionen Europas.[59] In dieser Hinsicht sind Fälle wie die der Alterssicherung von Rentner:innen aus den Niederlanden oder Schweden von Interesse, die in Spanien leben, von ehemaligen Arbeitsmigrant:innen aus Marokko in Frankreich oder der Türkei in Deutschland, die in ihre Herkunftsländer zurückkehren und von Hausangestellten aus der Ukraine, die in italienischen Haushalten arbeiten. Eine genauere Analyse dieser und ähnlich gelagerter Fälle ergibt, dass soziale Sicherung nicht unbedingt in einem Staat zur Verfügung gestellt

* Dieser Teil basiert teilweise auf Thomas Faist. 2013. Zur transnationalen sozialen Frage: Soziale Ungleichheiten durch soziale Sicherung in Europa. Leviathan 41 (4) : 574–598.

und in Anspruch genommen wird. Vielmehr können Leistungen auch in anderen Staaten als denen verwendet werden, in denen die Ansprüche erworben wurden. Die Möglichkeit des Transfers der Bezüge und Leistungen von einem EU-Mitgliedsland in ein anderes – also die Portabilität von Renten und Leistungen in der Gesundheitsversorgung – stagnierte in der EU in den letzten Jahren allerdings.[60]

Dabei ist die EU auch ein transnationaler sozialer Raum. Migrant:innen und andere mobile Arbeitskräfte, etwa die an zirkulärer Mobilität beteiligten Personen in der Saisonarbeit, Werkvertragsarbeit oder im Management multinationaler Unternehmen, unterhalten und pflegen häufig enge und dauerhafte Bindungen zu ihren Herkunftsorten. Die Arbeits- und Lebenswelten dieser Beschäftigten reichen also über die Grenzen von Staaten hinweg. Dies lässt sich auch statistisch erfassen: Eine Analyse von Daten des Sozio-ökonomischen Panels (SOEP) ergibt bspw. für das Jahr 2010, dass 80 Prozent aller in Deutschland ansässigen Migrant:innen grenzübergreifende Transaktionen in verschiedenen Formen vornehmen, indem sie z. B. Geld überweisen, in Herkunftsländer reisen sowie Kontakte zu Freunden und Verwandten im Ausland unterhalten. Noch höher dürfte der Prozentsatz, also der Grad an Transnationalität, bei zirkulären Migrant:innen sein, etwa in der Saison- und Werkvertragsarbeit. Bei Nicht-Migrant:innen, das heißt deutschen Staatsbürger:innen ohne Migrationserfahrung, unterhalten immerhin noch mehr als 30 Prozent transnationale Bindungen.[61]

Diese Situation führt zu folgenden Fragen: Wie werden soziale Ungleichheiten im Kontext von Migration und transnationaler Lebensräume durch soziale Sicherung in der EU bearbeitet? Eine Antwort erfordert ein Verständnis der dabei involvierten sozialen Prozesse – insbesondere im Hinblick auf soziale Schließung, Chancenhortung, Hierarchisierung und Ausbeutung.

Spezifisch dabei ist, dass die EU sich als eine Union von Wohlfahrtsstaaten definiert; auch wenn die Sozialstaatlichkeit etwa zwischen Deutschland und Rumänien in etwa genauso stark variiert wie zwischen Deutschland und den USA.[62] In der EU werden in grenzübergreifender Hinsicht soziale Ungleichheiten in öffentlichen Debatten zumindest prinzipiell als ausgleichswürdig wahrgenommen. Dies geschieht mit Bezug auf soziale Menschenrechte – kodifiziert etwa in der *Europäischen Konvention zum Schutz der Menschenrechte und Grundfreiheiten* (Rom 1950), der *Europäischen Sozialcharta* des Europarats (Turin 1961) und der *Europäischen Sozialrechtscharta* (1989). Darüber hinaus fordern globalisierungskritische soziale Bewegungen und Wohlfahrtsverbände eine verstärkte Bekämpfung von Armut und Zugang zu Gesundheits- und Bildungseinrichtungen für alle.[63] Derartige Forderungen beruhen auf der Annahme einer unaufhaltsam wachsenden und wünschenswerten Interdependenz zwischen verschiedenen Regionen in Europa und der Illegitimität starker sozialer Ungleichheiten aus normativer Sicht.[64] Die Foren, in denen Wahrnehmungen sozialer Ungleichheit und die Forderungen nach sozialer Gleichheit über Staatsgrenzen hinweg artikuliert werden, sind vielfältig. Dazu zählen Stimmen im Rahmen der Öffentlichkeit in den einzelnen Nationalstaaten, aber auch solche innerhalb der supranationalen Institutionen wie der EU, in internationalen Organisationen wie der Internationalen Arbeitsorganisation (ILO) und in sozialen Bewegungsorganisationen und Netzwerken, die sich in regional organisierten Weltsozialforen engagieren. Dem steht eine Position entgegen, welche solche Ausgleiche nur in Nationalstaaten für realistisch erachtet.[65]

### *Suprastaatliche vs. nationale Autonomie*

Soziale Sicherung federt Ungleichheiten der Lebensverhältnisse ab. Innerhalb der EU sind diese Ungleichheiten zwischen den ökonomischen Zentren und den wirtschaftlich weniger starken Regionen auf einem dauerhaft hohen Niveau verblieben und innerhalb vieler Mitgliedsstaaten in den letzten beiden Jahrzehnten sogar noch gewachsen.[66] Migrant:innen, ob nun aus Drittländern (*extracommunitari*) oder innerhalb der EU, weisen dabei im Vergleich zu den relativ Immobilen ein deutlich höheres Armutsrisiko auf. Beispielsweise lag die Armutsquote unter Migrant:innen von außerhalb der EU bei 49 Prozent (2017), während sie bei den EU-Migrant:innen bei 28 Prozent und bei relativ immobilen EU-Bürger:innen bei 23 Prozent lag.[67] Kurz gesagt, Migrant:innen und gerade *extracommunitari* leiden häufiger unter Armut, Unterbeschäftigung und Arbeitslosigkeit.[68]

Das Feld der sozialen Sicherung für Bürger:innen der EU ist dadurch geprägt, dass die Hoheit darüber zum weit überwiegenden Teil in den Händen der nationalen Mitgliedsstaaten liegt. Es gibt eine Spannung zwischen den sozialen Rechten, die überall in der EU gültig sind und bspw. in der *Charta der Grundrechte* der Europäischen Union niedergelegt sind, und den Rechten, die von national definierten Wohlfahrtsstaaten gewährt werden. Das Recht auf Freizügigkeit (Ratsrichtlinie 2004/38) impliziert, dass soziale Rechte den mobilen Personen folgen sollten (z.B. EU-Richtlinien 883/2004 und 987/2009).

In der EU existiert eine klare rechtliche Hierarchie zwischen den verschiedenen Kategorien von Migrant:innen beim Zugang zu sozialen Rechten und Dienstleistungen. Am oberen Ende stehen EU-Migrant:innen, die das Recht auf Freizügigkeit über Grenzen hinweg in Anspruch nehmen und bei Vorliegen eines Arbeitsverhältnisses im Zielland relativ leicht eine permanente Wohn- und Arbeitserlaubnis in einem anderen Mitgliedsstaat erwerben können. Unterhalb davon befinden sich EU-Bürger:innen aus Mitgliedsstaaten, die zirkulär und saisonal mobil sind. Sie sind in der Regel über ihr Herkunftsland sozial abgesichert. In der dritten Kategorie finden sich Angehörige aus Drittstaaten, die kein Recht auf Freizügigkeit genießen, aber unter bestimmten Bedingungen eine permanente Wohn- und Arbeitserlaubnis erwerben können. Innerhalb dieser dritten Kategorie gibt es viele Abstufungen. Beispielsweise haben formal Hochqualifizierte aus Drittstaaten bzw. solche aus assoziierten Staaten wie der Türkei oder Marokko einen leichteren Zugang zu Aufenthalts- und Arbeitserlaubnissen als diejenigen, deren Qualifikationen formal als niedrig eingestuft werden und die nicht aus rechtlich besser gestellten Drittstaaten kommen.

### Phasen der Migration nach Europa

Drei Phasen können ab Mitte der 1950er-Jahre unterschieden werden. Die erste Phase reicht von Mitte der 1950er-Jahre bis 1973, als die meisten Zielländer in Europa einen Anwerbestopp für Migrant:innen einführten. Zu dieser Zeit stammten die Arbeitsmigrant:innen entweder aus Süd- und Südosteuropa bzw. Nordafrika – und im Falle Frankreichs, den Niederlanden und Großbritannien aus ehemaligen Kolonien. Zwischen

1973 und Ende der 1980er-Jahre herrschte ein relativ restriktives Immigrationsregime. Die zweite Phase begann nach dem Fall des «Eisernen Vorhangs» im Jahre 1989 mit Migration aus Mittel- und Osteuropa nach West- und Südeuropa. Und in der gegenwärtigen dritten Phase, die langsam im neuen Jahrtausend einsetzte, kommen viele Migrant:innen aus dem Mittleren Osten, Asien und zunehmend aus Afrika.[69] Dementsprechend wuchs der Anteil der Aufenthaltsgenehmigungen für Migrant:innen aus Nicht-EU-Ländern stark an, zwischen 2014 und 2021 etwa um 70 Prozent.[70] Diese dritte Phase ist im Hinblick auf Arbeitsmigration geprägt vom Dualismus zwischen restriktiver Schließung gegenüber als gering qualifiziert eingestuften Arbeitskräften und selektiver Öffnung für Hochqualifizierte. Eine relativ starke Zunahme ist bei Fluchtmigration aus Asien, dem Mittleren Osten und Afrika zu verzeichnen, um 300 Prozent zwischen 2011 und 2015 – mit der höchsten Zahl im Jahre 2015. In den folgenden Jahren bis 2018 gingen die Zahlen von Asylbewerber:innen um fast die Hälfte zurück.[71] Fluchtmigration erhöhte sich 2022 wieder dramatisch als Folge des Krieges in der Ukraine.

Viele Staaten in der EU sind nicht ausschließlich Zielländer, sondern auch Transitregionen und Herkunftsländer für Migration. Die kombinierte Zahl an Aufgriffen und Ausweisungen wuchs von 2008 bis 2015 um 125 Prozent. Auch hier gingen die Zahlen in den Folgejahren signifikant zurück.[72] Was die absoluten Zahlen an Migrant:innen ohne gültige Papiere in der EU betrifft, so belaufen sich Schätzungen auf zwischen 2,8 und 3,9 Millionen im Jahre 2017.[73]

Im Jahre 2018 lebten etwa 38,2 Millionen regulär registrierte Migrant:innen (*foreign born*) in der EU; und davon 21,8 Millionen EU-Bürger:innen in einem EU-Staat, in dem sie nicht geboren worden waren.[74] Auf die einzelnen EU-Mitgliedsländer bezogen ergibt sich folgendes Bild (2013): Ungefähr im EU-Durchschnitt liegt die Quote an Migrant:innen in Belgien (16,8 Prozent), Spanien (13,4 Prozent), Deutschland (16 Prozent), Frankreich (12 Prozent), den Niederlanden (13 Prozent) und Italien (10,4 Prozent). Länder wie Luxemburg kommen auf einen Wert von über 30 Prozent, während viele MOE-Staaten deutlich darunter liegen. Einige Nicht-EU-Länder, wie die Schweiz, weisen mit 29,5 Prozent einen deutlich höheren Wert als den EU-Durchschnitt auf.

Außerhalb Europas liegen die USA mit ca. 13,6 Prozent von im Ausland geborenen Einwohnern im EU-Durchschnitt, während Australien mit etwa 29,8 Prozent und Kanada mit 20,8 Prozent (2016) deutlich höhere Werte aufweisen.[75]

## Migration und Bürgerschaft in der EU

Mobilität innerhalb der EU betrifft zwei einander gegenüberstehende Prinzipien. Zum einen geht es um die Freizügigkeit für Bürger:innen von Mitgliedsstaaten, die impliziert, dass Rechte den Bürger:innen folgen. Zum anderen existieren soziale Rechte, die auf nationaler Bürgerschaft, Wohnort und Beschäftigungsverhältnis basieren, also eher längerfristige Niederlassung voraussetzen. Diese Spannung spiegelt sich auch in supranationaler Bürgerschaft wider, der EU-Bürgerschaft. Im Prinzip gibt es zwei Formen von Bürgerschaft, die über den Nationalstaat hinaus reichen. Die erste Form ist eine überlappende Staatsbürgerschaft, die bildlich als überkreuzende Kreise vorstellbar ist. Davon stellt doppelte oder multiple Staatsbürgerschaft die wichtigste Ausprägung dar. Die zweite Form ist eine verschachtelte Bürgerschaft, die in Form konzentrischer Kreise dargestellt werden kann: Eine Person kann eine Bürgerin von Lissabon, Portugal und der EU sein.[76]

Verschachtelte Bürgerschaft meint, dass Mitgliedschaft in der EU Bezüge zu mehreren politischen Einheiten aufweist und dass ein interaktives System von Politik und Rechten auf der sub-staatlichen, staatlichen, interstaatlichen und supra-staatlichen Ebene existiert. Dieses Geflecht erlaubt derzeit einige wenige soziale Rechte auf suprastaatlicher Ebene und vor allem soziale Rechte auf der Ebene von nationalen Mitgliedsstaaten. Es ist für die nahe Zukunft unwahrscheinlich, dass die EU ein föderales politisches System bildet. Daher kann EU-Bürgerschaft noch nicht als föderale Mitgliedschaft gelten. Was sich in der EU entwickelt hat, ist ein außerordentlich komplexes Geflecht von überlappenden Kompetenzen und damit verbundenen Rechten. Interessanterweise fördert supranationale Bürgerschaft dabei doppelte Staatsangehörigkeit. Denn innerhalb der EU tolerieren die Mitgliedsstaaten in der Regel, dass Bürger:innen aus anderen Mitgliedsstaaten ihre bestehende Staatsangehörigkeit beim Erwerb der Mitgliedschaft eines anderen EU-Staates nicht aufgeben müssen.[77]

Die spezifischen Merkmale von verschachtelter Bürgerschaft sind dreierlei. Erstens gibt es mehrere politische und administrative Ebenen, auf die sich Rechte und Pflichten beziehen können. Die politischen Akteur:innen – darunter souveräne Mitgliedsstaaten, die EU-Kommission, der Europäische Rat, Lobbyverbände und Nichtregierungsorganisationen (NGO) – sind alle in Aktivitäten auf verschiedenen Ebenen involviert. So agieren die Lobbyverbände sowohl in nationalstaatlichen Hauptstädten wie Berlin, Helsinki und Madrid als auch in Brüssel.

Zweitens ist verschachtelte Bürgerschaft eine Form (proto-)föderativer Mitgliedschaft. Europäische Bürgerschaft ist auf verschiedenen Ebenen lokalisiert. Die dabei vorhandene Souveränität der Mitgliedsstaaten bei der Vergabe von Staatsangehörigkeit hat weitreichende Konsequenzen, was sich am Beispiel der Freizügigkeit illustrieren lässt. Argentinier:innen mit italienischer Herkunft können die Staatsangehörigkeit ihrer Vorfahren erwerben und somit in die EU einwandern. Sie sind dabei nicht auf Italien beschränkt, sondern können sich als EU-Bürger:innen in allen Mitgliedsländern bewegen. Aus Befragungen bei Einbürgerungsprozessen ergibt sich, dass die Gelegenheit von Italien aus in andere Mitgliedsländer zu gelangen, der am zweithäufigsten genannte Grund war, um die italienische Staatsangehörigkeit zu erwerben.[78] Ähnlich verhält es sich mit Ungarn, das zur ungarischen Minderheit gehörende Personen aus Serbien einbürgert oder Bürger:innen aus Moldawien, die Zugang zu rumänischer Staatsangehörigkeit erhalten und damit die Bürgerschaft der EU und die damit verbundenen Freizügigkeitsrechte erlangen. Die anderen EU-Staaten können den einzelstaatlichen Regelungen nicht widersprechen und müssen daher auch die genannten Personen auf ihren Arbeitsmärkten und in den sozialen Sicherungssystemen zulassen.

Dieser Sachverhalt ist einer der Hauptgründe, die einer weiteren Harmonisierung der Regeln des Zugangs zu Staatsangehörigkeit in der EU entgegenstehen. Während EU-Staaten nicht in der Lage sind, allein zu bestimmen, wer Zugang zum Arbeitsmarkt erhält, können sie sehr wohl den Zugang zur nationalen und damit auch zur EU-Bürgerschaft definieren. Zugang zur Staatsangehörigkeit ist also ein Instrument der Regulierung des Arbeitsmarktzutritts für die inzwischen in wirtschaftlicher Hinsicht nur noch semi-souveränen Mitgliedsstaaten. Mithilfe ihres exklusiven Rechts der Gewährung von Staatsangehörigkeit versuchen die Mitgliedsstaaten der weiteren Beschneidung der Kompetenz, wer Zugang zu ihren Arbeitsmärkten erhält, entgegenzuwirken.

Das dritte Merkmal von verschachtelter Bürgerschaft ist, dass es kein klar markiertes Zentrum der politischen Autorität gibt. Im Unterschied zu föderalen politischen Systemen wie in Deutschland, ganz zu schweigen von zentralistischen Systemen wie Frankreich, kann die oberste Ebene der EU nicht als primäres Zentrum der politischen Autorität über den staatlichen und sub-staatlichen Systemen gesehen werden.

Noch in den 1990er-Jahren und zu Anfang der 2000er-Jahre bekundeten führende Repräsentant:innen der EU, ein «Soziales Europa» schaffen zu wollen, das soziale Rechte und soziale Sicherung auf einem hohen Niveau in der gesamten EU garantieren sollte. Jedoch wurde im Laufe der Zeit sehr deutlich, dass zwar die Integration von Märkten rapide voranschritt, aber sozialpolitische Regulation weit hinterherhinkte und nur wenig Fortschritte machte.[79] Bis in die 1980er-Jahre hinein bestand die Sozialpolitik auf EU-Ebene nur aus einer kurzen Liste von Maßnahmen, die vor allem Programme zur fairen Behandlung der Geschlechter in Arbeitsmärkten (Artikel 141 EG-A) und Zuschüsse für die Landwirtschaft umfasste – wobei letztere offiziell nicht als Sozialpolitik gelten. Entscheidende Politikfelder verblieben vollständig in der Hand der Mitgliedsstaaten, so etwa Renten, Gesundheit, Arbeitslosigkeit und Armutsbekämpfung. Aber auch seitdem wächst die sozialpolitische Gestaltung durch die EU nur unmerklich. Hinzu kamen lediglich Regelungen zum Gesundheits- und Arbeitsschutz, eine Erweiterung von Regionalprogrammen und Versuche, einen Rahmen für Tarifverhandlungen auf EU-Ebene zu schaffen. Der bisher letzte Schritt, der sogenannte *Open Coordinating Mechanism* (OCM), beruht auf *soft law*, um die Bereiche Arbeitsmärkte, Renten und Armut zu regulieren. Für einige Beobachter:innen ist dies ein Beispiel für «positive Koordination» in der EU.[80] Andere warnen vor der immer noch wachsenden Diskrepanz zwischen ökonomischer Integration einerseits und sozialer Wohlfahrt andererseits.[81] Der Mangel an Fortschritt hin zu einem «Sozialen Europa» und der Widerstand der Mitgliedsstaaten gegen suprastaatliche Autorität in diesen Bereichen kann u. a. damit erklärt werden, dass die nationalen Wohlfahrtsstaaten jeweils das Produkt von national spezifischen Konflikten und deren Lösungen sind. Sozialpolitische Regelungen sind tief verwurzelt in komplexen Konstellationen von nationaler und diffuser Solidarität und vor allem spezifischer Reziprozität.[82]

Aufgrund des geringen Grades an Harmonisierung im Hinblick auf soziale Rechte, Arbeitsmarktregulierung und soziale Sicherung kann EU-Bürgerschaft als eine Mitgliedschaft beschrieben werden, die auf marktbasierter Bürgerschaft beruht. Ein wichtiges Ziel ist dabei, einen möglichst flexiblen Pool an Arbeitskräften bereitzustellen. Die Richtung weist auf ein marktliberales Ideal, das die Arbeitskräfte dort einsetzt, wo sie auf einem paneuropäischen Arbeitsmarkt am dringendsten benötigt werden.[83]

Die Möglichkeiten für Migrant:innen, transnationale soziale Räume in der EU zu nutzen, sind sehr ungleich verteilt. Sicherlich ist die Übertragbarkeit von Leistungen gerade in den Bereichen Renten und Gesundheit für mobile EU-Bürger:innen stark ausgeprägt. Aber für die meisten Migrant:innen von außerhalb der EU, die nicht über die Bürgerschaft eines EU-Staates verfügen, gelten keine entsprechenden Regelungen. Viele in der EU lebende und arbeitende Drittstaatenangehörige kommen aus Staaten, die im Vergleich zu den älteren EU-Mitgliedsstaaten relativ schwächer ausgeprägte sozialpolitische Institutionen aufweisen. Diese Personen können, bis auf Ausnahmen wie Angehörige assoziierter Staaten, nicht auf bi- oder multilaterale Abkommen zurückgreifen. Daher sind sie häufiger auf informelle soziale Sicherung in Kleingruppen wie der Familie angewiesen. Es existiert auch eine wichtige dritte Kategorie, nämlich die EU-Migrant:innen, die zwar im Prinzip auf Übertragbarkeit zählen können, diese de facto aber nicht immer einfordern können bzw. dies aufgrund von Absprachen mit ihren Arbeitgeber:innen auch nicht wollen. Dazu zählen etliche Hausangestellte oder manche Arbeiter:innen im Bausektor.

## Grenzübergreifende Arbeit und soziale Sicherung in der EU: Pflege- und Bausektor

Zwei Sektoren illustrieren Ungleichheiten im Rahmen sozialer Sicherung in beispielhafter Weise: zum einen die Pflege- und Hausarbeit und zum anderen das Bauwesen. Beiden Sektoren ist gemeinsam, dass die Dienstleistungen bzw. die Produktion vor Ort erbracht werden müssen und gar nicht oder nur bedingt in andere Weltregionen ausgelagert werden können.[84]

Hausarbeit und häusliche Pflege sind Arbeiten, in denen vor allem Frauen beschäftigt sind. Dies ist auch im Zusammenhang damit zu sehen, dass die Erwerbsbeteiligung von Frauen außerhalb des häuslichen Bereichs in den OECD-Ländern rapide zugenommen hat und für die häuslichen Tätigkeiten nun weitere Arbeitskräfte benötigt werden.[85] Häusliche Arbeit, gerade in der Pflege, ist ein weltweit expandierender Sektor. Über 100 Mio. Migrant:innen rund um den Globus arbeiten in diesem Bereich. Etwa 13 Prozent aller Haushaltsarbeiter:innen sind Migrantinnen.[86] Häusliche Arbeit wird somit immer mehr zur Ware, wird also kommodifiziert. Neben dem Import von Arbeitskräften gibt es auch eine Expansion von Dienstleistungen in der Pflege, die ausgelagert werden; bspw. von West- nach Osteuropa und aus Europa bis nach Südostasien, z. B. nach Thailand.[87] Das trifft etwa auf die Pflegeleistungen für ältere Menschen zu.

Ein Beispiel für ungleichheitsrelevante Aspekte betrifft Pflegekräfte aus der Ukraine und aus Rumänien, die in italienischen oder deutschen Haushalten arbeiten, um Einkommen für sich und ihre Familien zu erzielen. Teilweise pendeln sie dabei zwischen Zielort und Herkunftsort und sind in vielfältige grenzübergreifende Transaktionen eingebunden, so etwa durch finanzielle Überweisungen für Schulgebühren, Krankenversorgung oder Immobilien, Kinderbetreuung und die Pflege von Familienangehörigen bzw. von Personen im Haushalt des Immigrationslands. Dabei tragen sie in den Zielregionen zur Reproduktion der Arbeitskraft der Haushalte bei, in denen sie arbeiten, vor allem durch die Betreuung von Kindern und durch die Pflege älterer Angehöriger. Sie entlasten Familien im Zielland und erlauben es weiblichen Familienangehörigen, ihre Arbeitskraft außerhalb des Haushaltes zu verwerten.

Das andere Beispiel betrifft die Bauwirtschaft, in der Subunternehmen mit Werkvertragsarbeitnehmer:innen und Selbstständigen aus EU-Mitgliedstaaten oder aus Drittstaaten Dienstleistungen erbringen. Werkvertragsarbeiter:innen, zumeist Männer, sind Angestellte von Sub-Unternehmen, die für ein Generalunternehmen im Rahmen der Freizügigkeit von Dienstleistungen in der EU oder im Rahmen von bilateralen Abkommen an der Erstellung eines Werks mitwirken.[88] Viele der Werkvertragsarbeiter:innen sind Bürger:innen von EU-Staaten. Das heißt allerdings nicht, dass sie wie einheimische Arbeitskräfte behandelt werden. Obwohl die EU-Richtlinie zur Entsendung von Arbeitnehmer:innen (96/71/EC) ein Minimum an Rechten vorsieht, gibt es Lücken in der Sicherheit und Versorgung. Ein grundlegendes Problem ergibt sich daraus, dass die Arbeiter:innen teilweise außerhalb der Regulierungen des Ziellandes eingesetzt werden, also quasi extraterritorial Beschäftigte sind.[89] Dieses Merkmal trifft neben der Bauwirtschaft auch auf die Fleischindustrie zu, in der Werkverträge weit verbreitet sind.[90]

Im Unterschied zum Gesamtarbeitsmarkt, in dem der Anteil von Migrant:innen in Deutschland etwa bei 10 Prozent (2015) lag, war im Bausektor fast jede:r vierte Beschäftigte ein:e Migrant:in.[91] Hier stellt sich bei Selbständigen die Frage nach sozialer Sicherung im Falle von Arbeitsunfällen, bei Werkvertragsarbeitnehmer:innen die Frage nach Bezahlung und Arbeitsbedingungen im Vergleich zu einheimischen Arbeiter:innen; und in beiden Fällen die Frage nach sozialer Sicherung der im Herkunftsland verbliebenen Angehörigen. Arbeit wird teilweise sowohl im Zielland als auch im Herkunftsland erbracht und soziale Sicherung wird nicht nur innerhalb des Gebiets eines einzelnen nationalen (Wohlfahrts-)Staates bereitgestellt und in Anspruch genommen. Häufig liegen die Arbeitsverhältnisse in Sektoren wie Bau oder Fleischerei in einem Graubereich oder sind sogar irregulär.

## Mechanismen der Produktion sozialer Ungleichheiten

Vier ungleichheitsgenerierende soziale Prozesse können unterschieden werden: (1) Exklusion auf der Grundlage von Staatsangehörigkeit und dem Zugang zu sozialen Netzwerken; (2) Chancenhortung durch soziale Schließung in jobrelevanten Netzwerken; (3) Hierarchisierung durch eine Rangordnung unter den Beschäftigten am Arbeitsplatz und in der Öffentlichkeit; und (4) Ausbeutung durch ungleiche Machtbeziehungen an Arbeitsplätzen in Haushalten und auf Baustellen sowie zwischen Immigrations- und Emigrationsregionen (Tabelle 5.1). Die ersten beiden Prozesse – Exklusion und Chancenhortung – können aus Max Webers Konzept der sozialen Schließung abgeleitet werden, bei dem mächtigere Gruppen (*in-groups*) die weniger Privilegierten (*out-groups*) um die Gewinne und Vorteile aus gemeinsamen Tätigkeiten bringen.[92] Der dritte Prozess, Hierarchisierung, gründet auf der Idee der Rangordnung von institutionalisierten Positionen und Rollen im Verbund mit spezifischen Rechten und Ressourcen.[93] Und schließlich rekurriert der vierte Prozess auf Karl Marx' Theorie des kapitalistischen Produktionsprozesses, bei dem die stärkere Gruppe der schwächeren den wohlverdienten Anteil vorenthält.[94]

Alle vier Prozesse hängen von der Kategorisierung von Personen entlang von Merkmalen der Verschiedenheit ab, also von der positiven oder negativen Bewertung von Differenzen wie bspw. Ethnizität, Alter, Religion, Geschlecht – und, in der Regel wenig beachtet, Transnationalität. Kategorische Unterscheidungen treten in Prozessen der Stigmatisierung und Rassifizierung auf und schlagen sich letztendlich in der ungleichen Verteilung von materiellen und symbolischen Gütern und der Qualität der Lebensverhältnisse nieder.

### *Exklusion*

Auf EU-Ebene sind rechtliche Zugehörigkeit zu einem Staat und volle Mitgliedschaft im Sinne von gleichen (sozialen) Rechten zentral, weil sie grenzüberschreitende Freizügigkeit erlauben und den Transfer sozialer Leistungen ermöglichen. Ein Vergleich von in Italien arbeitenden mig-

| Soziale Formation Allgemeine soziale Prozesse | Meso-Ebene – Netzwerke und Kleingruppen | Gesellschaftliche Ebene – Makro-Institutionen |
|---|---|---|
| **Exklusion** | *Blockierter Zugang* zu Netzwerken, z. B. Beschaffung von Visa | *Staatsangehörigkeit & Immigrationspolitik*, z. B. Zirkulation mit Visumspflicht |
| **Chancenhortung** | *Unterstützungsnetzwerke* | *Opportunitätsstrukturen in Arbeitsmärkten* |
| **Hierarchisierung** | *Einstufung* von Tätigkeiten als qualifiziert oder unqualifiziert | Massenmediale *Skandalisierung* |
| **Ausbeutung** | *Machtasymmetrien*, z. B. Hausarbeit | *Negative Umverteilung* zwischen Regionen (ungerechter Tausch), z. B. *brain drain* und *brawn drain* |

*Tabelle 5.1: Prozesse der Genese sozialer Ungleichheiten (Beispiele)*

rantischen Hausangestellten aus einem Mitgliedsland der EU – Rumänien – und einem Staat in der unmittelbaren Peripherie der EU – Ukraine – ist hier instruktiv.[95] Für eines der wichtigsten Herkunftsländer von Pflegekräften, Rumänien, fielen mit dem Eintritt in die EU 2002 die Visumspflicht und weitere Hindernisse für Kurzaufenthalte weg. Ein anderes Herkunftsland für Pflegekräfte, die Ukraine, ist demgegenüber weiterhin ein Drittstaat. Staatsangehörigkeit in einem Mitgliedsland der EU und die damit verbundene Reisefreiheit veränderten die Situation für die Mobilität der angeheuerten Pflegekräfte erheblich. Rumänische Minderjährige besuchten ihre Mütter, die als Pflegekräfte in Italien arbeiteten, häufiger als die ukrainischen Kinder die ihrigen. Dieser Unterschied wirkte sich erwartungsgemäß auf das Vertrauensverhältnis zwischen Müttern und Kindern aus. Darüber hinaus ist der Beschäftigungsstatus der rumänischen weiblichen Arbeitskräfte als EU-Bürgerinnen von höherer Rechtssicherheit geprägt als der Status von ukrainischen Frauen. Das bedeutet, dass Migrantinnen aus Rumänien und der Ukraine in Italien unterschiedliche Optionen in Bezug auf den Zugang zu sozialen Dienstleistungen haben. Der Rechtsstatus hat ungleichheitsrelevante Wirkungen etwa auf Ressourcen wie Zeit, die für die Betreuung der eigenen Familienangehörigen aufgebracht werden kann. Arbeits- und sozialrechtlich waren und sind Migrantinnen aus Rumänien besser abgesichert als vergleichbare Beschäftigte aus der Ukraine.

Insgesamt haben EU-Bürger:innen in anderen Mitgliedsstaaten formal Zugang zu in etwa den gleichen sozialen Rechten wie die jeweiligen Staatsbürger:innen. Dies trifft auf Angehörige von Drittstaaten in einer vergleichbaren Weise nur dann zu, wenn sie den Status von Wohnbürger:innen mit unbefristeten Erlaubnissen für Arbeit und Wohnen erlangt haben.[96] Was den Transfer von erworbenen Ansprüchen vom Zielland in das (ehemalige) Herkunftsland im Hinblick auf Leistungen wie Rente betrifft, so ist diese für EU-Bürger:innen formal gesehen gesichert, aber für *extracommunitari* von bilateralen Abkommen zwischen den einzelnen Staaten abhängig.

Den unterschiedlichen Zugang zu sozialen Rechten zwischen EU-Bürger:innen und Angehörigen von Drittstaaten wird bei den Personen deutlich sichtbar, die ins Ausland ziehen und dort ihre Rente erhalten. Hierbei handelt es sich um eine wachsende Gruppe. Inzwischen wird bspw. aus den Niederlanden schon jede zehnte Rente ins Ausland überwiesen.[97] Man kann zwei Kategorien von Altersmigration von den Niederlanden in die Türkei unterscheiden, nämlich ehemalige türkische Arbeitsmigrant:innen, die keine niederländische Staatsbürgerschaft besitzen, und niederländische Bürger:innen. In der zweiten Gruppe finden sich sowohl ehemalige türkische Staatsangehörige als auch bisher relativ Immobile. Die zweite Gruppe kann ihren legalen Status in den Niederlanden vollständig aufrechterhalten, die erste nicht so leicht. Nur die niederländischen Bürger:innen haben eine garantierte Rückkehroption. Unter den Bürger:innen aus den Niederlanden können sich selbstverständlich ehemalige türkische Bürger:innen oder solche mit doppelter Staatsangehörigkeit befinden.

Im Fall von Bauarbeiter:innen ist etwa Scheinselbständigkeit bzw. abhängige Selbständigkeit auch für EU-Bürger aus anderen Mitgliedsstaaten gang und gäbe. Abhängige Selbständigkeit ist eine Arbeitsbeziehung, in welcher der Arbeiter formal selbstständig ist, jedoch unter Bedingungen, die denen abhängig Beschäftigter vergleichbar sind.[98]

Dadurch sichern sich die Auftraggeber:innen eine hohe Flexibilität im Einsatz von Arbeitskräften, um termingerecht Bauten fertigzustellen. Daher gilt es, auch die Kategorisierungen zu berücksichtigen, die eine Spaltung von EU-Arbeitskräften ermöglichen. Der Anteil von Selbständigen ist im Bausektor in der EU seit Anfang der 1990er-Jahre stark angestiegen[99] und hat sich nach dem EU-Beitritt von MOE-Staaten und der damit verbundenen Freizügigkeit weiter erhöht. In Ländern wie Deutschland gab es Übergangsbestimmungen. Dabei ist ein großer Teil dieser Selbstständigen nicht oder nur ungenügend sozialversichert. Konkret werden bei den auftretenden Formen von abhängiger Selbständigkeit zumeist der Kündigungsschutz und die Aufhebung der Befristung von Verträgen umgangen. Häufig ist das Arbeitsrecht dann nicht anwendbar, weil privatrechtliche Verträge abgeschlossen wurden. Dies bedeutet, dass faktisch weisungsabhängige Arbeitnehmer:innen vertraglich wie tarifunabhängige Selbständige behandelt werden. Eine langfristige Konsequenz ist eine nicht hinreichende Vorsorge für das Alter. Diese Art von rechtlicher Konstruktion findet sich nicht nur im Bausektor, sondern auch im Transportsektor, dem Versicherungssektor und im Werbesektor.[100]

Neben rechtlichen Bestimmungen ist der Zugang zu sozialen Netzwerken zentral. So ist es in vielen Ländern Westafrikas notwendig, Makler:innen einzuschalten, um in den Konsulaten und Botschaften die Chance auf Ausstellung eines Visums für ein EU-Land zu erhöhen.[101] Auch dieses Beispiel deutet darauf hin, dass Zugang zu Netzwerken und Mitgliedschaft in Gruppen wichtig sind. Soziale Netzwerke sind auch für den Zugang zu Arbeitsstellen, Wohnen und Kinderbetreuung von Bedeutung. Und für Migrantinnen in der Pflegearbeit sind Netzwerke und Familien nicht nur wichtig für den Zugang zu Stellen an sich, sondern auch für Kinderbetreuung während der Zeit im Ausland; so etwa durch ältere Verwandte, die zu Hause zurückbleiben.[102]

### *Chancenhortung*

Soziale Schließung im Sinne von Privilegierung, wird von manchen ethnischen, religiösen, verwandtschaftsbezogenen oder nachbarschaftlichen Gruppen gelegentlich benutzt, um ökonomische Nischen zu besetzen. So gesehen ist Chancenhortung mit dem Prozess «Netzwerkexternalität» verwandt,[103] der dazu führt, dass institutionalisierte Ressourcen innerhalb von Gruppen wie Familienverbänden oder herkunftslandbezogenen Vereinen zusammengeführt und vermehrt werden. Ein Beispiel ist eine Gruppe von Krankenpflegerinnen, die sowohl eine räumliche als auch eine berufliche Nische in der Altenpflege in einer italienischen Stadt insgesamt oder einem Stadtteil besetzen.[104] So werden neue Migrantinnen aus der eigenen Region entweder für andere Familien angeworben oder ersetzen diejenigen, die zurück nach Osteuropa ziehen. In einem solchen Fall stellt Chancenhortung sicher, dass die Mitglieder einer Gruppe (z. B. aus der gleichen Heimatstadt) von solchen Empfehlungen begünstigt werden. Es ergeben sich daraus zum einen ungleichheitsrelevante Kategorisierungen in Bezug auf den Zugang zu Arbeitsplätzen und damit unter anderem auf die Einkommen für Mitglieder anderer Gruppen. Aber zugleich handelt es sich auch um einen Schutz. Arbeiter:innen können sich vor allem durch Zusammenschluss bessere Lebensverhältnisse und tarifliche Verbesserungen erkämpfen. Dazu benötigen sie Zusammenhalt, der häufig am sichersten gewährleistet ist durch Kolleg:innen aus vertrauten Gruppen wie solche aus ihrer alten Heimat. Exemplarisch lässt sich diese Beobachtung bspw. an Streiks von nicht dokumentierten Arbeiter:innen (*sans-papiers*) in Frankreich und in Großbritannien nachvollziehen.[105] Diese Konflikte sind wichtige Hinweise auf Rechte, denn diese müssen erkämpft und eingefordert werden. Ein über Europa hinausgehendes und auf globaler Ebene erfolgreiches Beispiel dafür ist der Aufstieg des *International Domestic Workers Network*, der zur ILO-Konvention 189 *Decent Work for Domestic Workers* führte.[106]

Sowohl bei Chancenhortung als auch bei Ausbeutung (siehe unten) handelt es sich um soziale Prozesse, die zur Bildung von Monopolen führen. Verteidigt werden solche Monopole dann etwa mit Zuschreibungen wie Stereotypisierungen, indem die Unterlegenen möglicherweise als «faul» oder «ungebildet» kategorisiert werden. Diese Prozesse verstärken die negative Selbststereotypisierung von Arbeitskräften[107] Chancenhortung geht auch häufig mit der Ausbeutung von Familienmitgliedern einher, so z. B., wenn Verwandte im Rahmen von gesponserter Immigration in Zwangsarbeitsverhältnissen gehalten und gezwungen werden, die Kosten für die Migration abzuarbeiten.[108]

Chancenhortung ist ein stark vergeschlechtlichter Prozess. Es gibt Belege dafür, dass Netzwerke von Männern vor allem die Emigration anderer Männer fördern, während die Netzwerke von Frauen anderen Frauen helfen.[109] Gleichzeitig hat Chancenhortung zweischneidige Effekte. Schon im Prozess der Entscheidungsfindung nutzen z.B. Frauen auf den Philippinen, die beabsichtigen, nach Europa zu wandern, vergeschlechtlichte Skripte: «*Rather than attempting to ‹undo› gender, these women reframe their migration aspirations as a duty, rather than a right, to migrate, and a logical extension of their traditional, supporting roles as daughters, wives, sisters, and/or mothers.*»[110] Diese Art von Argument erinnert an den «asiatischen Feminismus». Die Regierungen asiatischer Länder versuchen patriarchale Familienstrukturen zu stützen, indem sie die Arbeitstätigkeit von Frauen um der ökonomischen Effizienz willen unterstützen. Allerdings wird dabei von Frauen erwartet, dass sie weiterhin eine den männlichen Familienangehörigen untergeordnete Rolle spielen. Frauen versuchen daher häufig, die patriarchal sanktionierten Rechtfertigungen zu nutzen, um migrieren zu können und nach ihrer Rückkehr ihre soziale Position zu verbessern.[111]

### *Hierarchisierung*

Hierarchisierung existiert auch unter Staatsangehörigen aus EU-Ländern. Trotz der rechtlichen Gleichstellung mit der Aufhebung der letzten Restriktionen bezüglich der Freizügigkeit im Jahre 2014 hat sich die Situation für Migrant:innen aus Ländern wie Rumänien und Bulgarien im Hinblick auf Arbeitsverhältnisse wenig verändert.[112] In südeuropäischen Ländern wie Italien oder Spanien sind die Arbeitsmöglichkeiten für Bürger:innen aus MOE-Ländern zumeist auf Stellen reduziert, die formal niedrig qualifiziert und schlecht bezahlt sind. Dies stellt in vielen Fällen eine berufliche Abwertung dar und betrifft vor allem Beschäftigte in Haushalt, Pflege, Bau und Dienstleistungen.

Haushalts- und Pflegearbeiten werden häufig mit unqualifizierter und geschlechtsspezifischer Arbeit assoziiert. Insbesondere die Bewertung und damit die Einstufung etwa von Pflege- und Hausarbeit als «unqualifiziert» ist ein entscheidender Angelpunkt dieses Prozesses. Jedoch sind viele der Frauen, etwa aus Osteuropa oder den Philippinen, die in EU-Ländern diese Arbeit verrichten, qualifizierte Fachkräfte, die in den Herkunftsregionen eine entsprechende Ausbildung absolviert haben. Beispielsweise finden sich unter den Frauen aus der Ukraine, die solche Dienstleistungen in west- und südeuropäischen Ländern erbringen, viele ausgebildete Pflegekräfte, so etwa Krankenpflegerinnen.[113] Ein spezieller Fall von Hierarchisierung ist Rassifizierung, also die Einstufung entlang des Merkmals «Rasse». Im Falle der Rassifzierung verbinden Arbeitgeber:innen phänotypische Merkmale mit der Erwartung der Fügsamkeit, so etwa bei philippinischen Pflegearbeiterinnen in verschiedenen europäischen Ländern.[114]

In etwas abgeänderter Form lässt sich dieses Muster auch im Bausektor erkennen. Gerade auf Großbaustellen sind im Rahmen einer Produktionsweise, bei denen sich Generalunternehmen von einem eigenen Stamm an Facharbeitern unabhängig machen wollen, Subunternehmen aus anderen Staaten gefragt, die ausgebildete Fachkräfte einsetzen. Es handelt sich also im Allgemeinen nicht um unqualifizierte Arbeitskräfte. Die häufig niedrigere Einstufung im Zielland erweist sich damit als eine Form der Aufrechterhaltung der Hierarchien zwischen In- und Ausländern. Insgesamt fungieren diese ausländischen (Werkvertrags-)Arbeiter als eine Art flexible transnationale Reservearmee.[115]

Obwohl die EU-Kommission schon 1996 eine Direktive verabschiedete, die den Einsatz von entsandten Beschäftigten reguliert, trug gerade Werkvertragsarbeit langfristig zu einer Minderung sozialrechtlicher Standards bei. Im deutschen Baugewerbe verlief der vermehrte Einsatz von Werkvertragsarbeit parallel zur Einführung eines Mindestlohns, der Tarifverträge ersetzte.[116] Werkvertragsarbeit ging mit veränderten Normen der Arbeitsregulierung einher. Auch die Durchsetzung von arbeits- und sozialrechtlichen Normen erweist sich als schwierig, was wiederum damit zusammenhängt, dass Strafen für die Verletzung von Arbeitsnormen für die Firmen im Bausektor kostengünstiger sind als Konventionalstrafen, die dann drohen, wenn das Gewerk nicht zeit- und vertragsgerecht erstellt wird. Die Organisation der Produktion auf Baustellen führt dazu, dass Graubereiche entstehen, in denen nicht nur die Normen des Ziellandes und Arbeitsplatzkontrollen eine Rolle spielen, sondern auch das Verhältnis der Bauarbeiter zu ihren Unternehmen. So geht es im Wesentlichen darum, wie die Vorteile aus der Werkvertragsarbeit zwischen Beschäftigten und Subunternehmen verteilt werden.[117]

Für Hierarchisierung spielen nicht nur rechtliche Unterscheidungen und soziale Kategorisierungen eine Rolle, sondern auch massenmediale Skandalisierung. So thematisierte in Polen in den 2000er-Jahren eine populäre Zeitschrift insbesondere die Abwesenheit von Müttern, die als Migrantinnen in west- und südeuropäischen Ländern arbeiten. Daraufhin berichteten weitere Zeitungen und Zeitschriften über «Euro-Waisen» und «Sozialwaisen», deren «schlechte» Mütter beschlossen, in den Westen zu gehen, um durch Arbeitstätigkeit persönliche Erfüllung zu suchen, ohne die negativen Auswirkungen auf ihre schutzbedürftigen Kinder zu berücksichtigen.[118] Diese Kategorisierungen unterscheidet zwischen «guter» und «schlechter» Elternschaft. Dabei wird ausgeblendet, dass die Feminisierung der Migration im Pflegebereich nicht nur der Nachfrage in den Zielländern geschuldet ist, sondern auch ein Resultat der blockierten Aufwärtsmobilität für Frauen in den jeweiligen Herkunftsländern darstellt.[119]

Was die Folgen dieser Migration betrifft, so lassen sich im Rahmen von «transnationaler Mutterschaft» bzw. «transnationaler Vaterschaft» die verschiedensten Strategien beobachten, um die Folgen der familiären Trennung aufzufangen. Diese reichen von gelegentlichen Telefonaten und Besuchen im Herkunftsland bis hin zum Nachholen der Kinder in das Zielland.[120] Auch weisen die Praktiken vieler weiblicher Pflegekräfte oder männlicher Bauarbeiter, einen hohen Grad an Transnationalität im Hinblick auf Kommunikationsdichte auf. Damit versuchen sie, mit ihren Familien und insbesondere den Kindern in Kontakt zu bleiben. Die in den Herkunftsländern verbliebenen Betreuungspersonen, wie etwa die Großmütter, sind oft selbst überlastet.[121] Die Pflegesituation des Teils der transnational organisierten Familie im Zielland ist in der Regel ebenfalls prekär: Während die Migrantinnen für Pflege im Haushalt der Arbeitgeber:innen sorgen, bleibt die Betreuung ihrer eigenen Kinder zum Teil auf der Strecke, wenn es die Arbeitsbedingungen nicht erlauben, sich um eben diese zu kümmern.[122]

### *Ausbeutung*

Bei Ausbeutung verletzen aus Sicht der Beschäftigten die Unternehmen aufgrund von Machtungleichgewichten die Normen, die faires und zulässiges Handeln konstituieren. Die Beschäftigten haben bei irregulären Arbeitsverhältnissen bspw. in Haushalten, die mitunter sogar ohne offizielle Aufenthaltserlaubnis zustande kommen, keine Möglichkeit, eventuelle Ansprüche auf dem Rechtsweg durchzusetzen, da die oder der Beschäftigte sich in dem Dilemma befindet, entweder im informellen Sektor ausgebeutet zu werden oder ansonsten fürchten muss, wegen seines oder ihres rechtswidrigen Aufenthalts ausgewiesen zu werden. Dies gilt selbst für den Fall, dass ein Gericht das jeweilige Unternehmen zur Verantwortung ziehen würde.

Die ungleichheitsrelevanten Konsequenzen des Rechtsstatus und des sozialen Status müssen daher immer im Zusammenhang mit den (Re-)Produktionsbedingungen in den involvierten Wirtschaftssektoren und Ländern gesehen werden. So gab es Mitte der 1990er-Jahre auf deutschen Baustellen sowohl Werkvertragsarbeitnehmer:innen aus mittel- und osteuropäischen Ländern als auch aus EU-Mitgliedsländern, allen voran Portugal und Irland. Grenzübergreifende Werkverträge waren und sind in der Bauwirtschaft gang und gäbe. Die Produktionsprozesse auf Baustellen sind häufig durch enge zeitliche Abstimmungen gekennzeichnet,[123] was gerade auf Großbaustellen angesichts der Notwendigkeit der Zusammenarbeit einer großen Zahl von Beteiligten bedeutet, dass Hierarchien flach sind und Personal möglichst flexibel vor Ort eingesetzt werden muss. Um die Gewinnspanne zu steigern und dabei Aufträge fristgerecht erfüllen zu können und nicht mit Konventionalstrafen belegt zu werden, ist der Anreiz für Bauunternehmer:innen – in diesem Falle der Subunternehmer:innen – relativ hoch, irreguläre oder doch zumindest «graue» Beschäftigungsverhältnisse zu nutzen. Die Senkung der Lohnkosten ist hier ein probates Mittel, da andere Kostenfaktoren wie Maschinen oder Baustoffe kaum Spielraum für Einsparungen gewähren. Dass Gleichheitsnormen wie etwa die Tarifgleichheit, die z. B. in den ILO-Konventionen 97 und 143 festgehalten sind, verletzt werden, führt zur Thematisierung derartiger Arbeitsverhältnisse in öffentlichen Foren wie der Internationalen Arbeitskonferenz.[124] Generelle oder gar weltweit gültige Regulierungen sind schwierig zu bewerkstelligen. Dabei kommt es auch auf sektorale Unterschiede an: So sind etwa Kontrollen von arbeitsrechtlichen Vorschriften in Haushalten oder auf Baustellen ungleich schwerer durchzuführen als in festen Betriebsstätten. Und es existieren Unterschiede zwischen den europäischen Ländern: In relativ deregulierten Staaten wie Spanien dienen bspw. der Pflege- und der Bausektor als wichtige Zugangsschleusen zum formalen Arbeitsmarkt. Diese Funktion wird noch verstärkt durch gelegentlich stattfindende Kampagnen zur Regularisierung, durch die Migrant:innen mit irregulärem Rechtsstatus in reguläre Aufenthalts- und Beschäftigungsverhältnisse integriert werden.[125]

Soziale Ungleichheiten sind in der Regel nicht auf eine einzige Dimension von Verschiedenheit bezogen. Durch die Beschäftigung von Migrant:innen nehmen die Ungleichheiten zwischen den Geschlechtern in Haushalten nicht ab, obwohl die Arbeitsteilung zwischen Männern und Frauen aufgrund der Anwesenheit Ausgebeuteter, vornehmlich von Migrantinnen, verändert wird. Aber gleichzeitig entstehen bei der Beschäftigung dieser Hausangestellten neue Ungleichheitsmuster im Hinblick auf Ressourcen, Status und Macht. Wenn die Beschäftigten manchmal als Teil der Familie angesehen werden, entstehen komplexe Beziehungsmuster der Reziprozität zwischen Hausangestellten und Arbeitgeber:innen, die über einfache Ausbeutungsverhältnisse hinausgehen.[126]

In diesem Kontext können Frauen dank der Unterstützung durch ausländische Hausangestellte in die Lage versetzt werden, ihre beruflichen Laufbahnen konsequenter zu verfolgen und damit die geschlechtsspezifischen Muster der Teilhabe an formalen Arbeitsmärkten aufzubrechen.[127] Über transnationale Prozesse und die Kategorisierungen entlang von Ethnizität, Klasse, Geschlecht, «Rasse» und Alter sind in den Immigrationsländern sowohl die Produktion von Ungleichheiten in Haushalten und die Verbesserung der Stellung von Frauen in den formalen Arbeitsmärkten zum Teil aneinander gekoppelt. Eine der Voraussetzungen für die wachsende Beschäftigung von Haushaltsangestellten ist seit den 1980er-Jahren die zunehmende Feminisierung des Arbeitsmarktes. Dies hat zur Abnahme der Dominanz des Ernährer-Betreuerin-Modells geführt, bei dem vormals von Frauen erwartet wurde, sich zu

Hause um die Kinder zu kümmern und damit nicht dem Arbeitsmarkt zur Verfügung zu stehen.

Ausbeutung manifestiert sich auch in einer Umverteilung zwischen verschiedenen Regionen. Während in den 2000er-Jahren etwa ein Drittel aller portugiesischen Bauarbeiter:innen in anderen europäischen Ländern arbeitete, wurde die dadurch entstandene Lücke mit Arbeiter:innen aus Angola und Mosambik gefüllt.[128] Ein Ergebnis war, dass die Investitionen der Herkunftsländer in berufliche Ausbildung häufig verloren gingen und es sogar Engpässe in den Herkunftsländern der Bauarbeiter:innen gab, also in Portugal, Angola und Mosambik. Besonders hart trifft es Sektoren in den Ländern, die wiederum nicht selbst zum Zielland werden.

Auf regionaler Ebene gleichen die Rücküberweisungen aus dem Ziel- ins Herkunftsland die erwähnten Verluste aus *brain drain* und *brawn drain*, also der Abwanderung von handwerklich Tätigen, nicht unbedingt aus. Konkret gibt es keine Hinweise darauf, dass Ungleichheiten zwischen Haushalten gerade in den Herkunftsregionen abnehmen würden, zumindest nicht kurzfristig – auch wenn es Hinweise auf armutsreduzierende Wirkungen von Überweisungen auf Haushaltsebene gibt. Schließlich sind in den Emigrationsregionen nicht alle Haushalte an transnationaler Migration beteiligt. Diese Stratifizierung, bei der auch die Zwischenkategorien jenseits von Hochqualifizierten einerseits und marginalisierten Arbeitsmigranten andererseits berücksichtigt werden müssen,[129] impliziert, dass in den Emigrationsregionen nicht alle in gleichem Maße von den Remissionen profitieren. Sicker- und Multiplikator-Effekte von finanziellen Transfers sind über die direkt beteiligten Haushalte hinaus nur schwer nachzuweisen.[130] Wenn zusätzlich die umgekehrten Überweisungen von den Herkunfts- in die Zielländer mit in die Betrachtung einbezogen werden, so verdichten sich Hinweise auf einen ungerechten Tausch zwischen Herkunfts- und Zielländern.

Die Konflikte um die Verwendung der für öffentliche Güter verwendeten Rücküberweisungen sind oft denen sehr ähnlich, die auch sonst im Bereich der Entwicklungskooperation auftreten.[131] Dies ist insbesondere dann der Fall, wenn Migrant:innenvereine in Entwicklungsprojekten als Kollektivakteure auftreten.[132] Obwohl nun kollektive Rücküberweisungen in der Regel nur einen kleineren Teil der gesamten Geldüberweisungen ausmachen und der weit größere Teil innerhalb von Familien fließt, sind die Ersteren doch wichtig, weil die dabei beteiligten Vereine und Organisationen Chancenhortung betreiben. Manchmal werden sie auch noch durch inter-, supra-nationale oder staatliche Programme wie die *UN-Joint Migration-Development Initiative* (JMDI) gefördert – also Maßnahmen, die kleine Entwicklungsassoziationen unterstützen. Solche Organisationen finanzieren etwa Baumaterial für Kirchen oder Moscheen, bauen Wasseraufbereitungsanlagen oder unterstützen Gesundheits- und Bildungsprogramme.[133]

## Ausblick: Dauerhafte Ungleichheiten

Ein Schritt hin zum Verständnis von Exit für die transnationalisierte soziale Frage kartiert die Verbindungen von Personen und Gruppen zwischen verschiedenen Orten und Staaten und bestimmt die in grenzübergreifenden Transaktionen wirksamen sozialen Prozesse der Ungleichheitsgenese im Rahmen der jeweils vorherrschenden Produktionsbedingungen, Rechtsverhältnisse und sozialen Positionen. Die vorliegenden Ergebnisse müssen vor dem Hintergrund der Entwicklung nicht nur von Migrations-, sondern auch von Beschäftigungs- und Sozialpolitik in Europa gesehen werden. Die Öffnung der Ländergrenzen für den gemeinsamen Markt in der EU im Sinne einer «negativen Integration» wurde in den letzten vier Jahrzehnten eben nicht von einer «positiven Integration» und der Schaffung einheitlicherer Sozialstandards begleitet.[134] Bürgerschaft ist damit nicht mehr nur Status, sondern aufgrund des geringen Niveaus an suprastaatlich garantierten sozialen Rechten auch eher wieder Kontrakt. In T. H. Marshalls Konzeptualisierung war es noch genau andersherum: Die Errungenschaft von Staatsbürgerschaft lag in der Definition eines Status, der über kontraktuelle Beziehungen zwischen Bürger:innen im Markt hinausging. Wie die Fallstudien zum Bausektor und zur häuslichen Pflegearbeit zeigen, sind es gerade diese kontraktuellen Elemente und die Organisation der Produktion, welche die Lebensverhältnisse der Arbeiter:innen bestimmen.

Arbeits- und sozialpolitische Regulierungen konvergieren etwa im Pflege- und Haushaltsbereich: Beispielsweise schritt im letzten Jahrzehnt die Kommodifizierung und teilweise Informalisierung der Pflegearbeit nicht nur in stark deregulierten Staaten wie Großbritannien und Spanien unaufhaltsam fort, sondern auch in (bisher) hoch regulierten Wohlfahrtsstaaten wie Dänemark und Schweden.[135] Innerhalb des marktliberalen Paradigmas der EU expandieren mit der Öffnung nationaler Märkte die grenzüberschreitenden Beschäftigungsformen. Eine Expansion von öffentlichen Einrichtungen für Pflegearbeiten ist bislang nicht zu beobachten. Diese Option hätte noch zu Zeiten des keynesianischen Wohlfahrtsstaats der 1960er- und 1970er-Jahre im Mittelpunkt gestanden. Im Rahmen der herrschenden Fiskal- und Finanzpolitik der EU ist der Einsatz von Elementen einer supranationalen Sozialpolitik über den vorfindlichen Minimalbestand hinaus bisher nicht möglich.

Nationale Staatsangehörigkeit und europäische Bürgerschaft sind gleichermaßen ein Instrument sozialer Schließung nach außen und sozialer Integration nach innen. Die damit einhergehende transnationalisierte soziale Frage spielt in Europa in öffentlichen Foren, Debatten und politischen Konflikten eine zunehmende Rolle. Während soziale Sicherung im Kontext grenzübergreifender Mobilität zu einem leicht skandalisierbaren Thema werden kann – es sei hier nur an die Beispiele im Hinblick auf «Pflegewaisen» oder die Mobilität von Roma in westeuropäischen Ländern erinnert –, ist es gerade der Wunsch nach der Regulierung transnationaler Migration, welcher die EU-Mitgliedstaaten davon abhält, weitergehende supranationale Regulierungen für die Wohlfahrt der grenzüberschreitend Beschäftigten zu treffen. Denn ein wesentlicher Teil der staatlichen sozialen Sicherung beruht auf der Möglichkeit der Lenkung und der damit verbundenen partiellen Abschottung national regulierter Arbeitsmärkte. Auch wenn Supranationalisierung die Exklusions- und Inklusionsprozesse der (Re-)Produktion von Ungleichheiten gewissermaßen auf eine höhere Stufe – vom Nationalstaat zur EU – verlagert, wäre innerhalb der EU im Sinne einer Regulierung expandierender Märkte schon etwas gewonnen.

# Teil II

## Zur Politik der sozialen Frage

## Emigration: Entwicklungsparadox und nationales Paradox

### Spiegelbildliche Verhältnisse

Der Wohlfahrtsstaat in Immigrationsländern und der Entwicklungsstaat in den Herkunftsländern bilden funktionale Entsprechungen. Auch auf der Handlungsebene spiegeln sich die beiden Seiten: Jede:r Emigrant:in ist zugleich ein:e Immigrant:in[1] – und umgekehrt. Sowohl die Emigrations- als auch die Immigrationsseite sind mit den Risiken befasst, die sich aus dem Marktliberalismus ergeben. Und beide unterliegen immensen Herausforderungen sozialer Transformation durch immer stärker globalisierte Wirtschafts- und Sozialbeziehungen. Insbesondere in Ländern, die dem globalen Süden zugerechnet werden, kann ein fundamentaler Wandel weg von der Zentralität des nationalen Entwicklungsstaats hin zu internationalen Organisationen, dem lokalen Staat, aber auch Zivilgesellschaft und Marktprinzipien festgestellt werden. In diesem Gesamtprozess spielen in Diaspora organisierte Migrant:innen als wiederentdeckte Entwicklungsakteur:innen ebenfalls eine Rolle. Dabei besteht die manifeste Funktion der Emigrant:innen darin, durch Rücküberweisungen zur ökonomischen Entwicklung beizutragen. Vor allem Rücküberweisungen leisten auf der kommunalen Ebene über Infrastrukturprojekte und auf der Mikro-Ebene einen Beitrag zum Haushaltseinkommen, zur Schulbildung, Gesundheitsversorgung, Investitionen in der Landwirtschaft und im Kleingewerbe. Die vorrangige latente Funktion ist die Legitimierung einer globalen sozialen Ordnung, in der Migrant:innen von internationalen Organisationen und Zielländern die Rolle von Entwicklungsagent:innen zugeschrieben wird. Dies ist Teil eines entwicklungspolitischen Wandels der letzten Jahrzehnte, in dem Migrant:innen mehr Verantwortung für die Entwicklung des Herkunftslands zugeschrieben wird.

In den Emigrationsregionen offenbart sich dabei eine Spannung zwischen marktliberaler Öffnung zum Weltmarkt im Wettbewerbsstaat einerseits und dem Versuch einer ökonomisch autonomen Entwicklung im nationalen Entwicklungsstaat andererseits. Neben diesem Entwicklungsparadox prägt das nationale Paradox die Politik der Emigration. Hierbei besteht der Gegensatz zwischen einem transnational gedachten Staat mit einer aktiven Diaspora und einem nationalen Sicherheitsstaat, der Diaspora als Gefahr für die Herkunftsstaaten imaginiert. Die für den Emigrationskontext zentrale Frage lautet daher: Wie werden im Rahmen von Exit in den Herkunftsländern soziale Ungleichheiten zum Thema politischer Debatten und Konflikte und damit Teil einer transnationalisierten sozialen Frage?

## Emigration: Historische Parallelen

Neben den Unterschieden von grenzüberschreitender Migration des 19. im Vergleich zum 21. Jahrhundert gibt es auch wichtige Parallelen. Auch wenn Vergleiche, die sich über längere Zeiträume und Kontinente in dichotomer Weise erstrecken, mit großer Vorsicht gehandhabt werden sollten, so lohnt doch ein Blick auf die Migrationsquoten aus den Herkunftsländern.[2] Die Emigrationsquoten vieler der heutigen Herkunftsländer ähneln denen etlicher europäischer Länder während des Zeitalters der Industrialisierung und Urbanisierung in zweierlei Hinsicht.

Erstens wächst in vielen Herkunftsländern das landlose Proletariat sehr schnell. Die Bevölkerung im arbeitsfähigen Alter verdoppelte sich in absoluten Zahlen zwischen 1980 und 2000, während sie in vielen Immigrationsländern sank.[3] Eine Parallele zur europäischen Überseemigration im 19. Jahrhundert besteht darin, dass in den Herkunftsländern damals und heute eine demographische Transition stattfand bzw. stattfindet. Allerdings erfolgte die Emigration aus Europa im 19. Jahrhundert in Gebiete, in denen europäische Mächte und unabhängig gewordene Staaten wie die USA eine Siedlerkolonisation vorantrieben, während heute in den Zielländern selektive und restriktive Immigrationsregelungen vorherrschen. Zweitens legt eine Betrachtung der globalen Entwicklungen nahe, dass Einkommenszuwächse zwischen 1990 und 2010 nicht nur unter den obersten 1 Prozent weltweit stattfanden, sondern auch in den sich herausbildenden Mittelklassen in Entwicklungsländern und wirtschaftlich schnell aufholenden Schwellenländern. Dieser Trend trifft vor allem auf Länder wie China und Indien zu, die nicht problemlos in eine Süd-Nord Dichotomie passen.[4] Etwas feinkörniger kann in Staaten außerhalb Europas, Nordamerikas und Australiens zwischen einer sich entwickelnden Mittelklasse und einer entwickelten Mittelklasse unterschieden werden.[5]

Schon im Europa des 19. Jahrhunderts wurde Emigration von einer sozio-ökonomischen Transformation begleitet, seinerzeit in Form verschiedener Phasen der Industrialisierung und Urbanisierung. Doch derartige strukturelle Bedingungen schlagen sich nicht automatisch in höheren Emigrationsquoten nieder. Zum einen stoßen Migrant:innen auf sehr selektive Migrationspolitiken vieler Immigrationsländer. Zum anderen führen große durchschnittliche Einkommensunterschiede zwischen Regionen nicht unbedingt dazu, dass aus potenziellen tatsächliche Migrant:innen werden. Es ist vielmehr die Erfahrung relativer Deprivation unter denen, die über genügend Ressourcen verfügen, um überhaupt grenzüberschreitend oder gar interkontinental zu migrieren. Relative Deprivation bedeutet in diesem Falle, dass Erwartungen bzw. Aspirationen potenzieller Migrant:innen schneller steigen als die Gelegenheiten zu migrieren. Migration ist dann eine Maßnahme, um die eigenen Lebensverhältnisse bzw. die der Familie relativ rasch zu verbessern. Darüber hinaus bestehen selbst unter den gleichen makro-strukturellen Bedingungen ganz unterschiedliche (Im-)Mobilitätsmuster, d. h. aus einer Region migrieren Menschen, aus einer anderen nicht. Um derartige Unterschiede zu erklären, ist ein Rückgriff auf die Meso-Ebene der Netzwerke von Migrant:innen und Migrationsnetzwerke – kurz: auf die gesamte verfügbare Infrastruktur der Migration notwendig.

Während also in historischer Perspektive durchaus gewisse Ähnlichkeiten zwischen der sozio-ökonomischen Transformation im Europa des 19. Jahrhunderts und außereuropäischen Regionen im späten 20. und frühen 21. Jahrhundert bestehen, kann die «Große Transformation» des 19. und 20. Jahrhunderts in Europa[6] nicht als Blaupause, sondern bestenfalls als eine stimulierende Folie dafür dienen, den gegenwärtigen fundamentalen sozialen Wandel näher zu analysieren.

## Zwei Paradoxa: Entwicklungsparadox und nationales Paradox

Die beiden für Emigrationsregionen charakteristischen Paradoxa können in Form einer Kreuztabelle dargestellt werden (Tabelle 6.1). Die erste – horizontale – Achse wird von Emigrationspolitiken gebildet, die danach unterteilt werden können, ob sie eher offen oder restriktiv sind. Letzteres betrifft nicht nur Ausreisegenehmigungen, sondern auch Versuche von Staaten, im Ausland lebende Emigrant:innen flächendeckend zu kontrollieren. Restriktive Politiken haben exklusiv die Stärkung des Staates als ökonomisch möglichst autonomen und kulturell homogenen Nationalstaat zum Ziel. Hingegen zielen offene Politiken auf ein Nations- und Staatsverständnis, das eine weltweite Reichweite aufweist, also auf einen globalen Staat. Auf einer zweiten – vertikalen – Achse kann unterschieden werden, ob Emigrant:innen und Rückkehrmigrant:innen als wirtschaftlich nützlich und/oder sozio-kulturell anerkannt sind. Mit diesen Differenzierungen lassen sich zwei Spannungsfelder beschreiben und analysieren: das Entwicklungsparadox und das nationale Paradox.

Beim Entwicklungsparadox, also in der wirtschaftlichen Sphäre, stehen sich die Prinzipien des Wettbewerbsstaats und des nationalen Entwicklungsstaats diametral gegenüber. Aus wettbewerbsstaatlicher Sicht geht es um eine möglichst effiziente Nutzung aller Arten von Kapital, also neben finanziellen Ressourcen auch Ideen, Kenntnissen, Fertigkeiten und Praktiken von Arbeitskräften. Migrant:innen vermitteln dabei Kenntnisse, tätigen Rücküberweisungen und platzieren Investitionen im Herkunftsland. Zwar ist das Gegenüber des Wettbewerbsstaats, der nationale Entwicklungsstaat, auch an Wirtschaftswachstum orientiert, ordnet dieses aber in eine dezidiert nationale Strategie ein, die auf eine möglichst hohe wirtschaftliche Autonomie abzielt. Dies bedeutet, dass der Staat die nationale Wirtschaft zumindest in bestimmten Sektoren

| Emigrationspolitiken<br>Migrant:innen | Offen – Globaler Staat | Restriktiv – National-<br>staat |
|---|---|---|
| *Wirtschaftlich nachgefragt*<br><br>***Entwicklungsparadox*** | **Marktliberalisierung:** Emigrant:innen als Träger von Rücküberweisungen und «Humankapital» (z. B. *brain gain*)<br><br>*Wettbewerbsstaat* | **Nationale Entwicklung:** Wirtschaftliche Entwicklung eingebettet in nationale Ziele (Vermeidung von *brain drain*)<br><br>*Nationaler Entwicklungsstaat* |
| *Sozio-kulturell willkommen*<br><br>***Nationales Paradox*** | **Transnationalisierung:** Emigration und Diaspora als Ressourcen einer global operierenden Nation<br><br>*Transnationaler Staat* | **Versicherheitlichung:** Emigration und Diaspora als Bedrohung (z. B. Opposition im Ausland)<br><br>*Nationaler Sicherheitsstaat* |

*Tabelle 6.1: Die Emigrationsparadoxa*

schützt, bis sie international wettbewerbsfähig agieren kann. Historisch waren derartige entwicklungsstaatliche Interventionen etwa in der Schutzzollpolitik der europäischen Staaten im 19. Jahrhundert und in Strategien der Importsubstitution in unabhängig gewordenen Kolonien zur Mitte des 20. Jahrhunderts sichtbar.[7] Die Spannung zwischen wettbewerbsstaatlichen und entwicklungsstaatlichen Prinzipien wird am Beispiel der Abwanderung von Fachkräften besonders gut sichtbar. Aus wettbewerbsstaatlicher Sicht regt die Emigration von Fachkräften die Emigrationsländer dazu an, die Anstrengungen im (Aus-)Bildungssektor zu verstärken. Letztlich könnte in dieser Perspektive so aus einem *brain drain* ein *brain gain* nicht nur für die Immigrationsländer, sondern sogar für die Herkunftsstaaten werden. Aus entwicklungsstaatlicher Sicht ist aber ein *brain drain* erst einmal ein zu vermeidender Prozess, weil damit kostspielige Bildungsinvestitionen in der Regel verloren gehen.

Die Spannung zwischen dem Marktliberalismus des Wettbewerbsstaates und der Protektion der eigenen Wirtschaft im nationalen Entwicklungsstaat verschob sich seit den 1980er-Jahren in vielen Ländern zugunsten des Ersteren. Dieser Trend umfasste insbesondere konditionierte Kredite internationaler Institutionen, sogenannte Strukturanpassungsprogramme. Derartige Programme resultierten u. a. in der Kürzung von Subventionen für Nahrungsmittel und in der steigenden Privatisierung von Bildungs- und Gesundheitseinrichtungen. In der Folge traten wachsende Schwierigkeiten in der Sicherung von Grundbedürfnissen für Bevölkerungsgruppen auf, die am unteren Ende einer Verteilungshierarchie standen.[8] Strukturanpassungen können also als Ausdruck von wettbewerbsstaatlichen Prinzipien gesehen werden, die wiederum den sozialpolitischen Handlungsspielraum von Regierungen kanalisieren und einschränken. Diese Beobachtung gilt allerdings nicht in gleichem Maße für im Hinblick auf die Anzahl der Emigrant:innen bedeutende Herkunftsländer wie Indien und schon gar nicht für Staaten, die nicht in die dichotome Unterscheidung globaler Norden vs. globaler Süden fallen, wie z. B. China, Brasilien oder Südafrika. Diese Länder verfügten über eine höhere politische und wirtschaftliche Autonomie. Generell nimmt in Staaten, die hauptsächlich durch Emigration und weniger durch Immigration geprägt sind, die Bearbeitung der Konsequenzen der Abwanderung von Hochqualifizierten (*brain drain*) und qualifizierten Arbeiter:innen (*brawn drain*) einen wichtigen Platz in politischen Debatten ein.[9]

In der Sphäre der sozio-kulturellen Anerkennung von Migrant:innen ist das nationale Paradox angesiedelt. Es stehen sich hier die Prinzipien des transnationalen Staats und des nationalen Sicherheitsstaats gegenüber. Der transnationale Staat ist die sozio-kulturelle Entsprechung des ökonomischen Wettbewerbsstaats. Durch transnationale Staatlichkeit werden zivilgesellschaftliche Praktiken und Institutionen reguliert und gefördert, so vor allem die von Emigrant:innen und von Diaspora. Es ist eine global gedachte Nation, die versucht, ihre Bürger:innen, darunter auch die ehemaligen, überall auf der Welt zu erreichen und ihre Loyalität zu sichern oder zu erneuern.[10] Der transnationale Staat greift nicht wie der Rechtsstaat in westlichen Staaten primär auf die Revolution der Rechte zurück. Auch wenn diese durchaus eine Rolle spielen, stehen neben Rücküberweisungen und Investitionen vor allem die Loyalität der Emigrant:innen und der Transfer von Fertigkeiten und Kenntnissen im Vordergrund.[11] Diametral entgegengesetzt sind Prinzipien des nationalen Sicherheitsstaates, für den Migrant:innen im Ausland vorwiegend ein Objekt der Kontrolle darstellen. Statt Transnationalisierung der Bindungen zwischen Bürger:innen und Staat spielt die vom Staat definierte Sicherheitslage die Hauptrolle. Es verwundert daher nicht, dass in diesem Falle die Kontrolle der politischen Opposition im Ausland ein wichtiges Staatsziel ist. Diesem Ziel ist die Aktivierung der Emigrant:innen für individuelle und kollektive Rücküberweisungen und als Investor:innen untergeordnet. Etliche Herkunftsstaaten trennen sich daher aus Gründen des Machterhalts gerne von politischen Oppositionellen, die sich in der Kategorie der formal Hochqualifizierten befinden.

Die politik-ökonomischen Aspekte des Entwicklungsparadoxes und die sozio-kulturellen der Anerkennung im nationalen Paradox werden in den Machtasymmetrien zwischen den Immigrations- und Emigrationsländern deutlich sichtbar. Aus Sicht der Emigrationsstaaten ist in ökonomischer Hinsicht ein *brain drain* und ein *brawn drain* unbedingt zu vermeiden – und finanzielle Rücküberweisungen zu fördern. Dagegen ist die Abwanderung politischer Oppositioneller und sozio-kultureller Minderheiten in der Bevölkerung in vielen Fällen durchaus willkommen. Den Interessen der Emigrationsländer gegenüber steht das Interesse vieler Immigrationsländer an Arbeitskräften mit bestimmten Qualifikationen, die von Migrant:innen zur Verfügung gestellt werden können. Daher besteht im Prinzip folgende Konstellation zwischen Emigrations- und Immigrationsstaaten: «*(T)he tug-of-war re-emerges perennially, as poorer states seek to retain valuable populations while welcoming opportunities to ‹shovel out› the surplus, and while richer ones are equally intent upon acquiring valuable populations while deterring the entry of undesirables.*»[12] Während hierbei die Mobilität hochqualifizierter Migrant:innen viel Platz in den Diskursen um Migration und Entwicklung einnimmt, haben Migrant:innen mit als geringer eingestuftem beruflichem Qualifikationsniveau auf der Emigrationsseite nur wenig Aufmerksamkeit erfahren und tauchen in öffentlichen Debatten auf der Immigrationsseite meistens als Objekte der Kontrolle an den eigenen Grenzen und in den Transitländern auf.

### Das Entwicklungsparadox: Wettbewerbsstaat vs. Entwicklungsstaat

Um das Entwicklungsparadox einzuordnen, ist es hilfreich, sich den politik-ökonomischen Kontext der Interaktion zwischen ausgewählten Herkunfts- und Zielländern vor Augen zu führen. Dies geschieht hier am Beispiel der Türkei und der Philippinen als Herkunftsstaaten und Deutschlands als Zielland. Vor dem Hintergrund der Phasen der transnationalisierten sozialen Frage seit dem 19. Jahrhundert können in der jüngeren Vergangenheit folgende Zeitperioden unterschieden werden:[13] Erstens die Gastarbeitermigration der späten 1950er-Jahre, bei der Migrant:innen aus der Türkei eine wichtige Rolle spielten; zweitens die Periode der stark restriktiven Politik ab 1973 bis in die 1990er-Jahre; und drittens die darauffolgende Zeitspanne der selektiv-restriktiven Politik, in der spezifische Gruppen wie Pflegekräfte von den Philippinen die Bühne betraten.

Insbesondere ein Vergleich der ersten und dritten Periode ermöglicht ein tieferes Verständnis der sich wandelnden globalen Bedingungen, unter denen sich Arbeitsmigration vollzieht. Dabei verliefen die Phasen der Regulierung von Fluchtmigration und Arbeitsmigration nicht im Gleichschritt. Die Asylgesetzgebung in den europäischen Zielländern wurde während anwachsender Fluchtbewegungen, vor allem solchen aus außereuropäischen Regionen, regelmäßig restriktiver. Dies ist in Europa seit den 1960er-Jahren zu beobachten: von den steigenden Flüchtlingszahlen Ende der 1970er- und Anfang der 1980er-Jahre über die Restriktionen Anfang der 1990er-Jahre im Rahmen der Jugoslawienkriege bis hin zur Fluchtmigration, vor allem aus dem Mittleren Osten, die ab Mitte der 2010er-Jahre sichtbarer wurde.

In der ersten Zeitspanne der 1960er-Jahre hoffte der Emigrationsstaat Türkei durch Gastarbeitermigration Arbeitslosigkeit zu reduzieren, Zahlungsbilanzdefizite zu verringern und durch Rücküberweisungen und den Transfer von beruflichen Kenntnissen zurück ins Herkunftsland die regionale und nationale wirtschaftliche Entwicklung zu fördern.[14] Die Regierungen der Emigrationsländer erwarteten von ihren zu Beginn zumeist männlichen Migrant:innen durchaus einen Schub im Hinblick auf «moderne» Verhaltensweisen, so etwa im Hinblick auf eine verbesserte Arbeitsethik. Dieses zivilisatorisch gefasste Projekt war wirtschaftlich motiviert und transportierte kulturelle Erwartungen.[15] Allerdings waren innenpolitische Reformen für die sozioökonomische Entwicklung von Ländern wie der Türkei von viel größerer Bedeutung als Emigration, da diese Änderungen überhaupt erst die notwendige Infrastruktur für ökonomische Investitionen schufen; auch für die Investitionen von (Rückkehr-)Migrant:innen. Obwohl die hohen Erwartungen in Emigration und Rückkehrmigration nicht in Erfüllung gingen, schuf Emigration mehr Möglichkeiten für Konsum in den Haushalten der Migrant:innen in der Türkei.[16]

Generell zieht sich das Narrativ «Entwicklung» von den Gastarbeiterprogrammen und der Anwerbung von Arbeitskräften aus ehemaligen Kolonien über die Abkommen über Werkvertragsarbeit in den 1990er-Jahren bis hin zu neueren Wanderungen sowohl von Zwangsmigrant:innen als auch formal Hochqualifizierten seit den 1990er-Jahren. Beispielsweise wurden die Werkvertragsabkommen, die Deutschland Anfang der 1990er-Jahre z.B. mit Polen, Tschechien und Ungarn schloss, als Vorbeitrittshilfen in die EU deklariert. Heute hat sich dieses Narrativ etwas verschoben, u.a. wegen der Kritik, dass gerade OECD-Länder vom *brain drain* profitierten und die Herkunftsländer dafür nicht entschädigen würden. Von Politiker:innen und Forscher:innen wird daher häufig auf die «Bekämpfung von Fluchtursachen» als wichtige entwicklungspolitische Aufgabe verwiesen.[17] Politik und Wissenschaft diskutierten diese Frage schon in den 1960er-Jahren. Ein neu aufgelegtes Element, nämlich temporäre und zirkuläre Migration, und ein neues Element, die sogenannte faire Migration, nehmen inzwischen viel Raum in solchen Debatten ein. Das erste Element – zirkuläre Migration – ist ein bekanntes wettbewerbsstaatliches Instrument, das die Rolle von Migrant:innen als Entwicklungsagent:innen betont. Die damit vorgesehene Rückkehr der Migrant:innen in ihr Herkunftsland soll die Wahrscheinlichkeit erhöhen, dass Rücküberweisungen kontinuierlich fließen und dass Migrant:innen ihre im Ausland erworbenen Kenntnisse ins Herkunftsland transferieren. Das zweite Element, faire Migration, verweist auf die explizite Anerkennung der sozialen Rechte von Migrant:innen. Es ist Teil der Revolution der Rechte. In dieses Schema passt auch die Anforderung, dass Migration fair für alle Beteiligten sein sollte. Die teilweise nicht kompatiblen Ansätze von zirkulärer und fairer Migration verweisen auf eine Spannung zwischen marktliberalen Sichtweisen einerseits und entwicklungsstaatlichen sowie Rechte-basierten Ansätzen andererseits.

Infolge der Versuche, marktliberale Vorstellungen so umzusetzen, dass Vorteile für alle Beteiligten entstehen, ist zuerst eine Renaissance der Idee zirkulärer Migration zu beachten. Für zirkuläre Migration postulieren internationale Organisationen eine *win-win-win*-Situation für Herkunftsländer, Zielländer und Migrant:innen. Für diese Wende gibt es mehrere Begründungen:[18] Erstens soll zirkuläre Migration eine Alternative zu herkömmlichen Anwerbeabkommen bieten, zumal temporär gedachte Anwerbungen in den 1960er-Jahren häufig doch zur Ansiedlung eines Teils der Migrant:innen im Zielland führten; auch wenn etwa im Falle italienischer Arbeitsmigrant:innen im Deutschland der 1960er- und 1970er-Jahre fast 90 Prozent wieder in ihr Herkunftsland zurückkehrten.[19] Mit zirkulärer Migration ist zumindest in den Zielländern die Hoffnung verbunden, dass keine Niederlassung erfolgt und Konflikte um sozio-kulturelle Anerkennung minimiert werden. Zweitens sei, so die Vorstellung der *Global Commission on International Migration*, zirkuläre Migration am ehesten mit Ideen vereinbar, die Migration als Hebel der Entwicklung einsetzen wollen: Zirkuläre Migration erhöhe die Wahrscheinlichkeit und die Dauer der Rücküberweisungen ins Herkunftsland im Vergleich zu Migration, die mit Niederlassung im Zielland verbunden sei.[20]

Allerdings wirft die Idee zirkulärer Migration mehr Fragen auf, als sie zu beantworten vermag. Die Maßnahmen sind nur dann umsetzbar, wenn Migrant:innen ihre fundamentalen Menschenrechte auf Familiennachzug und auch Möglichkeiten der Verstetigung nicht in Anspruch nehmen können. Auch hätten zirkuläre Migrant:innen geringere soziale Rechte als Bürger:innen und privilegiertere Migrant:innen.[21] Einerseits handelt es sich aus einer Rechte-basierten Perspektive eher um einen Rückfall in restriktive Regelungen und in rein marktorientiertes Denken ohne Ansehung der inzwischen sattsam bekannten sozio-kulturellen Folgen von Migration. Andererseits ist zu beachten, dass die Idee einer Rotation von migrantischen Arbeitskräften in den 1960er-Jahren, gemessen an den hohen Rückkehrquoten, durchaus erfolgreich war. Eine verstärkte Tendenz zur Niederlassung erfolgte in Deutschland erst nach dem Anwerbestopp von 1973.

### *Vermittlung von wettbewerbsstaatlichen und entwicklungsstaatlichen Perspektiven? Fair Migration und Triple Win*

Auf dem Spektrum von Arrangements für Arbeitsmigration gibt es bei zirkulärer Migration durchaus Ansätze, die neben ökonomischer Effizienz auch die Interessen der Herkunftsländer an autonomer wirtschaftlicher Entwicklung sowie die sozialen Rechte von Migrant:innen berücksichtigen. Gerade Konzepte wie *fair migration*[22] sind interessant im Hinblick auf den Zielkonflikt von Rechte vs. Zahlen, da sie die wirtschaftlichen Interessen des Ziellandes, des Herkunftslandes und der Migrant:innen berücksichtigen. Ein Modellprojekt, das *fair migration* propagiert, ist als «500 Pflegekräfte für Deutschland» bzw. *Triple Win*-Projekt bekannt geworden.[23] Es hebt darauf ab, Pflegekräfte aus den Philippinen in deutschen Krankenhäusern einzusetzen. Ähnliche Projekte sind inzwischen auch mit anderen Ländern wie Albanien, Bosnien-Herzegowina, Indien (Kerala), Serbien, Tunesien und Vietnam (in diesem Falle Pflegekräfte für die Geriatrie) geplant und in der Umsetzung begriffen (2021). Das erklärte Ziel des *Triple Win*-Projekts ist es, den Mangel an Pflegekräften in Deutschland zu mindern, die Arbeitslosigkeit unter Pflegekräften auf den Philippinen zu verringern und die Rücküberweisungen aus Deutschland in die Philippinen zu erhöhen, so dass ein Entwicklungsbeitrag für das Herkunftsland sichtbar wird. Diese Ziele unterscheiden sich nicht wesentlich von denen, die herkunftsseitig bei der Gastarbeiteranwerbung in den 1960er-Jahren verfolgt wurden, werden aber durch die Komponente von Menschenrechten und Fairness ergänzt. Die Differenz wird am ehesten an Rechte-basierten Zielen sichtbar: Das *Triple Win*-Projekt für Deutschland und die Philippinen (2011–2014) sah eine hoch selektive und «nachhaltige» Rekrutierung vor, die eine faire Selektion und die Einhaltung ethischer Standards nach sich ziehen sollte. Diese Regeln der Fairness basieren auf Vorgaben der Weltgesundheitsorganisation (*World Health Organization*, WHO) und dabei speziell des *WHO Global Code of Practice* für die internationale Migration von Fachkräften im Gesundheitssektor. Insbesondere sah das Abkommen Standards der ILO für «menschenwürdige Arbeit» (*decent work*) vor, die neben grundlegenden Arbeits- und Sozialstandards auch die Rückkehr der Arbeitskräfte regeln.[24]

Ein marktliberaler Ansatz ist unter Beachtung der getroffenen Regelungen mit bestimmten Mindeststandards des Arbeitsschutzes und sozialer Rechte ansatzweise vereinbar. So gilt im Zielland etwa das Anti-Diskriminierungsgebot bei Einstellungen. In etwas anderer Hinsicht trifft dies auch auf das Handeln der staatlichen *Philippine Overseas Employment Administration* (POEA) zu, die dafür sorgt, dass philippinische Arbeitskräfte in alle Welt vermittelt werden. Wichtig ist dabei, zu berücksichtigen, dass auf den Philippinen dezidiert Pflegekräfte für den Export ausgebildet werden. Die POEA ist eine Art Arbeitsvermittlung, die zugleich über die Einhaltung von Mindeststandards im Ausland wachen soll. Damit ist der philippinische Staat ein «Arbeitskräftemaklerstaat» (*labour brokerage state*).[25] Als solcher betreibt die philippinische Regierung in großem Maßstab die Ausbildung von Pflegekräften und ihren flexiblen Einsatz auf der ganzen Welt. Aus demographischen Gründen sind Staaten wie Deutschland in zunehmendem Maße an Projekten dieser Art interessiert, zumal die Arbeitsbedingungen im Gesundheitssektor bisher nicht dazu führten, dass inländische Arbeitskräfte in ausreichender Zahl für diesen Sektor mobilisiert werden konnten. Die Covid-Pandemie verstärkte dieses Problem. Auf der deutschen Seite verwaltete die Gesellschaft für Internationale Zusammenarbeit (GIZ) das *Triple Win*-Projekt und ähnliche Vorhaben. Dazu gehörte auch die Verteilung der Pflegekräfte auf die teilnehmenden Krankenhäuser. Das *Triple Win*-Projekt war sowohl ein marktliberales Unterfangen als auch eines, das ein Minimum an Rechten für die in Deutschland eingesetzten Arbeitskräfte versprach.

Die Kombination von wettbewerbsstaatlichem Ansatz einerseits und entwicklungsstaatlichen, einschließlich Rechte-basierten Elementen andererseits, die im *Triple Win*-Projekt verfolgt wurde, wies einige Schwachstellen auf. Allerdings handelt es sich dabei um eine relativ kleine Anzahl von migrantischen Pflegekräften aus den Philippinen in Deutschland, die in keinem Verhältnis zu den weit höheren Zahlen der vergangenen Gastarbeiteranwerbung stehen. Die Anwerbung von Pflegekräften auf den Philippinen trägt tendenziell zum bereits bestehenden Mangel an medizinischen Fachkräften in diesem Herkunftsland bei. Dies hatte nicht nur im Projekt selbst, sondern insgesamt zur Folge, dass die Qualität der Gesundheitsversorgung auf den Philippinen niedrig blieb und die sowieso schon benachteiligten Gruppen in der Bevölkerung weitgehend von einer adäquaten Behandlung ausschloss.[26] Das Projekt trug in diesem Zusammenhang also nicht erkennbar dazu bei, das Ziel einer angemessenen Grundversorgung im Herkunftsland selbst zu fördern. Weiter gefasst könnte es als typisches Beispiel von *brain drain* interpretiert werden, da es zu einem – zumindest zeitweisen – Verlust an Investitionen in Bildung und Kenntnissen führte. Empirische Untersuchungen belegen sogar, dass *brain drain* in *brain waste* mündete, weil viele Pflegekräfte nach ihrer Rückkehr angesichts geringer öffentlicher Investitionen in den Gesundheitsbereich auf den Philippinen keine ihrer Ausbildung entsprechende Arbeit fanden.[27] Arbeitslosigkeit ist unter Fachkräften im Gesundheitssektor auf den Philippinen weit verbreitet. Dies hat zur Folge, dass ein weiteres Ziel des *Triple Win*-Projekts schwer erreichbar war, nämlich der Transfer von in deutschen Krankenhäusern erworbenen Wissens in philippinische Einrichtungen.

Nicht nur *brain drain* und *brain waste* weisen auf tieferliegende soziale Ungleichheiten im Herkunftsland selbst und beim Einsatz in den Zielländern hin. Als Beispiel für fehlende sozio-kulturelle Anerkennung mag der Hinweis darauf dienen, dass Personen aus den Philippinen in Deutschland manchmal Arbeitskräften aus anderen Herkunftsländern vorgezogen werden, weil sie im Hinblick auf ihr Arbeitsvermögen rassifiziert werden.[28] Arbeitgeber:innen sehen gerade philippinische Arbeitskräfte als besonders fügsam an. Insofern fungieren Herkunftsland bzw. Nationalität als eine Art Stellvertreter für die erwartete Willigkeit der Pflegekräfte. Hier ergeben sich Parallelen zur Anwerbung und Beschäftigung von südkoreanischen Krankenschwestern (und Bergarbeitern) in den 1970er-Jahren. Die Vorstellung von der Willigkeit dieser Pflegekräfte stand im Gegensatz zu ihrer allmählichen politischen Mobilisierung.[29]

Trotz all dieser Schwierigkeiten und dem deutlichen Trend hin zur Marktliberalisierung ist in vergleichender Perspektive das *Triple Win*-Projekt eines der vielversprechendsten Beispiele für die Bearbeitung des Spannungsverhältnisses zwischen marktliberaler Verwertung von Humankapital und den Bemühungen aus einer entwicklungsstaatlichen Perspektive, die auf eine regulierte Kommodifizierung unter Einhaltung von Sozial- und Menschenrechten der Migrant:innen zielt. Von fairer Migration im vollen Wortsinne könnte allerdings erst dann gesprochen werden, wenn alle drei Seiten gebührend berücksichtigt werden würden. Bisher verbleibt es bei dem Immigrations- bzw. Emigrationsstaat, sich für die Belange der Migrant:innen einzusetzen. Letztere haben keine eigenständige Stimme, sind also nicht formal vertreten. Dies wäre aber notwendig, um die Interessen aller drei Akteursgruppen gebührend einzubringen. Sinnvoll wäre es daher, Migrant:innen mit einer separaten Stimme zu versehen, die neben den Staaten in der Entwicklung, Durchführung und Auswertung von Programmen vertreten ist.[30]

### *Makeln in zirkulärer Migration*

Eine Bewertung der Vorschläge zur Ausweitung zirkulärer Migration stützt sich auch auf Beobachtungen in den beiden Migrationskorridoren Süd(ost)asien – Mittlerer Osten[31] und Süd(ost)asien – Nordamerika. In den letzten Jahren nahm insbesondere in Südasien und Südostasien die Zahl der Anwerbeagenturen zu, die als Mittler:innen agieren zwischen den für die Ausreisevisa zuständigen staatlichen Behörden, den Arbeitskräfte nachfragenden Unternehmen im Ausland und den prospektiven Migrant:innen, z.B. in China und Indonesien.[32] Private Unternehmen übernehmen immer mehr Maklerfunktionen bei immer weniger bilateral regulierter Anwerbung von Arbeitskräften – ein weiteres Zeichen verstärkter marktliberaler Regulierung.[33] Daher ist es zielführend, die Mechanismen zu bestimmen, die Makler:innen im Rahmen zirkulärer Migration anwenden. Makeln bezieht sich nicht nur auf die Arbeitsagenturen, sondern auch auf andere Beteiligte wie NGOs, die Arbeitsmigrant:innen bei der Ausreise und in den Zielländern unterstützen. Drei Mechanismen stehen im Vordergrund:[34] Der erste Makler-Mechanismus ist der des *tertius gaudens*, also des lachenden Dritten, der zwischen zwei Seiten vermittelt – in diesem Falle vorwiegend zwischen Migrant:innen und Unternehmen in den Zielländern. Der lachende Dritte zieht daraus einen materiellen Vorteil.[35] Ein Beispiel dafür sind sogenannte *body shops*, die Fachkräfte aus Indien im IT-Bereich an Firmen in den USA und Kanada vermitteln.[36] Diese Agenturen besorgen kurzfristig IT-Fachkräfte für Projekte. Die *body shops* übernehmen die Betreuung der Arbeiter:innen im Auftrag der Unternehmen, in denen der Einsatz erfolgt. Dazu gehört, dass sie sich um Visa für temporäre Arbeitseinsätze kümmern, Unterkünfte beschaffen und die Vergütung auszahlen. Dieses Arrangement bedeutet, dass Arbeiter:innen und Unternehmen keine direkten Beziehungen pflegen und vor allem kein expliziter Arbeitsvertrag zwischen ihnen besteht. Das gesamte Risiko verbleibt bei den Migrant:innen. Dieses Arrangement erinnert an den Einsatz von migrantischen Arbeitskräften durch Subunternehmen in Immigrationsländern.[37]

Der zweite Mechanismus lautet *divide et impera*. Als Beispiel dafür mögen staatliche Stellen dienen, die als Makler:innen auftreten. Im Fall Chinas regulieren staatliche Behörden die Praktiken von Zwischenhändler:innen. So gab der chinesische Staat in den 2000er-Jahren die direkte Rekrutierung von Arbeitskräften für den japanischen Arbeitsmarkt auf, schuf aber gleichzeitig ein engmaschiges Netz von Regeln für Rekrutierungsagenturen und Migrant:innen. Schlussendlich werden auch in diesem Falle die Kosten wiederum auf die Migrant:innen selbst abgewälzt. Entsprachen bspw. die Leistungen der Arbeiter:innen nicht den Wünschen der Unternehmen im Einsatzland, so wurden die Migrant:innen dafür belangt, indem sie und ihre Verwandten keine weiteren Arbeitseinsätze im Ausland absolvieren durften.[38]

Der dritte Mechanismus des Makelns ist advokatorische Intervention, die durch zivilgesellschaftliche Organisationen ausgeübt wird, indem sie z. B. die Rechte von Migrant:innen gegenüber Unternehmen bei staatlichen Stellen einfordern bzw. im Falle von Geflüchteten auf Einhaltung internationaler Normen wie der *Genfer Flüchtlingskonvention* achten. Viele humanitär orientierte NGOs fallen in diese Rubrik. Diese Kategorie von NGOs wird in kritischer Absicht manchmal auch als «Rettungsindustrie» bezeichnet.[39] Der Mechanismus der Intervention trägt dazu bei, dass u. a. soziale Rechte von Arbeitsmigrant:innen im Hinblick auf Arbeitsbedingungen durchgesetzt werden.

Teilweise verknüpfen Herkunftsstaaten in ihrer Exportstategie auch die Entsendung von Arbeitskräften mit der Markterschließung durch Unternehmen. In der Vergangenheit gab es immer wieder Versuche von Herkunftsstaaten, ihre strategisch wichtige Position zur Entwicklung ihrer Industrie zu nutzen. Vor ihrer marktliberalen Strategie des schon erwähnten Arbeitskräfteexports ab den 1980er-Jahren versuchten etwa die Philippinen, auch Firmen im Ausland zum Einsatz zu bringen, die ihre Arbeitskräfte mitbrachten. Als Vorbild diente seinerzeit die südkoreanische Erfahrung in den 1960er-Jahren. Baufirmen aus Südkorea erhielten von den US-amerikanischen Streitkräften die Genehmigung, Werke in Vietnam zu errichten. Dies geschah im Austausch dafür, dass die Regierung Südkoreas Soldaten zum Einsatz gegen den Vietcong zur Verfügung stellte. So kam es zu einem Boom der südkoreanischen Bauindustrie, von der auch Firmen wie Hyundai profitierten, die sich später auch in andere Wirtschaftssektoren verzweigten.[40] Dieses Vorgehen entsprach nicht einer marktliberalen Arbeitskräfteexportstrategie, sondern Maßnahmen zur Stärkung der nationalen Wirtschaft.

### *Veränderungen im Entwicklungsstaat*

Als Gegenpol zum Marktliberalismus des Wettbewerbsstaates ist also die Idee des nationalen Entwicklungsstaates zentral. Letzterer zielt darauf ab, durch staatlich gelenkte Wirtschaftsförderung, darunter auch Landreformen, systematisch die einheimische Landwirtschaft, Industrie und Dienstleistungen zu stärken. Die heimische Produktion soll durch Maßnahmen wie Schutzzölle gesichert werden. Während in den meisten Emigrationsstaaten das Konzept des nationalen Entwicklungsstaates noch in den 1960er- und 1970er-Jahren maßgebend für sozio-ökonomische Entwicklungspolitik war, haben internationale Organisationen wie die Weltbank und der Internationale Währungsfonds (IWF) in ihren Programmen seit den 1980er-Jahren demgegenüber die Rolle von Marktmechanismen, zivilgesellschaftlichen Akteur:innen und des lokalen Staates betont und gestärkt.

Diese Veränderungen bedeuten, dass Idee und Praxis des nationalen Entwicklungsstaats in vielen Ländern heute weniger stark ausgeprägt sind. Was zivilgesellschaftliche Akteur:innen betrifft, so ist es im Rahmen der Betonung von Rücküberweisungen durch nationale, internationale und transnationale Akteur:innen zu einer Verlagerung der Verantwortung hin zu Migrant:innen als Entwicklungsagent:innen gekommen. Stetige Verweise von internationalen Organisationen und nationalen Regierungen auf die förderliche Rolle von Rücküberweisungen führen dazu, dass Migrant:innen in indirekter Weise für Entwicklung und soziale Sicherung mit verantwortlich gemacht werden. Die These von Migrant:innen als Entwicklungsagent:innen ist zu einer Art transnationalem Meta-Skript geworden, die in den programmatischen Erklärungen und Praktiken vieler inter- und transnationaler Organisationen zu finden sind.[41] Eine Grundlage für diese Argumentation ist die Beobachtung, dass allein die Rücküberweisungen, die von den Ziel- in die Herkunftsländer fließen, diejenigen der offiziellen Entwicklungshilfe Anfang der 2020er-Jahre weltweit schon um mehr als das Fünffache überstiegen.[42]

Obwohl Rücküberweisungen das neue «Mantra»[43] der Entwicklungskooperation darstellen, sind damit erhebliche nicht-intendierte Auswirkungen verbunden. Eine davon ist das Problem des moralischen Risikos (*moral hazard*).[44] Dieses liegt in diesem Fall darin, dass Regierungen auf der Grundlage von Rücküberweisungen ihr Verhalten ändern. Gerade weil Rücküberweisungen kontrazyklisch wirken und daher besonders in Phasen des wirtschaftlichen Abschwungs[45] oder globaler Krisen wie der COVID-19-Pandemie wichtig sind, gibt es Anreize für Regierungen, sich mit (indirektem) Verweis auf die Selbsthilfe der Migrant:innen ihrer Verantwortung für grundlegende soziale Sicherung und anderen Verpflichtungen gegenüber den im Inland verbliebenen Verwandten von Emigrant:innen zu entledigen.

Rücküberweisungen verstärken soziale Ungleichheiten in den Herkunftsregionen. Denn sie führen in manchen Fällen dazu, dass Güter gefördert werden, welche die Mittelklasse präferiert. Ein Beispiel sind Privatschulen. Angehörige der Mittelklasse emigrieren häufiger und können größere Summen rücküberweisen als Emigrant:innen niedriger sozialer Klassen. Migration und finanzielle Rücküberweisungen können dabei die Muster von politischem Einfluss und die Präferenzen der Wähler:innen beeinflussen. Doch diese negativen Wirkungen sollten wiederum auch nicht überschätzt werden. Erstens lassen sich durchaus positive Effekte von Rücküberweisungen messen, z. B. die Verbesserung der Gesundheitsversorgung und der Zugang zu Bildungseinrichtungen. Ein hoher Anteil an den Rücküberweisungen wird in den Herkunftsstaaten für Zwecke der sozialen Sicherung ausgegeben, so etwa Schulgeld und Gesundheit.[46] Auch reduzierte Armutsraten sind ein Ergebnis von Rücküberweisungen.[47] Aber es sind genau diese Effekte, die Regierungen in den Herkunftsländern zu geringerem Engagement in diesen Bereichen führen können. Die positiven und negativen Wirkungen von Rücküberweisungen weisen Rückkoppelungseffekte auf. Die negativen Effekte von Rücküberweisungen auf die Bereitstellung von Kollektivgütern werden durch positive Effekte, wie dem Engagement von Emigrant:innen für die Bereitstellung solcher Güter, oft abgemildert.[48] Dies kann wiederum zu geringerem Engagement staatlicher Organe führen. Im schlimmsten Fall kommt es so zu einer Abwärtsspirale der Bereitstellung öffentlicher Güter im Gesundheits- und Bildungsbereich.

Emigration verstärkt nicht nur den Einfluss von Emigrant:innen auf die Lokalpolitik, sondern auch die Art und Weise der Bereitstellung von Kollektivgütern und der Rechenschaftspflicht von Regierenden. Rücküberweisungen erlauben migrantischen Haushalten, Kollektivgüter wie Schulbildung und Gesundheitsversorgung privat zu erwerben und sich eben nicht auf die öffentliche Hand zu verlassen. Dies hat wiederum zur Folge, dass Wähler:innen ihre jeweiligen Regierungen diesbezüglich nicht zur Verantwortung ziehen,[49] und die generelle öffentliche Versorgung mit Kollektivgütern wie etwa die Trinkwasserversorgung oder Gesundheit leidet. Es sind vor allem Migrant:innen aus der Mittelklasse, die sich in Wahlen und darüber hinaus politisch betätigen und eben nicht die ärmeren Gruppen unter den Wähler:innen. Es ist daher wahrscheinlich, dass lokale Eliten durch Emigration einen noch stärkeren Zugriff auf lokale politische Entscheidungen und die Verteilung von materiellen Ressourcen erhalten. Dies führt tendenziell dazu, dass in bestimmten Bereichen zu wenig in Kollektivgüter investiert wird.

Rücküberweisungen können sogar auf nationalstaatlicher Ebene den

Umfang von staatlichen Transfers für soziale Sicherung verringern. Empirische Analysen ergaben, dass in lateinamerikanischen Herkunftsländern höhere Rücküberweisungen mit geringeren öffentlichen Ausgaben für soziale Sicherung korrelieren.[50] Der dabei wirkende Prozess ist Substitution, d.h. Rücküberweisungen stützen die private Vorsorge wahlentscheidender Gruppen, was wiederum zu Reduktionen in manchen Bereichen sozialer Sicherung führt.

Entwicklungsorientierte Maßnahmen der Regierungen von Emigrationsländern zielen nicht nur auf Rücküberweisungen für Familien, sondern auch auf Investitionen durch Emigrant:innen. Ein Teil der ausländischen Investitionen in China stammen von Chines:innen aus Übersee, vorwiegend aus Taiwan. Diese Investitionen unterliegen strikten Regelungen.[51] Regierungen anderer Länder, etwa Indien, organisieren Kongresse und Treffen von investitionswilligen Emigrant:innen und fördern die Vernetzung von emigrantischen Investor:innen in Netzwerken.[52]

Rücküberweisungen, insbesondere solche, die dezidiert für Kollektivgüter wie Schulen, Straßen oder Einrichtungen der Gesundheitsversorgung verwendet werden, zielen auf die Verbesserung der öffentlichen Infrastruktur[53] oder auch die Stärkung der Aktivitäten von Familien. So vergeben die sich in Zielländern organisierenden Heimatassoziationen[54] bspw. Mikro-Kredite an Familien zur Förderung des Kleingewerbes. Auch die Hilfe im Katastrophenfall gehört dazu, so etwa bei Naturkatastrophen wie Erdbeben oder Orkanen. Diese kollektiven Rücküberweisungen zeitigen auch Folgen für die politische Machtverteilung in den Herkunftskommunen. Der neu erworbene bzw. konsolidierte sozio-ökonomische Status macht sowohl Emigrant:innen als auch ihre Angehörigen im Herkunftsort zu Anwärter:innen auf Führungspositionen in den Kommunen. So bilden sich schnell politische Lager zwischen denen, die über Ressourcen aus Emigration verfügen und denen, die keinen solchen Zugang haben.[55]

Emigration verändert in der Regel nicht nur die Lagerbildung in den Herkunftsregionen, sondern auch die Zusammensetzung der Wahlbevölkerung. Dies kommt wiederum denen zugute, die in den Kommunen gut etabliert sind. Dabei gibt es eine teilweise Überlappung von politisch Aktiven auf lokaler Ebene und Emigrant:innen, die durch ihren gestiegenen sozialen Status letztlich eine gewichtigere Stimme in der Lokalpolitik erhalten.[56] Auf dem Hintergrund der Stärkung lokaler Organisationen ist ihr Zuwachs an politischem Einfluss zu beobachten.

Es gibt eine weitere und zur genannten Konstellation quer liegende Lagerbildung, nämlich zwischen den Zurückgebliebenen ohne Verwandte im Ausland einerseits und den Vertreter:innen von Heimatassoziationen andererseits. Häufig ist etwa im mexikanischen Kontext zu beobachten, dass die Lokalpolitiker:innen andere Interessen vertreten als die im Zielland organisierten Migrant:innen. So sind etwa Fälle bekannt, in denen Heimatassoziationen Stipendien für Jugendliche zum Studium in den USA zur Verfügung stellten, während Lokalpolitiker:innen Investitionen in die Grundschulbildung bevorzugten.[57] Insgesamt beeinflussen Rücküberweisungen lokale Machtverhältnisse zwischen den auf kommunaler Ebene Regierenden und der Diaspora. Dies ist insbesondere dann der Fall, wenn Herkunftskommunen stark von Rücküberweisungen zur Finanzierung öffentlicher Aufgaben abhängig werden. Dies kann sogar so weit gehen, dass Heimatassoziationen die Grundversorgung im Gesundheitsbereich übernehmen; so etwa in verschiedenen Dörfern im Senegal.[58]

Alles in allem sind die Ergebnisse finanzieller Rücküberweisungen unübersichtlich. Gerade ökonomisch relativ schwach aufgestellte Emigrationsländer wie Moldawien in Europa, El Salvador in Zentralamerika oder Bangladesch in Südasien sind überproportional von Rücküberweisungen abhängig. Ende der 2010er-Jahre flossen ca. 75 Prozent der ca. 600 Mrd. Euro betragenden Rücküberweisungen in die Entwicklungsländer des globalen Südens.[59] Rücküberweisungen haben dabei Folgen für die politische Machtverteilung in den Herkunftsstaaten. Auf der lokalen Ebene stärken sie die lokalen Eliten, sofern diese sich in Emigration engagieren. Auf nationaler Ebene verschaffen sie Regierenden die Möglichkeit, Zahlungsbilanzdefizite auszugleichen und Finanzinstitutionen Sicherungen für internationale Kredite anzubieten.

## Das nationale Paradox: Transnationaler Staat vs. Sicherheitsstaat

Aus sozio-kultureller Hinsicht bietet Emigration für die Herkunftsstaaten eine Chance, als nationale Einheit in einer globalisierten Welt aufzutreten. Umgekehrt kann aber Emigration als Bedrohung für die nationale Sicherheit gelten. Das nationale Paradox bezieht sich auf Mechanismen zwischen Transnationalisierung und Versicherheitlichung, also dem transnationalen Staat und dem nationalen Sicherheitsstaat (Tabelle 6.1). Der transnationale Staat sieht Emigration als eine Gelegenheit, um Handel und Investitionen zu erweitern. Hingegen gelten aus Sicht des nationalen Sicherheitsstaats Emigrant:innen und Rückkehrer:innen als ein potentielles Sicherheitsrisiko. Das ist vor allem dann der Fall, wenn sich diese kollektiv im Ausland organisieren, um Reformen zu verlangen, einen Regimewechsel anstreben oder gar darauf zielen, durch Sezession einen neuen Staat zu gründen. Gruppierungen, die je nach Orientierung als Kämpfer:innen für die Freiheit oder als Terrorist:innen gelten, sind paradigmatische Akteur:innen in der Auseinandersetzung mit den jeweiligen Staaten.[60]

Beim nationalen Paradox wird in sozio-kultureller Hinsicht augenfällig, dass Begriffe wie «Emigrantennation» und Diaspora nicht nur in der Forschung zugenommen haben.[61] Auch Regierungen von Immigrations- und Emigrationsstaaten, internationale Organisationen und NGOs pflegen diesen Sprachgebrauch. Umstrittene Konzepte wie Diaspora beziehen sich auf Vergemeinschaftung in transnationalen sozialen Räumen, in denen vielfältige Transaktionen verlaufen – nicht nur räumliche Mobilität von Personen wie Emigration, Rückkehr, Pendelmigration und Weiterwanderung, sondern auch Transaktionen wie finanzielle Rücküberweisungen oder der Transfer von Ideen und Praktiken. Dementsprechend kommt der Transnationalität von Migrant:innen und ihren Kollektiven eine entscheidende Rolle zu. In transnationalen sozialen Räumen haben verschiedene Akteur:innen ihr Hauptaugenmerk auf die Verknüpfung von Migration und Entwicklung gelegt. Innerhalb solcher sozialer Räume stellt Diaspora einen gedanklichen Knotenpunkt dar. Mitglieder von Diaspora wirken zwar von außen, also aus den jeweiligen Zielländern, auf die Herkunftsländer ein. Sie sind zugleich häufig Staatsangehörige des Herkunftslandes. Gleichzeitig bemühen sich Emigrationsstaaten immer mehr darum, die Loyalität ihrer (ehemaligen) Bürger:innen im Ausland zu erhalten bzw. wiederzugewinnen. Diese Entwicklung führt dazu, dass sowohl Bürgerschaft als auch Governance außerhalb des jeweiligen Staatsterritoriums gedacht werden. Obwohl der Nationalstaat nicht die einzige Quelle politischer Legitimation darstellt, ist die Öffentlichkeit in den Nationalstaaten immer noch die Sphäre, in der grenzüberschreitende Migration mit rechtsverbindlichen Folgen verhandelt wird und einen Platz auf der politischen Agenda findet.

In puncto Versicherheitlichung sehen aus Gründen des Machterhalts manche Regierungen in Emigrationsstaaten Abwanderung als eine Art Sicherheitsventil, das es ihnen erlaubt, politische Dissident:innen zum Exit zu bewegen oder gar zu zwingen.[62] Diese Strategie, die vor allem von autoritären Regimes eingesetzt wird, resultiert dann häufig darin, dass Exilgruppen aus dem Ausland eine extraterritoriale Opposition bilden und Widerspruch anmelden.[63] Eines der Hauptziele der Regierungen, die Sicherheitsaspekte in den Vordergrund stellen, besteht darin, die Vereinigungen von Migrant:innen im Ausland zu überwachen.[64] Insbesondere autoritäre Regime versuchen durch engmaschige Kontrolle und Einflussnahme derartige Assoziationen als einen verlängerten Arm des Staatsapparats zu nutzen.[65] Bei manchen dieser Regimes reicht das Repertoire vom Druck auf Verwandte im Herkunftsland bis hin zu Kidnapping und Auftragsmorden.[66]

Regierungen von autoritär verfassten Herkunftsländern spalten ihre Diaspora auf – in gut oder schlecht, loyal oder illoyal, feindlich oder nützlich.[67] Dabei spielen in fast allen Herkunftsländern verschiedene Versionen des Ethnonationalismus eine Rolle, wie etwa in Mexiko, Sri Lanka und Äthiopien in den frühen 2000er-Jahren.[68] Versicherheitlichung wird auch von den Immigrations- in die Emigrationsregionen exportiert, indem EU-Staaten Zusammenarbeit bei der Migrationskontrolle zur Vorraussetzung für Wirtschaftskooperation machen. Auch Rücknahmeabkommen von Migrant:innen als Teil von Handelsabkommen gehören zu diesem Repertoire. Insgesamt deuten diese Entwicklungen auf einen Trend hin zu mehr nationaler Extraterritorialität, d. h. ein Verständnis von Nation sowohl als Großgruppe auf dem jeweiligen Staatsterritorium und als verstreute Nation im Ausland.

### *Kulturelle Homogenisierung durch Diaspora*

Versicherheitlichung baut entscheidend auf kultureller Homogenisierung auf. Sowohl in Bezug auf die ökonomische als auch die kulturelle Dimension von Migration steht Diaspora im Vordergrund der politischen Auseinandersetzungen in wichtigen Emigrationsländern wie Indien oder den Philippinen. Gemeinsam ist allen Fällen eine Mobilisierung rund um eine vorgestellte kulturelle Homogenität, die fast ausschließlich auf ethnische bzw. nationale und religiöse Vergemeinschaftung bezogen ist. Diese Erscheinungsform steht in Kontrast zur Mobilisierung von Migrant:innen um Klasse, wie sie etwa im proletarischen Internationalismus von der Mitte des 19. bis hinein ins 20. Jahrhundert im Atlantischen Migrationssystem zwischen Europa und Nordamerika ausgeprägt war. Der Appell an den proletarischen Internationalismus lautete in der letzten Zeile des *Kommunistischen Manifests* (1848): «Proletarier aller Länder vereinigt euch!». Diesem Aufruf lag die Idee zugrunde, dass Kapitalismus ein globales System darstellt, in dem die Arbeiterklasse weltweit als universelle Klasse handeln müsse, um aus dem Klassenkampf mit der Bourgeoisie siegreich hervorzugehen.

Ganz offensichtlich war auch damals schon Politik um das Merkmal der Klasse mit Statusfragen verknüpft. Doch war es das Ziel, Arbeiter:innen über ethnische und nationale Grenzen hinweg zu vereinen. Historische Studien deuten darauf hin, dass Klasse und Ethnizität parallel in verschiedenen Sphären eine wichtige Rolle spielten.[69] Dies lässt sich am Beispiel der USA während des ausgehenden 19. Jahrhunderts sehen. In Städten wie New York verlief die Mobilisierung am Arbeitsplatz entsprechend von Klassenunterschieden, während sich in der Lokalpolitik politischer Aktivismus vor allem entlang ethnischer Differenzen vollzog.[70] Daraus kann geschlossen werden, dass es sich bei Aktivist:innen der Arbeiterklasse nicht um wurzellose Proletarier handelte, die weder hier noch dort lokalisierbar waren. Eher trifft zu, dass sie je nach Sektor und dort vorherrschenden Merkmalen der Verschiedenheit handelten. Diese Art von funktionaler Differenzierung kann als ein zentrales Charakteristikum moderner Gesellschaften gelten.

Obwohl sich zu Beginn des 21. Jahrhunderts Diaspora als ein Praxiskonzept und als analytisches Konstrukt vorwiegend auf Ethnizität und Nationalität bezieht, gibt es wichtige alternative Fälle. Schon über viele Jahrhunderte hinweg und lange vor dem Aufkommen von Nationalstaaten spielte Religion eine relevante Rolle in der Massenmobilisierung. Dies zeigt sich etwa am Beispiel der jüdischen Diaspora nach der Zerstörung des Zweiten Tempels in Jerusalem, der katholischen Kirche oder auch der Vorstellung von *umma* im Islam.[71] In der Gegenwart fordern islamorientierte politische Gruppierungen Emigrationsregime heraus und tragen zum Regimewandel bei, so vorübergehend in Ägypten in den 2000er-Jahren. Bei der katholischen Kirche ist es die Gemeinschaft der Gläubigen, auf der Grundlage einer gemeinsamen institutionellen Struktur, die politische Grenzen seit zwei Jahrtausenden überschreitet. Das Selbstverständnis der katholischen Kirche ist das einer Weltkirche. So erstaunt es nicht, dass zahlreiche transnationale Querverbindungen zwischen lokalen Gemeinden über Staatsgrenzen hinweg bestehen.[72] In der auf das Judentum bezogenen Diskussion existieren unterschiedliche Auffassungen von Diaspora. Neben einer auf den Staat Israel zentrierten Vorstellung gibt es etwa Ansichten einer von der nationalen Identität unabhängig gedachten transnationalen religiösen Identität, die auf einer staatenlosen, globalen jüdischen Diaspora beruht.[73] Es erstaunt nicht, dass all diese Interpretationen heftig umstritten sind. Die Diskussionen um Vergemeinschaftungen rund um Diaspora legen nahe, dass auch Forscher:innen sehr vorsichtig sein müssen, um nicht in den Chor einer vorschnellen Homogenisierung von kultureller Vielfalt rund um Ethnizität bzw. Nationalität und Religion einzustimmen. Stattdessen gilt es immer, Mobilisierungen um verschiedene Heterogenitäten herum mit in den Blick zu nehmen, d.h. auch andere Merkmale wie Beruf, Konfession, Sport, Alter oder Geschlecht zu untersuchen.

Schlussendlich ist es hilfreich, Diaspora als ein sehr voraussetzungsvolles und sich stets wandelndes Resultat politischer Mobilisierung in transnationalen sozialen Räumen zu verstehen. Emigrant:innen verfügen über verschiedene Wege, um ihre Stimme nach Exit im Herkunftsland hörbar zu machen. Dazu gehören Lobbying durch Familienmitglieder oder Verantwortliche in Kommunen, Unterstützung von Politiker:innen und finanzielle Unterstützung für Projekte und Wahlkämpfe, welche die Wahrnehmung des Wahlrechts vom Zielland aus fördern.

Mit Diaspora wird gegenwärtig also in steigendem Maße die Idee und Praxis der Simultaneität in Raum und Zeit über nationalstaatliche Grenzen hinweg verbunden. Diasporagruppen sind gleichzeitig über verschiedene Länder hinweg aktiv. Gerade politisches und ökonomisches Engagement von Emigrant:innen stellt ein wichtiges Beispiel dar. Es sind Akteur:innen mit relativ hohen kulturellen, sozialen und finanziellen Ressourcen, die transnationale Aktivitäten über den engeren Familienkreis hinaus unterhalten und sich in Organisationen engagieren, die sich für Belange im Herkunftsland einsetzen; so etwa im Falle von Gruppen aus Mexico, der Dominikanischen Republik und Kolumbien in den USA oder aus Ghana in Deutschland.[74]

## Entwicklungsparadox und nationales Paradox im Tandem: Neue Modelle der Mitgliedschaft

Die Beziehungen zwischen Emigrationsstaaten und ihren Bürger:innen haben sich im Laufe der drei letzten Jahrhunderte stark verändert. Noch im Europa des 18. Jahrhunderts verboten Staaten den Exit ihrer Untertan:innen auf der Grundlage merkantilistischen Denkens. Die Monarchen befürchteten, wertvolle Arbeitskräfte zu verlieren. Mit dem Aufkommen eines noch expansiveren und aggressiveren Kolonialismus europäischer Mächte im 19. Jahrhundert und zu Beginn des 20. Jahrhunderts – also dem Zeitalter des Nationalismus und des Imperialismus – entwickelte sich die Idee, dass die «überschüssige» Bevölkerung exportiert werden könne. So verschiffte Großbritannien unwillkommene Teile der Bevölkerung wie Arme und Straffällige nach Australien. Erst kurz vor dem Ersten Weltkrieg änderten Staaten wie Deutschland und Großbritannien ihr Staatsangehörigkeitsrecht und erkannten ausgewanderte Bürger:innen als Mitglieder der Herkunftsnation an.[75]

Heutzutage arbeiten Herkunftsstaaten engagierter als zuvor daran, Ansprüche für die Ausgewanderten an die jeweiligen Zielländer zu stellen. Emigrationsstaaten nutzen neben Zwangsmaßnahmen als Strategie auch die Umarmung (*embracing*). Damit versuchen sie, mit Emigrant:innen Kontakt zu halten, diese zu Investitionen im Herkunftsland zu bewegen oder sie zur Teilnahme an Wahlen im Sinne des jeweiligen Regimes zu motivieren. Selbst Staaten, die sich als Zuflucht für ein in alle Winde zerstreutes Volk konstituieren, allen voran Israel, haben in den letzten Jahren ihr Vorgehen geändert. Seit der Gründung im Jahre 1948 bis in die 1990er-Jahre hinein bezeichnete Israel Immigrant:innen als solche, die aus dem Exil zurückkehren: *Aliyah* (Aufstieg). Demgegenüber wird die Auswanderung als *Yerida* (Abstieg) bezeichnet. In den letzten Jahren entwickelten israelische Behörden jedoch langsam ein paralleles Narrativ, das nicht mehr die Rückkehr der Emigrant:innen in den Mittelpunkt stellt, sondern die Aufrechterhaltung ihrer Identität als im Ausland lebende Bürger:innen des Staates Israel.[76]

Mit diesen weltweit sichtbar veränderten Vorstellungen der nationalen Mitgliedschaft von Emigrant:innen ging auch die Inflation des Begriffs Diaspora einher. Ebenso traten verstärkt ökonomische Konzepte wie *brain gain*, *brain ciruclation* und *brain exchange auf*. Argumente wie jenes, es sei doch gar nicht ausgemacht, dass etwa hochqualifizierte Emigrant:innen in Ermangelung adäquater Arbeitsbedingungen im Herkunftsland genauso produktiv gewesen wären, haben in politischen Debatten an Bedeutung gewonnen. Ein Beispiel bildet der Hinweis, dass auch im Ausland lebende Emigrant:innen in vielfältiger Weise durch Kurzbesuche und Kooperation mit im Herkunftsland verbliebenen Kolleg:innen zu einem erwünschten sozio-ökonomischen Wandel beitragen könnten.[77]

Die seit den 1990er-Jahren beobachtbare höhere Bedeutung, die Herkunftsländer den Emigrant:innen im Ausland zuschreiben, signalisiert veränderte Praktiken von Staaten. Einige Länder wie Mexiko interpretierten dementsprechend Maßnahmen wieder neu, die Italien und Polen hundert Jahre zuvor erfunden hatten. Dazu zählen etwa eine verstärkte konsularische Betreuung im Immigrationsland, die Wiedereinbürgerung der Nachfahren von Emigrant:innen (z. B. *italiani oriundi*[78]) und die Unterstützung der Vereinigungen von Emigrant:innen. Lateinamerikanische Staaten wie Ecuador oder Peru wiederum ahmten in jüngster Zeit Mexiko nach.[79] Die narrative Inklusion von Emigrant:innen in das «Wir» ist integraler Bestandteil der Diasporapolitiken. Begriffe wie «globale Nation» oder «Nation von Emigrant:innen» sind Ausdruck dieser Semantik. Diese Bedeutung von Nation ist vor allem bei größeren Emigrationsländern in den letzten Jahrzehnten zu finden, wie etwa Mexiko, Türkei oder den Philippinen. Die vielfältigen Maßnahmen und Praktiken der Regierungen von Emigrationsstaaten zielen insgesamt darauf, Emigrant:innen in das «Wir» zurückzuholen. In diesem Unterfangen sind die Emigrationsstaaten selbst Teil eines breiten Geflechts von transnationalen Beziehungen auf verschiedenen Feldern wie Ökonomie, Religion, Recht, Kultur, Finanzen und Religion. Staaten agieren also auch in transnationalen sozialen Räumen und sind somit integraler Bestandteil derselben. Wichtig ist es, die Folgen der Ansprüche von Diaspora für die zentralen politischen Bereiche von Mitgliedschaft zu erkennen: für transnationale Partizipation, Beziehungen zwischen Staat und Bürger:innen sowie die Bindungen von Bürger:innen an nationale und ethnische Kollektive.

### *Transnationale Teilhabe von Migrant:innen*

Noch in den 1960er- und 1970er-Jahren betrieben Diasporagruppen vorwiegend Proteste gegen die Innenpolitik in den Herkunftsländern und setzten sich für einen Regimewandel in Richtung westliche Demokratie oder sozialistische Volksdemokratie ein.[80] Diese Ausrichtung folgte den Regeln des Kalten Krieges. Regierungen westlicher Staaten verfolgten dementsprechend eine großzügige Aufnahmepolitik gegenüber Flüchtlingen aus kommunistischen Regimen und unterstützten Diasporagruppen, die gegen diese Regime kämpften. So unterstützten etwa die USA kubanische Exilgruppen. Die Supermächte USA und UdSSR nutzten Diasporagruppen, um Konflikte in deren Herkunftsländern je nach Bedarf entweder zu schüren oder einzufrieren. Süd-Nord-Konstellationen waren zur Zeit des Kalten Krieges aus diesem Grund sowohl ein integraler Bestandteil des Ost-West-Konflikts als auch der Nachwirkungen der Dekolonialisierung.

In neueren öffentlichen und sozialwissenschaftlichen Debatten wird der Diaspora die Rolle zugesprochen, zwischen gewalttätigen Konflikten zu vermitteln, nach dem Ende von Konflikten wie Bürgerkriegen Entwicklungshilfe zu leisten und Demokratisierung zu unterstützen. Diese neue Schwerpunktsetzung ist vor dem Hintergrund einer veränderten geopolitischen Landschaft zu sehen. Mit dem Ende des Kalten Krieges mussten Diasporagruppen neue Betätigungsfelder finden; wenn auch weiterhin von Zielländern organisiert oder zumindest unterstützt. Ein prominenter Fall ist in dieser Hinsicht Afghanistan, in dem in den letzten vier Jahrzehnten durchgehend Exil- bzw. Diasporagruppen auch als Entwicklungsakteur:innen auftraten.[81] Führende internationale Geldgeber und Institutionen verstehen den Begriff Entwicklung im weitesten Sinne vor allem als wirtschaftliche Entwicklung, die aber auch durch die Institutionalisierung der Rechtsstaatlichkeit, *good governance* und Demokratie zu ergänzen sei. Hier könnte von einer Agenda gesprochen werden, die an die Herkunftsstaaten von Emigrant:innen nicht nur Kriterien der Wettbewerbsstaatlichkeit, sondern auch die der Rechtsstaatlichkeit und der Demokratisierung anlegt. In diesem Zusammenhang erwähnen Regierungen von Zielländern und internationale Organisationen bei der Diskussion um Diaspora also nicht nur monetäre Rücküberweisungen, sondern zunehmend auch die Rolle der Migrant:innen im Hinblick auf den Transfer von sozialen Praktiken.[82]

Obwohl viele der diesbezüglichen Erwartungen zu hoch gegriffen sind, gibt es in manchen Fällen doch Anzeichen dafür, dass Diaspora durchaus eine Rolle als «Akteurin der Demokratisierung» spielen kann. Dies ist vor allem für die postkommunistische Welt Ost- und Südosteuropas belegt.[83] Die Diaspora der Ukraine, Serbiens, Albaniens und Armeniens engagierte sich in den 1990er-Jahren nicht ausschließlich für eine nationalistische Agenda, sondern auch für Demokratisierung politischer Prozesse. Nach dem Kalten Krieg waren die eben genannten Diasporagruppen zwar nicht unbedingt die offensichtlichsten Akteure der Demokratisierung in der postkommunistischen Welt. Dennoch leisteten sie einen sichtbaren Beitrag dazu.

Dies führt zur Frage, ob das Engagement im Emigrationsland mit der politischen Teilhabe der Migrant:innen im Zielland vereinbar ist. Dahinter liegt das Problem, ob Mitgliedschaften eher exklusiv oder auch inklusiv bzw. überlappend vorstellbar sind. Organisationen von Migrant:innen fällt eine wichtige Rolle in der Förderung der politischen Beteiligung im Immigrationsland zu.[84] Allerdings analysierten nur wenige Untersuchungen, welche Funktion diese Organisationen bei der Förderung eines in beide Richtungen verlaufenden Prozesses spielen, die politische Aktivität sowohl hier als auch dort simultan zu unterstützen. Diese Gleichzeitigkeit ist eines der wesentlichen Merkmale der Transnationalität. Ergebnisse einer Untersuchung in den 2010er-Jahren am Beispiel der Vereinigungen von Migrant:innen in Barcelona, Madrid und Murcia zeigten, dass die Mehrheit der Organisationen transnational aktiv war.[85] Die transnationalen Aktivitäten schienen die politische Teilhabe von Migrant:innen und deren Organisationen in Spanien insgesamt sogar zu fördern. Dies gilt interessanterweise insbesondere für die eher politisch orientierten transnationalen Bindungen. Zusammenfassend betrachtet sind beide Orientierungen – die Teilhabe der Migrant:innen in den Immigrationsländern und ihre Aktivitäten in den Emigrationsregionen – kein Nullsummenspiel, sondern können sich tatsächlich gegenseitig verstärken.[86]

Ganz grundlegend für Partizipation bleibt der Zugang zu Mitgliedschaft im Herkunftsland. Um Loyalität zu sichern, spielt auch die territoriale Ausweitung von Rechten eine Rolle, vor allem beim Wahlrecht für im Ausland lebende Bürger:innen. Schon Mitte der 2000er-Jahre gewährten über 115 Staaten ein Wahlrecht für Emigrant:innen, die über die Staatsangehörigkeit des jeweiligen Herkunftslandes verfügten.[87] Manche transnationale Staaten eröffnen Emigrant:innen die Möglichkeit, ihre Staatsangehörigkeit zu erneuern, ins Herkunftsland zurückzukehren, einen privilegierten Zugang zur Wiedereinbürgerung zu erhalten oder ihre alte Staatsangehörigkeit beim Erwerb einer neuen zu behalten. Manchmal gibt es auch Vorkehrungen für eine Art «*citizenship light*», d.h. die Gewährung vieler bürgerlicher Rechte.[88] Damit können Emigrant:innen etwa Eigentum erwerben oder Erbschaften antreten; sie dürfen aber nicht wählen oder öffentliche Ämter bekleiden.

Wieder andere Staaten bieten für Bürger:innen bzw. Doppelbürger:innen volle Rechte an, so z. B. das Wahlrecht aus dem Ausland. Aber fast alle Staaten setzen einen generationalen Schnitt, demzufolge die Staatsangehörigkeit nicht mehr auf weitere Generationen von Nachkommen quasi vererbt werden kann, sofern diese Personen nicht substanzielle soziale Bindungen in dem Herkunftsland nachweisen können. Manche Emigrationsstaaten haben auch spezielle Mechanismen der politischen Repräsentation für Emigrant:innen eingerichtet, so etwa im Nationalparlament Italiens.[89] Interessanterweise ist es auch in Herkunftsländern mit einer zahlenmäßig großen Diaspora und hohen Anteilen von Rücküberweisungen nicht wahrscheinlicher, dass extraterritoriale Wahlrechte etabliert sind.[90] Diese Beobachtung deutet darauf hin, dass es neben dem politischen Einfluss von Diaspora auch des Interesses der Herkunftsstaaten selbst bedarf.

### *Transnationale Bindungen von Migrant:innen*

Herkunftsstaaten greifen die Anliegen von Emigrant:innen auf, um diese für ihre eigenen Ziele zu nutzen. Der transnationale Staat bzw. Emigrations- oder Auswanderungsstaat ist deshalb über verschiedene Mechanismen ein Motor der sozialen Konstituierung extraterritorialer Gruppen und einer global gedachten Nation. Das Ziel des transnationalen Staates ist es, die Emigrant:innen durch verschiedene staatliche Maßnahmen im Herkunftsland zu (re-)integrieren.

Die Fragen rund um Transnationalisierung und Versicherheitlichung sind eng mit der Politik der Mitgliedschaft verbunden. Begriffe wie «globale Nation» oder «Nation an mehreren Orten» weisen auf den transnationalen Aspekt von Staatlichkeit hin.[91] Solche transnational orientierten Staaten konstituieren Nation, indem sie Emigrant:innen mit einschließen und deren Loyalität nutzen, was sich wiederum in Rücküberweisungen und Kapitalinvestitionen niederschlagen kann. Neben konsularischer Betreuung in den Immigrationsländern haben etliche Staaten auch Ministerien oder eigene Behörden für Migration und Tourismus eingerichtet. Darunter befinden sich die Türkei, Russland, Ghana und Indien. Einige Länder beziehen sich programmatisch auf Emigrant:innen, indem sie darauf hinweisen, dass sie für die Staatsangehörigen im Ausland Sorge tragen und deren Kontakte zum Heimatland fördern (z. B. Slowenien). Ganz entscheidend ist die institutionelle Verankerung solcher Erklärungen; bspw. in einem gut ausgebauten Netzwerk konsularischer Dienstleistungen.[92] So gibt es z. B. in den USA ungefähr 50 mexikanische Konsulate sowie das Institut für im Ausland lebende Mexikaner:innen (*Instituto de los Mexicanos en el Exterior*). Einige Staaten ergänzen solche Maßnahmen noch, indem sie nationale und kulturelle Aktivitäten im Ausland durch die Verbreitung oder Übertragung nationaler Fernsehsender und vom Staat gesponserten Webportalen unterstützen. Manchmal gründen Staaten eigens Vereinigungen von Migrant:innen, wie die *Diaspora Knowledge Networks* im Falle Südafrikas und Kolumbiens. Ein Ziel dieser Politik ist die Kontrolle einer loyalen Diaspora, die Beiträge zur wirtschaftlichen und wissenschaftlichen Entwicklung im Herkunftsland leisten soll. Dabei wird manchmal übersehen, dass sich ganz verschiedene Loyalitäten überkreuzen. So mag es etwa für Wissenschaftler:innen viel attraktiver sein, in Netzwerken von Kolleg:innen in aller Welt zu partizipieren als Zeit und Energie in herkunftslandbezogene Aktivitäten zu investieren.[93]

Je nach Kontext heißt die Schaffung eines positiven Bildes des Herkunftslands mit Hilfe der jeweiligen Diaspora dann «*nation-branding*», «*public diplomacy*» oder auch «*soft power*».[94] Länder wie die Türkei sehen Emigrant:innen in der Diaspora häufig sogar als «Botschafter». In diesem Falle sind inzwischen eine ganze Reihe von Institutionen mit der Konstitution einer Diaspora befasst: die Behörde für Türken im Ausland und verwandte Gemeinschaften (YTB) seit 2010, das Yunus-Emre-Institut, das Komitee für Wirtschaftsbeziehungen mit dem Ausland (DEIK), der *public diplomacy*-Koordinator des Präsidenten und die Ableger der staatlichen Religionsbehörde im Ausland, so etwa *Diyanet İşleri Türk İslam Birliği* (DİTİB) in Deutschland. China nutzt seit einigen Jahren ebenfalls Emigrant:innen als Mittel von *public diplomacy*, nämlich in Form von «Graswurzel-Diplomaten».[95] Damit soll der Einfluss in den Zielländern chinesischer Migration gestärkt werden. Angesichts der wachsenden geopolitischen Rolle Chinas und damit einhergehender Initiativen wie der neuen Seidenstraße verfolgt die Kommunistische Partei ihre Interessen auch mit Hilfe nicht-staatlicher

Akteur:innen. Viele Regierungen betrachten also Emigrant:innen als außenpolitische Vertreter:innen ihrer Interessen in den jeweiligen Einwanderungsländern. Dazu gehören in der Geschichte des 19. und 20. Jahrhunderts die Auswandererlobbys der Emigrant:innen aus Irland und Israel sowie heute auch die in Washington aktiven Interessengruppen von Emigrant:innen aus arabischen Staaten.

Die Stärkung von grundlegenden zivilen, politischen, sozialen und kulturellen Rechten spiegelt die Bemühungen wider, mit denen Staaten die Loyalität aufrechterhalten, aber auch die Pflichten der Abgewanderten betonen möchten. Besonders beliebt ist eine Mischung aus wirtschaftlichen Anreizen, patriotischen Ermahnungen und Marketingprogrammen. Obwohl Migrant:innen durchaus eine Rolle bei der Armutsbekämpfung in den Herkunftsländern spielen können, sind die damit verbundenen Fördermaßnahmen wie *matching grants* des Fondsbereitsstellungsprogramms *Tres por Uno* in Mexiko in ihrer Wirkung umstritten.[96] Zahlreiche Studien berichten über fehlgeschlagene Versuche der Kopplung von zivilgesellschaftlicher und staatlicher Finanzierung. Dies rührt vorwiegend von Konflikten zwischen im Ausland lebenden Migrant:innen und in den jeweiligen Herkunftskommunen verbliebenen Bewohner:innen sowie lokalen Politiker:innen her. Zum Teil können auch die armutsproduzierenden Strukturen wie klientelistische Netzwerke nicht aufgebrochen werden.[97]

Auch für ehemalige Staatsangehörige bieten einige Staaten besondere finanzielle und vor allem steuerliche Anreize. Auf diese Art machen sich Herkunftsstaaten die speziellen Ressourcen zunutze, die durch Emigrant:innen verfügbar sind. Zu solchen Maßnahmen gehören bspw. vereinfachte Investitions- und Steuerbestimmungen.[98] Besonders umworben werden Investitionen aus der Diaspora, wie etwa im Fall der über 60 Mio. «*Overseas Chinese*», die über eine enorme Wirtschaftskraft verfügen.[99] In ähnlicher Weise, wenn auch weniger spektakulär, trugen irische Emigrant:innen in den 1990er-Jahren zum Wirtschaftsboom des «keltischen Tigers» bei. Und in der Türkei wurden bspw. mit Mitteln von Emigrant:innen finanzierte Risikokapital-Fonds angeboten.[100] Es gibt auch Beispiele für Versuche der Besteuerung von im Ausland lebenden Bürger:innen. Die USA und die Schweiz gehören zu den Staaten, die im Prinzip von allen im Ausland lebenden Staatsbürger:innen Steuern erheben. All diese Versuche sind Merkmale einer wettbewerbsstaatlichen und transnationalen Orientierung.[101] Begehrt sind in den Herkunftsländern nicht nur das ökonomische Kapital, sondern auch die Kenntnisse und Fertigkeiten von Emigrant:innen. Regierungen der Auswanderungsländer versuchen Abgewanderte durch die bereits erwähnten Wissenschaftsnetzwerke wieder in ihr Herkunftsland zu locken. In diesem Falle werden Merkmale des nationalen Entwicklungsstaates sichtbar.

Es fällt auf, dass Regierungen in der Regel auf eine Mischung von Programmen zurückgreifen, welche nach dem Exit die Loyalität bzw. das Zugehörigkeitsgefühl zu einem Staat als globaler Nation stärken sowie Anreize für Investitionen, Rückkehrmigration oder Zirkulation bieten sollen. Loyalität ist also neben Exit und Widerspruch das dritte Element, um Diasporapolitik zu verstehen.[102] Auf diese Weise wollen Regierungen in Emigrationsstaaten die aus ihrer Sicht erwünschten Formen von Transnationalität fördern. Oftmals ist allerdings der Herkunftsstaat nicht imstande, das Mitspracherecht der Abgewanderten durch Maßnahmen wie Überwachung oder gar Drohungen streng unter Kontrolle zu halten. Diese Herausforderung wird besonders drastisch in separatistischen oder irredentistischen Diasporagruppen deutlich.

### *Kollektive Identität und Nation-Building*

Nicht selten nehmen Diasporagruppen für sich in Anspruch, treibende Kraft für den Transfer fortschrittlicher sozialer Praktiken zu sein, also für eine verbesserte Lage hinsichtlich Demokratisierung, der Gleichstellung der Geschlechter und der Menschenrechte im Herkunftsland. Auch das Recht auf nationale Selbstbestimmung klagen Organisationen der Diaspora gelegentlich ein. Es sind vor allem drei Typen von transnationalen Gruppen, die in dieser Hinsicht eine Herausforderung für das Herkunftsland darstellen, teilweise auch für die betreffenden Immigrationsländer: Organisationen von Geflüchteten, staatenlose Diaspora und herkunftsstaatsbezogene Diaspora. Die Rolle aller drei Kategorien geht weit über den Strom von Finanzkapital – etwa für die Finanzierung von Rebellenarmeen – hinaus und gibt Einblick in die Politik grenzübergreifend aktiver politischer Organisationen und Gemeinschaften. Staaten basieren nicht nur auf einer organisatorischen Infrastruktur und verschiedenen Mechanismen der legitimen Gesetzgebung und ihrer Umsetzung. Sie sind gleichermaßen abhängig von Bedeutungszuschreibungen, die Nationen als politische Gemeinschaften überhaupt erst konstituieren. Die Mitgliedschaft in derartig imaginierten Gemeinschaften beruht nicht nur auf formalen Bindungen zwischen Staaten einerseits und Bürger:innen andererseits, sondern auch auf dem Vertrauen der Bürger:innen untereinander. Dieses Vertrauen zwischen Mitgliedern politischer Gemeinschaften lässt sich in Staaten nicht einfach von oben nach unten verordnen. Es sind diese «sozial-moralischen Ressourcen»[103] wie Vertrauen, die sowohl Diaspora als auch Herkunftsstaaten für sich zu mobilisieren versuchen.

Flüchtlinge, politische Exilant:innen, Emigrant:innen und Mitglieder staatenloser Diasporagruppen sehen sich oftmals als Vorhut eines neuen Nationalstaates oder eines Nationalstaates, der dringend der Reform bedarf. Auf den ersten Blick scheinen sie Konkurrent:innen bestehender Emigrationsstaaten zu sein. Der Transfer von politisch-kulturellem Kapital nimmt viele Formen an und reicht von den Aktivitäten der Geflüchteten, deren Ziel es ist, die Menschenrechte in ihrem Herkunftsland zu verbessern, bis hin zu einem Nationalismus aus der Ferne, mit dem die Schaffung eines neuen Nationalstaates angestrebt wird. Einer ihrer Kritiker:innen, der britische Historiker und katholische Publizist Lord Acton, nannte Diaspora «Wiege des Nationalismus».[104] Bekannte Beispiele dafür sind Gruppen von Flüchtlingen, die Konflikte in den Ursprungsländern aus dem Ausland schürten, wie Kosovo-Albaner:innen im Fall des Kosovo oder Mudschaheddin im Fall Irans.

Die erklärte Absicht von «staatenloser» Diaspora ist die Gründung eines neuen Nationalstaates oder zumindest ein hohes Maß an Autonomie in ihrem erklärten Heimatland. Diese Gruppen werden häufig von Organisationen vertreten, die in einen bewaffneten Konflikt mit dem ehemaligen Heimatland verwickelt sind, wie die Beispiele bestimmter kurdischer Gruppen zeigen.[105]

Und doch üben Flüchtlinge oftmals anderweitig Einfluss auf die politische Entwicklung aus, indem sie zwischen konkurrierenden Gruppen vermitteln oder Ressourcen für die Aussöhnung und den Wiederaufbau zur Verfügung stellen. Bekannte Beispiele sind die Rolle der südafrikanischen Diaspora in der Anti-Apartheid-Bewegung und das Engagement der ugandischen und nigerianischen Diaspora. In diesen Fällen ging es bei der politischen Mobilisierung im Rahmen der transnationalen Bemühungen um «gute Staatsführung», Rechtsstaatlichkeit, die Achtung von Menschenrechten und Demokratisierung. Die potenzielle Rolle von Migrant:innen bei der Lösung von Konflikten im Ursprungsland, z. B. in Afghanistan und Syrien, ist hier ebenfalls von großem Interesse.[106]

Herkunftsstaatsbezogene und etablierte Diasporaorganisationen, wie die armenische, chinesische und palästinensische Diaspora in den USA und in Europa, gelten in ihren Herkunftsgebieten als Brückenköpfe. Diese Haltung nimmt bspw. die chinesische Regierung gegenüber formal hochqualifizierten und an Finanzkapital reichen Überseechines:innen ein. Die Vorstellung, dass das Herkunftsland und die Diaspora ein Volk bilden, ist bei relativ schwachen, neuen oder neu gebildeten Staaten und auch bei Staaten, die sich mit anderen Staaten oder Gruppen in einem Konflikt befinden, besonders stark ausgeprägt, z. B. bei armenischen Organisationen.[107] Die Annahme ist plausibel, dass eine nationale Diaspora, die an der Außenpolitik des Landes teilhat, in dem sie ansässig ist, keineswegs mehr eine entrechtete Gruppe ist, sondern als Interessenvertretung im jeweiligen politischen System etabliert ist. Beispiele sind die Organisationen der jüdischen und arabischen Diaspora in den USA. Etablierten Organisationen der Diaspora fällt unter Umständen eine wichtige Rolle bei der Definition der nationalen Interessen und der nationalen Identität zu. Für transnationale Identitäten mit nationalistischer Prägung gibt es etliche Vorbilder, wie etwa Polen und Irland und deren Diaspora in den USA im 19. und zu Anfang des 20. Jahrhunderts.[108]

Wenn sich transnationale Gruppen als ein Nations-schaffendes Projekt (*nation-building*) definieren, stellen sie sich als ethnisch homogene Einheiten dar. Sie imaginieren sich als ein «Volk», das sich auf ein gemeinsames kulturelles Erbe stützt. Die Praktiken von Diaspora führen immer dann am stärksten zu einer Fragmentierung existierender (Emigrations-)Staaten, wenn Diaspora eine «völkische» Orientierung verfolgt, die auf Kosten anderer Formen der Solidarität, zum Teil aber auch in Intersektion mit ihnen – etwa Konfession oder soziale Klasse – dem Nationalismus Priorität einräumt.[109] Diese Konstellation spiegelt die Vorstellungen einer homogenen Nation in den Immigrationsstaaten.

Die sich wandelnden Grenzen einer politische Freiheit und Gleichheit versprechenden Staatsbürgerschaft sind vielfach mit den grenzübergreifenden Interaktionen von Migrant:innen und insbesondere mit deren Intensität und ihrem Umfang verknüpft. Transnationalität kann so als ein Merkmal der Differenz gesehen werden, das die Politik rund um Mitgliedschaft prägt. Insbesondere doppelte Staatsangehörigkeit bedeutet eine Pluralisierung der Mitgliedschaften, die Nationalstaaten überschneiden. Sie bildet den rechtsgültigen Ausdruck der Transnationalisierung von Lebenswelten, die Migrant:innen und ihre Kinder beispielhaft verkörpern. Zwar sind transnationale Praktiken von Migrant:innen nicht die vorrangige Ursache für die sich verändernden Formen der Staatsbürgerschaft, aber es existiert eine Wahlverwandtschaft zwischen transnationalen sozialen und symbolischen Praktiken einerseits und multiplen Formen der Staatsangehörigkeit andererseits.[110]

## Ausblick: Rücküberweisungen und Diaspora als Heilsbringer?

Bei der Betrachtung des Entwicklungsparadoxes fällt auf, dass die Vorstellungen des nationalen Entwicklungsstaates zwar weiterhin von Bedeutung sind. So nimmt das Problem des *brain drain* nach wie vor breiten Raum in politischen und wissenschaftlichen Debatten ein. Allerdings hat die Idee der Zirkularität sowohl im Falle von Hochqualifizierten (*brain circulation*) als auch bei als niedrigqualifiziert Eingestuften (*circular migration*) in den vergangenen zwei bis drei Jahrzehnten größere politikpraktische Relevanz erlangt. Dieser Trend äußerte sich nicht nur in einer immer wichtiger werdenden Rolle marktliberaler Politik. Daneben ist auch zivilgesellschaftlich organisierte Transnationalität deutlich hervorgetreten, so etwa in kollektiv organisierten Projekten von Emigrant:innen. Hier bestehen enge Verbindungen mit lokalen Formen von Staatlichkeit. Seit dem Ende des Kalten Krieges wuchs die Rolle, die internationale Organisationen sowie Herkunfts- und Zielländer den Migrant:innen als Agent:innen für Entwicklung zuschrieben. Ein idealtypisches Beispiel dafür sind finanzielle Rücküberweisungen. Diaspora fungiert teilweise sogar als Heilsbringerin. Aber die Erwartungen an Migration als ein Schlüssel zur Überwindung der strukturellen Hindernisse für Wirtschaftswachstum und Lebensqualität und die Hoffnungen auf Migration als Träger von demokratischer Erneuerung sind gelinde gesagt übertrieben. Diaspora kann nicht nur Probleme lösen, sondern sie auch mit verursachen, etwa im Hinblick auf gewaltsame Konflikte.

Im weiteren Kontext der Spannung zwischen transnationalem Staat und Sicherheitsstaat zeigt sich im nationalen Paradox die neue Bedeutung von Disapora. Herkunftsländer als transnationale Staaten versuchen «ihre» Emigrant:innen im Ausland für außenpolitische Zwecke zu instrumentalisieren und für Investitionen zu gewinnen. Dagegen stehen die Interessen des Sicherheitsstaates, der die Aktivitäten von Emigrant:innen möglichst umfassend zu kontrollieren versucht.

In diesem Zusammenhang wurde oft darauf hingewiesen, dass Diasporaorganisationen von globalen Meta-Normen wie Demokratie und Menschenrechten beeinflusst sind. Gleichzeitig hat der erneute Fokus auf diasporische Sozialität ethno-nationale und politisierte religiöse Elemente gefördert und damit einer Kulturalisierung von Migration Vorschub geleistet. Daran haben auch Regierungen mancher Herkunftsländer mitgewirkt, die Emigrant:innen im Allgemeinen und Diaspora im Besonderen für außenpolitische Zwecke instrumentalisieren. In vielerlei Hinsicht sind die kulturalisierten Versionen von Diaspora ein Spiegelbild der neo-nationalistischen und nativistischen Strömungen in den Immigrationsländern.

## Immigration: Wohlfahrtsparadox und Rechtsstaatsparadox

Die transnationalisierte soziale Frage betrifft die Politik rund um die als illegitim wahrgenommenen sozialen Ungleichheiten zwischen Immigrations-, Emigrations- und Transitstaaten. Für die Migration in die Zielländer sind es gerade Debatten um kulturelle Vielfalt bzw. Diversität, entlang von Merkmalen wie Ethnizität, Religion, Nation und Geschlecht, die für Fragen von Teilhabe und Anerkennung in national strukturierten Gesellschaften eine Rolle spielen.[1] Dementsprechend fand auch in Deutschland ein Wandel Begrifflichkeiten statt: von Klasse in den 1960ern über Nationalität im doppelten Sinne als Aspekt von kollektiver Identität und Staatsangehörigkeit in den 1980er-Jahren bis hin zu Religion, insbesondere im Hinblick auf den Islam und Muslime seit den 1990er-Jahren. Politik um kulturelle Vielfalt geriet in den vergangenen Jahrzehnten in zweierlei Hinsicht ins Blickfeld.

Erstens scheinen kulturelle Merkmale heute einen prominenteren Platz als Klasse in Debatten um die Folgen von Exit und die Reaktion von Gruppen in der Mehrheitsgesellschaft einzunehmen. Dabei sei hier Klasse im Sinne von Max Weber als markt-basierte Position in sozialen Hierarchien verstanden, welche sozio-ökonomische und politische Chancen und Verhältnisse durch materielle Ressourcen abbilden.[2] Allerdings konstituieren Kultur und Klasse keine sich gegenseitig ausschließenden Modi der Migrationspolitik. Manchmal ergänzen sie sich gegenseitig. So ist bspw. der Vorwurf frauenfeindlicher Vorstellungen gegenüber Migrant:innen aus Ländern des Mittleren Ostens vor allem an niedrigere Klassen gerichtet.[3] Klassen- und statusniedrige Immigrant:innen werden damit eher als «soziales Problem» typisiert. Im Unterschied dazu haben status- bzw. klassenhöhere Migrant:innen, so etwa als «hochqualifiziert» eingestufte Personen, eher die Chance, als Individuen wahrgenommen zu werden.[4] Häufig gelten sie als Mobile und nicht als Migrant:innen.

Zweitens können die Forderungen nach kultureller Diversität und kulturellen Rechten als Teil der Revolution der Rechte gesehen werden.[5] Dies provoziert allerdings auch eine Gegenreaktion, indem einige Gruppen und Organisationen der Mehrheitsgesellschaft eine nationale kulturelle Homogenität beschwören. Besonders deutlich wird diese Reaktion bei rechtspopulistischen Gruppen, welche die politische Landschaft bevorzugt zweiteilen – in das «Volk» und die «politischen Eliten», die genau dieses Volk in die Irre führen würden.[6] Bei Erfolg führen derartige Tendenzen zur Versicherheitlichung von Migration, also der Vorstellung von Migrant:innen als Bedrohung physischer und sozialer Sicherheit. Diese Arten von identitärer Theorie und Rechtspopulismus sollten allerdings nicht mit politischem Konservatismus gleichgesetzt werden. Obwohl manche konservativen Denkrichtungen ein kulturell homogenes Volk voraussetzen und fordern, teilen sie die Bevölkerung nicht in populistischer Manier in Volk und Eliten auf.[7]

Welches sind also die grundlegenden sozialen Prozesse, die der Politisierung von Migration als sozialer Frage zugrunde liegen? Die hier vertretene These lautet, dass die beiden grundsätzlichen Spannungen zwischen Markliberalisierung und De-Kommodifizierung zum einen und zwischen kulturellem Pluralismus und kultureller Homogenität zum anderen den Kern der transnationalisierten sozialen Frage auf der Ebene nationalstaatlicher Politik in vielen Zielländern abbilden. Die damit verknüpften Paradoxa – das Wohlfahrtsparadox und das Rechtsstaatsparadox – sind für das Verständnis der Dynamik um Kultur und Klasse unerlässlich. Klasse und kulturelle Unterschiede sind verknüpft, indem soziale Klasse teilweise mit strukturiert, wie kulturelle Heterogenitäten thematisiert werden, ohne dass dadurch die Dynamik der Politik um Kultur determiniert werden würde. Gleichzeitig sind umgekehrt der Rechtsstatus und das Einfordern von Rechten durch Migrant:innen und ihre Advokat:innen oft ausschlaggebend dafür, ob und wie klassenspezifische Ressourcen wie Bildungsabschlüsse eingesetzt werden können.

Um diese These zu erhärten, müssen die grundlegenden Masterprozesse betrachtet werden, welche die Politik der sozialen Frage antreiben. Diese Prozesse sind Marktliberalisierung als Marktfundamentalismus;

regulierte Kommodifizierung bzw. De-Kommodifizierung in Form von sozialen Rechten; eine auf der Revolution der Rechte basierende Akzeptanz und Anerkennung kultureller Pluralisierung; und schließlich Vorstellungen nationaler Homogenität in Form von Kulturalisierung und Versicherheitlichung. Mit diesen Prozessen korrespondieren vier verschiedene Formen von Staatlichkeit: Wettbewerbsstaat, Wohlfahrtsstaat, Rechtsstaat und demokratischer Nationalstaat. Die dieser Dynamik zugrunde liegenden Paradoxa sind: Marktliberalismus vs. De-Kommodifizierung als Wohlfahrtsparadox und kultureller Pluralismus vs. Kulturalisierung und Versicherheitlichung als Rechtsstaatsparadox. Die Rolle, die individuelle Rechte dabei spielen, ist durchaus ambivalent. Während die Revolution der Rechte als Gegenspielerin zu Vorstellungen kulturell-nationaler Homogenität auftritt, treibt diese Revolution gleichzeitig den Marktliberalismus durch das Erschließen eines größeren Arbeitskräftereservoirs voran. Die Reichweite der Analyse bezieht sich vorwiegend auf Westeuropa, auch wenn die Grundlinien von allgemeinerer Relevanz sind. Aber auch schon innerhalb dieser Region bestehen viele Unterschiede.[8]

## Zwei Immigrationsparadoxa

Die Politik des Zutritts und der Mitgliedschaft in Einwanderungsländern kreist um zwei Hauptachsen (Tabelle 7.1). Auf der Horizontalen kann beim Zutritt unterschieden werden, ob Immigrationspolitiken eher expansiv oder restriktiv sind. Zum anderen kann auf der Vertikalen zwischen Migrant:innen als wirtschaftlich nachgefragt und soziokulturell anerkannt unterschieden werden. Beide Achsen sind für Fragen der Mitgliedschaft relevant: Erstens haben Immigrationspolitiken, der damit zusammenhängende rechtliche Status von Immigrant:innen und die wirtschaftliche Nachfrage einen großen Einfluss auf deren Teilhabemöglichkeiten. Und zweitens ist nicht nur materielle Wohlfahrt sondern auch sozio-kulturelle Anerkennung relevant dafür, welche Migrant:innen als zugehörig zum Zielland betrachtet werden und sich zugehörig fühlen.

| Immigrationspolitiken<br>Migrant:innen | Expansiv | Restriktiv |
|---|---|---|
| *Wirtschaftlich nachgefragt*<br><br>***Wohlfahrtsparadox*** | **Marktliberalisierung:** Migrant:innen als Humankapital<br><br>*Wettbewerbsstaat* | **De-Kommodifizierung:** Arbeitskräfte als Träger sozialer Rechte<br><br>*Wohlfahrtsstaat* |
| *Sozio-kulturell willkommen*<br><br>***Rechtsstaatsparadox*** | **Revolution der Rechte:** Menschenrechte für alle; humanitäre Verpflichtungen<br><br>*Rechtsstaat* | **Kulturalisierung:** kulturell homogene Nation; **Versicherheitlichung:** Migration als Bedrohung<br><br>*Nationalstaat* |

*Tabelle 7.1: Immigrationsparadoxa*

## Das Wohlfahrtsparadox: Wettbewerbsstaat vs. Wohlfahrtsstaat

Das Wohlfahrtsparadox resultiert aus den Forderungen nach der Liberalisierung von Märkten im Wettbewerbsstaat[9] sowie der Regulierung von Arbeitsmärkten bzw. De-Kommodifizierung im Wohlfahrtsstaat. Aus Sicht des Wettbewerbsstaates sollte die Immigrationspolitik ökonomisch liberal und daher möglichst offen sein, aus Sicht des Wohlfahrtsstaats eher restriktiv. Wirtschaftliche Offenheit in Bezug auf Kapitaltransfer steht also in einem Spannungsverhältnis zur (sozial-)politischen Schließung gegenüber Migration im Wohlfahrtsstaat. Denn, so die Logik des Wohlfahrtsstaats, eine vollständige Öffnung der Grenzen von Wohlfahrtsstaaten könnte aufgrund eines hohen Angebots an migrantischen Arbeitskräften die Tarifautonomie und damit Organisation von Kapital und Arbeit in Arbeitgeberverbänden und Gewerkschaften in Frage stellen. Unternehmerverbände hätten bei einem großen Angebot an Arbeitskräften keinen Anreiz mehr, mit Gewerkschaften zu verhandeln. Offene Grenzen könnten auch dazu führen, dass Beschäftigte in den unteren Lohnsegmenten – und dabei insbesondere Migrant:innen – vermehrt mit neu ankommenden Migrant:innen konkurrieren. Die

These, dass unter gegenwärtigen Bedingungen Migration in westeuropäischen Ländern Lohnkonkurrenz (in den unteren Arbeitsmarktsegmenten) und Abwärtsdruck auf Einkommen verursachen würde, lässt sich allerdings nicht halten.[10] Das Wohlfahrtsparadox bedeutet letztendlich, dass es eine Spannung zwischen Arbeitskräften als Träger:innen von Humankapital und Beschäftigten als Inhaber:innen von sozialen Rechten gibt – und damit zwischen den Prinzipien des Wettbewerbsstaates und des Wohlfahrtsstaates. Auf dieses Paradox verweist auch der Zielkonflikt von Rechte vs. Zahlen, also zwischen der Beschäftigung einer möglichst hohen Anzahl von Migrant:innen einerseits und den ihnen zustehenden sozialen Rechten andererseits.[11]

Die sozialen Rechte regulieren die Kommodifizierung von Arbeit, z. B. zur Vermeidung von Lohndumping, und ermöglichen über Instrumente wie Arbeitslosengeld eine gewisse Absicherung.[12] Wohlfahrtsstaatliche Politiken basieren auf sozialer Schließung des Wohlfahrtsstaats nach außen und einer Inklusion der ansässigen Arbeitskräfte nach innen. In der Blütezeit des Wohlfahrtsstaats in den ersten drei Jahrzehnten nach dem Zweiten Weltkrieg, beruhte die Gewährung von sozialen Rechten an migrantische Arbeiter:innen darauf, dass sie keine Konkurrenz für einheimische Arbeiter:innen bilden würden. Der deutsche Fall steht hierfür exemplarisch.[13] Viele der Arbeitsmigrant:innen aus den 1960er- und 1970er-Jahren, aber auch anerkannte Flüchtlinge, konnten einen permanenten Wohn- und Arbeitsstatus erlangen. Für Migrant:innen und Flüchtlinge waren es daher vor allem legaler bzw. legalisierter Aufenthalt und formale Beschäftigung, welche die Grundlage für ihre Teilhabe im Wohlfahrtsstaat bildeten. Der Inklusionsgrad ist also höher für diejenigen, die über eine permanente Aufenthaltserlaubnis und eine Wohnbürgerschaft verfügen. Diese Konstellation bildet einen Kontrast zu denjenigen, die nur befristete Aufenthalts- und Arbeitserlaubnisse vorweisen können.[14] Allerdings legen repräsentative Umfragen und experimentelle Forschung im vergleichenden europäischen Kontext nahe, dass sich Migrant:innen am unteren Ende der Skala von «Verdienst» (*deservingness*) bezüglich sozialer Rechte und Dienstleistungen befinden.[15]

### *Folgen der Marktliberalisierung*

Es war ein «eingebetteter Liberalismus»,[16] der dem expandierenden Wohlfahrtsstaat in den *trentes glorieuses* der ersten Jahrzehnte nach dem Zweiten Weltkrieg zugrunde lag: Wirtschaftlicher Liberalismus war sozialpolitisch fest gerahmt. Dies ermöglichte eine weitgehende wirtschaftliche Öffnung für Kapitalverkehr, aber auch soziale Rechte für Beschäftigte, welche die negativen Folgen abfederten. Die Wende hin zu einer marktliberaleren Politik ab den 1980er-Jahren schloss in Deutschland Kürzungen und Disziplinierungen, aber auch den selektiven Ausbau wie die Pflegeversicherung in den 1990er-Jahren ein.[17] Insgesamt haben sich seit den 1980er-Jahren Prinzipien des Marktliberalismus stärker im Feld Beschäftigung und Soziales durchgesetzt. Vor diesem Hintergrund lässt sich auch besser verstehen, dass gerade für Arbeitsstellen, die von Hochqualifizierten besetzt werden sollen, immer mehr Lockerungen für die Zulassung von Migrant:innen eingetreten sind. Der Wandel hin zur Marktliberalisierung und einem Umbau der Wohlfahrtsstaatlichkeit fand seit den 1980er-Jahren Ausdruck in zwei Entwicklungen.

Erstens haben sich Einkommens- und Vermögensunterschiede in den meisten Ländern rund um den Globus vergrößert. Der Anteil der Beschäftigten am Einkommen hat abgenommen. Die Löhne und Gehälter stiegen nicht proportional zum teilweise relativ geringen Produktivitätswachstum. In den westlichen Industrieländern selbst wuchs seit den 1970er-Jahren die Ungleichheit in der Verteilung von Einkommen wieder an, nachdem diese seit den 1950er-Jahren gefallen war.[18] Eine drastische Illustration dieser Entwicklung bildet die sogenannte Elefantenkurve. Diese besagt, dass – einmal angenommen, die ganze Welt wäre ein Land – im Zeitraum 1988 bis 2008 keine der zahlenmäßig großen sozialen Klassen einen sehr starken Einkommensverlust hinnehmen musste. Aber ein substantieller Einkommenszuwachs lässt sich nur für die schnell wachsenden Mittelklassen in den wirtschaftlich rapide aufholenden Ländern wie China und Indien konstatieren. Nicht zu vergessen sind große Zuwächse für das oberste 1 Prozent und vor allem 0,1 Prozent in der Einkommenshierarchie. Demgegenüber stagnierten die Einkommen der Mittelklassen in vielen Industrieländern. Obwohl diese Betrachtung nur sehr grobkörnig ist und keine feingliedrige Differenzierung von Ländern und Regionen vornimmt, so ist doch deutlich, dass in historischer Perspektive diese Entwicklung die größte Umverteilung zwischen Klassen und Regionen seit Beginn der Industriellen Revolution darstellt.[19]

Zweitens haben sich die politischen Maßnahmen hinsichtlich der (Um-)Verteilung von Einkommen und Vermögen auch verändert. Diese haben dazu beigetragen, dass sich die Politik sozialer Ungleichheiten von einem Klassenkonflikt bzw. Klassenkompromiss hin zu einem politisch wenig eingehegten *rent-seeking* entwickelt hat, also einer Strategie von Marktteilnehmer:innen, die darauf angelegt ist, wirtschaftliche Privilegien in Form von Steuervorteilen zu erlangen, um so das eigene Einkommen und Vermögen zu steigern. Die andere Seite der Medaille ist Austeritätspolitik, d. h. Sparpolitik. Diese ist inzwischen nicht mehr nur ein Kennzeichen der Intervention internationaler Geberinstitutionen für Entwicklungsländer, sondern hat auch längst Kernbereiche der Sozialstaatlichkeit im globalen Norden erreicht.[20] Dabei wird die Sparpolitik durch Krisen wie die Corona-Pandemie zeitweise konterkariert, was aber bisher nichts am generellen Trend änderte.[21]

### *Immigration unter dem Vorzeichen der Marktliberalisierung*

Es stellt sich dabei die Frage, ob die Beschäftigung von Migrant:innen in häufig schlecht bezahlten und gesundheitsschädlichen Arbeitsplätzen – sogenannten «3D»-Stellen: *dirty, dangerous, difficult*[22] – negative Effekte für die nicht-migrantischen Beschäftigten in Immigrationsstaaten hatte. Es ist durchaus möglich, dass derartige Effekte auf der Mikro-Ebene, also in örtlich bzw. sektoral begrenzten Bereichen, auftreten. Dazu gehört etwa die Aushöhlung der Tarifpartnerschaft in der Bauindustrie. Auf makro-ökonomischer Ebene gibt es allerdings wenig Evidenz für negative Auswirkungen. Eher kann das Gegenteil beobachtet werden. Diese Erkenntnis trifft bspw. auf die Konsequenzen des Beitritts von zehn mittel- und osteuropäischen Staaten im Jahre 2004 zu. Die Bürger:innen dieser Staaten konnten – von Übergangsfristen in etlichen Mitgliedsstaaten einmal abgesehen – in der EU grenzüberschreitend mobil sein. Die Auswirkungen auf die Löhne in den Zielländern waren eher gering, während für die Zielländer die Vorteile der Freizügigkeit, d. h. des offenen Grenzregimes, makro-ökonomisch beachtlich waren.[23]

Die Effekte der Mitte der 2010er-Jahre in Europa eingetroffenen Asylbewerber:innen – vor allem aus dem Mittleren Osten – stellen hier ebenfalls keine Ausnahme dar. Erste Schätzungen nach wenigen Jahren legen nahe, dass ein wachsender Teil dieser Flüchtlinge einen Zugang zum Arbeitsmarkt gefunden hat und einheimische Arbeitskräfte dadurch nicht verdrängt wurden.[24] Dies bedeutet, dass die anfänglichen Kosten für die Integration von Flüchtlingen durch deren Beiträge zu Steuern und Sozialversicherungen im Laufe der Zeit wettgemacht werden und sich langfristig sogar ein positiver Saldo ergeben kann. Zwar sind Migrant:innen häufiger arbeitslos und beziehen in höherem Ausmaß Transferleistungen. Allerdings tragen Migrant:innen mehr zur Rentenversicherung und anderen Sozialversicherungssystemen bei, als sie beziehen.[25]

Interessanterweise gibt es in Ländern mit einer größeren Pro-Kopf-Einwanderung von Migrant:innen im Allgemeinen und Geflüchteten im Speziellen nicht mehr und nicht weniger Unterstützung für fremdenfeindliche politische Parteien als in Ländern mit geringer Pro-Kopf-Einwanderung. Dieses Ergebnis deutet darauf hin, dass hier materielle Konkurrenz in den letzten Jahren nicht ausschlaggebend für politische Konflikte um Migration war. Allerdings sticht eine andere Korrelation hervor: In den Ländern, in denen ein flexibilisierter Arbeitsmarkt mit einem eher steuerfinanzierten Wohlfahrtsstaat zusammenkommt, sind die Besorgnisse in der Bevölkerung über die negativen Auswirkungen von Immigration und EU-Freizügigkeit auf Arbeit und Soziales am höchsten. Das Paradebeispiel hierfür bildete Großbritannien während des Brexit-Prozesses.[26]

Gerade die Veränderungen auf den Arbeitsmärkten wurden in den letzten 70 Jahren durch neue Muster der Immigrationspolitik begleitet. So lässt sich auch die Dualisierung der Immigrationspolitik in restriktive Schließung und selektive Öffnung einordnen. Letztere zielt auf die Anwerbung von Migrant:innen für hochqualifizierte Tätigkeiten. Sie gilt darüber hinaus gerade in Europa für Stellen, die im Dienstleistungssektor vor Ort erbracht werden müssen und als Jobs für niedrigere

Qualifikationen eingestuft werden – so in den Bereichen Pflege, häusliche Arbeit, zum Teil im Baugewerbe, in der Fleischindustrie und ganz traditionell in der Landwirtschaft. Diese Entwicklung steht im Kontrast zu zunehmenden Restriktionen gegenüber wirtschaftlich nicht nachgefragten Migrant:innen, darunter auch viele Geflüchtete.

### *Marktorientierte Bürgerschaft und Selektion*

Markliberalisierung hat auch eine Orientierung hin zu markt-orientierter Bürgerschaft gefördert. Während der Hochzeit des Keynesianischen Wohlfahrtsstaats wurde die Spannung durch zunehmende soziale Rechte und deren Umsetzung abgemildert. Diese Rechte förderten verstärkte Regulierung von Arbeitsmärkten im Austausch für offenen Kapitalverkehr. Umgekehrt kann vermutet werden, dass die graduelle Deregulierung von Arbeitsmärkten eine geringere Akzeptanz von offenen Grenzen für Immigration von außerhalb der EU hervorbringt.[27]

Der Trend zur stärkeren Berücksichtigung des spezifischen Humankapitals von Immigrant:innen wird auch in deren Selektion sichtbar. Die OECD-Länder haben in den letzten Jahrzehnten bei der Auswahl von Immigrant:innen immer größeren Wert auf spezialisierte Fachkenntnisse gelegt. Die Programme reichen von Punktesystemen, die Immigrant:innen auf der Grundlage von Kriterien wie Hochschulabschluss, Sprachkenntnisse und Alter auswählen, bis hin zu solchen, die vorwiegend an den Bedürfnissen der jeweiligen Unternehmen orientiert sind. Die neuen Regeln bevorzugen junge und formal gut ausgebildete Migrant:innen.[28] In Deutschland begannen die Bemühungen mit der sogenannten Green Card-Initiative (2000), welche die EU in ähnlicher Form als Blue Card-Initiative (2009) fortführte.[29] Auf supranationaler Ebene ist die Humankapitalorientierung auch darin sichtbar, dass die Regulierung von Migration und Mobilität aus dem Ressort Justiz- und Innenpolitik in den Bereich Freizügigkeit wanderte.[30] Durch das Zuwanderungsgesetz (2004) und das Fachkräfteanwerbegesetz (2020) schuf die deutsche Bundesregierung die Grundlagen für die Anwerbung qualifizierter Arbeitskräfte. All diese Regelungen führen dazu, dass die Arbeitsmärkte durch Immigration nicht mehr nur wie in den 1960er- und 1970er-Jahren unterschichtet werden, sondern inzwischen auch die oberen Schichten bedient werden. Es werden vermehrt Migrant:innen für formal hochqualifizierte Positionen angeworben und zugelassen. Dieser Trend wird in der Gesetzgebung dadurch sichtbar, dass die Regierungen der Zielländer die Regelungen für Einreise und Beschäftigung für Hochqualifizierte großzügiger gestalteten, während sie für Geringqualifizierte die Hürden für legale Arbeitsmigration höher legten.[31] Damit einher geht eine zunehmende Differenzierung von Aufenthalts- und Arbeitserlaubnistiteln.

Es scheint auf den ersten Blick, als ob eine ideale *win-win-win*-Situation herrschen würde, von der also Herkunftsländer, Zielländer und die Migrant:innen profitieren. Diese diskursive Rahmung wird auch in den Empfehlungen der Expert:innen für Immigrationspolitiken sichtbar: Wirtschaftliche Konkurrenz unter Volkswirtschaften führe eben vermehrt zu einer «globalen Jagd nach Talenten»,[32] etwa nach internationalen Studierenden, entsandten Manager:innen, erfolgreichen Unternehmer:innen, Top-Athlet:innen, angesehenen Wissenschaftler:innen und international renommierten Künstler:innen. Wissensgesellschaften bräuchten nun einmal hochqualifizierte Nachwuchskräfte. Dies sei gerade angesichts des demographischen Wandels geboten, der sich u. a. in einer abnehmenden Erwerbsbevölkerung zeige. Immigration könne diesen Trend zwar nicht umkehren, wohl aber abfedern.[33]

Vor dem Hintergrund dieser Selektionsprozesse müssen Klasse und Kultur im Wettbewerbsstaat zusammengedacht werden. Die Auslese von Immigrant:innen nach Humankapital bevorzugt die als hochqualifiziert zugelassenen Migrant:innen. Die Auswahl erfolgt also entlang individueller Merkmale wie etwa Bildungsabschlüssen, beruflichen Qualifikationen und Sprachkenntnissen und nicht nach Gruppenmerkmalen wie Ethnizität oder Konfession. Eine grundlegende Annahme lautet, dass Hochqualifizierte als Träger:innen von Humankapital auch gute Chancen auf eine erfolgreiche Sozialintegration hätten.[34] In dieser Weise zeigen Klassenzugehörigkeit und Annahmen über soziokulturelle Integration eine Wahlverwandtschaft auf.

Betrachtet man zudem die Migrant:innen zustehenden Rechte und ihre Pflichten im Immigrationsland, wird deutlich, dass sich die Situation in zentralen Bereichen wie den Möglichkeiten zum Erwerb von

Staatsangehörigkeit in den letzten beiden Jahrzehnten entschieden verbessert hat. So haben bspw. etliche Staaten in Europa den Erwerb über *ius sanguinis* (Blutsprinzip, also Übertragung durch die Eltern) um *ius soli* (Territorialprinzip, Geburtsrecht) ergänzt. Dazu gehört die deutsche Reform des Staatsangehörigkeitsrechts, das 2001 in Kraft trat. Darüber hinaus wurde in vielen Ländern die Zeitspanne, die vor der Beantragung der Bürgerschaft im Land absolviert werden muss, gekürzt. Auch die Toleranz gegenüber doppelter Staatsbürgerschaft, einer Form von transnationaler Bürgerschaft, hat sich in den letzten 60 Jahren kontinuierlich erhöht.[35]

Zu beobachten ist allerdings auch, dass marktliberale Vorstellungen selbst für den Erwerb formaler Mitgliedschaft in Nationalstaaten größere Bedeutung erlangt haben. In puncto Staatsangehörigkeit sind die Möglichkeiten des Erwerbs einer Staatsangehörigkeit durch Kauf (*ius pecuniae*) gestiegen.[36] Davon einmal abgesehen wird in allen Zielländern deutlich, dass diejenigen Migrant:innen, die nachgefragte individuelle Fertigkeiten bzw. berufliche Qualifikationen vorzuweisen haben und wirtschaftlich gesehen als selbstverantwortlich gelten, in der Regel einen schnelleren Zugang zur Staatsangehörigkeit erlangen. Es ist das liberal geprägte Individuum, das die Regelungen des Zugangs zu Staatsangehörigkeit als passend für die volle Mitgliedschaft vorsehen. Ergebnisse aus der experimentellen politischen Psychologie unterstützen diese Überlegung. In den USA und den Niederlanden durchgeführte Studien legen nahe, dass öffentliche Unterstützung für die Akzeptanz von Immigrant:innen vor allem von deren beruflichen und schulischen Qualifikationen und Referenzen abhängt und nicht so sehr vom Familienstatus oder der Hautfarbe.[37] In diesem Punkt scheinen die rechtlichen Regelungen und die dominante öffentliche Wahrnehmung weitgehend deckungsgleich zu sein.

Bislang finden die Folgen von sozialer Unsicherheit und politischem Misstrauen ihren Ausdruck ganz manifest im Aufkommen rechtspopulistischer Parteien. In diesen Strömungen herrscht die Wahrnehmung vor, dass die politischen Eliten keine Sicherheit vor der Abwanderung von Arbeitsplätzen und insbesondere bei der Einwanderung von «Fremden» gewährleisten können. Der teilweise Erfolg dieser Bemühungen liegt darin begründet, dass Migration wie ein Brennglas für soziale Entwicklungen wirkt. Migration entwickelte sich in den letzten Jahrzehnten (wieder) als Meta-Thema,[38] in dem alle möglichen Gefahren der Globalisierung auf einen Themenbereich hin gebündelt werden können – vom Mangel an bezahlbarem Wohnraum über Arbeitslosigkeit bis hin zur Bedrohung nationaler Identität, deren angenommene Homogenität und sprachliche Einheit durch steigende kulturelle Vielfalt bedroht erscheint.

## Wie soziale Rechte als Menschenrechte Forderungen nach sozialer Gleichheit vorantreiben

Gegen die geschilderten exkludierenden Tendenzen gibt es klar erkennbare Gegenbewegungen. In den vergangen Jahrzehnten haben die politischen Mobilisierungen durch Migrant:innen selbst, aber auch durch advokatorische Lobbyarbeit, verstärkt auf universalisierte Normen wie Menschenrechte und politische Gleichheit zurückgegriffen. Diese Beobachtung trifft teilweise sogar auf die Mobilisierung von Migrant:innen ohne rechtlich legale Aufenthalts- bzw. Arbeitserlaubnis zu.[39] So haben Organisationen für Migrant:innen mit irregulärem Status überall in Europa vermehrt in der Öffentlichkeit darauf hingewiesen, dass diese Migrant:innen für die nationalen Volkswirtschaften einen wesentlichen Beitrag leisten.[40] Dabei und auch im weiteren Kontext der Folgen von Migration lassen sich drei zentrale Mechanismen identifizieren, welche die Forderungen nach stärkerer sozio-ökonomischer Gleichheit – ob nun Zugangsgleichheit, Ergebnisgleichheit oder Chancengleichheit – von Migrant:innen bündeln: Redistribution, Aufholen und Inklusion.

Erstens verlangen soziale Rechte in der Regel nach einer gewissen Umverteilung durch Steuern. Organisationelle Neuerungen, die in den letzten Jahren im Schulbereich zunahmen, so etwa Ganztagsschulen, benötigen zusätzliches Personal. Diese Politiken sind in Bezug auf Schüler:innen und Betreuungskräfte im Prinzip farbenblind und neutral im Hinblick auf Migrationsstatus. Empirische Ergebnisse legen nahe, dass davon alle Schüler:innen und insbesondere auch Kinder von Migrant:innen profitieren.[41] Darüber hinaus sind auch kostenneutrale Maßnahmen von Bedeutung: Schulformübergreifende Gesamtschulen bilden für die Bildungsmobilität von Migrant:innen besonders günstige Beschleuniger zu vermehrtem Bildungserfolg.[42] Dies ist von besonderer Bedeutung, da sich die Nachteile der Kinder von Immigrant:innen weitgehend auf Ungleichheiten in formalen Bildungsqualifikationen zurückführen lassen.[43]

Zweitens können Migrant:innen darin gefördert werden, zur Mehrheitsgesellschaft aufschließen zu können. Ein Instrument dafür sind Anti-Diskriminierungsregelungen, die sich auf Merkmale wie Geschlecht, Ethnizität, Religion oder sexuelle Orientierung beziehen. Die Grundidee ist, dass historische Ungerechtigkeiten auf der Grundlage von Rassismus und weiteren ausgrenzenden Ideologien nach ausgleichenden Maßnahmen verlangen. Zudem ist evident, dass heute immer noch auf Vorurteilen beruhende Diskriminierungen entlang der genannten und damit verwandter Merkmale anzutreffen sind. Der Mechanismus des Aufholens ist in einer abgeschwächten Form etwa in der *Anti-Diskriminierungsrichtlinie* der EU niedergelegt. Anti-Diskriminierungsmaßnahmen sind mit marktliberalen Vorstellungen kompatibel, da sie Maßnahmen darstellen, die für die effizientere Nutzung von individuellem Humankapital eingesetzt werden können. Die Richtlinie wird in den verschiedenen Staaten sehr unterschiedlich umgesetzt – in Deutschland etwa durch das *Allgemeine Gleichbehandlungsgesetz* (AGG) – und es ist umstritten, wie effektiv die Maßnahmen letztlich sind.[44]

Drittens kann der Mechanismus der Inklusion greifen, der Migrant:innen in die Lage versetzt, politische und soziale Rechte einzufordern. Ein wichtiges Beispiel ist die Liberalisierung des Zugangs zu Staatsangehörigkeit, indem die Wartezeit verkürzt oder doppelte Staatsbürgerschaft vermehrt toleriert wird; in Deutschland etwa über eine Ausweitung der Ausnahmetatbestände. Bezüglich sozialer Rechte wird deutlich, dass volle Mitgliedschaft im staatlichen Gemeinwesen keine unabdingbare Voraussetzung ist. So waren etwa in Deutschland die «wilden Streiks» 1973, die wesentlich von Arbeitsmigrant:innen getragen wurden und die Verbesserung der Arbeitsbedingungen in der verarbeitenden Industrie wie im Automobilbau zum Ziel hatten, eine zentrale Wegmarke zur Inklusion von Immigrant:innen in die Gewerkschaften.[45]

Migrant:innen agieren häufig zusammen mit lokalen nicht-migrantischen Koalitionspartner:innen. Beispielsweise kooperieren in Los Angeles seit den 1970er-Jahren die Organisationen der neu angekommenen Migrant:innen mit denen etablierter Migrant:innengruppen. In Kontinentaleuropa, in diesem Falle Paris und Amsterdam, waren die Koalitionspartner hingegen eher politisch linke bzw. klassenbasierte Organisationen.[46] Koalitionen von neu angekommenen Migrant:innen mit bereits etablierten Gruppen haben sich demnach als bedeutsam herausgestellt, um effektiv Rechte einklagen zu können. Diese Beobachtung trifft auch auf die Mobilisierung von nicht dokumentierten Migrant:innen in Berlin, Montréal und Paris zu.[47] Die lokalen Unterstützer:innen können in günstigen Fällen das Stigma abmildern, das Geflüchteten und Undokumentierten häufig anhaftet.[48] Migrant:innen, Geflüchtete und ihre Fürsprecher:innen stellen in der Regel die Gültigkeit von legalen Normen nicht in Frage. Vielmehr geht es darum, deren Anwendung einzufordern.

Es wird deutlich, dass Migrant:innen nicht ausschließlich im Sinne eines apolitischen *homo oeconomicus* interpretiert werden können, der nur auf wirtschaftliche Interessen achtet. Stattdessen sind sie auch aktive Gestalter:innen des Umgangs mit (sozialen) Rechten. Ökonomische Themen dominieren vor allem dann bei Außenseiter-Etablierten-Konstellationen, wenn die politische Macht zwischen den Beteiligten äußerst ungleich verteilt ist, d.h. stark zugunsten der etablierten Gruppen neigt.[49] Sobald Migrant:innen ansässig sind, tendieren sie dazu, diese Machtverteilung in Frage zu stellen. Im Kern handelt es sich bei Machtverteilungskonflikten aber nicht nur um ökonomische Fragen. Denn dominante Gruppen fühlen sich auch in ihrem sozialen Status und ihrem kulturellen Selbstverständnis bedroht, wenn ihre Machtressourcen in Frage gestellt werden. Diese gehen über ökonomische Ressourcen hinaus und schließen auch Vorstellungen und Normen des Zusammenlebens sowie der politisch-kulturellen Homogenität mit ein.[50] Umgekehrt sind die Versuche von Migrant:innen, ihre Lebens- und Arbeitsverhältnisse zu verbessern, nicht nur eine Frage der materiellen Redistribution, sondern zielen auf eine Anerkennung ihrer Würde und ihrer sozialen Stellung.

## Das Rechtsstaatsparadox: Rechtsstaat vs. Nationalstaat

Das Rechtsstaatsparadox bezieht sich auf die Ausweitung der Menschenrechte auf Migrant:innen, die im Widerspruch zu einer als ethnonational homogen gedachten Gemeinschaft steht.[51] Es ist offensichtlich, dass die Revolution der Menschenrechte,[52] die seit den 1960er-Jahren an Fahrt aufgenommen hat, Eingang in die Regulierungen zu Aufenthalt und Arbeit sowie die Regelung von Einbürgerung gefunden hat. Einen sichtbaren Ausgang nahm die Revolution der Rechte in der Bürgerrechtsbewegung in den USA, später in Europa. Sie diente auch als Inspiration für die weitere post-koloniale Emanzipation. In Europa haben in liberal-demokratischen Staaten vor allem supranationale Gerichte wie der Europäische Gerichtshof für Menschenrechte und der Europäische Gerichtshof die individuellen Rechte von Nicht-Bürger:innen vorangetrieben.[53] Dieser Trend kommt auch in der Herausbildung von post-nationaler Bürgerschaft bzw. genauer: post-nationaler Mitgliedschaft zum Ausdruck. In diesem Falle wird nicht mehr die Einheit von Rechten und nationaler Identität betont, sondern in Rechten die Grundlage von Mitgliedschaft gesehen.[54] Rechte und nationale Identität sind somit entkoppelt zu denken.

Viele liberal-demokratisch verfasste Immigrationsstaaten haben internationale Übereinkommen unterzeichnet, die besagen, dass auch die Menschenrechte von Nicht-Bürger:innen geschützt werden. Dies impliziert, dass bspw. für rechtmäßig ansässige Immigrant:innen etwa das Recht auf Familienzusammenführung besteht; es untersagt ist, Migrant:innen mit legalem Aufenthalt aus der Sozialversicherung auszuschließen; und diese Migrant:innen auch das Recht besitzen, Vereinigungen zu gründen. Speziell auf die sozio-kulturelle Sphäre bezogen akzeptiert der Rechtsstaat damit ein gewisses Maß an kulturellem Pluralismus. Diese Tendenz findet in Maßnahmen Ausdruck, die Religionsfreiheit schützen, Anti-Diskriminierung vorantreiben und spezielle Programme zur Erhöhung des Anteils von Immigrant:innen bzw. deren Kindern in Bereichen wie dem Öffentlichen Dienst fördern. Da liberaldemokratische Staaten bei rechtmäßigem Aufenthalt von Migrant:innen diese Rechte schwerlich beschränken können und die Funktionsweise des Rechtsstaats kulturelle Pluralisierung tendenziell erhöht, versuchen sie in bestimmten Fällen, Inseln zu schaffen, in denen bestimmte Rechte nicht gelten. Dies bedeutet, dass Migrant:innen über Mechanismen der Externalisierung von Migrationskontrolle gar nicht erst die Möglichkeit erhalten, einen rechtlich legalen Status zu erlangen.

Migration ist aus der Sicht einer nationalen Gemeinschaftsvorstellung zu begrenzen, weil ansonsten spezifische kulturelle Lebensstile und sogar die demokratische Verfasstheit des Nationalstaates gefährdet wären, z. B. durch den Import politisch autoritärer Vorstellungen.[55] Zugrunde liegt dieser restriktiven Position der Mythos eines ethnisch homogenen Nationalstaats. Durch die Forcierung restriktiver Migrationskontrollen, die auch Auswirkungen auf die Anerkennung soziokultureller Praktiken bestimmter Gruppen haben kann, wird Migration kulturalisiert und als Sicherheitsrisiko angesehen.[56]

Im Hinblick auf den kulturellen Aspekt der Staatlichkeit werden also Prinzipien der Rechtsstaatlichkeit sichtbar und damit ein potenziell multikultureller Staat einerseits und ein zwar demokratisch verfasster nationaler, jedoch ethnisch homogen gedachter Nationalstaat andererseits. Dies spiegelt sich nicht einfach in Fragen nach sozialer Kohäsion angesichts kultureller Vielfalt wider, sondern in Vorstellungen der Bedrohung einer angenommenen kulturellen Homogenität. Im politischen Denken des 20. Jahrhunderts findet sich u. a. die Idee einer ethnischen Homogenität der Nation, die mit einer Ablehnung kultureller Vielfalt einhergeht. Diese Haltung hat sich in den Schriften kulturkonservativ argumentierender Intellektueller und vor allem bei der «Neuen Rechten» niedergeschlagen.

Mehrheitsgruppen definieren sich selbst kaum über Merkmale wie «Rasse» oder Ethnizität. Weil sich die Mehrheitsgruppen in derartigen Kontexten als Individuen darstellen, bleiben ihre ethnischen Komponenten verdeckt. Manche verstehen sich demgegenüber als Träger:innen einer zivilisatorischen Mission, z. B. als die Bewahrer:innen eines christlichen Abendlandes, und berufen sich dabei auf eine jüdisch-christliche Tradition. Teilweise wird Immigration als eine Gefahr für die als einheitlich vorgestellte Lebensweise in einem Nationalstaat, im Abendland oder gar für den politischen Liberalismus an sich gesehen. Damit stehen sich zwei konträre Positionen zum Verständnis des kulturellen Pluralismus gegenüber: Die eine Sichtweise bewertet kulturelle Vielfalt als positive Entwicklung, die sowieso schon alle modernen liberalen Demokratien charakterisiert und für die Migration die weithin sichtbare Manifestation einer umfassenderen gesellschaftlichen Pluralisierung ist.[57] Migration erscheint so als ein Beitrag zu kultureller Innovation. Die entgegengesetzte Perspektive betrachtet Migration – seit den 1990er-Jahren insbesondere aus sogenannten muslimischen Ländern – als problematisch für eine imaginierte homogene Kultur und sogar für die wirtschaftliche Prosperität Deutschlands. Eine extreme Version dieser Haltung gründet in einem sogenannten «Ethnopluralismus», der die Ethnizität aller beteiligten Gruppen betont; dabei aber sicherstellen will, dass jede Gruppe als homogene Einheit ein Territorium besetzt.[58] Die Grenzen zwischen kulturkonservativen und rechten Positionen sind fließend und wurden durch Publikationen wie «Deutschland schafft sich ab» miteinander in Beziehung gesetzt.[59] Migration wird so zu einer Bedrohung für etablierte kollektive Identitäten – ein Prozess der Versicherheitlichung. Diese manifestiert sich nicht nur in Externalisierung von Grenzkontrollen und restriktiverer Gesetzgebung gegenüber manchen Kategorien von Migrant:innen. Vielmehr findet auch eine diskursive Verknüpfung mit dem Wohlfahrtsstaat statt, indem die angeblich mangelnde Produktivität von Migrant:innen zum Thema wird.

Derartige Argumente, die Probleme der ökonomischen Integration auf die kulturelle Rückständigkeit von Migrant:innen zurückführen, ruhen allerdings auf tönernen Füßen. Ihre Wirksamkeit ziehen sie aus einer wahrgenommenen Bedrohung der als homogen imaginierten nationalen Identität, die es nicht nur zu erhalten gelte, sondern die darüber hinaus eine Grundlage jeglicher Demokratie sei. Beispielsweise hielten Denker wie Carl Schmitt die ethnische Homogenität der Nation für eine *conditio sine qua non* der Demokratie.[60] Die Existenz pluri-ethnischer Demokratien liefert den Gegenbeweis.

Der rechtsgerichtete Populismus weiß Bedrohungsgefühle zu schüren, die auf ethnischer Homogenität und kulturellen Frontstellungen aufbauen. Dieser Populismus nutzt nicht einfach die materiellen Unterschiede und sozialen Ungleichheiten in Gesellschaften im Sinne einer Kapitalismuskritik von rechts, sondern auch Wahrnehmungen einer größer werdenden Kluft zwischen der «Elite» und dem «Volk».[61] Fragen, die sich zu einer solchen Frontstellung eignen, werden daher bevorzugt thematisiert: Migration, Währung, Europäische Einigung oder Handelspolitik. In dieser Hinsicht ist Populismus eine Form von Identitätspolitik.[62] Allerdings propagiert ein homogenisierender Populismus nicht wie Multikulturalismus die Vielfalt, sondern die Einfalt der Nation.

Allerdings steht nicht jegliche nationale Perspektive konträr zur rechtsstaatlich fundierten Ausweitung von Pluralität, insbesondere dann, wenn sie mit der Akzeptanz von kultureller Heterogenität einhergeht. Es gibt Beispiele von Staaten, die Pluralität als Kennzeichen sozialer Kohäsion im nationalen Rahmen zu gestalten versuchen. Der Erfolg solcher pluralistischen Politiken, häufig als Multikulturalismus bezeichnet, ist umso größer, je stärker darauf verwiesen werden kann, dass Einwanderung ein konstitutiver Bestandteil des Selbstverständnisses eines Nationalstaats darstellt. Auf diese Erfahrung verweisen die Politiken kultureller Vielfalt in Staaten wie Australien und Kanada.[63] Sie werden auf der Folie von Einwanderung als nationalem Gründungsmythos legitimiert. Historisch gesehen haben Nationalstaaten, insbesondere weiße Siedlerkolonien, Immigration als ein Instrument genutzt, um eine nationale Identität zu formen.[64] Eine Folge ist, dass sich bisher bspw. in Kanada die politischen Eliten einig sind, Migration nicht als Thema in Wahlkämpfen zu thematisieren.

## Kulturalisierung und Versicherheitlichung

In einer dystopischen Sicht sind kulturelle Unterschiede nicht nur ein sozio-politisches Problem, sondern sie bedrohen die moderne Lebensweise, angestammte Lebenspraktiken und Demokratie. Dabei sind diskursiv kulturelle Unterschiede nicht mehr so sehr wie noch vor einigen Jahrzehnten auf phänotypische Merkmale wie Hautfarbe bezogen, sondern auf liberale Werte. Ein roter Faden, der sich durch Versicherheitlichung zieht, sind ethnopluralistische Annahmen, dass bestimmte Kategorien von Migrant:innen aufgrund ihrer sozial und politisch autoritären Einstellungen die für den liberalen Rechtsstaat und Demokratie notwendigen Voraussetzungen nicht mitbringen würden.[65] Die Wortwahl «Ethnopluralismus» ist dezidiert an Konzepten der «Neuen Linken» orientiert und kehrt die ursprüngliche Bedeutung um.

Die Betonung kultureller Homogenität als Voraussetzung sozialer Kohäsion ist indes nicht ausschließlich ein Kennzeichen von Mehrheitsgruppen. Schließlich spielt die Vorstellung kultureller Einheitlichkeit auch in der Mobilisierung von migrantischen Gruppen eine Rolle – ob nun als Reaktion auf wahrgenommene Ausgrenzung durch Mehrheiten, auf der Grundlage tieferliegender Einstellungen oder beidem. Empirisch ist dabei antisemitische oder antichristliche Rhetorik leitend.[66] Allerdings ist zu beachten, dass – unabhängig davon, ob diese Gegenhomogenisierungen als reaktive oder proaktive Strategie seitens bestimmter Gruppen oder Organisationen von Migrant:innen zu bewerten sind – die Dynamik der politischen Auseinandersetzung in den Zielländern wesentlich durch die Mehrheitsgruppen angeleitet wird.

Kulturalisierung von Immigration ist ein Prozess, der entlang der Trennlinie «Wir» und «die Anderen» verläuft. Solche Kategorisierungen sind weit verbreitete soziale Phänomene, die in enger Beziehung zu einer ungleichen Verteilung von materiellen Ressourcen und sozio-kultureller Anerkennung stehen.[67] Es gibt drei soziale Mechanismen, die diesen Prozessen zugrunde liegen.[68] Erstens gehört dazu die Dichotomisierung, «Wir» sind ganz anders als «die Anderen». Hinzu kommen Frontstellungen bei religiösen Orientierungen wie Christentum vs. Islam. Zweitens findet eine Homogenisierung der Eigengruppe und der Fremdgruppe statt. Es werden dabei Unterschiede statt Gemeinsamkeiten der Gruppen betont. Darüber hinaus gelten Personen nicht als Individuen, sondern nur als Gruppenmitglieder. Überkreuzende Bindungen kommen dann so gut wie nicht vor. So werden Immigrant:innen bspw. nur als Flüchtlinge oder Muslime oder Deutsche gesehen, aber nicht in ihren überkreuzenden Rollen etwa als Arbeiter:innen, Mitglieder von Sportvereinen und Väter oder Mütter.[69] Drittens werden die beiden Gruppen in ein hierarchisches Verhältnis gebracht und die eigene Gruppe somit aufgewertet.[70]

Versicherheitlichung geht einen Schritt weiter und bedeutet, dass eine sozio-politische Frage wie grenzüberschreitende Migration als Sicherheitsfrage konstituiert wird. Es geht um eine intersubjektive Verständigung in der Eigengruppe bzw. Mehrheitsgruppe, dass ein Phänomen eine existentielle Bedrohung darstellt und daher außergewöhnliche Maßnahmen über den alltäglichen Katalog der politischen Maßnahmen hinaus erfordert.[71] Diese Gefahren können verschiedene Bereiche betreffen, neben materiellen Ressourcen vor allem identitätsbasierte Merkmale wie die Vorstellung einer feindlichen Übernahme und Eroberung durch Immigrant:innen.

Das erste Kennzeichen von Versicherheitlichung ist, dass die vermutete Gefahr durch spezialisierte Organisationen angegangen wird. Dies kommt in der Externalisierung von Migrationskontrolle und verstärkten Grenzkontrollen zum Ausdruck. Daneben kommt auch der Internalisierung von Kontrolle eine entscheidende Bedeutung zu. Internalisierung bedeutet, dass landesinterne Kontrollen durch Sicherheitskräfte Teil des öffentlichen Lebens werden.[72] Die manifeste Funktion von Versicherheitlichung ist es, einen starken Willen zum Handeln seitens der zuständigen Behörden und der jeweiligen Regierung zu signalisieren. Im Unterschied dazu liegt eine latente Funktion darin, diejenigen Probleme, die aufgrund des Rechtsstaatsparadoxes schwer zu lösen sind, in anders gelagerte Fragen zu überführen. Das Rechtsstaatsparadox wird so eines, das angeblich mit einem höheren Aufwand an polizeilichen oder gar militärischen Sicherheitsmaßnahmen handhabbar gemacht werden kann.[73] Die im Zuge der Ereignisse von 2015 nicht enden wollenden Diskussionen um Grenzöffnung und -schließung befassen sich mit der Frage, ob Fluchtbewegungen primär mit Instrumenten der klassischen nationalstaatlichen Sicherheitskontrolle beizukommen sei oder ob sich die Bemühungen nicht vielmehr auf Kooperation unter europäischen Staaten zur Verteilung von Ressourcen und auch auf eine Zusammenarbeit mit Transit- und Herkunftsstaaten zur Bewältigung dieser Migrationen richten sollten.

Das zweite Kennzeichen von Versicherheitlichung bezieht sich auf ökonomische Konkurrenz.[74] Was wirtschaftliche Konkurrenz betrifft, so finden sich häufig Narrative, die auf die Bedrohung durch Migrant:innen für Arbeitsplätze oder Wohnungen hinweisen. Dazu kommt noch die Behauptung, Migrant:innen würden wegen Sozialleistungen in europäische Wohlfahrtsstaaten einwandern (*welfare magnet hypothesis*). Gerade in puncto Sozialleistungen verweist die empirische Evidenz allerdings darauf, dass kaum Personen aus dieser Motivlage des Erwerbs von Sozialleistungen heraus nach Europa migrieren.[75] Im Zuge solcher Diskussionen wird offensichtlich, dass Migrant:innen im Rahmen eines Bedrohungsszenarios als homogener Block gesehen werden. Dieser Prozess verstärkt die dichotome Wahrnehmung von Migrant:innen vs. Nichtmigrant:innen. Hier gilt es, die Bedingungen zu spezifizieren, die dazu führen, dass ein Konflikt – etwa auf lokaler Ebene – mit Migration in Verbindung gebracht oder als Problem in ganz anderen Feldern wie Wohnungsbau bzw. Quartiersplanung eingestuft und behandelt wird.[76]

Die Fragen rund um wirtschaftliche Konkurrenz und soziale Sicherung sind also untrennbar mit kulturellen Merkmalen verbunden. Der Versicherheitlichung von Migration liegt die Angst um einen Kontrollverlust in einem Zeitalter der (erneuten) Globalisierung zugrunde. Migrant:innen werden dabei zum Teil für Entwicklungen verantwortlich gemacht, die Globalisierung allgemein betreffen. Im Unterschied zu globalen Produktions- und Distributionsketten, welche die Arbeitswelt völlig umgestaltet haben, aber nicht im Zentrum der öffentlichen Wahrnehmung stehen, sind Migrant:innen ein zumindest in vielen sozialen Räumen alltäglich sichtbares Zeichen globalisierter Prozesse. Schlussendlich berührt Versicherheitlichung zwei Kernfragen der Konstitution nationaler Staaten: «Wer sollte Zugang zu welchen Leistungen haben?» und «Wer sind wir?».

### *Kulturelle Homogenität und Rechtspopulismus: Ideologische Setzungen*

Rechtspopulismus bedient sich sowohl ökonomischer als auch kultureller Quellen. In ökonomischer Hinsicht fühlen sich in Ländern wie Deutschland, den USA, Großbritannien oder Frankreich diejenigen zu rechtspopulistischen Parteien hingezogen, in deren Wahrnehmung Wohlfahrtsstaat und Rechtsstaat vor allem Minderheiten wie Migrant:innen bevorzugen. Sie fühlen sich zurückgelassen, insbesondere in de-industrialisierten und ländlichen Gebieten, in denen die Bewohner:innen eine geringere Lebenserwartung und unsicherere Arbeitsmöglichkeiten haben als in vielen städtischen Zentren.[77]

Es sind aber nicht nur ökonomische Aspekte, welche Wähler:innen rechtspopulistischer Parteien bewegen. Vielmehr ist es der Eindruck, dass Lebensweise und kollektive Identität bedroht sind.[78] Man denke nur an die Bezeichnung der «Patriotischen Europäer gegen die Islamisierung des Abendlands» (PEGIDA).[79] Diese kulturelle Dimension lässt sich verstehen, wenn sie als Gegenreaktion nicht nur zur «Neuen Linken», sondern auch zur «stillen Revolution» der 1970er-Jahre verstanden wird. Es geht also auch um Opposition gegen bestimmte Normen, die Menschenrechte für Minderheiten und Flüchtlinge oder Sorge um die Ökologie mit dem Bild des guten Bürgers bzw. der guten Bürgerin verknüpfen.[80] Die Verknüpfung des moralisch Guten mit diesen neuen Werten führt zu emotionalem Widerstand.[81] Es ist das Gefühl, in jeder Hinsicht abgehängt zu sein, das die negativen Einstellungen gegenüber Kategorien wie Migrant:innen speist. Die dominante Ausrichtung ist normativ gesehen rückwärts orientiert, während kosmopolitisch orientierte Gruppen der neuen Mittelklassen in Bereichen wie Bildung und Informationswirtschaft eher zukunftsorientiert argumentieren. Allerdings sollte nicht vergessen werden, dass gerade die kosmopolitische Kategorie von einem national ausgerichteten wohlfahrtsstaatlichen Schutz vor ausländischer Arbeitsmarktkonkurrenz profitiert.[82]

Unter denjenigen, die Immigration primär als Verlust einer angestammten Lebensweise interpretieren, finden sich in Deutschland und anderswo nicht nur Verlierer:innen der wirtschaftlichen Globalisierung.[83] Zumindest genauso wichtig für eine Ablehnung von Migrant:innen ist die ideologische Ausrichtung.[84] Diese Beobachtung trifft auf die Wähler:innen zu, die eine Präferenz für Parteien wie die Alternative für Deutschland (AfD), die Freiheitliche Partei Österreichs (FPÖ) oder das *Rassemblement National* (RN) in Frankreich äußern. Verstärkereffekte durch Medienberichterstattung tun ein Übriges, um die Effekte von Migration zu dramatisieren und mit negativen Affekten aufzuladen.[85] Das Spannungsverhältnis zwischen Rechtsstaatlichkeit und Nationalstaatlichkeit war schon vor der letzten Welle rechtspopulistischer Erfolge in den 2010er-Jahren existent und hat die Dynamik der politischen Debatten um Migration in Europa spätestens seit den 1960er-Jahren angetrieben.

### *Die Verschränkung von Klasse und Kultur*

Immigration wird aus rechtspopulistischer Sicht als moralisches Risiko verstanden, bei dem Migrant:innen den Wohlfahrtsstaat ausbeuten. Dieses Beispiel verdeutlicht den zweifach verschränkten Charakter der nativistischen Mobilisierung gegen Immigrant:innen. Erstens handelt es sich um eine vertikale Mobilisierung des Misstrauens gegenüber kosmopolitisch eingestellten Eliten, die den Sturm der Globalisierung nicht abzufedern vermögen und dies auch gar nicht wollen. Und zweitens ist es eine horizontale Mobilisierung gegen jene, die Unsicherheit symbolisieren – Migrant:innen. In diesem Falle verstärkt die vertikale Mobilisierung die horizontale und umgekehrt. Während die horizontale Dimension ein in den letzten 200 Jahren vertraut gewordener Aspekt von Immigration ist, kommt der vertikalen Dimension eine entscheidende Rolle in der Verbindung von Unbehagen an der Globalisierung und einem empfundenen Kontrollverlust zu. Dabei ist wiederum Migration eine vermeintlich leicht ausmachbare Folge einer Globalisierung, von der vorwiegend politische und ökonomische Eliten profitieren würden.

Es verwundert nicht, dass Debatten um Immigration immer auch die Frage danach aufwerfen, wer wir sind; so auch der Titel einer Polemik gegen mexikanische Immigration in den USA.[86] Welche Heterogenitäten dabei jeweils in den Vordergrund treten, unterscheidet sich je nach historischem und institutionellem Kontext. In Europa im Allgemeinen und Deutschland im Besonderen konzentriert sich seit fast 30 Jahren die Versicherheitlichung entlang des Merkmals Religion und dabei auf die vermeintliche (Nicht-)Vereinbarkeit von Islam mit liberalen politischen Normen wie Geschlechtergleichheit und Demokratie. Inzwischen steht auch islamistischer Terror im Mittelpunkt. Im Unterschied dazu stehen bspw. in den USA der legale bzw. illegale rechtliche Status von Migrant:innen und die Kategorie «Rasse» im Vordergrund.[87] «Rasse» ist schon allein deshalb ein wichtiges Merkmal, weil diese Heterogenität rechtlich in der Selektion von Immigrant:innen keine Rolle mehr spielen darf. Es ist allerdings auffällig, dass trotzdem bestimmte Menschen wie «*people of colour*» weiterhin große Hindernisse bei der sozioökonomischen Integration zu überwinden haben.[88] In allen Fällen wird deutlich, dass Elemente von Klasse und Kultur stark verschränkt sind. Gerade bei Immigrant:innen aus Nordafrika oder der Türkei überlappt häufig die sozioökonomische Position (relativ niedrig) mit zugeschriebener Religion (Islam), obwohl bei weitem nicht alle Immigrant:innen aus diesen Regionen in die Kategorie der sozial Benachteiligten fallen.[89]

Populistische Politik verspricht einfache Lösungen für grenzüberschreitende Mobilität jenseits komplexer bürokratischer Maßnahmen.[90] Die horizontale Solidarität einer Nation wird im Gegensatz zu einer als kosmopolitisch wahrgenommenen Elite beschworen. Ein plebiszitäres Element hält damit Einzug in die politische Auseinandersetzung. Populistische Parteien werden dadurch zu vermeintlichen Verteidiger:innen par excellence von demokratischen Formen der Auseinandersetzungen um Immigration, indem sie immer wieder fordern, dass das Volk entscheiden sollte und eben nicht sich selbst bereichernde Eliten. In dieses Schema passt sodann, dass sich relativ einfache Lösungsangebote, wie die Schließung von Grenzen für Geflüchtete, mit genauso einfachen Erklärungsangeboten wie den vermeintlichen Interessen der Eliten an einem «Bevölkerungsaustausch» der einheimischen mit einer fremden Bevölkerung überlagern.In diesen Auseinandersetzungen geht es ganz fundamental um die Legitimität von politischen Eliten in demokratisch verfassten Nationalstaaten.[91] Die Homogenisierung von Migrant:innengruppen ist eine Voraussetzung dafür, dass Migration ein Meta-

Thema wird, an dem die behauptete Unfähigkeit von politischen Eliten festgemacht werden kann.[92]

## Wie die Revolution der Rechte die Forderungen nach kulturellen Rechten vorantreibt

Neben Mechanismen der sozialen Schließung und Hierarchisierung fallen auch im Rahmen des Rechtsstaatsparadoxes Prozesse der Inklusion ins Auge. Insgesamt nahmen Konzepte und Programme des kulturellen Pluralismus bzw. Multikulturalismus in den letzten Jahrzehnten langsam an Fahrt auf. Ein Feld, in dem dies sichtbar wird, sind die Versuche in etlichen europäischen Staaten, national angepasste Lösungen für die Integration verschiedenster Strömungen des Islams in die institutionalisierte Interaktion Staat-Religion zu finden; so etwa in Deutschland, Frankreich und Schweden.[93] Eine wesentliche Stimme des kulturellen Pluralismus bilden Migrant:innen selbst. Sie sind nicht einfach Objekte populistischer oder kulturell pluralistischer Strömungen und damit nicht ohne Weiteres Mechanismen der Homogenisierung, Dichotomisierung und Hierarchisierung ausgesetzt. Migrant:innen sind auch Akteur:innen, die Rechte einfordern und Politik mitgestalten. Die dabei erhobenen Forderungen beziehen sich nicht auf kulturelle Gleichartigkeit, sondern zielen auf Gleichwertigkeit.

Eine förderliche Rahmenbedingung für mehr politische Teilhabe von Migrant:innen stellen multikulturelle Politiken dar. Multikulturelle Politiken haben eine Aktivierungsfunktion. Sie fördern die Mobilisierung von Migrantengruppen in vielen Lebensbereichen. Multikulturalismus geriet seit Beginn des Jahrhunderts verschärft in die Kritik, etwa angesichts des islamistischen Terrors und der Wahrnehmung von muslimischen «Parallelgesellschaften». Prominente Politiker:innen wie Angelika Merkel erklärten ihn 2010 für «absolut gescheitert». Trotzdem hat sich Multikulturalismus weiter entwickelt. Zwar wird der Begriff Multikulturalismus heute weniger bemüht als noch um die Jahrtausendwende, aber seine stetige Entfaltung wird u. a. im *Multiculturalism Policy Index* deutlich.[94] Der Index umfasst die Entwicklung in

21 OECD-Ländern zwischen 1980 und 2020 und dokumentiert die Stärke von acht multikulturellen Maßnahmen, welche die Anerkennung kultureller Praktiken und die Sozialintegration von Migrant:innen fördern sollen. Darunter fallen: (1) die Betonung von kulturellem Pluralismus, (2) multikulturelle Inhalte in den Lehrplänen von Schulen, (3) Sprachregelungen in öffentlichen Medien, (4) religiös begründete Ausnahmebestimmungen, (5) Toleranz gegenüber doppelter Staatsangehörigkeit, (6) Finanzierung kultureller Aktivitäten der Organisationen von Migrant:innen, (7) Finanzierung von bilingualer Bildung und herkunftssprachlichem Unterricht und (8) Gleichstellungspolitik für Einwanderer. Insgesamt erhöhen multikulturelle Maßnahmen die Identifizierung von Migrant:innen mit dem Immigrationsland und insbesondere auch ihre politische Partizipation. In allen untersuchten Ländern, die Niederlande ausgenommen, wurden die Maßnahmen im Laufe der letzten vier Jahrzehnte stärker. Das gilt im Wesentlichen auch für den Zeitraum 2010 bis 2020, in dem die multikulturellen Maßnahmen in acht Ländern zunahmen, in neun Ländern auf gleichem Niveau blieben und nur in vier Ländern abnahmen. Die führenden Länder waren im Jahre 2020 Australien, Kanada, Finnland und Schweden, während sich Japan, die Schweiz, Dänemark und die Niederlande am unteren Ende wiederfanden. Merkliche Fortschritte gab es in Norwegen, Deutschland und Portugal; alle drei Staaten wanderten von 1980 bis 2020 vom unteren Ende in die Mitte. Dabei ist es wichtig, sich in Erinnerung zu rufen, dass multikulturelle Politiken gegenüber Migrant:innen – im Unterschied zu solchen für nationale Minderheiten – nicht primär auf die Gewährung von Gruppenrechten abzielen, sondern auf Individualrechte und die Unterstützung von Organisationen von Migrant:innen. In öffentlichen Diskussionen, sowohl über Arbeitsmigrant:innen als auch Flüchtlingen, entsteht jedoch leicht der Eindruck, dass es sich bei multikulturellen Rechten vorwiegend um Gruppenrechte handele.

Für das erste Jahrzehnt des 21. Jahrhunderts zeigt der *Multiculturalism Policy Index* klare Ergebnisse für die politische Partizipation von Migrant:innen.[95] So belief sich der Prozentsatz von Einbürgerungen unter Migrant:innen im berufsfähigen Alter in Kanada im Jahre 2007 auf 89, während er in Deutschland bei 37 und in der Schweiz bei 35 lag.

Dieses Ergebnis weist darauf hin, dass volle Eingliederung in das politische System großen Schwankungen unterliegt, mit Folgen für die Beteiligung an Wahlen. Allerdings sollte beachtet werden, dass Einbürgerungspolitiken in Staaten wie Deutschland inklusiver wurden, so etwa durch die Ergänzung des Abstammungsprinzips (*ius sanguinis*) durch Elemente des Geburtslandsprinzips (*ius soli*).[96] Auch wenn weniger konventionelle Formen politischer Partizipation in den Blick genommen werden, so etwa Demonstrationen und *sit-ins*, treten ähnliche Ergebnisse zutage: Immigrant:innen in Ländern mit höheren Index-Werten beteiligen sich häufiger an gewaltlosen Protesten als diejenigen in Ländern mit einem nach außen hin stärker mono-kulturell vorgetragenen kollektiven Selbstverständnis. Kulturpluralistische Politiken verleihen Migrant:innen eine gewichtigere Stimme in demokratisch verfassten Gemeinwesen.

### *De-Hierarchisierung, De-Kategorisierung und Re-Kategorisierung*

Zum Verständnis der Dynamiken sozio-kultureller Inklusion können vor allem drei soziale Mechanismen beitragen: De-Hierarchisierung der Beziehungen zwischen Mehrheits- und Minderheitsgruppen; De-Kategorisierung von Gruppen, die vorher als homogen galten; und Re-Kategorisierung, die der Pluralität von Merkmalen in Gruppen von Immigrant:innen Rechnung trägt und damit Migrant:innen mit überkreuzenden Identitäten hervorhebt und als Individuen sieht.

Mobilisierung rund um Religion und insbesondere Religionsfreiheit ist seit einigen Jahren ein prominentes Beispiel für Versuche der De-Hierarchisierung durch Immigrant:innengruppen.[97] Mehrere islamische Organisationen versuchen seit mindestens zwei Jahrzehnten, Teil des korporatistischen Institutionengefüges in Deutschland zu werden, das den rechtlich abgesicherten Status als Religionsgemeinschaft oder gar als Körperschaft des öffentlichen Rechts bietet. Einige islamische Organisationen haben es erreicht, Religionsunterricht an Schulen anzubieten und sich an der Gestaltung von Studiengängen zu islamischer Theologie zu beteiligen.[98] Eines der Probleme ergibt sich daraus, dass die Türkisch-Islamische Union der Anstalt für Religion e. V. (DİTİB) – die in Deutschland tätige Unterorganisation der türkischen Religionsbehörde Diyanet – bisher kaum glaubwürdig argumentieren kann, unabhängig von den Weisungen der türkischen Regierung zu agieren.[99] Hier erweist sich die enge transnationale Verknüpfung als nachteilig in einem Immigrationsstaat, der auf die Institutionalisierung einer europäischen Version des Islam abzielt. Das religiöse Feld ist dabei bei weitem nicht das einzige, in dem sich Prozesse der De-Hierarchisierung vollziehen. Andere Beispiele betreffen gewerkschaftliche Organisation, in der Immigrant:innen als Mitglieder und Führungskräfte eine stärkere Rolle spielen.[100]

Der Fokus auf Diversität und *Diversity Management* kann als ein Mechanismus der De-Kategorisierung verstanden werden. Es ist keine Perspektive, die darauf abzielt, die Rechte von Minderheiten zu stärken, sondern die u. a. die Potenziale von Migrant:innen in der Arbeitswelt und der Versorgung von Bürger:innen nutzen will. Insofern könnte diesem Ansatz eine entpolitisierende Rolle zugeschrieben werden. Denn Merkmale wie Sprache und interkulturelle Fertigkeiten sollen gefördert werden, um in Privatunternehmen die Effizienz zu erhöhen und in öffentlichen Einrichtungen die Teilhabe aller Gruppen in zentralen Bereichen wie Gesundheit und Bildung zu verbessern.[101] Das mobilisierende Potenzial zur De-Kategorisierung sollte aber nicht unterschätzt werden. Der diversitätsorientierte Ansatz stellt also nicht etwa die Zugehörigkeit zu einer bestimmten Religion oder einer Klasse als *das* Hauptmerkmal der sozialen Positionierung in den Mittelpunkt, sondern konzentriert sich auf individuelle Kenntnisse und Fertigkeiten, die Effizienz, aber auch Inklusion in und durch Organisationen fördern sollen. Somit richtet dieser Ansatz den Blick über teilweise essentialisierende Gruppenzugehörigkeiten hinaus auf die Merkmale einzelner Personen. Damit werden Individuen nicht länger primär als Angehörige fixer Gruppen entlang feststehender Merkmale wie Religionszugehörigkeit kategorisiert. Mit einer solchen De-Kategorisierung wird der Blick frei für überkreuzende Rollen und überlappende Mitgliedschaften.[102]

Re-Kategorisierungen, die anti-diskriminierend wirken sollen, werden häufig auch von Mehrheitsgruppen vorangebracht. Ein Beispiel dafür ist die Anfang der 2000er-Jahre für Zwecke der statistischen Erfassung neu geschaffene Kategorie «Personen mit Migrationshintergrund»

(PMH), welche die Kategorie «Ausländer» ersetzen sollte. Eine allgemeingültige Definition für PMH gab es nicht. Zwei Kriterien flossen in die häufig verwendete Definition des «Migrationshintergrunds» vom Statistischen Bundesamt ein – Geburtsort im Ausland und Staatsangehörigkeit: «Eine Person hat dann einen Migrationshintergrund, wenn sie selbst oder mindestens ein Elternteil nicht mit deutscher Staatsangehörigkeit geboren ist. Die Definition umfasst im Einzelnen folgende Personen: 1. zugewanderte und nicht zugewanderte Ausländer; 2. zugewanderte und nicht zugewanderte Eingebürgerte; 3. (Spät-)Aussiedler; 4. mit deutscher Staatsangehörigkeit geborene Nachkommen der drei zuvor genannten Gruppen.»[103] Im Unterschied zum Geburtsort ist das Kriterium der Staatsangehörigkeit im Laufe der Zeit veränderbar. Eine Re-Kategorisierung entlang der Kategorie PMH geht sicherlich über einseitige externe Zuschreibungen und Selbstbeschreibungen wie das Merkmal Religion hinaus. Gleichzeitig ist es eine Sammelkategorie, die ganz unterschiedliche Gruppen einschließt, z.B. im Ausland geborene und sozialisierte Personen mit solchen, die in Deutschland aufwuchsen. PMH ist also eine zusammengesetzte und vor allem statistisch-verwaltungsmäßige Kategorie, mit der sich die damit Erfassten kaum identifizieren würden. Wie detaillierte Analysen der parlamentarischen Debatten im Deutschen Bundestag zum Thema Bildung zeigen, konstruierten die Debattenredner:innen PMH als eine «homogenisierte soziale Kategorie», die je nach Bedarf Herkunft, Sprache, Klasse und Zugehörigkeit oder alle zusammen darunter subsumierte.[104] Ob eine Ersetzung des Begriffs Migrationshintergrund durch Vorschläge wie «Eingewanderte und ihre (direkten) Nachkommen»[105] dieses Problem der Homogenisierung von Kategorien aus der Welt schaffen wird, ist angesichts der geläufigen Kulturalisierung politischer Debatten um Immigration fraglich.

## Verschränkte Paradoxa

Nicht erst das Aufkommen des Rechtspopulismus macht die sozio-ökonomischen Spannungslinien des Wohlfahrtsparadoxes und die soziokulturellen des Rechtsstaatsparadoxes sichtbar. Auch wenn rechtspopulistische oder gar rechtsextreme Politik stark zur Versicherheitlichung von Migrationspolitik beiträgt, so sind es doch die grundlegenden institutionellen Funktionsweisen verschiedener Dimensionen von Staatlichkeit, welche die Konstitution von Migration als transnationalisierte soziale Frage strukturieren.[106]

Das Wohlfahrtsparadox und das Rechtsstaatsparadox sind eng verschränkt, da ökonomische Unterschiede entlang von Klasse die Politisierung kultureller Merkmale kanalisieren und umgekehrt kulturelle Kategorisierungen Differenzen zwischen Klassen befördern. Marktliberalisierung dient als Grundlage für Klassenunterschiede zwischen Migrant:innen bzw. verstärkt diese, während Versicherheitlichung diese Differenzen aufnimmt und entlang national-kultureller Spannungslinien politisiert. Dabei konzentrieren sich Diskussionen über das vermutete bzw. behauptete Scheitern der Sozialintegration von Migrant:innen in der Regel auf Gruppen, denen in öffentlichen Debatten ein relativ niedriger sozialer Status zugeschrieben wird; bspw. ehemalige «Gastarbeiter» aus der Türkei oder neuerdings Geflüchtete auf dem Mittleren Osten, Zentralasien und etlichen afrikanischen Ländern. Hingegen wird die Sozialintegration von als hochqualifiziert eingestuften Personen in der Öffentlichkeit kaum thematisiert.

Diese Prozesse haben nicht einfach zur Verdrängung von Klasse durch sozio-kulturellen Status entlang von Heterogenitäten wie Religion, Nationalität oder Geschlecht in politischen Debatten geführt. Schließlich bezieht sich die klassenorientierte Politik auch auf kulturelle Abgrenzungen wie einen bestimmten Lebensstil.[107] Dennoch haben sich die Merkmale, die seit dem letzten Drittel des 20. Jahrhunderts politisiert werden, etwas verschoben: Kulturalisierte Heterogenitäten stehen heute im Vordergrund der politischen Auseinandersetzungen um Migration und deren Folgen, insbesondere Religion. Interessanterweise wurden bis vor kurzem manche Merkmale wie «Rasse» als Produkt der Rassifizierung von phänotypisch-kulturellen Merkmalen in den politischen und wissenschaftlichen Debatten in Deutschland wenig thematisiert. Hier wirkt die erst zögerlich in Gang gekommene Auseinandersetzung mit der eigenen kolonialen Vergangenheit nach.[108]

Eine ungebremste Marktliberalisierung kann das Vertrauen nicht nur unter Bürger:innen, sondern auch zwischen ihnen und Neuankömmlingen untergraben – eine Behauptung, die im Kern auf diverse Denker wie Émile Durkheim, Ferdinand Tönnies und Karl Polanyi zurückgeht.[109] Dies lässt sich am Beispiel der Wahrnehmung von religiösen Minoritäten illustrieren. Intensivierte Marktliberalisierung ist durch eine höhere Zuschreibung der Bedeutung von individueller Eigenverantwortung begleitet. Es ist empirisch nachvollziehbar, dass der Grad marktliberaler Politiken mit der Art und Weise variiert, wie Bürger:innen symbolische Grenzen entlang ethno-religiöser Vielfalt und moralischem Verdienst ziehen. Konkret lässt sich zeigen, wie Staaten, die in den letzten beiden Jahrzehnten eine stärker an marktliberalen Vorstellungen orientierte Wirtschafts- und Sozialpolitik betrieben haben, auch diejenigen sind, in denen die Grenzen zwischen der Mehrheitsgruppe und denen, die kulturell nicht willkommen sind, besonders markant gezogen wurden.[110] Daten aus der *European Values Study* (EVS) zeigen das Anwachsen von Animositäten gegenüber ethno-religiös von der Mehrheitsgruppe unterscheidbaren Gruppen, insbesondere Muslimen. So will etwa ein steigender Prozentsatz keine muslimischen Nachbarn. Insgesamt zeigen die Daten aus zwei Wellen der EVS in den Jahren 1990 und 2019, dass die Implementation marktliberaler Politiken mit einer stärkeren Abgrenzung gegenüber Gruppen mit einem als anders wahrgenommenen sozio-kulturellen Hintergrund einherging. Der marktliberal geförderte Konkurrenzgedanke unter dem Vorzeichen ökonomischer, politischer und kultureller Globalisierung verstärkt demnach Grenzziehungen gegenüber als schwächer wahrgenommenen Gruppen, insbesondere bei der Ungleichverteilung von Gewinnen und Verlusten der wahrgenommenen Folgen von ökonomischer Globalisierung.

## Politische Konstellationen: Seltsame Koalitionäre

Den strukturellen Spannungen und Paradoxa entsprechen auch die Konstellationen von politischen Akteur:innen (Tabelle 7.2). Bezüglich des Wohlfahrtsparadoxes sind es vor allem Verbände von Unternehmen in expandierenden oder unter Druck geratenen Sektoren, die für expansivere Immigrationspolitiken plädieren. Zu den letzteren Bereichen zählt u. a. das Gesundheits- und Pflegewesen. Expandierende Bereiche, die mit Digitalisierung verknüpft sind, fordern eine erleichterte Anwerbung von als (hoch)qualifiziert eingestuften Fachkräften. In Sektoren unter starkem globalem Wettbewerbsdruck können es auch Arbeitsplätze sein, bei denen sich im Ausland tätige Unternehmen und dazugehörige «willige» und ggf. «billige» Arbeitskräfte für die Erbringung von Dienstleistungen vor Ort im Zielland einen Wettbewerbsvorteil versprechen; so etwa in der Fleischindustrie, der häuslichen Pflege oder im Baugewerbe. Welche Sektoren hier jeweils für eine offenere Anwerbepolitik plädieren, ist einem steten Wandel unterworfen. In den 1960er-Jahren waren dies in vielen europäischen Ländern etwa die in Bedrängnis geratene Kohle- und Stahlindustrie sowie die Bekleidungsindustrie. Für Sektoren wie die Bekleidungsindustrie war die Beschäftigung von Arbeitsmigrant:innen nur eine Zwischenstation vor der Verlagerung in Länder mit attraktiveren Bedingungen hinsichtlich der Lohnkosten und der Willigkeit von Arbeitskräften. Nicht von ungefähr fielen die Vertreter:innen derartiger Industriezweige als Fürsprecher:innen expansiver Immigrationspolitik weg und wurden ab Anfang der 2000er-Jahre in Europa durch die Hochtechnologie-Sektoren ersetzt, die sich wiederum für ein neues Zuwanderungsgesetz stark machten.[111] Auch die demographische Entwicklung hin zu einer alternden Bevölkerung und die Existenz eines «Surplus» von Arbeitskräften in Emigrationsregionen führten zu Rufen nach erleichterter Einwanderung. Allerdings sind gerade der Beitrag von Migrant:innen zur Abfederung der Alterung der Bevölkerung und ihr Beitrag zu den zu erwartenden Rentenlücken sowohl wissenschaftlich als auch politisch höchst umstritten. Dabei sind Parameter wie die Entwicklung der Produktivität für die weitere wirtschaftliche Entwicklung mindestens genauso entscheidend wie der verfügbare Pool an Arbeitskräften.[112]

Etwas restriktivere Positionen vertraten die Gewerkschaften seit den 1950er- und 1960er-Jahren. Dies führte aber nicht zu einer generellen Forderung nach restriktiver Schließung. Die Gewerkschaften forderten, migrantische Arbeitskräfte sozialrechtlich den inländischen gleichzustellen. Das Paradebeispiel ist die erfolgreiche Durchsetzung gleicher ta-

| Immigrationspolitiken Migrant:innen | Expansiv | Restriktiv |
|---|---|---|
| *Ökonomisch nachgefragt* | *Unternehmensverbände* | *Gewerkschaften* |
| ***Wohlfahrtsparadox*** | Wettbewerbsstaat | Wohlfahrtsstaat |
| *Sozio-kulturell willkommen* | *Advokat:innen kultureller Vielfalt; Organisationen von Migrant:innen; (supranationale) Gerichte* | *Kulturell Konservative, Kritiker:innen der Globalisierung* |
| ***Rechtsstaatsparadox*** | Rechtsstaat | Nationalstaat |

*Tabelle 7.2: Akteur:innen in der Immigrationspolitik*

rif- und sozialrechtlicher Bestimmungen bei der Anwerbung von «Gastarbeitern» Anfang der 1960er-Jahre in Deutschland. Ganz im Sinne des Dilemmas Rechte vs. Zahlen bedeutet eine solche Grundposition, dass die Zahl der Arbeitsmigrant:innen dann beschränkt werden sollte, wenn Konkurrenz um Arbeitsplätze auftritt oder das institutionelle Gefüge der Tarifautonomie gefährdet sein sollte.

Im ausgehenden 20. Jahrhundert löste das Rechtsstaatsparadox das Wohlfahrtsparadox als dominanten inhaltlichen Fokus politischer Debatten ab. Politische Konflikte um die sozio-kulturelle Integration von Arbeitsmigrant:innen sind über die Jahrzehnte nach ihrer Ankunft im Laufe ihrer Niederlassung stärker geworden. Manche der «Gäste» entwickelten sich schlussendlich zu politisch Aktiven, die Forderungen nach der Gewährung von Rechten stellten. Die Ansprüche der Organisationen von Migrant:innen beziehen sich nicht primär auf Zulassungs-, sondern vorwiegend auf Integrationspolitik, welche den Umgang mit Heterogenitäten mitbestimmt. Im Falle der meisten Zielländer in Europa lässt sich also eine Abfolge des Fokus unter Migrant:innen weg von wirtschaftlichen Fragen hin zu sozial-kulturellen Fragen der Anerkennung beobachten. Es handelt sich um einen der Migration inhärenten Prozess in liberal-demokratischen politischen Systemen.

Zu den Advokat:innen eines kulturellen Pluralismus im Rechtsstaat gehören auch Vertreter:innen multikultureller und diversitätsorientierter Ansätze. Diese stemmen sich nicht notwendigerweise gegen eine offenere Immigrationspolitik. Ihre Orientierung ist stärker auf Integration ausgerichtet. Immigration ist aus dieser Sicht potenziell bereichernd für wirtschaftliche und soziale Innovation. Auf der anderen Seite, unter dem Vorzeichen von kultureller Homogenität, finden sich vor allem die Verfechter:innen der Vorstellung national homogener Kollektive.

Die Rolle des nationalen Wohlfahrtsstaats in der transnationalisierten sozialen Frage erscheint ambivalent. Einerseits wirkt er als Korrektiv zum Wettbewerbsstaat mit Marktliberalisierung, indem er ein Grundgerüst an sozialen Rechten und Leistungen bereitstellt. Dies kommt nicht nur den nicht-migrierten Bürger:innen, sondern auch niedergelassenen Migrant:innen zugute. Andererseits wirkt er im Hinblick auf Zulassung exklusiv, da die Regulierung von Migration eine der Voraussetzungen für den Klassenkompromiss im Wohlfahrtsstaat ist. Eine Grundlage für diesen Kompromiss ist, dass in grenzübergreifender Hinsicht Arbeit stärker als Kapital und Dienstleistungen zahlreichen Grenzziehungen und Beschränkungen unterliegt. Darüber hinaus gibt es Hinweise darauf, dass der Wohlfahrtsstaat selbst das Kollektiv derer, die reziproke Beziehungen etwa bei Sozialversicherungen eingehen, nicht beliebig auf die globale Ebene extrapoliert werden kann.[113]

Allerdings muss auch sogleich eine Einschränkung bezüglich der Exklusivität von Wohlfahrtsstaaten gemacht werden. Nicht im Hinblick auf Zulassung, aber bei Integration ist aus wohlfahrtsstaatlicher Sicht wiederum ein Maximum an Gleichheit aller Beteiligten – sowohl Bürger:innen als auch Nichtbürger:innen – gefordert. Ansonsten könnte das grundlegende Prinzip der sozialen Rechte für alle Beschäftigten, ein nach innen hin inklusives Prinzip, nicht aufrechterhalten werden. Im Hinblick auf soziale Gleichheit gilt es also immer, zu fragen, ob sich diese auf den Nationalstaat oder die Welt als Ganzes bezieht.

Zusammengefasst favorisieren die Prinzipien des Wettbewerbsstaates und des Rechtsstaates eher tolerante bzw. offene Immigrationspolitiken. Beide Prinzipien schlagen sich allerdings nicht unmittelbar in der politischen Koalitionsbildung nieder. Demgegenüber legen die Funktionsweisen des Wohlfahrtsstaates und des Nationalstaates – wiederum aus den oben genannten ganz verschiedenen Gründen – eine restriktivere Immigrationspolitik nahe. Auch in diesem Falle sind politische Koalitionen eher unwahrscheinlich. Politische Konfliktlinien verlaufen im Bereich Migration quer zu weithin bekannten Rechts-Links Schemata. So wäre auf den ersten Blick nicht leicht zu entscheiden, ob etwa eine links-liberale Position eine restriktive Immigrationspolitik (Wohlfahrtsstaat) oder eine offene Immigrationspolitik (pluralistischer Rechtsstaat) nahelegen würde. Auf jeden Fall würde sie eine Politik sozialer Gleichheit für alle bereits im jeweiligen Staat befindlichen Personen nahelegen.

## Ausblick: Die bleibende Relevanz von Klasse und die zunehmende Bedeutung von kulturellen Heterogenitäten

Die beiden Spannungsverhältnisse, das Wohlfahrtsparadox und das Rechtsstaatsparadox, umreißen die Prozesse, die bei der Internalisierung der transnationalisierten sozialen Frage entstehen. Eine genauere Untersuchung der dabei wirkenden Master-Prozesse – Marktliberalisierung, De-Kommodifizierung, kulturelle Pluralisierung und kulturelle Homogenisierung im Verein mit Versicherheitlichung – ergibt, dass diese in verschiedenen Kombinationen weitreichende Folgen für die Entstehung und Fortführung von Ungleichheiten haben.

Die durch das Rechtsstaatsparadox und das Wohlfahrtsparadox angezeigten Konflikte um Migration zwischen verschiedenen Gruppen sind dabei nicht unbedingt der Integration von Gesellschaften abträglich. Im Gegenteil, sie können auch zur sozialen Kohäsion von Migrationsgesellschaften beitragen.[114] Kritisch zu bewerten sind aber diesbezüglich extreme Positionen wie Marktliberalisierung als Marktfundamentalismus und Versicherheitlichung durch Populismus. Denn Marktfundamentalismus nimmt die Politik aus ökonomischen Prozessen heraus, indem dessen Befürworter:innen ganz einfach für Deregulierung und einen starken Staat zu deren Durchsetzung befürworten plädieren. Und Populismus als eine extreme Form der Kulturalisierung und Versicherheitlichung entfernt liberale Politik aus politischen Prozessen, indem er kulturelle Homogenität als unhintergehbares Ziel definiert.

Am Beginn von Immigrationsprozessen befinden sich Migrant:innen in der Regel am unteren Ende der politischen Machthierarchie. Ihre Position hat sich im Verlaufe der vergangenen Jahrzehnte in der Politik europäischer Gesellschaft verändert: Während etwa in Deutschland in den Anfangsphasen der transnationalen Arbeitsmigration nach dem Zweiten Weltkrieg in den späten 1950er-Jahren und in den 1960er-Jahren Mitglieder der Immigrationsgesellschaft als eine Art «Platzanweiser» und Migrant:innen als «fremde Gäste»[115] fungierten, stellten Migrant:innen im Laufe der Jahre diese Konstellation zunehmend in Frage. Denn der zunehmende berufliche und finanzielle Aufstieg von Migrant:innen hat dazu geführt, dass herkömmliche und in die Lebenswelt eingeschriebene Statusgrenzen und Vorrechte von Etablierten in Zweifel gezogen und dadurch neue Rangordnungs- und Verteilungskonflikte generiert werden. Dass die durch Integrationserfolge angeschobenen Alltagskonflikte im Verein mit anderen Faktoren wie etwa der zunehmenden globalen Vernetzung von Kommunikation zur Neuordnung der Intergruppenbeziehungen von Einwanderungsgesellschaften führen, ist ein zentraler Befund vieler empirischer Studien.[116] Seit Jahrzehnten wird ein «Integrationsparadox» beobachtet: Je stärker sozialintegriert Migrant:innengruppen sind, desto höher die Wahrscheinlichkeit, dass sich Konflikte mit anderen Gruppen um Status und Güter vollziehen.[117]

Marktliberalisierung über sozio-ökonomische Kategorisierungen und De-Kommodifizierung über rechtliche Kategorisierungen bilden eine Basis für Klassendistinktionen unter Migrant:innen. Versicherheitlichung wiederum kulturalisiert sozio-ökonomische Differenzen und konstituiert bestimmte Elemente kultureller Praktiken von Migrant:innen als Bedrohung für nationale Homogenität und sozialstaatliche Solidarität. In den zurückliegenden vier Dekaden hat sich die Grundlage für die Legitimierung von Ungleichheiten verändert. Zugeschriebene Merkmale wie Ethnizität wurden ergänzt durch angenommene kulturelle Dispositionen (z.B. Geschlechterverhältnisse) und die aus der neuesten Individualisierungswelle hervorgegangene Vorstellung, dass Individuen für ihr Schicksal allein verantwortlich seien. Dies bedeutet, dass herkömmliche sozialstaatlich-kollektive Sicherungen nur begrenzt greifen können.

Marktliberalisierung wirkt auch zusammen mit kulturalisierter Versicherheitlichung. In diesem Falle wäre an eine Neuauflage der Weber'schen Überlegungen zur *Protestantischen Ethik*[118] zu denken: Politik scheint ganz spezifische Typen von Migrant:innen und Geflüchteten zu belohnen, insbesondere die nachgefragten Hochqualifizierten. Diese sind auch diejenigen, die liberale Grundhaltungen demonstrieren. Demgegenüber werden diejenigen mit gering erwarteter Leistung am Arbeitsmarkt und traditionellen Auffassungen des politischen Lebens und sozialer Beziehungen ausgeschlossen. Kurz gesagt handelt es sich dabei um einen Prozess, der Migrant:innen in wirtschaftlich nützlich und kulturell passend sowie ökonomisch entbehrlich und kulturell inakzeptabel unterteilt.

In diesen Ausführungen wird der Klassencharakter deutlich, der sowohl das Wohlfahrtsparadox als auch das Rechtsstaatsparadox durchzieht. Die Wahrnehmung kultureller Unterschiede hat zwar in vielerlei Hinsicht eine einfache Klassendichotomie in Debatten und Konflikten um Immigration abgelöst. Aber dies hat nicht zu einem Übergang von Klasse zu Kultur als strukturierendes Element der Politik sozialer Ungleichheiten geführt, wohl aber deren Verschränkung gefödert. Schließlich war auch klassenorientierte Politik im 19. und 20. Jahrhundert immer durch kulturelle Heterogenitäten wie etwa einen Schwerpunkt auf bestimmte Arbeitermilieus charakterisiert.[119] Soziologische Unterscheidungen legen ebenfalls ein enges Verhältnis nahe. Pierre Bourdieu untersuchte etwa, wie Klassenpositionen durch kulturelle Merkmale geprägt sind.[120] So gesehen sollte anstelle einer abnehmenden Relevanz von Klasse eher von einer zunehmenden Bedeutung von Kultur und Statuspolitik gesprochen werden. Dies bedeutet, dass es sich hier nicht unbedingt um ein Nullsummenspiel handelt.

Die Zukunft dieses dynamischen Arrangements von Heterogenitäten und Ungleichheiten ist höchst ungewiss. Beobachten lassen sich nämlich sowohl Trends zu einer de-politisierten als auch politisierten Weiterentwicklung von Heterogenitäten in der Öffentlichkeit vieler Zielländer. Was de-politisierende Trends betrifft, so ist der Übergang des Diskurses von Multikulturalismus zu Diversität besonders instruktiv. Eine Hauptkritik an multikulturellen Politiken ist, dass sie Bevölkerungen in eine Vielzahl von Minoritäten aufspalten. Das Konzept der Diversität lässt die multikulturelle Semantik der kulturellen Rechte für Minderheiten fallen. Diversität passt hier in die marktliberale Vorstellung von verwertbaren Fertigkeiten, die nicht auf Rechte-basierte Überlegungen abhebt, sondern auf Ressourcen abzielt. So können etwa die Sprachfertigkeiten von Migrant:innen für betriebliche Abläufe genutzt werden. Parallel dazu propagiert auch die Weltbank seit Jahren Ansätze, die auf Ressourcen abheben, indem etwa Migrant:innen als die besten Entwicklungshelfer:innen für ihre Herkunftsländer angesehen werden. Allerdings gehören Diversitätspläne auch zum Repertoire öffentlicher Einrichtungen, die nicht primär nach dem Muster wirtschaftlicher Effizienz arbeiten, sondern zuallererst – wie etwa Einrichtungen des Gesundheitswesens – einen Versorgungscharakter aufweisen. Insofern ist zu berücksichtigen, dass Diversitätspolitiken keine einheitliche Richtung oder Wirkung zugeschrieben werden kann. Diversität ist eine leere Bezeichnung, die ganz unterschiedliche Konnotationen annehmen kann. Der Trend zur De-Politisierung sollte demnach nicht überschätzt werden. Diversität als Konzept kann verschiedene Bedeutungen annehmen – auch solche, die auf eine «Gesellschaft der Gleichen»[121] abzielt.

# Teil III

## Ausblick in die Gegenwart

## Klimawandel: Hoffnung auf Adaptation durch Migration

Viele Fakten über die Ursachen und die weitere Beschleunigung von Klimawandel sind seit längerem bekannt und Teil massenmedialer Kommunikation. So produzierten im Zeitraum von 1990 bis 2015 die reichsten 1 Prozent der Weltbevölkerung – etwa 67 Mio. Menschen – kumulativ gesehen zweimal so viel Treibhausgase wie die ärmsten 50 Prozent – ca. 3,1 Mrd. Menschen. Es handelt sich um einen Fall von «extremer Kohlenstoffungleichheit».[1] Jedoch ist das Wissen über die sozialen Mechanismen, die in Migration resultieren und die Politik von Klima und Migration bestimmen, viel geringer. Es existiert kein konzeptueller Rahmen, der helfen würde, räumliche Mobilität im Anthropozän zu verstehen. Die dem Verständnis des Nexus von Klimawandel und Migration zugrunde liegende sozialwissenschaftliche Frage ist dabei eine fundamentale: Welcher ökologischen Grundlagen bedarf eine soziale Ordnung, die immer als eine historisch von Menschen und Institutionen geschaffene gedacht werden muss? Und welche Rolle spielen dabei räumliche Mobilität und Migration?

Öffentliche Debatten thematisieren Klima- und Umweltzerstörung häufig als einen der wichtigsten Treiber von Migration und Zwangsmigration. Teilweise malten populärwissenschaftliche Beiträge Schreckensszenarien an die Wand. Seriöse Schätzungen gehen von 200 bis 700 Mio. «Umweltflüchtlingen» oder «Klimaflüchtlingen» in den nächsten Jahrzehnten aus.[2] Greenpeace vermutet, dass der Klimawandel mehr Menschen in die Flucht zwingen werde als Kriege, und nennt diesen «die unterschätzte Katastrophe».[3] Solchen Vorhersagen und Schätzungen liegt oft eine einfache Ursache-Wirkungs-Beziehung zugrunde. Die Annahme lautet gemeinhin, dass Umwelt- und Klimagefahren wie Dürren, Überschwemmungen, Hitzewellen und Stürme Menschen dazu zwingen, die betroffenen Regionen zu verlassen und andernorts Zuflucht zu suchen. Hauptsächlich tauchen in Massenmedien vier Treiber auf, die zu Fluchtbewegungen durch Klimawandel bzw. Klimazerstörung führen: ein steigender Meeresspiegel, Überschwemmungen und Stürme in Küstennähe, die im Verlust von Land resultieren; durch steigenden Meeresspiegel verursachte Küstenerosion und Versalzung landwirtschaftlicher Nutzfläche in Küstennähe; Wüsten, die sich ausbreiten, also Desertifikation; und schließlich ein Mangel an grundlegenden Voraussetzungen wie Wasser und fruchtbarer Boden. Bisher lassen allerdings die Ergebnisse empirischer Forschung keine eindeutigen und allgemeingültigen Schlüsse über den Einfluss des Klimawandels auf Entscheidungen und Dynamiken von Migration zu.[4] Dabei ist zu berücksichtigen, dass die meisten Prognosen davon ausgehen, dass Massenmigration durch den Klimawandel in Zukunft beim Erreichen bestimmter Kipppunkte im Klimasystem einsetzen wird. Wann diese Kipppunkte erreicht sein werden, ist allerdings nicht genau bestimmbar.

Aus zwei gegensätzlichen Positionen wird vor den Folgen des Klimawandels für Flucht und Vertreibung gewarnt: Manche NGOs bedienen sich hauptsächlich eines Diskurses, der das Menschenrecht betont, in einem sicheren Umfeld wohnen zu dürfen. Er fordert Regierungen überall auf der Welt auf, Maßnahmen gegen den Klimawandel zu ergreifen, um die Menschen in den betroffenen Regionen vor seinen Folgen zu schützen.[5] Ein anderer Diskurs warnt vor einer wachsenden und großen Anzahl an «Klimaflüchtlingen», die Zuflucht und Unterstützung in reicheren Ländern suchen werden. Manche Stimmen betonen, dass es unmöglich sei, allen Geflüchteten Schutz zu gewähren, und warnen vor einer Überlastung der Zielländer in Europa und Nordamerika, aber auch in ärmeren Regionen der Welt. Es ist daher kein Zufall, dass es keine politischen Mehrheiten gibt, welche die Anerkennung des Klimawandels als Asylgrund befürworten.[6] Interessanterweise spielt so das Argument, dass der Klimawandel eine große Anzahl von Menschen im globalen Süden vertreibt und sie dazu zwingt, in (post-)industrielle Länder zu wandern, in die Hände zweier ganz verschiedener politischer Richtungen. Menschenrechtsaktivist:innen fordern: «Wir müssen die vom Klimawandel Betroffenen schützen.» Demgegenüber skandieren Nationalist:innen: «Wir müssen unsere Länder vor der bevorstehenden Massenimmigration durch Klimaflüchtlinge schützen.»

## Vier Debatten zum Nexus von Klima und Migration[7]

Die Diskussionen über Klima, Umweltzerstörung und Migration entwickelten sich in den letzten Jahren entlang von vier Strängen, die einfache Annahmen in Frage stellen. Erstens verweist eine größer werdende Anzahl von Studien darauf, dass das Bild einer direkten Ursache-Wirkung Beziehung sowohl andere mögliche Ursachen der Migration als auch alternative Reaktionen auf eine zerstörte Umwelt und Katastrophen außer Acht lässt.[8] Die Ergebnisse besagen, dass klimabedingte Stressoren bisher nur einen Teil von Fluchtmigration erklären. Dafür spielten Gewalt und politische Desintegration eine umso größere Rolle.[9] Weiterhin, so die Beobachtung, können Menschen, die von Umwelt- und Klimastressoren betroffen sind, als Arbeitsmigrant:innen ihre Lebensverhältnisse verbessern. Sie könnten aber auch lokale Anpassungsstrategien nutzen, um ihren Lebensunterhalt zu sichern wie etwa die Umstellung auf dürreresistente Pflanzen oder Erwerbsarbeit in Bereichen außerhalb der Landwirtschaft, so etwa in der Industrie und dem Dienstleistungsgewerbe. Aufgrund der Tatsache, dass es selten nur einen einzigen Grund für Migration gibt, wäre es nur äußerst schwer zu definieren, wer ein Umweltflüchtling bzw. ein Klimaflüchtling ist. Dementsprechend sei es mit vielen Schwierigkeiten behaftet, Umwelt- bzw. Klimaflüchtlinge systematisch zu erfassen oder gar zukünftige Entwicklungen seriös abzuschätzen.[10] Dabei betreffen diese Beobachtungen vor allem bisherige Entwicklungen, die nicht einfach in die Zukunft extrapoliert werden können. Sollten also bestimmte Kipppunkte im globalen Klimasystem erreicht werden, könnte z. B. ein starker Anstieg des Meeresspiegels für Menschen auf Inseln im Südpazifik oder in küstennahen Regionen überall auf der Welt dazu führen, dass sie proaktiv umgesiedelt werden müssten oder, falls das nicht gelingen sollte, ihnen nur die Flucht bliebe.

Während in einer zweiten Debatte die einen fordern, dass der Klimawandel als Fluchtgrund im Sinne der *Genfer Flüchtlingskonvention* anerkannt wird,[11] lehnen andere einen solchen Rechtsstatus ab. Es existiere keine juristische Grundlage für den Schutz von Personen, die aufgrund von Umweltstressoren oder Klimawandel migrieren. Verhandlungen über eine Erweiterung der *Genfer Flüchtlingskonvention* und die Ergänzung von Klimawandel und Umweltzerstörung als Fluchtursachen sind aus dieser Perspektive nicht zielführend. Dies liege daran, dass die *Genfer Flüchtlingskonvention* in ihrer ursprünglichen Bedeutung dem Schutz von Menschen vor Verfolgung diene. Dieses Anliegen dürfe nicht mit dem Schutz vor anderen potenziellen Fluchtursachen vermischt werden, da ansonsten ein Verlust der Verbindlichkeit der *Genfer Flüchtlingskonvention* drohe.[12]

Der dritte Diskussionsstrang thematisiert die möglichen sozialen und politischen Implikationen der Begriffe Umweltflüchtling und Klimaflüchtling. Diese Konzepte legten nahe, dass Menschen die hilflosen Opfer von Umweltbedingungen seien. Stattdessen sollte jedoch die menschliche Handlungskompetenz bei der Entscheidung zu migrieren oder zu bleiben, mit in Betracht gezogen werden.[13] Migration sollte daher neben anderen Möglichkeiten wie bspw. dürreresistente Pflanzen als Anpassungsstrategie an die sich verändernden Umwelt- und Klimabedingungen verstanden werden. Daher sei die dem Begriff Flucht zugrundeliegende Konnotation einer mangelnden Anpassung abzulehnen. Dies gelte ebenso für das Argument, dass Migration ein letzter Ausweg sei, wenn keine anderen Strategien der Anpassung mehr zur Verfügung stünden.[14] Nach diesem Verständnis können Menschen möglicherweise Migration zum Vorteil wenden, indem entweder ein ganzer Haushalt eine gefährdete Region verlässt oder indem finanzielle Rücküberweisungen von Haushaltsmitgliedern getätigt werden, mit denen sich unter anderem auch die Folgen von Umwelt- und Klimawandel zu gewissen Teilen ausgleichen lassen.[15] Aber auch an der häufig als Resilienz bezeichneten Widerstandskraft von Personen, die mit dem Klimawandel konfrontiert sind, gibt es Kritik: Die Verantwortung für die Adaptation werde dadurch auf die Opfer selbst verlagert.[16]

In einer vierten Debatte geht es um die negative Kategorisierung von Migration und Flucht im Kontext von Klimawandel und Umweltzerstörung. Die Kritik lautet, dass viele Studien Klimaflüchtlinge nur als solche darstellen, die aus dem globalen Süden in den globalen Norden wandern. Damit würden sie das Bild einer Invasion perpetuieren. Eine solche Darstellung betone, so die Kritiker:innen, die Dichotomie zwischen *ihnen* – den Opfern des Klimawandels – und *uns* – denjenigen, die im globalen Norden wohnen und bei denen die Klimaflüchtlinge um Schutz nachfragten.[17] Dies entspreche einer Praxis eines abwertenden *othering*, das diese Geflüchteten bzw. Migrant:innen in negativer Weise kategorisiere. Darüber hinaus vergesse diese stereotypisierende Darstellung von Klimawandel und Migration, dass inzwischen auch Staaten wie die USA immer stärker wachsende Zahlen an Migrant:innen aufwiesen, die im Kontext des Klimawandels wandern müssen, so etwa die Inuit in Alaska, wo der Permafrostboden auftaut.[18] Ähnliche Überlegungen ließen sich für Sibirien und andere Regionen rund um den Polarkreis anstellen. Weiterhin würden die meisten vom Klimawandel betroffenen Menschen nur über kurze Strecken wandern und – so wie Flüchtlinge in gewaltsamen Konflikten – als Vertriebene überwiegend in ihrem Herkunftsland oder angrenzenden Ländern verbleiben. Schon in den Jahren zwischen 2008 und 2016 gab es jährlich im Durchschnitt 22 Mio. neue Binnenvertriebene aufgrund von Naturkatastrophen, Gewalt und Konflikten. Davon kann ein Teil der Treiber, wie etwa Dürren und Überschwemmungen, auf den Klimawandel zurückgeführt werden.[19]

Um diese vier Diskussionstränge einzuordnen, ist es notwendig, die grundlegenden Konzepte in der Diskussion um Migration und Klimawandel und Umweltzerstörung zu erörtern.

## Nebeneinanderstehende Perspektiven: Soziale und ökologische Erklärungen

Einerseits erklären klassische ökonomische Theorien Migration mit Unterschieden zwischen der wirtschaftlichen Situation im Herkunftsland und im Zielland. So postulieren Theorien rationaler Wahl, dass potenzielle Migrant:innen das Ziel verfolgten, ihr Einkommen zu optimieren und somit ihre Lebensumstände zu verbessern. Dies könnten sie in manchen Fällen dadurch erreichen, dass sie von einem Land in ein anderes Land wandern, häufig mit Stationen in Transitländern, oder zwischen zwei Regionen in einem Land. Andererseits basieren die von strukturalistischen Ansätzen inspirierten Migrationstheorien auf dem Argument, dass historisch entstandene globale Ungleichheiten und damit einhergehende strukturelle Gewalt Menschen aus ärmeren Ländern dazu zwingen, auf der Suche nach einem Auskommen ins Ausland zu ziehen.[20] Diese weit auseinanderliegenden Erklärungsansätze suchen Erklärungen für Migration ausschließlich in der sozialen Umwelt, während ökologische Faktoren kaum eine Rolle spielen.[21]

Die verschiedenen Projektionen zu Migration im Klimawandel verweisen auf ungelöste Grundsatzfragen. Einmal können ökologische Gesichtspunkte als blinder Fleck in Erklärungsansätzen für Migration aufgefasst werden. Zum anderen lässt die oft hoch politisierte Debatte über die Rolle des Klimas oder der Umwelt als ein damit verknüpfter Treiber für (Zwangs-)Migration soziale Faktoren wie etwa Geschlechterbeziehungen oft außer Acht.[22] Dies wird in der schon erwähnten Annahme einer linearen Beziehung zwischen Umwelt, Klima und Migration deutlich. Dabei werden in der Regel die multiplen Ursachen der meisten Migrationsprozesse ignoriert oder zumindest nicht ausreichend beachtet.[23] Die bisher vorhandenen Erkenntnisse legen nahe, dass langsam einsetzende Umweltzerstörung an sich bisher nur in seltenen Fällen zu großflächigen Migrationsbewegungen führte. Für die Abwanderung aus betroffenen Regionen spielten bisher, von Naturkatastrophen einmal abgesehen, eher ökonomische und politische Gründe eine ausschlaggebende Rolle.[24] Wie schon erwähnt, lassen diese Überlegungen allerdings die Möglichkeit von in Zukunft rasant einsetzenden Umweltveränderungen außer Acht.

Zwei Schritte sind notwendig, um die auch in der Migrationsforschung vorherrschende Perspektive des menschlichen Exzeptionalismus zu überwinden, d.h. die Idee, dass Menschen außerhalb oder gar über der Natur stünden. Erstens muss die gegenseitige Interaktion zwischen Ökologie und Natur auf der einen Seite und Gesellschaft und Kultur auf der anderen Seite betrachtet werden. Zumindest implizit gibt es etwa in den Arbeiten von Karl Marx Hinweise auf diese Interaktion. Er konstatierte im dritten Band von *Das Kapital* einen «unheilbaren Riss im interdependenten Prozess des sozialen Stoffwechsels».[25] Diese Kluft trennt den Metabolismus von Natur und Kultur bzw. Ökologie und Gesellschaft und ist mit jeglicher Form von Nachhaltigkeit unvereinbar.[26] Für Marx bezog sich dieser Zusammenhang folgerichtig auf die Tendenz nicht nur zu ökonomischen, sondern auch zu ökologischen Krisen im Kapitalismus. Er verglich die Ausbeutung der Menschen mit der Ausbeutung der Erde. In seiner Diskussion des Mehrwerts im ersten Band von *Das Kapital* folgerte Marx, dass die kapitalistische Produktion nur deshalb Kapital akkumulieren könne, weil die beiden Quellen gesellschaftlichen Reichtums, die Erde und die Arbeiter, ausgebeutet würden.[27] Karl Marx und Friedrich Engels erkannten diese doppelte Ausbeutung als markantes Merkmal des industriellen Kapitalismus. Für sie war allerdings die Ausbeutung von Natur allenfalls eine notwendige Stufe auf dem Weg in eine klassenlose Gesellschaft. Sie zogen seinerzeit aus ihrer Diagnose keine Konsequenzen für ökologisch-politisches Handeln.

Die doppelte Form der Ausbeutung von Mensch und Natur wird in Krisensituationen wie der Covid-19-Pandemie deutlich. Die Ausbreitung des Virus sowie arbeits- und sozialrechtlich bedenkliche Beschäftigung ist in der Fleischindustrie besonders markant hervorgetreten. So waren in der zweiten Welle der Pandemie Ende 2020 und Anfang 2021 in fleischverarbeitenden Fabriken in Niedersachsen und Nordrhein-Westfalen die Ausbrüche des Virus gerade dort besonders heftig, wo schlechte Arbeitsbedingungen und unhygienische Wohnbedingungen Werkvertragsarbeitnehmer:innen aus Rumänien einem hohen Infektionsrisiko aussetzten.[28] Die industrielle Fleischverarbeitung hat seit langem parallele Ausbeutungsverhältnisse sowohl von Menschen als auch von Tieren hingenommen. Die inzwischen getroffenen Gegenmaßnahmen betreffen nun vor allem die Ausbeutung von Werkvertragsarbeiter:innen, nicht die der Tiere und des Landes, auf dem das Futter angebaut wird. Dies ist auch vor dem Hintergrund zu sehen, dass nur langsam massenhafte industrielle Tierhaltung als eine von mehreren wichtigen Treibern für Erderwärmung und Umweltzerstörung erkannt wird.[29] Darüber hinaus stellt sich die Frage, ob und inwieweit diese industriellen Formen auch eine Übertragung bestimmter Viren von Tieren auf Menschen begünstigen.[30]

Friedrich Engels geht in seiner *Dialektik der Natur* noch einen Schritt über die Thematisierung doppelter Ausbeutung hinaus, indem er die negativen Folgen des gesellschaftlichen Fortschritts betont: «Und so werden wir bei jedem Schritt daran erinnert, daß wir keineswegs die Natur beherrschen, wie ein Eroberer ein fremdes Volk beherrscht, wie jemand, der außer der Natur steht – sondern daß wir mit Fleisch und Blut und Hirn ihr angehören und mitten in ihr stehn, und daß unsre ganze Herrschaft über sie darin besteht, im Vorzug vor allen andern Geschöpfen ihre Gesetze zu erkennen und richtig anwenden zu können.»[31] Und weiter fährt er fort: «Schmeicheln wir uns indes nicht zu sehr mit unsern menschlichen Siegen über die Natur. Für jeden solchen Sieg rächt sie sich an uns.»[32] Möglicherweise drückt sich in diesen Zeilen schon eine heranrückende Skepsis gegenüber dem universellen Fortschrittsgedanken und implizit auch gegenüber einer doch zu optimistischen Teleologie des gesellschaftlichen Wandels aus. Falls ja, stünde dies im Widerspruch zum sonstigen Fortschrittsoptimismus in den Werken von Friedrich Engels und Karl Marx. Dezidiert skeptischer und pointierter äußerte sich Max Weber zu Anfang des 20. Jahrhunderts in den letzten Zeilen von *Die Protestantische Ethik und der Geist des Kapitalismus*: «Denn indem die Askese aus den Mönchszellen heraus in das Berufsleben übertragen wurde und die innerweltliche Sittlichkeit zu beherrschen begann, half sie an ihrem Teile mit daran, jenen mächtigen Kosmos der modernen, an die technischen und ökonomischen Voraussetzungen mechanisch-maschineller Produktion gebundenen, Wirtschaftsordnung zu erbauen, der heute den Lebensstil aller einzelnen, die in dies Triebwerk hineingeboren werden – nicht nur der direkt ökonomisch Erwerbstätigen –, mit überwältigendem Zwange bestimmt und vielleicht bestimmen wird, bis der letzte Zentner fossilen Brennstoffs verglüht ist.»[33] Obwohl bei Marx, Engels und Weber noch keine sozial-ökologische Theorie zu finden ist, wird klar, dass diese Denker Natur und Kultur, Ökologie und Gesellschaft als unentrinnbar verwoben auffassten. Max Weber ging noch einen Schritt über Marx und Engels hinaus und verwies überaus hellsichtig auf die zerstörerische Tendenz der gegenwärtigen kapitalistischen Wirtschaftsform, die nicht automatisch in einer neuen, d.h. sozialistischen Gesellschaftsordnung überwunden werden kann.

Auf der Grundlage dieser Vorarbeiten ist noch ein weiterer Schritt nötig. Wenn sich Natur und Kultur, Ökologie und Gesellschaft gegenseitig bedingen, sollte dies als wechselseitige Beziehung begriffen werden. Ohne ökologische Grundlagen wäre soziales Leben schlicht unmöglich. Es ist also ein ökologisches Fundament, das jedwede soziale Interaktion und Ordnung überhaupt erst ermöglicht. Zum Beispiel sind Menschen ein Teil ihres sozio-ökologischen Umfelds, indem sie Luft und Keime einatmen, was wiederum Leben und Veränderung ermöglicht. Diese grundsätzliche Einsicht trifft auch auf menschliches Handeln im Angesicht des Klimawandels zu. Der Klimawandel ist – laut der *Klimarahmenkonvention der Vereinten Nationen* (UNFCC) – «direkt oder indirekt auf menschliche Aktivitäten zurückzuführen, die die Zusammensetzung der globalen Atmosphäre verändern und die zusätzlich zu den über vergleichbare Zeiträume beobachteten natürlichen Klimaschwankungen auftreten.»[34] Seit den späten 1980er-Jahren sind die Berichte des als «Weltklimarat» bezeichneten *International Panel on Climate Change* (IPCC) Teil der wissenschaftlichen Konstruktion eines Konsensus. Dieser ist in Bezug auf einen bedeutenden Kernfaktor über die Zeit relativ stabil geblieben: Das Klima ist empfindlich gegenüber der Erhöhung des atmosphärischen $CO_2$, was sich in einem projizierten Anstieg der globalen Durchschnittstemperatur ausdrückt. Die Temperaturanstiege haben Folgen für Phänomene wie Dürren und Überschwemmungen.

Umgekehrt beeinflusst der Klimawandel wiederum menschliches Handeln. Tatsächlich deuten die verfügbaren Daten auf einen positiven Zusammenhang zwischen dem Ausmaß der staateninternen Migrationsströme und Naturkatastrophen, dem Maß an Überfischung, Verlust an Biodiversität, Ausbreitung von Wüsten, Wasserknappheit, Bodenversalzung, Abholzung, Luftverschmutzung, Bodenerosion und Begleitverschmutzung.[35] Laut Angaben des *Internal Displacement Monitoring Centre* (IDMC) gab es Ende 2019 etwa 50,8 Mio. intern Vertriebene. Davon waren ca. 45,7 Mio. Menschen in 61 Ländern durch Gewalt und Konflikte vertrieben und etwa 5,1 Mio. in 95 Ländern waren intern auf der Flucht vor Naturkatastrophen.[36] Gerade in der letzten Kategorie dürften sich auch Menschen befinden, die sich aufgrund der

Folgen des Klimawandels in Sicherheit bringen mussten. Die negativen Auswirkungen des Klimawandels können als eine auf der globalen, aber auch auf der lokalen Ebene wirkende Form der Umweltzerstörung verstanden werden.[37] Umweltzerstörung beinhaltet darüber hinaus auch Prozesse, die nicht kausal und direkt mit der Erderwärmung zusammenhängen, bspw. die Auswirkungen von Entwicklungsprojekten wie dem Dammbau.

### *Vom Umweltdeterminismus zur Adaptation*

Den eingangs erwähnten Schätzungen von Millionen an zukünftigen Klimaflüchtlingen liegt die Annahme zugrunde, dass Menschen auf die Folgen des Klimawandels mit Exit aus den betroffenen Regionen reagieren. Dieser Umweltdeterminismus beruht auf der Idee, dass Ökologie und Natur auf der einen und Gesellschaft und Kultur auf der anderen Seite eindeutig voneinander getrennt werden könnten. Die Trennung von Natur und Kultur sowie das Verständnis von Migration als quasimechanistische und uni-lineare Reaktion auf Umweltzerstörung sind aus mindestens zwei Gründen jedoch nicht plausibel.

Erstens haben Menschen das Klima verändert. Infolgedessen hat der Chemiker Paul Crutzen in den 1990er-Jahren den Begriff «Anthropozän» geprägt.[38] Dieser Begriff verweist darauf, dass die Menschheit in einem Zeitalter lebt, in dem sie durch ihren Lebenswandel einen großen Einfluss auf die Entwicklung des Klimas gewonnen hat. Andere Beobachter:innen, die stärker der Marx'schen Analyse der doppelten Ausbeutung folgen, sprechen vom «Kapitalozän».[39] Dies bedeutet, dass die Prozesse der Kapitalakkumulation und deren Folgen in einer Zerstörung der ökologischen Systeme resultieren. Zweitens können die Gefahren, die mit dem Klimawandel assoziiert werden und tatsächlich auftreten, von verschiedenen Gruppen von Menschen unterschiedlich bewältigt werden. Es gibt verschiedene Grade der Verwundbarkeit. Das Konzept der sozialen Ungleichheit kann dabei hilfreich sein, die Vielschichtigkeit des Zusammenhangs zwischen Migration und Klimawandel zu verdeutlichen. Soziale Ungleichheiten zwischen Bewohner:innen in Herkunftsländern und Zielländern von Migration werden durch den Klimawandel verstärkt. So sind die armen Teile der Weltpopulation, also diejenigen, die am wenigsten zur Erderwärmung beigetragen haben, am schwersten davon betroffen.[40]

Wie weiterhin aus langjähriger Forschung über Migration hervorgeht, sind es im Allgemeinen nicht die ärmsten Gruppen aus einer Gesellschaft, die grenzüberschreitend migrieren.[41] Eine hohe Verwundbarkeit gegenüber dem Klimawandel, der ressourcenarme Gruppen ganz besonders betrifft, führt dazu, dass diese weniger häufig migrieren oder nur über geringe Distanzen im eigenen Land wandern. Manche verfügen über keine Mittel, um überhaupt ins Ausland oder interkontinental zu migrieren.[42] Um diesen Zusammenhang zu erfassen, muss die Beziehung zwischen Klimawandel und Migration – und die damit verbundenen sozialen Ungleichheiten – durch eine Perspektive der Wechselwirkung zwischen sich gegenseitig bedingenden sozialen und ökologischen Treibern ergänzt werden.

Das Anthropozän wird somit nicht nur durch die klassische soziale Frage geprägt – wie der Konflikt zwischen Kapital und Arbeit im 19. Jahrhundert oder kulturell codierte Konflikte, die ab Ende des 20. Jahrhunderts stärker ins Blickfeld gerieten – sondern kann nur als sozio-ökologische Frage verstanden werden. Es sind folglich nicht nur die Dynamiken und Konsequenzen der Ausbeutung von Menschen durch Menschen und andere Mechanismen der Produktion von sozialen Ungleichheiten von Belang. Vielmehr werden diese grundlegenden Mechanismen ergänzt und überschneiden sich mit der Ausbeutung der Natur durch den Menschen. Dazu gehören auch die Folgen, die diese Art der Ausbeutung im Gegenzug für die Lebensgrundlage der betroffenen Menschen und für die sich dadurch verändernden sozialen Beziehungen hat.

Die Auswirkungen des Klimawandels haben sehr verschiedene Prozesse hervorgerufen: Daher kann Migration sowohl als indirekte Folge von langsam fortschreitender Zerstörung (*slow onset*) als auch von abrupten Verwüstungen (*rapid onset*) verstanden werden. Langsam auftretende Veränderungen, bspw. in Form eines steigenden Meeresspiegels, werden seit einigen Jahrzehnten in vielen pazifischen Inselstaaten beobachtet.[43] Dennoch liegt das Hauptaugenmerk der empirischen Forschung auf schnell einsetzender Zerstörung wie z. B. der Überschwemmung von Flussdelta-Städten in Bangladesch,[44] sowie auf den Folgen des Klimawandels, die mittelfristig spürbar werden wie z. B. Dürren. In vielen Ländern auf der Welt setzen langsam, mittelschnell und schnell eintretende klimatische Veränderungen jedoch auch gleichzeitig ein wie etwa in Kenia. Seit 1964 waren etwa 58 Mio. Menschen in Kenia von mehr als 100 Katastrophen wie Dürren, Überschwemmungen und damit im Zusammenhang stehenden Epidemien betroffen. Die Häufigkeit dieser Klimaereignisse erhöhte sich in den letzten drei Jahrzehnten signifikant.[45]

Darüber hinaus könnten langsam eintretende Veränderungen als Folge des Klimawandels in Zukunft nicht revidierbare Kipppunkte erreichen und somit noch viel drastischere Auswirkungen zeigen. Daher ist es wichtig, das Zerstörungsparadoxon zu berücksichtigen.[46] Dieses Paradoxon besagt, dass die gefährlichen Auswirkungen des Klimawandels im täglichen Leben nicht sofort sichtbar sind. Daher unternehmen viele Regierungen und Menschen nichts dagegen, bis die Konsequenzen drastisch werden. Aber dann ist es vielleicht zu spät, um entweder die Zerstörung über Mitigation (Abschwächung) zu verlangsamen oder sich an deren Folgen anzupassen. Diese Situation könnte mit der von Raucher:innen verglichen werden. Diese sind sich in der Regel bewusst, dass ihr Verhalten gesundheitsgefährdend ist. Aber der meiste Schaden entsteht, bevor die negativen Auswirkungen auf die Gesundheit offensichtlich werden. Also hören viele Raucher:innen nicht auf, bis es zu spät ist. Dieses Zerstörungsparadoxon hat wichtige Implikationen insofern, als dass nicht zu erwarten ist, dass als Folge des Klimawandels sofortige Gegenmaßnahmen ergriffen werden, die gegebenenfalls plötzliche Zwangsmigration verhindern und in produktivere Formen von Adaptation und Mobilität umlenken könnten.

Zu einem besseren Verständnis der Folgen von Klima- und Umweltzerstörung gehört eine genaue Analyse, wie Menschen, Gruppen und Organisationen versuchen, mit der Transformation ihrer sozio-ökologischen Umwelten zurechtzukommen. Solch eine Perspektive setzt jedoch einen Abschied von der lange gehegten Vorstellung des menschlichen Exzeptionalismus voraus. Eine weit verbreitete, aber selten explizit gemachte Annahme lautet, dass Menschen eine dualistische Beziehung mit ihrer Umwelt unterhalten. Aus dieser Sicht sind sie zwar physischen und biologischen Grenzen unterworfen, aber dennoch einzigartig in ihrer Möglichkeit für kulturelle und symbolische Kommunikation. Vor diesem Hintergrund müssen auch soziologische Annahmen über soziale Fakten verstanden werden. Ein Großteil der Soziologie geht davon aus, dass die Ursache eines sozialen Faktums immer in anderen sozialen und gerade eben nicht biologischen Fakten gefunden werden muss. Diese durchaus produktive Annahme einer «objektiven Realität der sozialen Fakten», die auf Émile Durkheim zurückgeht,[47] übertrumpfte bisher alle Bemühungen, ökologische Faktoren in die Analyse der sozialen Dynamik von Migration miteinzubeziehen. Ironischerweise war es gerade Durkheim, der die Grenzen seiner Perspektive kannte. So wies er auf ökologische Faktoren im Migrationsgeschehen hin.[48] Nichtsdestotrotz wurde die binäre Trennung von Natur und Gesellschaft im 20. Jahrhundert stärker. Diese Perspektive verhinderte bisher die Diskussion von nicht rein sozialen Faktoren. Daher werden biologische und physische Faktoren immer noch unterschätzt oder als separate Treiber aufgefasst. Dem Zusammenspiel von biologischen, physischen und sozialen Faktoren wird bisher also nicht die gebührende Beachtung geschenkt. Eine der nennenswerten Folgen hiervon ist, dass noch heute der Glaube vorherrscht, dass die biophysische Umwelt bei der Untersuchung des sozialen Lebens weitgehend ignoriert werden könne. Wie durch den Klimawandel jedoch deutlich wird, sind Menschen definitiv nicht frei von ökologischen Bedingungen, obwohl oder gerade weil sie natürliche Prinzipien manipulieren. Es ist wichtig, über einen menschlichen Exzeptionalismus hinauszugehen und sowohl soziale als auch ökologische Fakten in die Deutung und das Verständnis vom Klimawandel und dessen Folgen miteinzubeziehen.[49]

## Drei Generationen der Debatte um Klimawandel und Migration

Der Nexus zwischen Natur und Kultur hat im Hinblick auf die Beziehung zwischen Klimawandel und Migration bisher zwei Generationen in der wissenschaftlichen und öffentlichen Debatte durchlaufen. Eine dritte Generation, die auf den Schultern der beiden ersten ruht, ist in Sicht. Diese baut die Diskussion in Richtung soziale Ungleichheiten und soziale Frage aus.

### *Erste Generation: Klimawandel trifft die Schwächsten zuerst – Vulnerabilität*

Die erste Generation der Forschung von den 1980er-Jahren bis Anfang der 2000er-Jahre konzentrierte sich auf das Konzept des Umweltflüchtlings, der sowohl durch die langsame als auch schnell einsetzende Umweltzerstörung verwundbar ist. Der Fokus lag auf Vulnerabilität. Die bekannteste Definition versteht unter Umweltflüchtlingen «diejenigen Menschen, die gezwungen wurden, ihren traditionellen Lebensraum zu verlassen, entweder vorübergehend oder endgültig, aufgrund einer beträchtlichen Störung der Umwelt (natürlich und/oder durch Menschen ausgelöst), die ihre Existenz gefährdet und/oder ernsthaft ihre Lebensqualität beeinflusst.»[50] Eine solche Definition passte zu einer Perspektive, in der die Auswirkungen von Umweltzerstörung die Lebensgrundlage vieler Menschen bedrohen. Dies, so die Argumentation weiter, führe unweigerlich zu gewaltsamen Konflikten, welche wiederum Zwangsmigration erzeugten. Szenarien entlang dieses Denkmusters sagten voraus, dass Umweltkatastrophen im Zuge der Klimakrise Millionen von Menschen zwingen würden, sehr bald ihre Heimat zu verlassen.[51] Entlang dieser Argumentationslinie führt der Umweltdruck zu Konkurrenz und Konflikten um Land, z.B. zwischen bäuerlichen Produzent:innen und Pastoralist:innen. Dies führe schließlich zur Verarmung der Bevölkerung. Diese Entwicklungen, so der weitere Gedankengang, verursachten politische und ethnische Konflikte, die Gewalt und Krieg auslösten, die oft direkte Fluchtursachen sind. Folglich müssten Millionen von Zwangsmigrant:innen ihr Land verlassen, um im Ausland Asyl zu beantragen oder dort als Migrant:innen ohne gültige Papiere einzureisen. Diese Kategorien von Migrant:innen sowie diejenigen Personen, die in benachbarte Länder flüchteten, würden in vielen Fällen als Herausforderung für den sozialen Zusammenhalt und die nationalen Identitäten der dort bereits ansässigen Bevölkerung gesehen.

Die gerade geschilderte Kette an kumulativen Kausalitäten erscheint auf den ersten Blick plausibel. Mit dem Anstieg des Meeresspiegels oder der Zunahme von Dürren und anderen extremen Wetterereignissen erscheint es erst einmal offensichtlich, dass die verwundbarsten Menschen zuerst mobil werden müssen. Dennoch gibt es zahlreiche Hinweise darauf, dass diese Kausalitätskette, die von Zerstörung zu Konflikt und weiter zu Migration führt, möglicherweise etwas zu einfach gestrickt ist, schon deshalb, weil sich verschlechternde klimatische Bedingungen selten die einzige Ursache für Exit sind. So kommen in der Regel mehrere Faktoren zusammen, z. B. Trockenheit und abnehmende landwirtschaftliche Erträge, Ernteausfälle, wirtschaftliche Depression, aber auch Gelegenheiten zur Arbeit im Ausland und damit zusammenhängende Familienzusammenführung. Auch in Bangladesch, das oft als Paradebeispiel für umweltbedingte Vertreibung dient, finden sich komplexe Ursachen für Verarmung und Flucht, die mit dem Klimawandel ineinandergreifen: Landbesitzverhältnisse, ethnische Spaltungen und Entwicklungsprojekte.[52] Exogene Faktoren, solange sie nicht überwältigender Natur sind, wie etwa Überschwemmungen oder Vulkanausbrüche, führen selten direkt zu massiver Abwanderung. Sogar auf vielen pazifischen Inselstaaten, deren Einwohner:innen das Ansteigen des Meeresspiegels als Bedrohung empfinden, sind neben dem Klimawandel auch andere Treiber vorhanden, so etwa wirtschaftliche Gelegenheiten im Ausland.[53] Und selbst diejenigen, die Ressourcen für Migration aufbringen könnten, verbleiben oft vor Ort. Ein Grund dafür liegt darin, dass sie durch Exit ihr Land verlören, dem sie tief verbunden sind.[54]

Trotz dieser berechtigten Kritikpunkte erfüllte die erste Generation der Forschung eine sehr wichtige Funktion, indem sie eine eklatante Lücke in den gängigen Erklärungen für Migration aufzeigte. Denn Migrationstheorien können erfolgreich langsam eintretende Veränderungen und damit zusammenhängende Migration erklären – nicht aber die Reaktionen auf schnell einsetzende Veränderungen. So werden auch Kipppunkte im Klimasystem, an dem es keine Rückkehr zu stabilen Klimaphasen gibt, gewöhnlich nicht in die Modellierung von Migration einbezogen. Es waren die Umweltforschung und Aktivist:innen, die den Nexus dramatisierten, indem sie eine sehr hohe Anzahl an Migrant:innen vorhersagten, während Migrationsforscher:innen die Allgegenwart von räumlicher Mobilität aufzeigten und darauf hinwiesen, dass Prognosen über klimainduzierte Migration nicht zu den bestehenden Kenntnissen über das weltweite Migrationsgeschehen passten. Diese Überlegungen aus der Migrationsforschung berücksichtigten jedoch nicht die Erkenntnisse der Klimaforschung, die sich mit irreversiblen Prozessen beschäftigt. Diese können unter Umständen auch katastrophale und plötzliche Veränderungen hervorrufen.

### *Zweite Generation: Adaptation durch Migration als Ausdruck von Resilienz*

Der ersten Generation der Forschung lag die Idee zugrunde, dass es möglich sei, den Klimawandel signifikant abzumildern, was in Konzepten wie Mitigation zum Ausdruck kam. Als es in der ersten Dekade des neuen Millenniums immer offensichtlicher wurde, dass der Klimawandel unter gegenwärtigen Bedingungen fast unaufhaltsam voranschreiten würde, begann sich der Diskurs über den Nexus merklich zu verändern. In der zweiten Generation waren es Anpassungsstrategien und ein Fokus auf menschliche Sicherheit, die ihren Weg auf die Agenden von Politik und Forschung fanden. In Bezug auf Adaptation bedeutet dies, dass Menschen sich an die verändernden Klima- und Umweltbedingungen anpassen können. Dies helfe, um die schädlichen Auswirkungen des Klimawandels abzumildern. Expert:innen des IPCC zufolge existiert zur Adaption an den Klimawandel keine plausible Alternative. Diese ist zu verstehen als «der Prozess der Anpassung an tatsächliches oder zu erwartendes Klima und dessen Auswirkungen. In menschlichen Systemen hilft Anpassung, Schäden zu verringern und vorteilhafte Möglichkeiten zu erkunden.»[55] Dabei kann zwischen zwei Formen von Anpassung unterschieden werden. Zum einen nutzen Menschen die Adaption vor Ort, bspw. die Konstruktion von Deichen zum Schutz vor Überschwemmungen oder eine an neue klimatische Verhältnisse angepasste Landwirtschaft. Zum anderen kann Binnenmigration oder transnationale Migration von Individuen oder Familien, aber auch die Umsiedlung ganzer Dörfer oder gar Länder – wie teilweise im Südpazifik – als Anpassungsstrategie an den Klimawandel verstanden werden. Allen genannten Strategien ist gemeinsam, dass es sich nicht um eine mechanische Anpassung handelt, sondern um eine aktive Intervention.[56]

Zur Legitimation dieser sich verändernden Perspektive begannen Migrationstheorien nicht nur in der Klimaforschung eine größere Rolle zu spielen, sondern auch in der Politikgestaltung. Allerdings geschah dies in einem relativ geringen Ausmaß im Vergleich zum Einfluss der Klimaforschung und des Klima-Aktivismus, die immer wieder die Konsequenzen der Umweltzerstörung für Migration aufzeigten. Jedoch illustrieren die Berichte des IPCC, dass Migration als Anpassungsstrategie an den Klimawandel bedeutsamer geworden ist. Insbesondere haben Ansätze wie z.B. die *New Economics of Labour Migration* (NELM) und die *Sustainable Livelihood*-Perspektive eine wichtige Rolle im Narrativ der Anpassung gespielt. Diese Ansätze gehen davon aus, dass (potenzielle) Migrant:innen auf Risiken reagieren, indem sie Handlungskompetenz ausüben und Entscheidungen im Familienzusammenhang treffen. Beispielsweise stellt NELM Migrationsentscheidungen als Reaktionen darauf dar, dass es für Ernterisiken in vielen Ländern keine formale Versicherung gibt. Damit hängt zusammen, dass Migration oft zum Ziel hat, Einkommen zu diversifizieren.[57] Der *Sustainable Livelihood*-Ansatz wiederum weist auf Ungleichheiten zwischen Gruppen in der Verteilung und Verfügbarkeit von Ressourcen hin und interpretiert Migration als einen Weg, um Einkommensquellen durch Rücküberweisungen zu sichern.[58]

Diese auf Adaptation zielende zweite Generation der Forschung ist durch ein weiteres Konzept gekennzeichnet. Sicherheit wird nicht nur als staatliche Sicherheit gesehen, sondern als menschliche Sicherheit, welche als Gegengewicht zur staatliche Sicherheit verstanden werden kann. Menschliche Sicherheit wird definiert als «ein Zustand der vorhanden ist, wenn der lebenswichtige Kern des menschlichen Lebens geschützt ist und, wenn Menschen die Freiheit und die Möglichkeit haben, in Würde zu leben.»[59]

Häufig begleitet ein weiterer Begriff das Konzept «menschliche Sicherheit»: Resilienz. Darunter wird ein ideales Merkmal einer an die veränderten ökologischen Verhältnisse angepassten Person verstanden. Die Verwendung des Konzepts «Resilienz» als Strategie zur Anpassung an den Klimawandel ist mit den Hauptideen des Nexus zwischen Migration und Entwicklung eng verbunden. Im jüngsten Zyklus dieser Debatte gewann die Idee von Migrant:innen als Entwicklungsagent:innen an Bedeutung. Während nun die Vorstellung von Adaptation als proaktivem Handeln für praktische Zwecke nützlich ist,[60] so hat dieses marktliberale Verständnis von Resilienz eine starke Schlagseite dahingehend, dass die Betroffenen für ihr eigenes Schicksal verantwortlich gemacht werden können. Der Fokus auf Individuen und Kleingruppen entlässt dann untätige Regierungen aus ihrer Verantwortung. Das betrifft etwa die Praxis der finanziellen Rücküberweisungen von Migrant:innen, die zur sozio-ökonomischen Entwicklung von Herkunftsländern beitragen.[61] Dabei könnten die lokalen und nationalen Regierungen sowohl der Länder, in denen die Effekte des Klimawandels sichtbar werden, als auch die Regierungen der Länder, die für die meisten $CO_2$-Emissionen verantwortlich sind, zu fahrlässigem Unterlassen von Gegenmaßnahmen ermuntert werden.

### *Dritte Generation: Soziale Ungleichheiten als Ergebnis und als Ausgangspunkt für Migration*

Eine dritte Generation widmet sich diesen bisher weitgehend ausgesparten Themen. Dabei können die Grundideen, dass Menschen über Handlungsoptionen verfügen und dass Migration eine Anpassungsstrategie an den Klimawandel sein kann, durchaus beibehalten werden. Allerdings ist das Konzept der Resilienz mit Vorsicht zu handhaben, u.a. weil es bisher nicht gelungen ist, die darin involvierten sozialen Mechanismen genauer zu bestimmen. Der nächste Schritt in der Forschung zum Nexus zwischen Klimawandel und Migration sollte die Beobachtung mit einbeziehen, dass die Anpassung an widrige klimatische Veränderungen mit der Reproduktion sozialer Ungleichheiten verbunden ist. Ein wichtiges empirisches Ergebnis in dieser Hinsicht ist, dass diejenigen, die über wenig Status und Ressourcen verfügen und somit in Anbetracht dieser Kriterien relativ benachteiligt sind, am stärksten den zerstörerischen Auswirkungen ausgesetzt sind.[62] Sicher ist, dass die Gefährdung durch dem Klimawandel am höchsten in denjenigen Weltregionen ist, die ökonomisch gesehen Rohstoffwirtschaften sind, nur eine schwach institutionalisierte Zivilgesellschaft aufweisen, durch hohe Einkommens- und Vermögensungleichheiten und von Einschränkungen in der Pressefreiheit geprägt sind.[63] Es handelt sich hierbei um in der Weltgesellschaft in ökonomischer, politischer und kultureller Hinsicht periphere Staaten.

Soziale Ungleichheiten bestehen bekanntlich aus der ungleichen Verteilung der Kosten und Nutzen von materiellen und symbolischen Gütern zwischen Individuen, Gruppen, Organisationen, Regionen und Staaten. Im Kontext von Umwelt- und Klimawandel und Migration lassen sich die Zusammenhänge in zwei Richtungen betrachten: zum einen soziale Ungleichheiten, die (teilweise) durch den Klimawandel verursacht oder verstärkt werden, mitsamt ihren Auswirkungen auf Migrationsentscheidungen, und zum anderen die Auswirkungen von Migration auf soziale Ungleichheiten.

Vor allem die ärmsten Segmente der Bevölkerung sind den größten Klimarisiken ausgesetzt. Wie etliche Fallstudien in verschiedenen Ländern rund um den Globus gezeigt haben, vermögen die ärmsten Gruppen oft nur innerhalb ihres Landes mobil zu sein, obwohl die Überquerung internationaler Grenzen in manchen Fällen die einzig mögliche langfristige Überlebensstrategie ist.[64] Dies trifft insbesondere dann zu, wenn etwa Inselstaaten langsam wegen des steigenden Meeresspiegels versinken. In einem solchen Fall ist daher in der Regel die Umsiedlung von Einwohner:innen betroffener Regionen notwendig. So wurden z. B. die Bewohner:innen einer Insel im Staat Kiribati alle umgesiedelt.[65] Ob damit jedoch die jeweilige Lebensweise solcher Gruppen in der neuen Heimat gewahrt werden kann, ist fraglich. Und schließlich scheitern manche Umsiedlungsprogramme. So wurden bspw. Inuits in Alaska in Regionen umgesiedelt, die nun aufgrund des langsam auftauenden Permafrosts in den Sümpfen versinken.[66]

Besonders prekär ist die Situation für eingeschlossene Gruppen (*trapped populations*[67]), die weder in der Lage sind, sich erfolgreich vor Ort an die Folgen des Klimawandels anzupassen, noch aufgrund des Mangels an Mitteln Migration als Anpassungsstrategie zu nutzen. Diese Kategorie umfasst weltweit den Großteil derer, die von Umwelt- und Klimawandel betroffen sind. Zudem besteht bei der Interaktion von

Klasse und Geschlecht eine offensichtliche Verknüpfung: Frauen sind besonders gefährdet, gerade unter den Eigentumslosen und Armen. So liegt bei Frauen in Subsahara-Afrika die Wahrscheinlichkeit, dass sie in Folge einer Naturkatastrophe sterben, achtmal höher als bei Männern.[68]

Der Klimawandel treibt eine der schlimmsten Formen von brutaler Ausbeutung voran, nämlich Zwangsarbeit unter Migrant:innen. Dieser Zusammenhang wird durch Ergebnisse aus Bolivien und Peru bestätigt.[69] Steigender wirtschaftlicher und ökologischer Druck durch den Verlust von Ernten nach Überschwemmungen, das Absterben von Tieren nach plötzlich eintretenden Kältewellen, aber auch Wassermangel führten dazu, dass diejenigen Teile der Landbevölkerung, die sowieso schon unter prekären Bedingungen arbeiteten, ihr Land und oft ihre Familien verlassen mussten. Etliche dieser Migrant:innen wurden, indem sie für die Migration Kredite aufnahmen, in Schuldknechtschaft und Zwangsarbeit gedrängt.[70]

Menschen, die nicht mittellos sind, vermögen durch Migration ihre Lebensverhältnisse häufig zu verbessern. Voraussetzung dafür ist allerdings, dass ihnen ein gewisses Maß an finanziellen Ressourcen und an sozialen Bindungen zur Verfügung steht, um die Kosten und Risiken grenzüberschreitender Migration zu schultern. Neben den bekannten Heterogenitäten wie Klasse, Geschlecht, Alter, Religion, Staatsbürgerschaft oder Ethnizität sind es räumliche Unterschiede, die entscheidend sind, um mit den durch den Klimawandel induzierten Risiken zurechtzukommen. Bevölkerungsgruppen in urbanen Gegenden haben tendenziell mehr Möglichkeiten als die Landbevölkerung, sich an den Klimawandel anzupassen, und diejenigen in der OECD-Welt mehr als solche außerhalb. Dennoch migrieren Menschen in dieser Hinsicht oft in die falsche Richtung, hin zu hochwassergefährdeten Gebieten, nicht weg von ihnen. Dies ist der Fall bei Migration in urbane Gebiete in niedrig liegenden Flussdeltas, wie z. B. Dhaka oder Shanghai.[71]

Finanzielle und soziale Rücküberweisungen aus grenzüberschreitender Migration reproduzieren oft soziale Ungleichheiten entlang von sozialen Klassen in den Emigrationsregionen.[72] Außerdem gibt es aus so verschiedenen Regionen wie den pazifischen Inselstaaten und Mexiko eine Fülle an Hinweisen darauf, dass Rücküberweisungen eine zweifache Wirkung zeigen, indem sie zur Armutsminderung beitragen *und* Ungleichheiten verstärken.[73] Im Allgemeinen sind Rücküberweisungen wegen des allgegenwärtigen moralischen Risikos sowohl auf der nationalstaatlichen Ebene als auch auf der Haushaltsebene kein reiner Segen: So können durch Rücküberweisungen finanzielle Abhängigkeiten entstehen, indem sich einige Haushalte auf ein regelmäßiges Einkommen aus dem Ausland verlassen. Die Nutzung möglicher lokaler Einkommensquellen wird deshalb in manchen Fällen vernachlässigt.[74]

Rechtlicher Status ist ein weiteres Merkmal, das eng mit sozialen Ungleichheiten im Kontext von Migration verbunden ist. Dieser Status ist entscheidend, weil er die Festlegung einer möglichen politisch-rechtlichen Kategorie «Klimaflüchtling» betrifft. Eines der grundlegenden Hindernisse ist die Schwierigkeit der rechtlichen Anerkennung von Migrant:innen als Flüchtlinge im Kontext des Klimawandels, was für ihren Schutz sorgen könnte.[75] Doch obwohl es noch keinen eindeutigen, juristisch tragfähigen Nachweis eines kausalen Bezugs zwischen Klimawandel und Migration gibt, existiert ein plausibler Zusammenhang, der von «Normen-Unternehmer:innen»[76] betont wird. Diese Position betont, wie wichtig es ist, bestimmte Normen wie Menschenrechte für Flüchtlinge in Situationen der klimabedingten Migration aufzustellen. Eine Initiative versucht z. B., die Um- und Neuansiedlung von Menschen, die in von Umweltzerstörung betroffenen Regionen leben, zum Eckpfeiler eines Klimaflüchtlingsregimes zu machen.[77] Diese Advokat:innen argumentieren, dass sich der Begriff Klimaflüchtling auf Menschen bezieht, die vor den direkten Auswirkungen des Klimawandels wie steigender Meeresspiegel, extreme Wettervorkommnisse, Dürren und Wasserknappheit innerhalb eines Landes oder über Grenzen hinweg fliehen. Jedoch ist die Verwendung des Begriffs «Flüchtling» in diesem Kontext aufgrund seiner rechtlichen Bedeutung gemäß der *Genfer Flüchtlingskonvention* höchst umstritten. Tatsächlich hat der Hochkommissar der Vereinten Nationen für Flüchtlinge (UNHCR) die Verwendung von Begriffen wie «Klimaflüchtling» oder «Umweltflüchtling» bisher abgelehnt. Das Gleiche gilt für jegliche Bemühungen, das Mandat der *Flüchtlingskonvention* auszuweiten. So argumentierte der UNHCR, dass die Gewährung des Flüchtlingsstatus für Klimaflüchtlinge die Definition verzerren und die extrem knappen Ressourcen des internationalen Flüchtlingsregimes belasten könnte.[78]

## Zur Politik der sozialen Frage unter ökologischem Vorzeichen

Vor diesem Hintergrund lautet die Frage: Wie werden Ungleichheiten und die soziale Frage unter ökologischem Vorzeichen konstituiert und bearbeitet? Die Darstellung beschränkt sich an dieser Stelle auf OECD-Länder. Dieses Vorgehen hilft, Migration im Kontext des Klimawandels jenseits von Katastrophenszenarien in einer breiter angelegten Perspektive um soziale Ungleichheiten zu betrachten. Die Politik der sozio-ökologischen Frage in den Zielländern kann nach dem gleichen Muster wie die transnationalisierte soziale Frage typisiert werden. Zwei Hauptachsen spielen eine Rolle (Tabelle 8.1): Die vertikale Achse differenziert danach, ob Migrant:innen wirtschaftlich nachgefragt sind (ja/nein) und ob sie kulturell willkommen sind (ja/nein). Die horizontale Achse betrifft die Immigrationspolitiken(offener oder restriktiver). Eine bejahende Antwort in der ökonomischen und in der kulturellen Sphäre bedeutet, dass die Regulierung der Immigration relativ liberal ist. Eine negative Antwort impliziert, dass diese Politiken restriktiver ausfallen.

Die Spannungen entlang der ökonomischen Dimension kulminieren im Wohlfahrtsparadox, diejenigen in der kulturellen Dimension im Rechtsstaatsparadox. Das Wohlfahrtsparadox spannt sich zwischen der Marktliberalisierung im Wettbewerbsstaat und der Regulierung von Arbeitsmarkt und sozialer Sicherung im Wohlfahrtsstaat auf. Dieses Paradox entsteht, weil der grenzüberschreitende Verkehr von Kapital aller Art im Widerspruch zur politischen Schließung des Wohlfahrtsstaates nach außen steht.

Aus der Sicht des Wettbewerbsstaates sind die Art und der Erfolg der Reaktion auf den Klimawandel vor allem eine Frage der Resilienz. Diese verhilft dazu, sich an die sich verschlechternden Lebensbedingungen an-

| Immigrationspolitiken<br>Migrant:innen | Offen | Restriktiv |
|---|---|---|
| Wirtschaftlich nachgefragt | *Natur als auszubeutendes Reservoir* | *Ökologisch ambivalent: Wirtschaftswachstum vs. Nachhaltigkeit* |
| **Wohlfahrtsparadox** | Wettbewerbsstaat | Wohlfahrtsstaat |
| Sozio-kulturell willkommen | *Revolution der Rechte: Recht auf Schutz bei Klima- und Umweltzerstörung* | *Kulturalisierung und Versicherheitlichung: Migrant:innen bedrohen das ökologische Gleichgewicht* |
| **Rechtsstaatsparadox** | Rechtsstaat | Nationalstaat |

*Tabelle 8.1: Die transnationalisierte sozio-ökologische Frage in den Zielländern*

zupassen. In der Terminologie des *Foresight Report*[79] ist der:die resiliente Migrant:in vor allem räumlich mobil, um das Schicksal unter widrigen Bedingungen in eine Art transformierende Anpassung zu verwandeln. Dies bedeutet, dass sich die erfolgreiche Person nicht nur inkrementell anpasst. Aus dieser Perspektive wären die idealen Migrant:innen in jeder Hinsicht nicht nur anpassungswillig, sondern auch höchst innovationsbereit und könnten unter Umständen das menschliche Überleben sichern. Die Figur des:der resilienten Migrant:in ließe sich als die ideale marktliberale Verkörperung des:der zeitgenössischen Migrant:in interpretieren.[80]

Während nun die Prinzipien des Wettbewerbsstaates eine klare Orientierung von einem marktliberalen Gesichtspunkt aus bieten, lassen sich keine derart eindeutigen Folgerungen aus der Funktionslogik des Wohlfahrtsstaates ableiten. Aus wohlfahrtsstaatlicher Sicht ergeben sich zwei gegenläufige Perspektiven: Eine erste Position sieht liberale Immigrationsregulierung als Problem für die inländischen Beschäftigten, da dadurch institutionelle Grundlagen des Wohlfahrtsstaats wie die Tarifpartnerschaft gefährdet wären.[81] Diese Position führt letztendlich zu Abschottung. Eine zweite Perspektive erkennt diejenigen, die aufgrund von äußerer Gewalt ihren Wohnort verlassen müssen bzw. ihr Wohnland verlassen können, als schutzsuchende Migrant:innen bzw. Flüchtlinge an, entweder im Land selbst und in angrenzenden Staaten[82] oder als Flüchtlinge in den Zielländern Europas. Die erste Perspektive ist diejenige eines protektionistischen, die zweite eines rechtsstaatlichen Wohlfahrtsstaats.

Erst durch den Einbezug der kulturellen Dimension werden die Umrisse eines Gesamtbildes sichtbar. Das Rechtsstaatsparadox illustriert die Spannungen, die seit der Revolution der Rechte in den 1960er-Jahren und der wachsenden kulturellen Vielfalt gegenwärtiger Gesellschaften einerseits und der nationalen Souveränität der Zulassung von Personen zum Territorium und des Mythos der nationalen Homogenität andererseits sichtbar werden. Während nun die Revolution der Rechte ihren Niederschlag im heutigen Rechtstaat gefunden hat, steht auf der Gegenseite die Vorstellung des Nationalstaats als homogene politische Gemeinschaft. Rechtsstaatlichkeit in liberalen Demokratien impliziert, dass legal ansässige Migrant:innen nach einer gewissen Zeit in der Regel das Recht auf Niederlassung erhalten. Der höhere Nachdruck auf menschenrechtliche Begründungen im Hinblick auf Aufnahme und Zulassung kommt auch im Asylrecht zum Vorschein. Gemäß der *Genfer Flüchtlingskonvention* und dem dazugehörigen *New Yorker Protokoll* stellt Verfolgung aufgrund der Zugehörigkeit zu einer sozialen, religiösen und politischen Gruppe, inzwischen ergänzt durch nicht-staatliche Gewalt und Verfolgung wegen sexueller Orientierung, einen legitimen Grund für Asyl dar. Vorschläge zielen darüber hinaus darauf, dass Klima- und Umweltzerstörung als ein Grund für die Gewährung von Asyl anerkannt werden sollte.

Aus Sicht des Nationalstaats steht der liberalen Gewährung von Menschenrechten an Migrant:innen das Prinzip des Erhalts einer (vermeintlichen) ethnischen Homogenität des Volkes entgegen. Migration solle daher engmaschig kontrolliert werden, weil spezifische und hoch bewertete kulturelle Lebensstile und sogar Demokratie durch Massenmigration gefährdet seien, z. B. durch den Import von autoritären politischen und sozialen Ideen durch Migrant:innen. Über dieses Risiko hinaus kann aus dieser Sicht Migration sogar als Bedrohung der Sicherheit der nationalen Gemeinschaft gesehen werden. Die allerorts in Europa geführten Debatten um «*home-grown terrorism*» können daher bspw. als Prozess der Versicherheitlichung gedeutet werden.[83]

Interessanterweise stimmen sowohl Vertreter:innen des rechtsstaatlichen als auch des nationalstaatlichen Lagers darin überein, dass in den nächsten Jahrzehnten die Zahl der Klimaflüchtlinge drastisch zunehmen könnte. Allerdings unterscheiden sich die beiden Positionen grundlegend in ihren Annahmen über die Gründe für diese Fluchtmigration und deren politische Bewältigung Diejenigen politischen Akteur:innen, die menschenrechtlich argumentieren, darunter viele NGOs, betonen, dass jede Person das Recht hat, in einer in jeglicher Hinsicht sicheren Umgebung zu leben. Ihr Motto ließe sich verkürzt so zusammenfassen: «Wir müssen diejenigen schützen, die vom Klimawandel besonders hart betroffen sind.» Dies ist ein Plädoyer dafür, dass staatliche wie nichtstaatliche Akteur:innen rund um den Globus Maßnahmen gegen die weitere Erosion der ökologischen Lebensgrundlagen unternehmen. Das erklärte Ziel dabei ist, Menschen in den am meisten bedrohten Gebieten vor den negativen Folgen wie Dürren, Überschwemmungen und dem Ansteigen des Meeresspiegels so effektiv wie möglich zu schützen.[84] Für diejenigen, die in ihren Herkunftsländern und den Anrainerstaaten nicht ausreichend geschützt werden können, sollten Möglichkeiten der Aufnahme in europäischen Zielländern bestehen.

In eine andere Richtung weisen die Äußerungen derjenigen, die davor warnen, dass ganze Massen von Klimaflüchtlingen im globalen Norden Zuflucht suchen und dabei die wirtschaftliche und kulturelle Aufnahmefähigkeit dieser Länder überfordern würden. Ihr Motto lautet: «Wir müssen unsere Staaten vor übermäßiger Immigration beschützen.» Die Sorge um einen angemessenen Schutz bezieht sich hier nicht so sehr auf die Flüchtlinge, sondern umgekehrt auf die aufnehmenden Staaten. In dieser Sicht ist Immigration nicht nur eine Zumutung für eine möglichst hohe kulturelle Homogenität, sondern auch eine Belastung für die ökologische Nachhaltigkeit in den Immigrationsländern. Der Mechanismus, mit der diese Belastbarkeit auf die Probe gestellt wird, ist die demographische Entwicklung. Denn eine wachsende Bevölkerung in den Zielländern würde höhere ökologische Belastungen bedeuten.[85] Dieses Argument erinnert in mancherlei Hinsicht an die Befürchtungen der Überbevölkerung als Bedrohung für das Überleben der Menschheit. In den 1960er- und 1970er-Jahren führten derartige Überlegungen direkt zu von den ehemaligen Kolonialmächten in Ländern wie Indien propagierten und dort auch zeitweise umgesetzten Sterilisierungskampagnen.[86]

Zusammengefasst lässt sich folgern, dass die Prinzipien sowohl des Wettbewerbsstaates als auch des Rechtsstaates eine tolerante und liberale Immigrationspolitik gegenüber Migrant:innen favorisieren, auch gegenüber solchen, die im Kontext des Klimawandels migrieren. Allerdings sind explizite politische Koalitionen zwischen den vier möglichen idealtypischen Lagern rar. Obwohl es Übereinstimmungen im Hinblick auf die relative Offenheit von Grenzen gibt, sind die diesbezüglichen Positionen anderweitig ideologisch zu sehr voneinander entfernt. Im Unterschied zu den beiden immigrationspolitisch relativ liberalen Positionen des Wettbewerbsstaates und des Rechtsstaats erfordern die Funktionsweisen von Wohlfahrtsstaat und Nationalstaat eine eher restriktive Immigrationsregulierung. Aus wohlfahrtsstaatlicher Sicht sind es soziale Rechte für alle, aber vor allem die der bereits Ansässigen, die schützenswert sind. Hier wird wiederum das Prinzip der Gleichheit auf nationaler und nicht auf globaler Ebene gedacht. Aus einer nationalstaatlichen Perspektive sind es die Prinzipien der kulturellen Homogenität und der ökologischen Tragfähigkeit, die eine restriktive Einwanderungspolitik legitim erscheinen lassen. Trotz dieser ähnlichen Policy-Präferenzen ist auch hier die Wahrscheinlichkeit einer politischen Koalitionsbildung wohl eher gering. Nichtsdestotrotz sind gerade überkreuzende Koalitionen durchaus möglich. Aufgrund der Ambivalenz der wohlfahrtsstaatlichen Positionen beim Klimawandel ist eine Zusammenarbeit mit rechtsstaatlichen Positionen denkbar. Jedoch ist eine solche u. a. davon abhängig, ob sich eine eher wachstumsbasierte oder eine über die Nation hinausreichende Rechte-basierte Position im wohlfahrtsstaatlichen Bereich durchsetzt.

## Ausblick: Für eine Transformation des Verhältnisses von Ökologie und Gesellschaft

Die erste Generation der Forschung über Umwelt- und Klimawandel sowie Migration unterschätzte die Anpassungsfähigkeit von Menschen, indem ein rein mechanischer Ansatz verfolgt wurde. Dieser leitete direkt aus der Beobachtung von Umweltzerstörung eine erhöhte Migrationsquote ab, ohne die Handlungsmöglichkeiten von Personen, Gruppen und Organisationen sowie die gesellschaftliche Gestaltung durch Institutionen genügend zu berücksichtigen. Die zweite Generation fokussierte auf eine bestimmte Form von Handeln und Handelnden, nämlich die Migrant:innen, die sich erfolgreich an den Klimawandel anpassen. Diese Generation erkannte zwar das Handlungspotenzial von Akteur:innen und die dazu passenden institutionellen Rahmen. Jedoch ging sie oft mit einer zu optimistischen Version von Anpassung und Mobilität einher, indem sie implizit vorausschauend und präventiv handelnde Migrant:innen als Lösung für die mit dem Klimawandel im Zusammenhang stehenden Probleme für Menschen in den betroffenen Regionen präsentierte. Allerdings sollten positive Auswirkungen wie eine mögliche Reduzierung von Armut in den Herkunftsregionen nicht ausgeblendet werden. Indem eine dritte Generation einen kombinierten Blick auf Ökologie und Gesellschaft richtet,[87] wird sichtbar, dass Migration die tieferen Strukturen von sozialen Ungleichheiten unberührt lässt und exkludierende Mechanismen verstärkt.

Diese Ungleichheiten drücken sich in Gewaltverhältnissen aus, die in Flucht resultieren. Meistens werden Klimawandel und Gewalt als zwei getrennte Bedrohungen behandelt, wobei jede davon potenziell zu der weltweiten Bewegung von Migrant:innen und Geflüchteten beiträgt. Die empirische Forschung legt dabei nahe, dass Klimawandel und Gewalt korrelieren und möglicherweise kausal miteinander verbunden sind. Tatsächlich ist bereits bekannt, dass zivile Gewaltausbrüche zeitlich eng mit dem El Niño Southern Oscillation-Phänomen (ENSO) im äquatorialen Pazifik verknüpft sind.[88] Die Wahrscheinlichkeit für gewaltsame Konflikte verdoppelt sich in El Niño-Jahren im Vergleich zu

La Niña-Jahren. Bürgerkriege lösen noch mehr Migrations- und Flüchtlingsbewegungen aus. Ebenso gibt es Hinweise auf eine Verbindung zwischen der Erderwärmung und einem erhöhten Risiko von physischer Gewalt in vielen Teilen von Subsahara-Afrika.[89] Angesichts des Potenzials des Klimawandels, die Häufigkeit und Schwere von Wetterereignissen wie El Niño zu beeinflussen, kann die globale Erwärmung nicht nur dazu führen, Migration direkt durch Vertreibung zu verstärken, sondern diese auch indirekt durch gewaltsame Konflikte in den betroffenen Gebieten der Welt mit zu erzeugen. Über die in diesem Zusammenhang wirkenden konkreten Mechanismen ist bislang wenig bekannt.

Insgesamt gilt es, Migration in den Kontext allgemeiner sozioökonomischer und ökologischer Transformationen zu setzen. Denker im 19. Jahrhundert und zu Anfang des 20. Jahrhunderts wie Karl Marx, Friedrich Engels und Max Weber erkannten den Zusammenhang zwischen der Entwicklung des industriellen Kapitalismus einerseits und der fortwährenden Ausbeutung der Erde. Seitdem ist deutlich geworden, dass zwar Kapitalismus eine beständige und global wirkende Kraft ist, sie aber gleichzeitig «lokal an allen Stellen» gedacht werden muss.[90] Es waren bisher nicht nur globale Klimaübereinkommen, sondern die Resultate lokaler Klimakonflikte, die Fortschritt in der Bekämpfung der zügellosen Karbonisierung gebracht haben. Damit ergibt sich eine politische Aufgabe, welche die Philosophin Simone Weil schon in den 1930er-Jahren formulierte: «Die soziale Frage ist damit klar gestellt; wir müssen den Mechanismus dieser Übertragung erforschen, untersuchen, warum der Mensch seine Macht über die Natur um diesen Preis erlangte, begreifen, worin für ihn das geringste Unglück bestünde, nämlich ein Zustand, in dem er am wenigsten durch die doppelte Herrschaft von Natur und Gesellschaft geknechtet wird, und schließlich erkennen, welche Wege sich diesem Zustand annähern können und welche Instrumente die Zivilisation heute den Menschen an die Hand geben könnte, wenn sie ihr Leben in diesem Sinne verändern wollten.»[91]

## Thesen zu Migration: Nicht Problem, sondern Lösung

Die bei Exit für das 21. Jahrhundert aufgeworfene transnationalisierte soziale Frage verlangt abschließend nach möglichen Antworten. Die durch die soziale Frage des 21. Jahrhunderts gestellten Herausforderungen werden in den vier untersuchten Paradoxa deutlich: Wohlfahrtsparadox und Rechtsstaatsparadox, Entwicklungsparadox und nationales Paradox. Während die soziale Frage des 19. Jahrhunderts auf den Konflikt zwischen Kapital und Arbeit zumeist in den sich herausbildenden Industrieländern fokussierte und seit Ende des 20. Jahrhunderts verstärkt kulturell codierte Fragen aufwarf, hat sie im 21. Jahrhundert über Prozesse der grenzübergreifenden Migration und der Wahrnehmung höherer Interdependenz in Bereichen wie dem Klimawandel eine noch ausgeprägtere weltweite Bedeutung angenommen. Die soziale Frage ist damit noch mehr als zuvor transnationalisiert.

Die folgenden Überlegungen in Thesenform betreffen erstens die Rolle der Migrationsforschung in der Öffentlichkeit und zweitens die Gestaltung von transnationaler Migration und deren Folgen in den Herkunfts-, Transit- und Zielländern. Abschließend erfolgt eine sozialphilosophisch inspirierte Verortung von Exit aus der Perspektive der sozialen Frage, indem die Funktion von Grenzen und Grenzziehungen in einer transnationalisierten Welt bestimmt wird. Es geht bei alledem nicht darum, spezifische Lösungsvorschläge aufzulisten, sondern geeignete Konzepte für weitere Debatten und vor allem für Diskussionen in der Öffentlichkeit bereitzustellen.

Die Sozialwissenschaften erfüllen im Themenbereich Migration eine duale Funktion. Das trifft auf Fachrichtungen wie Soziologie, Politikwissenschaften, Ökonomie, Demographie, Sozialanthropologie und Humangeographie zu. Alle Sozialwissenschaften sind im Sinne disziplinärer oder gar interdisziplinärer Spezialisierungen damit beschäftigt, Fragen sozial geschaffener Ordnung in einer systematischen und methodisch nachvollziehbaren Weise zu bearbeiten. Dabei stellt sich im Hinblick auf die Öffentlichkeit die Frage, auf welche Weise dieses spezialisierte Wissen für politische Debatten zur Verfügung gestellt werden kann.[1] Sozialwissenschaftler:innen sind aber nicht nur Beobachter:innen sozialer Prozesse, deren Wissen in öffentliche Debatten einfließt, sondern auch beteiligte Akteur:innen in der sozialen Welt mit ihren je eigenen Interessen. Daher wäre es irreführend, Sozialwissenschaftler:innen die Rolle eines «ehrlichen Maklers»[2] zuzuschreiben. Es stellt sich also die Frage, welchen Beitrag die Migrationsforschung leisten kann, wenn sie der politischen Nachfrage nach wissenschaftlicher Expertise nachkommen und dabei den Selbstanspruch auf unabhängige Forschung wahren sowie die je eigenen Interessen beteiligter Wissenschaftler:innen mit bedenken will.

An der hier im Mittelpunkt stehenden Schnittstelle von Beobachten und Handeln geht es also nicht einfach um den Hinweis auf soziale Tatsachen, sondern darüber hinaus auch um das, was sozial vorstellbar und wünschenswert wäre. Strukturen von Gesellschaft sind sozial konstituiert und imaginiert, und sie existieren nicht einfach. Die soziale Welt ist eine von Menschen gesellschaftlich erschaffene Welt unter den jeweiligen wirtschaftlichen, kulturellen, politischen und ökologischen Bedingungen. So gehört es zur Aufgabe von Sozialwissenschaften, die Herausbildung sozialer Ordnungen zu beschreiben und zu erklären, ohne damit gleichzeitig ihre Notwendigkeit zu rechtfertigen. Dies kann mithilfe von Impulsen für Diskussionen in der Öffentlichkeit geschehen, die Alternativen zu bestehenden Ausprägungen der sozialen Ordnung von Migration aufzeigen.

Auch ohne sich explizit öffentlich zu Wort zu melden, intervenieren die Sozialwissenschaften. Denn die soziologische Analyse von Gesellschaft verändert ihren Gegenstand selbst: Benennen heißt immer auch intervenieren.[3] Die gegenwärtige Gesellschaft ist eine Wissensgesellschaft oder gar eine «Wissenschaftsgesellschaft»[4]. In ihr verwandelt sich regelmäßig die Beschreibung des Forschungsobjekts zum Selbstverständnis dieses Objekts selbst. Davon zeugen Begriffe wie «Migrationsgesellschaft» oder «Einwanderungsgesellschaft», die aus der Wissenschaft in öffentliche Debatten eingewandert sind. Die Begriffe zeigen darüber hinaus an, dass Migration vom Rand der Gesellschaft in die Mitte von deren politischen Kontroversen gerückt ist.

## Migrationsforschung in der Öffentlichkeit

*These 1: Die Hauptaufgabe von Migrationsforschung für und in der Öffentlichkeit ist Orientierung für die Beteiligten und das Aufzeigen von Alternativen zur gegenwärtigen sozialen Ordnung von Migration.*

Da die transnationalisierte soziale Frage sowohl eine hohe wissenschaftliche als auch politische Relevanz besitzt, stellt sich das Problem, wie die Erkenntnisse aus der Forschung für die betreffenden öffentlichen Debatten fruchtbar gemacht werden können. Häufig taucht die Frage auf, ob und, falls ja, in welcher Form wissenschaftliche Ergebnisse eine Grundlage für rationale politische Entscheidungen bilden können. Wäre es wünschenswert, dass auch für Migration das Wissen über Ursache-Wirkungs-Beziehungen instrumentell anwendbar wäre? Sollten politische Entscheidungen auf evidenzbasierter Forschung und eben gerade nicht auf Dogma beruhen? Während derartige Überlegungen für den Anfang hilfreich sein können, führt die Frage nach instrumenteller Anwendbarkeit von sozialwissenschaftlicher Forschung letztlich in die Irre.

Zwar hat Migrationsforschung selbstverständlich Implikationen für politische Maßnahmen. So können die Theorien, Konzepte und empirischen Ergebnisse etwa zu finanziellen Rücküberweisungen für eine Gestaltung sozio-ökonomischer Entwicklung fruchtbar gemacht werden. Eine direkte Umsetzung von Wissen aus der Forschung in politische Entscheidungen dagegen ist eher unwahrscheinlich. Eine solche findet am ehesten dann statt, wenn die wissenschaftlichen Ergebnisse die im politischen System schon getroffenen Entscheidungen bestätigen.[5] Es ist nicht allein die formale Rationalität, die in Debatten über transnationale Migration und ihre Folgen zählt, sondern auch die Funktionsweise des jeweiligen politischen Systems. Denn Politiker:innen nehmen wissenschaftliche Erkenntnisse in der Regel vor allem dann wahr, wenn sie zu ihren praktischen Zielen passen oder schon getroffene Entscheidungen legitimieren. Das Ziel sozialwissenschaftlicher Intervention kann somit nicht ausschließlich Politikberatung sein.

Die Felder (Migrations-)Wissenschaft und Politik weisen eine grundlegend verschiedene Rationalität auf. Im politischen Feld hat instrumentelles Wissen für Machterhalt und Entscheidungsfindung Vorrang. In den Sozialwissenschaften hingegen ist vorrangig orientierendes Wissen gefragt, d.h. es geht immer auch um Interpretationen und Verstehen verschiedenster sozialer Zusammenhänge. Diese Differenz findet sich auch in Max Webers Unterscheidung von formaler vs. materialer bzw. substantieller Rationalität wieder.[6] Während formale Rationalität instrumentell orientiert ist, richtet sich materiale Rationalität an wertorientierten Konzepten aus, im vorliegenden Fall also z.B. sozialer Ungleichheit, Sozialintegration und Entwicklung.

Schon die soziologische Verwendungsforschung der 1980er-Jahre verwies darauf, dass sozialwissenschaftliche Forschung selten direkt politische Entscheidungen beeinflusst. Der Ökonom John Maynard Keynes erkannte in den 1930er-Jahren, dass die Verbindung zwischen der Welt der Wissenschaft und der politischen Welt in der Regel indirekt verläuft: «Praktiker, die sich ganz frei von allen intellektuellen Einflüssen wähnen, sind zumeist Sklaven irgendeines längst verstorbenen Ökonomen. Verrückte an der Macht, die von irgendwoher Stimmen hören, destillieren ihren Wahnsinn aus dem, was ein akademischer Schreiberling vor einigen Jahren zu Papier brachte. *(Ich bin sicher, dass die Macht von Interessengruppen gegenüber dem allmählichen Vordringen von Ideen stark übertrieben wird.)* Diese setzen sich nach einiger Zeit durch, wenn auch sicher nicht sofort.»[7]

Es sind also am ehesten indirekte und langfristige Effekte zu beobachten; z.B. im Begriff der «Migrationsgesellschaft», der durch seinen Erfolg im öffentlichen Sprachgebrauch auch eine gewisse Trivialisierung erfuhr. Anstelle einer direkten Übernahme von Wissen werden sozialwissenschaftliche Erkenntnisse in gesellschaftlichen Praxisfeldern nach den dort vorherrschenden Denkmustern umgeformt und eigensinnig eingegliedert.[8] Ein Beispiel dafür bildet auch das Konzept der Assimilation, das im wissenschaftlichen Gebrauch eine höchst voraussetzungsvolle kulturelle, ökonomische und politische Annäherung von Migrant:innen und der einheimischen Bevölkerung bezeichnet, in der politischen Praxis und im täglichen Sprachgebrauch aber häufig mit Zwangsangleichung von Migrant:innen an die Mehrheitsgesellschaft gleichgesetzt wird.

Es geht nicht darum, die sozialwissenschaftliche Annäherung an Wahrheit über Migration in jedem Falle direkt in politische Entscheidungen einzubringen, wie es noch das Modell «*speaking truth to power*» suggeriert.[9] Vielmehr ist ein «*negotiated model*» adäquater, das von einer «Ko-Produktion» von Erkenntnis zwischen Wissenschaft und Politik ausgeht.[10] Eine solche Perspektive impliziert auch, dass es kein absolutes wissenschaftliches Wissen gibt.[11] Aber der Hinweis auf die soziale Konstruktion des Wissens und den damit notwendig implizierten Verzicht auf absolute Geltung ist nicht mit dem völligen Verzicht auf Geltungsansprüche gleichzusetzen. Vielmehr handelt es sich bei sozialwissenschaftlichem Wissen zu Migration um ein Angebot zur Orientierung, bei dem die «doppelte Hermeneutik»[12] nicht vergessen werden darf. Denn Sozialwissenschaft bedeutet die Auslegung gesellschaftlicher, sinnhafter Phänomene, die auch schon immer von den jeweiligen Akteur:innen selbst gedeutet werden. Dies heißt, dass diejenigen, die das Objekt der Untersuchung sind, schon ihre eigene Deutung der Welt haben.

Diese Perspektive führt weg von einem eng verstandenen Verwertungszwang der Migrationsforschung. Die politische Relevanz und Problemlösungsfähigkeit der Sozialwissenschaften ist da am größten, wo sie sich nicht umstandslos an vorgegebenen gesellschaftlichen Nützlichkeiten und Relevanzerwartungen orientiert. Denn Relevanz wird gewöhnlich politisch definiert, nicht wissenschaftlich. Die öffentliche Relevanz der Forschung ist dann am höchsten, wenn Sozialwissenschaftler:innen neugierig und phantasievoll der Komplexität von Phänomenen wie dem Nexus von Migration und Entwicklung nachspüren. Dadurch kultiviert Sozialforschung die Fähigkeit, Situationen und Handlungszusammenhänge für sich selbst und für andere zu überdenken oder gar neu zu denken.[13]

Unter günstigen Bedingungen für Wissensproduktion vermag die Migrationsforschung problemorientiertes Wissen in Form von systematisch hergeleiteten Konzepten und empirisch grundierten Deutungen zur Verfügung zustellen. Migrationsforschung kann die öffentlichen Diskussionen von Migrationsfragen anleiten, indem sie die soziale Konstitution der sozialen Ordnung um Migration erhellt und politische Optionen sichtbar macht.[14] Damit erhebt sie nicht den Anspruch, immer schon geeignete praktische Lösungen parat zu haben. Diese wiederum sind nur als Ergebnis einer breiteren politischen Diskussion möglich. Insgesamt ist das Ziel sozialwissenschaftlicher Intervention in die Öffentlichkeit nicht die instrumentelle Anwendung von sozialwissenschaftlichen Erkenntnissen, sondern das Verstehen zu fördern, Orientierung für Handelnde sowie Impulse für die Entwicklung von Alternativen zu bieten. Die wichtigste öffentliche Funktion von sozialwissenschaftlicher Forschung ist es somit nicht, passgenaue Lösungen für «soziale Probleme» wie Migration und Flucht zu liefern. Die vordringlichste Aufgabe von Sozialwissenschaft ist es, herauszuarbeiten, warum und wie Exit ausgelöst wird, welche Dynamiken damit verbunden sind und welche Konsequenzen für Herkunfts-, Transit- und Zielregionen sowie für involvierte Gruppen und nicht zuletzt auch für Migrant:innen selbst auftreten. Aus wissenschaftlicher Perspektive sind also nicht wie auch immer konzipierte soziale Probleme Ausgangspunkt, sondern die Funktionsweise von Gesellschaft; in diesem Falle von Migration und Flucht. Soziale Probleme können allerdings als Motivation für eine systematische wissenschaftliche Analyse dienen. Die Relevanz von Migrationsforschung für Politik und Öffentlichkeit ergibt sich also primär aus dem besseren Verständnis und adäquateren Erklärungen gesellschaftlicher Prozesse wie soziale Ungleichheiten sowohl als Ausgangspunkt als auch als Ergebnis von Exit. Beispielsweise kann Zwangsarbeit von Migrant:innen und damit moderne Sklaverei nur durch Erkenntnisse zu den Funktionsweisen der Rekrutierung von Arbeitskräften und informeller Arbeitsmärkte verstanden werden. Dann fällt der Blick etwa auf die Rekrutierungspraktiken von privaten Vermittlungsagenturen. Die Forschungsergebnisse sind wiederum zu interpretieren und können dann als Wegweiser für wünschenswerte Interventionen dienen.

Dabei verdient die ethische Dimension besondere Aufmerksamkeit. Heute kann Gesellschaft nicht nur als Wissensgesellschaft, sondern auch als Wissenschaftsgesellschaft gedacht werden, in der die Wirkungen sozialwissenschaftlicher Erkenntnisse in der Regel eher indirekt sind und nicht einfach über instrumentelle Anwendung sichtbar werden. Diese Überlegungen verweisen direkt auf Max Webers Haltung zur Rolle von Sozial- und Kulturwissenschaften. Es gibt Webers Meinung nach zwar keine Forschung, die unabhängig vom speziellen Erkenntnisinteresse der Forschenden wäre. Forscher:innen sind durch ihre eigenen Wertideen vorgeprägt, die auch jeweils offen gelegt werden sollten. Weber weist weiterhin darauf hin, dass sozial- und kulturwissenschaftliche Erkenntnisse nicht direkt und interventionistisch angewandt werden können.[15] Diese Vorstellung steht platonischen Vorstellungen entgegen, dass Vertreter:innen von Wissenschaft und Philosophie als Eliten zu betrachten seien, die am besten geeignet seien, politische Gemeinwesen zu führen.[16] Jedoch spricht nichts dagegen, dass sich Personen und Organisationen in Politik und Öffentlichkeit und Sozialwissenschaftler:innen selbst wissenschaftlicher Einsichten bedienen, um gesellschaftliches Leben mitzugestalten.

Es ist dabei immer zu beachten, dass Erkenntnisse aus der Migrationsforschung selten eindeutig und immer höchst deutungsbedürftig sind. Darauf verweist schon die kritische Diskussion wichtiger Ergebnisse innerhalb der Migrationsforschung. Umso mehr ist Vorsicht für daraus abgeleitete Politikempfehlungen geboten. Ein Beispiel dafür ist die wiederentdeckte Bedeutung von finanziellen Rücküberweisungen zwischen Ziel- und Herkunftsländern. Es kann zwar von einem hohen Potenzial für die Verbesserung von Lebensverhältnissen in den Herkunftsregionen gesprochen werden; zumal Rücküberweisungen die ausländischen Direktinvestitionen in den Herkunftsländern des globalen Südens um das Doppelte und die Mittel für Entwicklungskooperation um das Drei- bis Fünffache übersteigen. Es sollten aber nicht voreilig Rückschlüsse gezogen werden, bevor nicht empirisch belastbare Ergebnisse für Rücküberweisungen in umgekehrter Richtung, also von den Herkunfts- in die Zielländer, vorliegen. Die umgekehrte Richtung ist viel weniger intensiv untersucht. Ein weiteres Beispiel betrifft die Rolle von Diaspora beim Wiederaufbau von durch gewaltsame Konflikte und ausländische Interventionen zerstörten Ländern. Hier muss genau geprüft werden, in welcher Weise diasporische Gruppen in die Konflikte selbst involviert sind.[17]

### *These 2: Sozialwissenschaftliche Migrationsforschung bietet Raum für drei Genres – Expertise, Advokatentum und öffentliches Intellektuellentum*

Sozialwissenschaftliche Forschung kann die Richtung öffentlicher Debatten mit beeinflussen. Politische Entscheidungen und Maßnahmen kommen mittelbar ins Spiel, indem sie sich auch auf Debatten in der Öffentlichkeit beziehen und Politik für die Legitimierung von Maßnahmen rationaler Begründungen bedarf. Es gibt allerdings häufig keine starke und direkte Verbindung zwischen Wissenschaft, Öffentlichkeit und Politik. Stattdessen ist der Zusammenhang dieser drei Felder eher lose.

Es lassen sich sowohl eine instrumentelle, eine problemorientierte als auch eine reflexive Orientierung in den drei Basistypen des Verhältnisses von Wissenschaft und Öffentlichkeit finden: Sozialwissenschaftler:innen können sich der Genres Expertise, Advokatentum und öffentliches Intellektuellentum bedienen (siehe Tabelle 9.1).

Expertise bedeutet, dass der oder die Expert:in Organisationen im politischen Feld berät und instrumentelles Wissen offeriert, das soziale Probleme wie Menschenhandel, Zwangsarbeit von Migrant:innen oder die Diskriminierung von Minderheiten in Arbeits- und Wohnungsmärkten lösen soll. Auch Themenbereiche wie die Ursachen von Fluchtmigration, die Grundpfeiler eines möglichen globalen Migrationsregimes oder die Rolle von bestimmten Religionen, die mit Migration sichtbarer werden, gehören dazu. Hier eröffnen sich viele Möglichkeiten für eine Betätigung, zumal politische Entscheidungsträger:innen zur Legitimierung und Erhöhung der Akzeptanz von Entscheidungen allenthalben Fachkommissionen einsetzen und Hearings veranstalten.

Die daraus resultierenden Fragen können am Beispiel der Unabhängigen Kommission «Zuwanderung» in Deutschland (2000–2002) betrachtet werden, für die über hundert Wissenschaftler:innen zu Immigration in Deutschland befragt wurden.[18] Zwar bietet der Bericht der Kommission viele konkrete Lösungsvorschläge, so etwa die Reduzierung der Zahl rechtlicher Kategorien für Flüchtlinge. Seine längerfris-

| Typus von Wissen | Genre | Aufgabe/Ziel | Ausgewählte Beispiele |
|---|---|---|---|
| *Instrumentelles Wissen* | **Expertise** – Dienstleistung | Problemlösung | Politikberatung; z. B. International Panel on Climate Change (IPCC); Sachverständigenrat für Integration und Migration (SVR) |
| *Problem-orientiertes Wissen* | **Advokatentum** – Normunterneh-mung | Sozialer Wandel | Reform von Institutionen; z. B. Anerkennung von Klimazerstörung als Fluchtgrund |
| *Orientierendes Wissen* | **Öffentliches Intellektuellentum** – Kritik, Utopie, Mahnung | Reflexion | Erstellen mentaler Landkarten; z. B. Jürgen Habermas, Walden Bello |

*Tabelle 9.1: Typen von Wissen und Intervention durch Migrationsforschung*

tige Wirkung lag allerdings nicht so sehr in den vorgeschlagenen Maßnahmen, sondern darin, dass er einen Perspektivwechsel in der Immigrationspolitik vornahm und dabei insbesondere dringliche Fragen der Gestaltung von Sozial- und Arbeitsmarktpolitik im Kontext demographischer Veränderungen behandelte. Die Kommission empfahl, Arbeitskräftelücken aufgrund des demographischen Wandels durch Immigration zu schließen. Diese Themen fanden ihren Niederschlag in den darauffolgenden beiden Jahrzehnten bspw. in der Gesetzgebung zur Anwerbung und Einwanderung von Fachkräften. Unklar blieb jedoch, wie sich demographische Lücken zu Fortschritten in der Produktivität verhalten oder wie das Rentensystem umgestaltet werden sollte. Diese Fragen verweisen darauf, dass es keine einheitliche Definition von sozialen Problemen oder gar Lösungen rund um Migration und Flucht gab und gibt.

Ein weltumfassendes Beispiel für Expertise ist das *International Panel on Climate Change* (IPCC). Zu den Berichten des IPCC haben seit 1988 Hunderte von Wissenschaftler:innen aus aller Welt beigetragen. Gerade das IPCC lebt davon, dass Naturwissenschaftler:innen und im Hinblick auf Migration auch Sozialwissenschaftler:innen als glaubwürdige Expert:innen auftreten und wahrgenommen werden. Expertise kann in solchen Fällen dazu beitragen, wichtige politische Entscheidungsprozesse zu befruchten und indirekt voranzubringen. Dabei besteht jedoch auch immer die Gefahr, dass Expertenwissen im politischen Entscheidungsprozess stark simplifiziert wird und damit keine adäquate Antwort auf komplexe sozio-ökologische Entwicklungen gibt. Ein Exempel dafür ist das Konzept der Resilienz, das zu einer Art Panacea geraten ist, um Migration im Rahmen des Klimawandels zu interpretieren. Allerdings bleibt bisher häufig unbeachtet, dass Widerstandsfähigkeit nicht nur zivilgesellschaftliche, sondern auch staatliche Ressourcen benötigt.

Vielfach wird am Einsatz von Expert:innen kritisiert, dass damit vorwiegend die Kontrolle sozialer Prozesse durch die politischen Eliten bzw. Herrschenden gestützt werde.[19] Negative Auswirkungen bestünden vor allem darin, dass hochspezialisierte Expert:innen nicht mehr den breiteren Kontext der Gesellschaft verstehen würden, in denen sowohl die zu bearbeitenden sozialen Prozesse als auch die Entscheidungen verlaufen. Folgerichtig ist als Korrektiv zu instrumentellem Wissen bzw. Intervention ein hohes Maß an reflexivem Wissen[20] notwendig, das die notwendigen Perspektiven und Konzepte bereitstellt, um Ursachen und Folgen von Migration verstehend zu erklären. Dazu gehört der Blick auf nicht intendierte Folgewirkungen von restriktiver Migrationskontrolle, durch die Migrationswege noch unsicherer werden, weil bei hohen Risiken die Beteiligung krimineller Makler:innen wächst. Reflexives Wissen bedeutet auch, dass sich die jeweiligen Forscher:innen ihrer Position in der öffentlichen Diskussion gewahr sind.

Reflexives bzw. orientierendes Wissen ist daher notwendig, um Antworten auf Migrationstreiber zu finden, die nicht nur in einem erhöhten Aufwand von Sicherheitsmaßnahmen liegen, sondern an Mobilität als weit verbreiteter Praxis ansetzen. Diese Praxis nimmt die Lebensbedingungen der betroffenen Menschen vor Ort in den Herkunfts- und Zielländern zur Kenntnis und lässt dabei die zentrale Rolle von Transitländern, die häufig zu Zielländern werden, nicht außer Acht.[21] Dies bedeutet, dass die Migrationsforschung die Perspektiven aller Beteiligten an Migrationsprozessen in die Analyse mit einbezieht.

Das zweite Genre ist Advokatentum. Advokat:innen nehmen Stellung und sind explizit parteiisch. Ihr Selbstverständnis entspricht am ehesten dem Konzept, das Michael Burawoy als *public sociology* bezeichnet. Gemeint ist damit problemorientiertes Wissen, das für von den Advokat:innen als positiv bewerteten sozialen Wandel eingesetzt werden soll.[22] Das Publikum kann aus ganz verschiedenen Zielgruppen bestehen – so etwa sozialen Bewegungen, Gefängnisinsassen, Migrant:innen, transnational tätigen NGOs, Regierungen, aber auch der Öffentlichkeit im weiteren Sinne. Advokat:innen verstehen ihre Forschung explizit als Beitrag für eine bestimmte politische Agenda. Migration verweist auf Debatten zu sozialer Gerechtigkeit, Ungleichheiten, Menschenrechten und anderen fundamentalen sozialethischen Begriffen und Fragen. Advokat:innen treten u.a. als Norm-Unternehmer:innen auf, wenn sie versuchen, eine neue Kategorie von Klimaflüchtlingen rechtlich verbindlich zu etablieren.[23] Ein weiteres typisches Beispiel ist das Advokatentum im Hinblick auf Sozialintegration, bspw. bei der Unterstützung muslimischer Organisationen, die aus dieser Sicht als integraler Bestandteil in der deutschen Zivilgesellschaft Fuß fassen sollten.[24] Hier besteht die Gefahr, dass Forschung durch beforschte Gruppen instrumentalisiert wird, die sich als Opfer stilisieren.

Selbstverständlich finden sich neben dem advokatorischen Genre auch zurückhaltende Positionen, die sich am ehesten in den Worten von Norbert Elias als «beteiligte Distanz» fassen lassen. Sie sind fest in der akademisch-professionellen Soziologie verankert und bauen von dort aus eine Brücke zu *public sociology*. Aus der Sicht von Elias geht es um die Fragen: «Wie ist es möglich, ihre beiden Funktionen als Beteiligte und als Forscher unzweideutig und konsequent auseinanderzuhalten? Wie können sie als Berufsgruppe in ihrer wissenschaftlichen Arbeit die unbestrittene Dominanz der letzteren sichern?»[25] Ein Beispiel für eine derartige Position ist die Analyse von Pierre Bourdieu und seinen Ko-Autor:innen zu den Folgen von Globalisierung in den Vororten von Paris, *La Misère du monde*.[26] Die Autor:innen dokumentieren eine Vielzahl an Mechanismen der sozialen Ausschließung. Idealiter tragen derartige Werke – ob nun via Radio, Druck, Film oder in den sozialen Medien – zu öffentlichen Debatten bei.

Das advokatorische Genre provoziert auch Kritik, die in der These gipfelt, dass Parteilichkeit für Minoritäten einer «Opferkultur»[27] Vorschub leiste. Ähnlich wie bei instrumenteller Intervention werden auch beim Advokatentum bestimmte Perspektiven privilegiert: beim instrumentellen Wissen die Sichtweise der Auftraggeber:innen und bei advokatorischem Wissen die Perspektive der Kritiker:innen an bestehenden Verhältnissen. In beiden Fällen übernehmen Forscher:innen vorschnell die Sichtweise einer der beteiligten Gruppen. Aus sozialwissenschaftlicher Sicht wäre es allerdings notwendig, dass die Perspektiven möglichst vieler Involvierter Berücksichtigung finden.

Der dritte Typus der Intervention ist öffentliches Intellektuellentum (*public intellectual*). Öffentliche Intellektuelle versuchen die Adressaten durch das bessere Argument zu überzeugen, wozu sie nicht zuletzt ihre Reputation als Kritiker:innen und Mahner:innen einsetzen. Ziel ist die Bereitstellung von Orientierungswissen in der Öffentlichkeit, was auf ein reflexives Verständnis von Wissen hindeutet. Ein Beispiel dafür wäre der Philosoph und Soziologe Jürgen Habermas, dessen Beiträge zu Staatsbürgerschaft und Multikulturalismus auch vor dem Hintergrund des Versuchs zu werten sind, nationalistischen und chauvinistischen Positionen die argumentative Grundlage zu entziehen.[28] Seine anspruchsvollen Analysen, die auch in Massenmedien erscheinen, sind in der ganzen Welt verbreitet.[29] Öffentliche Intellektuelle versuchen einen möglichst großen Kreis an Multiplikator:innen zu erreichen, der über das akademische Milieu im engeren Sinne hinausreicht. Sie versuchen daher, orientierendes Wissen bereitzustellen. Die Debattenstruktur ist im Hinblick auf Migration äußerst komplex, da bspw. der Zusammenhang von Migration und Entwicklung von Aspekten der Sicherheit und Befürchtungen um die Erosion von kultureller Homogenität überlagert wird.[30]

Im Hinblick auf Exit und dessen Folgen sind alle drei erwähnten Typen bzw. Genres anzutreffen. Dabei gibt es auch Mischtypen, von denen hier der bzw. die Parteigänger:in erwähnt werden soll. Es handelt sich um eine Mischung von Advokat:in und öffentlichem Intellektuellen.

Parteigänger:innen kommen dem Idealtypus des «organischen öffentlichen Intellektuellen» von Antonio Gramsci sehr nahe. Gramsci fasst unter diesem Typus Intellektuelle, die im Unterschied zu den «traditionellen Intellektuellen» aus der revolutionären Klasse selbst kämen.[31] Ohne die klassenkämpferische Komponente zu übernehmen, mag Walden Bello als Beispiel für einen Parteigänger gelten. Es handelt sich um den Gewinner des Alternativen Nobelpreises (*Right Livelihood Award*) im Jahre 2003, der sowohl Forschung zu Migration auf den Philippinen durchführte als auch als Abgeordneter im philippinischen Parlament das Komitee zu Arbeiter:innen in Übersee leitete und regelmäßig zum *Global Forum on Migration and Development* (GFMD) beitrug.

### *Mehr reflexives Wissen ist gefragt*

Die Mobilitätswende[32] ist eine der neuesten Versionen reflexiver und zeitdiagnostischer Perspektiven. Auf der Grundlage paläoanthropologischer Forschung lässt sich räumliche Mobilität als menschliche Konstante bezeichnen. Die Evolution der Menschheit ist mit Wanderungen des *homo sapiens* in, aus und nach Afrika verbunden, bei denen sich räumliche Mobilität mit Innovation, bspw. der Erfindung von Werkzeugen, verquickte.[33] Schon einer der Gründer der sozialwissenschaftlichen Migrationsforschung, Sir Ernest G. Ravenstein, schlussfolgerte: «*Migration means life and progress, a sedentary population stagnation.*»[34] Ein Fokus auf Mobilität sollte allerdings nicht mit einer Betonung nomadischen Lebens verwechselt werden. Sonst entstünde leicht der Eindruck, dass Nomadentum zu einer neuen Leitidee in einem Zeitalter der Hypermobilität avanciert wäre.[35] Eine platte Dichotomie Sesshaftigkeit vs. Nomadentum würde auch die Beobachtung negieren, dass in der Gegenwart ein dritter Typ dominant ist: der Sesshafte, der mobil ist – häufig nicht nur, bzw. nicht so sehr, über Staatsgrenzen hinweg als Migrant:in, sondern im Wohnland selbst. Es sei hier nur auf die Vielzahl der Pendler:innen im deutschen Bundesgebiet verwiesen. Insgesamt gibt die Mobilitätswende den Blick dafür frei, dass räumliche Mobilität, Migration eingeschlossen, ein integraler Bestandteil des sozialen Lebens ist.

Wissenschaftler:innen können orientierendes Wissen, das möglichst viele Perspektiven berücksichtigt, in öffentlichen Diskussionen befördern. Ein Beispiel dafür ist etwa der Fall von fairer Migration, die sich einerseits gegen die Forderung nach völlig offenen Grenzen abgrenzt, andererseits aber auch von der gegenwärtigen Konstellation, in der Immigrationsstaaten bei der Anwerbung von Arbeitskräften an nur wenige internationale Normen gebunden sind. Das Konzept «faire Migration» berücksichtigt Interessen der Herkunftsländer, Zielländer und der Migrant:innen selbst und bewegt sich also in den Spannungsfeldern, die vom Wohlfahrtsparadox und dem Rechtsstaatsparadox bzw. vom Entwicklungsparadox und dem nationalen Paradox umrissen werden. Im Unterschied zu offenen Grenzen geht das Konzept faire Migration davon aus, dass ungeregelte Wanderungen sogar zu einer Verschlechterung der Position von Herkunftsstaaten und der Lage von Migrant:innen führen könnten, da diese dann zumindest kurzfristig u. a. von einem bedrohlichen *brain drain* betroffen sind, Migrant:innen im Zielland aufgrund rechtlicher Illegalität nicht geschützt sind und Rückkehrmigration ohne Wiedereingliederungshilfen verläuft. Das Konzept faire Migration navigiert also zwischen offenen und geschlossenen Grenzen und zwischen nicht regulierter und restriktiver Migrationspolitik. Es berücksichtigt damit die Komplexität verschiedenster Interessen und Positionen im Feld von Migration und Entwicklung.

## Thesen zur Gestaltung von transnationaler Migration und Entwicklung

Gerade weil es kein explizites globales Migrationsregime gibt und interstaatlich nur partielle Rahmen wie das Flüchtlingsregime nach der *Genfer Flüchtlingskonvention* existieren, bedarf es zum Verständnis der Folgen von Exit eines transnationalen Ansatzes, der Politik auf verschiedenen Ebenen berücksichtigt – global, suprastaatlich, national und lokal. Eine Politik, die Mobilität ermöglicht, aber keinen Exodus in den Herkunftsländern fördert, benötigt eine Re-Orientierung. Bisherige Maßnahmen stellen einen Versuch dar, eine Migrationsordnung zu etablieren, die um die EU herum einen Sicherheitsgürtel einrichtet. Dahinter scheint die Vorstellung von einem Exodus aus Afrika nach Europa zu stehen. Derartige Ideen sind ein Ausdruck der Versicherheitlichung von Migration. Zumindest bisher gibt es keine Anzeichen für einen solchen Exodus.[36]

### *These 1: Förderung von Mobilität*

Ziel einer fairen Migrationspolitik ist es, Mobilität zur Verbesserung von Lebensverhältnissen zu ermöglichen. Dazu gehören Maßnahmen für Schutzsuchende, z. B. die Einhaltung menschenrechtlicher Standards bei Asylverfahren, schnellere humanitäre Hilfen bei fluchterzeugenden Krisen und vor allem langfristig angelegte Entwicklungskooperation. Erste Orientierungen im Hinblick auf Migration bieten die allerdings ohne Sanktionsmittel versehenen Vereinbarungen wie der von der UN lancierte *Globale Pakt für Migration* (2018[37]), der *Globale Pakt für Flüchtlinge* (2018[38]) und das *Neue Migrations- und Asyl-Paket* der EU (2020). Der Flüchtlingspakt sieht bspw. vor, dass regelmäßige internationale Beratungen zu diesem Thema stattfinden und die am stärksten betroffenen Aufnahmestaaten schneller und einfacher Zugang zu finanzieller Hilfe von internationalen Institutionen wie der Weltbank erhalten. Dies sind vorsichtige Schritte hin zu einer stärkeren Multilaterialität der Regulierung von grenzüberschreitender Migration. Ebenfalls zum Instrumentarium zur Förderung von Mobilität würden vermehrte bi- und multilaterale Abkommen zu Migration in ausgewählten Sektoren für temporäre und permanente Migration beitragen, bspw. in den Sektoren Bau, Pflege und Landwirtschaft.[39]

Dabei spielt das Verfahren der multilateralen Entscheidungsfindung eine zentrale Rolle. Im Sinne der Findung von möglichst fairen Verfahren der Regulierung von Migration und der Verteilung ihrer Früchte wäre ein weltweites Parlament der Migration und Flucht angemessen. In einem solchen Parlament sollten nicht nur die Regierungen von Herkunfts- und Zielländern und internationale Organisationen, sondern auch Migrant:innen selbst und von ihnen gebildete zivilgesellschaftliche Zusammenschlüsse berücksichtigt werden. Themen eines solchen Parlaments könnten etwa Arbeitsbedingungen von Migrant:innen und die

Regulierung von Rücküberweisungen sein. Ein Zwischenschritt hin zu einem Parlament der Migration wäre die Stärkung zivilgesellschaftlicher Elemente im *Global Forum on Migration and Development.*

### *These 2: Kollektive Rücküberweisungen in die Herkunftsländer sind zu fördern*

Global betrachtet haben finanzielle Rücküberweisungen das Potenzial, die Einkommens- und Versorgungsungleichheiten zwischen Ländern zu reduzieren.[40] Allerdings ist die globale Migrationsquote von derzeit etwa 3,6 Prozent (2020) zu gering, um deutlichere Auswirkungen hervorzurufen. Die potentiell ungleichheitsvermindernde Wirkung von Rücküberweisungen ist eine Erkenntnis, die auch Eingang in die Ziele für eine nachhaltige Entwicklung der UN gefunden hat (*Sustainable Development Goals*). Weil Rücküberweisungen jedoch vornehmlich die Situation der Familien von Migrant:innen verbessern und nicht unmittelbar makro-strukturell wirken, können sie auch soziale Ungleichheiten innerhalb von Gruppen verstärken – zumal ohnehin in der Regel nicht die von Armut am meisten betroffenen Menschen einer Region transnational oder gar interkontinental migrieren können. Hier ist auch die Erkenntnis von Bedeutung, dass gerade die Rücküberweisungen von ärmeren Mitgliedern in Herkunftsorten einen großen Beitrag zur Armutsreduktion leisten, sodass deren Mobilität besonders zu fördern ist. Schon ein geringer Anstieg von grenzübergreifender Migration, insbesondere unter den ärmeren Gruppen der Bevölkerungen, würde einen enormen Beitrag zur Bekämpfung von Armut leisten.[41]

Langfristig sollte die Effizienz von Rücküberweisungen gesteigert werden, und zwar nicht nur private und individuelle Rücküberweisungen in Familien, sondern auch kollektive Rücküberweisungen. Gerade Netzwerke und Organisationen von Migrant:innen investieren in die Verbesserung öffentlicher Maßnahmen in ihren Herkunftsregionen. Das betrifft etwa die Infrastruktur wie Wasserversorgung, Schulen, medizinische Einrichtungen und Transport. Von kollektiven Rücküberweisungen profitieren die Herkunftsgemeinden. Jedoch sollte beachtet werden, dass die Interessen der Nicht-Migrant:innen in den Herkunftsorten nicht immer mit denen der Migrant:innen im Ausland deckungsgleich sind und daher Konflikte um den Einsatz dieser kollektiven Mittel entstehen. Auch wäre durch geeignete Ko-Finanzierungsmaßnahmen der öffentlichen Hand wie Gegenwertfonds sicherzustellen, dass Regierungen in den Herkunftsländern ihrer politischen Verantwortung zur Bereitstellung öffentlicher Güter wie Wasser, saubere Luft, Infrastruktur, Bildung und Gesundheitsversorgung nachkommen.

### *These 3: Für die Mobilität von Arbeitskräften sollen faire Bedingungen gelten*

Mit migrierenden Menschen wandern Wissen, Fähigkeiten, Qualifikationen und Arbeitskraft zumindest zeitweise aus den betreffenden Herkunftsländern ab und in die Zielländer ein. Der Exit von Menschen und ihrem Wissen kann negative Auswirkungen auf die politische, kulturelle und ökonomische Prosperität einer Region oder eines Landes haben, so etwa der Verlust an Bevölkerung und, dadurch bedingt, an wichtiger Infrastruktur in den Bereichen Bildung und Gesundheit. Wichtig wäre, dass Emigrationsstaaten von den Zielländern für die Abwanderung von Fachkräften und Experten finanziell kompensiert werden. Dadurch würden die Investitionen der Herkunftsländer insbesondere bei der Ausbildung von Hochqualifizierten gewürdigt.

Ansätze fairer Migration – also die verstärkte Berücksichtigung ethischer Prinzipien in der Migrationspolitik – können mit dafür sorgen, dass bilaterale und multilaterale Abkommen über die Anwerbung von Arbeitskräften Klauseln zur Weiterqualifizierung der jeweiligen Migrant:innen enthalten. Dazu gehören etwa die Verbesserung der Erfassung und Anerkennung von Qualifikationen und die Verbesserung der Arbeitsplatzvermittlung für Migrant:innen in den Zielländern. Ebenfalls von Belang sind Bildungs- und Trainingsmaßnahmen vor der Migration in den Herkunftsländern und entsprechende Rückkehrprogramme. Ganz grundlegend geht es auch um die Verbesserung der Arbeitsbedingungen und Förderung von Bildung und beruflicher Qualifikation in den Herkunftsländern. Neben Rückkehr sind auch transnationale Bindungen von Belang, die durch moderne Medien virtuelle Kommunikation zwischen Ziel- und Herkunftsländern ermöglichen. So kann bspw. medizinisches Fachpersonal, das ursprünglich aus einem

Emigrationsland kommt, Wissen mit Kolleg:innen im Herkunftsland austauschen.

### *These 4: Nicht vermeintliche Fluchtursachen bekämpfen, sondern legale Migrationspfade fördern*

Programme der Entwicklungskooperation wecken insbesondere dann irreführende Erwartungen, wenn sie als Maßnahmen zur «Fluchtursachenbekämpfung» deklariert werden. Mit diesem Begriff verbindet sich die Annahme, dass staatliche und private Programme helfen könnten, Migration stark zu reduzieren oder gar zu stoppen. Ganz grundlegend verkennen solche Forderungen, dass schon die Unterlassung militärischer Interventionen oder faire Handelspolitiken einen wesentlichen Beitrag zur Vermeidung von erzwungener Migration leisten würden. Für eine Politik der «Bekämpfung von Fluchtursachen» sind auch ökonomische Erwägungen notwendig (u.a. umgekehrte U-Kurve). Dies bedeutet, dass es langfristig um eine Verbesserung von Lebensbedingungen gehen muss, selbst wenn unter bestimmten Bedingungen grenzübergreifende Migration zeitweise ansteigen sollte.

Einfache Kausalannahmen bezüglich der Frage, warum Menschen migrieren und wie Migration reguliert werden kann, führen zu wenig erfolgversprechenden Politiken. Die nicht-intendierten Konsequenzen reichen bis zur Kriminalisierung von Migration. Im Extremfall führen sie zur irrigen Auffassung, restriktive Migrationskontrolle könne einen signifikanten Beitrag zur Entwicklung der Herkunftsländer leisten. Daher ist es zielführender, verschiedene Formen räumlicher Mobilität als elementaren Bestandteil menschlichen Lebens und nicht primär als zu begrenzenden Exodus aus Herkunftsländern bzw. Invasion in Zielländer zu begreifen. Die politische Auseinandersetzung um eine Ausweitung legaler und sicherer Migrationswege ist daher auch aus entwicklungspolitischer Perspektive von grundlegender Bedeutung. In stärker partnerschaftlichen Beziehungen etwa zwischen Europa und Afrika wären vermehrt Möglichkeiten der regulären Migration auszuloten. Dazu würden prominent bi- und multilaterale Abkommen in ausgewählten Sektoren für temporäre und permanente Migration zählen.

### *These 5: Migration als Teil von Partnerschaft im Kontext anderer Politikfelder*

Es ist hinlänglich bekannt, dass bspw. durch die EU-Handelspolitik Barrieren für Exporte aus Afrika entstanden sind. Aber die Auswirkungen dieser Handelspolitik gehen darüber hinaus: Durch staatliche Subventionen sind manche europäischen Agrarprodukte so preisgünstig, dass sie einheimische Produkte von afrikanischen Märkten verdrängen. Hier liegt eine der offensichtlichen Stellschrauben für die Verbesserung von Lebensbedingungen in den Herkunftsländern. Die in den vergangenen Jahren abgeschlossenen *Economic Partnership Agreements* (EPA), z.B. mit westafrikanischen Staaten der ECOWAS, erleichtern allerdings weiterhin die Einfuhr europäischer Produkte auf afrikanischen Märkten. Die Regulierung von Migration muss also neben Mobilität weitere Politikfelder wie Handel berücksichtigen, um nicht weiterhin Treiber von unfreiwilliger Migration und Flucht zu fördern.[42]

### *These 6: Refugia – mehr politische und wirtschaftliche Autonomie für Flüchtlinge*

Besondere Aufmerksamkeit gebührt der Schaffung menschenwürdiger Lebensverhältnisse für Flüchtlinge. Angesichts der massiven Herausforderungen sei hier ein auf den ersten Blick utopisch anmutender Politikvorschlag zur Diskussion gestellt. Viele der Geflüchteten weltweit leben in sogenannten «*protracted refugee situations*», d.h. sie befinden sich zwar in der Regel in Sicherheit vor weiterer Verfolgung, aber ihre Bedürfnisse und Rechte werden über Jahre hinweg nicht erfüllt. Fast die Hälfte aller registrierten Flüchtlinge leben schon zehn oder mehr Jahre in einem derartigen Zustand des «Dazwischen», häufig in Flüchtlingslagern.[43] Die Situation der palästinensischen Flüchtlinge im Nahen Osten ist hier nur das augenfälligste Beispiel. Hinzu kommt, dass Zielstaaten rund um den Globus immer restriktivere Regelungen umgesetzt haben, um Flüchtlinge entweder am Betreten ihres Territoriums zu hindern oder sie auch gewaltsam abzuschieben.

Mit Blick auf schutzsuchende Migrant:innen im Allgemeinen und auf Flüchtlinge im Speziellen werden gemeinhin drei Lösungen diskutiert: Repatriierung, Neuansiedlung und lokale Integration in den Aufnahmestaaten.[44] Alle drei Optionen stoßen derzeit an Grenzen. Repatriierung findet immer häufiger als erzwungene Rückkehr bzw. Abschiebung in die Herkunftsstaaten statt, also eine Form der Zwangsmobilität. Neuansiedlungen betreffen nur einen winzig kleinen Teil der Geflüchteten. Und gerade das Scheitern eines Verteilungsmechanismus für Schutzbedürftige in der EU deutet darauf hin, dass es derzeit weder suprastaatliche noch internationale Regelungen für eine von verschiedenen Seiten als fair wahrgenommene Verteilung von Geflüchteten gibt, die lokale Integration in den Zielländern vorantreibt. Zu sehr ist etwa die EU-Türkei-Vereinbarung die bloße Fortsetzung einer europäischen Restriktionspolitik der Externalisierung, die versucht, um die EU herum eine Pufferzone einzurichten. Zu stark empfinden viele Regierungen bisher Geflüchtete bloß als Bedrohung bzw. nutzen sie als Mittel der Spaltung und Beherrschung des Wahlvolks. Manche der autoritär regierten Staaten Afrikas entwickeln sich dabei zu regelrechten «Migrationsprofiteuren».[45]

In einer derartigen Gemengelage gilt es, neue Wege zu beschreiten, die nicht nur auf Maßnahmen in Europa, sondern auch in den Herkunfts- und Transitregionen zielen. Dies ist eine vordringliche Aufgabe, nicht zuletzt aufgrund der Tatsache, dass die meisten Geflüchteten entweder als Binnenvertriebene im eigenen Land verbleiben oder allenfalls in eines der Nachbarländer in der Region migrieren können.

Dazu machen der Soziologe Robin Cohen und der Anthropologe Nicholas Van Hear einen Rechte-basierten Vorschlag und legen ihren Schwerpunkt auf Autonomie und Ermächtigung von Flüchtlingen.[46] Sie imaginieren eine transnationale Polis für Geflüchtete: *Refugia*. Cohen und Van Hear beschreiben eine Situation im Jahre 2030. Alle Mitglieder einer solchen Polis erhalten einen *Sesame*-Ausweis («Sesam, öffne Dich!»). Ein solcher Pass dient nicht nur der Sicherheit und der Identifikation, sondern erlaubt den Träger:innen darüber hinaus grenzübergreifende Mobilität zwischen Flüchtlingslagern in verschiedenen Ländern und Kontinenten. Zentral ist zudem, dass er den Geflüchteten Zugang zu Krediten und sozialen Rechten ermöglicht. Insofern hat er Anklänge an den Nansen-Pass des Völkerbunds in der Zeit zwischen dem Ersten und Zweiten Weltkrieg, der es Geflüchteten ermöglichte, zumindest immer in das Land zurückzukehren, welches das Dokument ausstellte. Im besten Falle erkannten auch andere Länder den Pass zur Einreise an. *Refugia* ist über verschiedene Staaten verstreut, also kein Territorialstaat, sondern eine transnationale Polis, die einem über die Welt verteilten System von Archipelen gleicht. Es gibt zwar ein hohes Maß an Selbstverwaltung, aber die Gesetze des jeweiligen Gaststaates sind ebenfalls anzuwenden. Nichtsdestotrotz stellt Selbstverwaltung auch in demokratischer Hinsicht ein Ziel dar, dem *Refugia* dadurch näherkommt, dass in jedem der Flüchtlingssiedlungen ein lokales Parlament und auf höchster Ebene ein globales Parlament konstituiert wird, das Flüchtlinge vertritt. Finanziert wird *Refugia* durch Rücküberweisungen von Flüchtlingen, aber auch durch eigens aufzubauende Nischen wie etwa Software-Programmierung oder Online-Kurse. Steuern sind jeweils an die Staaten zu entrichten, die derartige Ansiedlungen auf ihrem Territorium erlauben.

Dieser Politikvorschlag nimmt Geflüchtete jenseits des ökonomischen Feldes ernst. *Refugia* geht davon aus, dass Staaten im globalen Süden wie im globalen Norden bisher kaum ernsthaft Interesse an einer langfristigen Lösung zeigten.[47] Die Autoren schlagen daher vor, eine grenzübergreifende Polis durch Migrant:innen zu schaffen, in der diese Entscheidungen für sich selbst treffen könnten. Dieser Vorschlag greift wieder auf Mobilität als eine Ressource zurück, auch für Geflüchtete. Sicherlich wäre dieser hier nur sehr grob skizzierte Vorschlag utopisch zu nennen. Allerdings werden in Zeiten, in denen die meisten Staaten Geflüchtete als ungebührliche Belastung empfinden, neue Wege erforderlich.[48]

Zukunftsweisend ist dabei die auf eine historische Erfahrung zurückgehende Erkenntnis, dass es sinnvoll sein kann, Fluchtgeschehen in langfristiger Perspektive nicht nur als humanitäres Problem, sondern auch als Aufgabe und Chance für Entwicklungsprozesse zu begreifen. Das gegenwärtige Flüchtlingsregime, das vor allem in der *Genfer Flüchtlingskonvention* und institutionell im UNHCR Niederschlag gefunden hat, zielt vorwiegend auf humanitäre Hilfe ab. Dabei kontrastiert es mit dem Flüchtlingsregime nach dem Ersten Weltkrieg, bei dem der Völkerbund die *International Labour Organization* (ILO) in Genf mit der operativen Arbeit beauftragt hatte.[49] Die ILO betrachtete es als ihre Hauptaufgabe, Flüchtlinge im Gefolge des Ersten Weltkriegs und insbesondere der Russischen Revolution an- und umzusiedeln und ihre wirtschaftliche Grundlage durch Beschäftigung bzw. Selbständigkeit zu fördern. Auf die heutige Zeit übertragen würde eine solche Orientierung der Tatsache Rechnung tragen, dass in vielen Fluchtkontexten Schutzsuchende nicht nur kurze Zeit, sondern viele Jahre in Flüchtlingslagern oder als selbst-angesiedelte Personen fern von ihrem Herkunftsort ihren Lebensunterhalt bestreiten müssen.

Eine der Folgen von Exit für die soziale Frage berührt das kollektive Selbstverständnis, auf dem *Refugia* aufbaut. Voraussetzung für diese transnationale Polis ist, dass ihre Mitglieder nicht entlang ethnischer, religiöser oder nationaler Trennlinien gespalten sind. Solidarität über diese Grenzziehungen hinweg ist allerdings schwer zu schaffen. Eine weitere entscheidende Frage für eine mögliche Realisierung lautet, inwieweit die gemeinsame Erfahrung als Geflüchtete eine tragfähige Grundlage bildet, um eine kollektive Identität auszubilden und mögliche interne Spaltungen entlang von Klasse oder Ethnizität zu überwinden. Dieser Gedanke wirft zwangsläufig die Frage auf, bis zu welchem Grad die Flüchtlingseigenschaft verallgemeinert werden kann. Ein möglicher Anknüpfungspunkt könnte Mobilität sein, die als Konsequenz einer anthropogenen Klimazerstörung auftritt und im Extremfalle weite Teile der Menschheit – wenn auch auf ungleiche Weise – erfassen wird.

### *These 7: Gesellschaften mit Migrationshintergrund – Offenheit für Diversität*

Derzeit gewinnen Ansätze an Bedeutung, die Migration auch in den Zielländern als gesamtgesellschaftliches Phänomen begreifen und die Thematik vom Rand in die Mitte von öffentlichen Debatten rücken.[50] Dabei geht es letztlich nicht um «Personen mit Migrationshintergrund», sondern doch eher um Gesellschaften mit Migrationshintergrund. Ein Blick auf die Sozialintegration von Migrant:innen greift zu kurz, um die Folgen von Exit für die transnationalisierte soziale Frage als globales Phänomen zu begreifen.

Im Hinblick auf die Folgen von grenzübergreifender Mobilität gilt es,

Konzepte bereitzustellen, die sozio-kulturelle Vielfalt als Lernchance begreifen – und Migration als ein Feld unter mehreren, in denen die Pluralität von Lebensformen auftritt. Auch ohne Migration ist Gesellschaft als sozio-kulturell vielfältig zu denken. Migration verleiht dieser gesellschaftlichen Tatsache lediglich einen zusätzlichen Schub: Das wahrgenommene Spektrum ethnischer, religiöser, kultureller und sprachlicher Verschiedenheit wird größer.[51] Auch innerstaatliche Migration kann zum Anlass für Debatten um die Rolle kultureller Diversität werden; so etwa im Falle innerdeutscher Migration von Ost nach West und West nach Ost seit Anfang der 1990er-Jahre.[52]

Die Anerkennung von religiöser und kultureller Verschiedenheit geht nicht selten mit Konflikten einher, etwa mit Blick auf religiöse Gebote und Verhaltensweisen, Geschlechterrollen oder auch Kleiderordnungen. Die gewaltfreie Austragung derartiger Konflikte ist ein integraler Bestandteil gegenwärtiger Gesellschaften und zugleich eine Chance zur Entwicklung sozialer Institutionen.

Teilhabe und Anerkennung bedingen einander. Teilhabe in sozialen Feldern wie Recht, Bildung, Wirtschaft und Gesundheit ermöglicht überhaupt erst ein Zugehörigkeitsgefühl sowohl für Migrant:innen als auch für schon länger Ansässige. Ohne Einschluss in solche Bereiche können keine emotionalen und affektiven Bindungen im Zielland entstehen. Umgekehrt ist Anerkennung auch eine Voraussetzung für Teilhabe, um so etwa Ausschluss aus bestimmten Feldern zu vermeiden. Dabei beschränkt sich Anerkennung nicht auf die Zuschreibung oder Wahrnehmung von Zugehörigkeit, sondern ist in Institutionen wie Bildungsreinrichtungen verankert, die möglichst inklusiv alle Gruppen einer Gesellschaft ansprechen.

### *These 8: Integration vollzieht sich nicht im nationalen Container, sondern auf vielen Ebenen*

Das Konzept Gesellschaft kann auf vielen Ebenen gedacht werden: in kleineren sozialen oder politischen Einheiten (bspw. Familie, Kirchengemeinde, Kommune), auf regionaler, nationalstaatlicher oder auch auf transnationaler und Weltebene. Integration bedeutet, dass alle Teile einer Gesellschaft mit Migrationshintergrund in all ihrer Verschiedenheit auch Verbindendes wahrnehmen. Zu diesen Teilen gehören Einheiten wie Gruppen, gesellschaftliche Milieus und Schichten, Verbände, Organisationen, Religionsgemeinschaften und auch Staaten; darüber hinaus auch gesellschaftliche Felder wie Bildung, Recht, Wissenschaft, Wirtschaft, Politik, Kunst, Musik, Religion, Medien und Sport. Von der Inklusion in diese Felder hängen die Beteiligungsmöglichkeiten am gesellschaftlichen Leben einer jeden Person ab.

Die sich anschließende Frage lautet: Integration – wohinein? Migrationspolitik muss jeweils angeben können, auf welcher Ebene Zusammenhalt gelingen soll. Und schließlich gilt es auch, politische Institutionen einzubeziehen, z.B. den Nationalstaat oder suprastaatliche Einheiten wie die Europäische Union. Jeder dieser Bereiche bzw. jedes Feld verfügt über je eigene Funktionsweisen, welche Verläufe von Ausgrenzung und Integration prägen.

Migrant:innen und Geflüchtete bilden dabei genauso wenig wie andere soziale Kategorien eine homogene Gruppe. Sie sind nicht nur bezüglich der Ursachen, Treiber und Dynamik von Migration sondern auch im Hinblick auf ihren Bildungsgrad, ihr Alter, ihr Geschlecht, ihre Religion, ihre Ethnizität usw. verschieden und haben unterschiedliche Bedürfnisse. Dies führt auch zu unterschiedlichen Anforderungen für Integrationsangebote. Ein geflüchteter Studierender lernt anders und schneller die deutsche oder italienische Sprache als eine Person, die nur eine kurze Schulbildung genossen hat. Hierbei ist allerdings nicht so sehr die Migrationseigenschaft, sondern die Bildungserfahrung relevant. In einer Gesellschaft mit Migrationshintergrund sollten weder soziale Unterschiede noch kulturelle Verschiedenheit Ungleichheiten verfestigen.

### *These 9: Die Bearbeitung sozialer Ungleichheiten in den Zielländern erschöpft sich nicht in Maßnahmen der Anti-Diskriminierung, sondern stellt universelle Politiken in den Mittelpunkt*

So wichtig Maßnahmen gegen Anti-Diskriminierung und Rassismus in allen gesellschaftlichen Feldern der Zielländer von Migration sind und so zielführend ihr weiterer Ausbau ist, so sehr darf nicht in Vergessenheit geraten, dass die Folgen von Exit-Prozessen nicht nur Migrant:innen betreffen, sondern alle Gruppen von Gesellschaft angehen, auch bereits ansässige Nicht-Migrant:innen. Dabei geht es nicht nur um die Forderungen an die Mitglieder der jeweiligen Mehrheitsgesellschaft nach Adaptation an eine kulturell plurale Gesellschaft. Vielmehr ist auch zu beachten, dass erst einmal universelle Politiken eingesetzt werden sollten, um Lebensbedingungen aller benachteiligten Gruppen zu verbessern. Es reicht nicht zu konstatieren, dass bestimmte Gruppen überproportional etwa von schulischen Bildungschancen ausgeschlossen werden. Eine solche Sichtweise adressiert nur kulturelle Merkmale und übersieht grundlegende Klassenverhältnisse, die ebenfalls in den Blick genommen werden müssen. Denn ein ausschließlicher Fokus auf Maßnahmen der Anti-Diskriminierung vernachlässigt institutionelle Grundmuster der Benachteiligung im Bildungssektor. Aus Sicht der transnationalisierten sozialen Frage gilt es daher, universelle Maßnahmen zu ergreifen, die bspw. die Chancen auf und Ergebnisse von Bildung für alle fördern. Dies bedeutet den Ausbau möglichst inklusiver Schulformen wie Gesamtschulen. Darauf können dann spezielle Maßnahmen der Förderung bestimmter benachteiligter Gruppen aufbauen.

### *These 10: Reintegration in den Herkunftsländern und Integration in Drittländern ist eine Aufgabe transnational verstandener Integrationspolitik*

Integration in Gesellschaft, die heute zugleich immer auch als Weltgesellschaft zu denken ist, impliziert ein System kommunizierender Röhren. Gerade im Rahmen der freiwilligen Repatriierung, aber auch der erzwungenen Abschiebung von Flüchtlingen aus Europa zurück in die Herkunftsländer, stellt ihre dortige Reintegration eine beträchtliche Herausforderung dar. Die Reintegration der abgeschobenen Schutzsuchenden in den Herkunftsländern auf politischer Ebene ist bisher ungeklärt. Hier ist die Unterstützung von Organisationen in den Herkunftsländern zentral, die sich um die Belange von Rückkehrer:innen und Abgeschobenen kümmern. Inter- und transnationale Kooperation im Rahmen der Reintegration ist dabei genauso bedeutend wie Entwicklungskooperation und ein integraler Bestandteil derselben.

Zu den Zielgruppen der Entwicklungsarbeit zählen in Drittländern auch vermehrt arme Migrant:innen, da diese sich in immer mehr Transitländern aufhalten, so etwa in Nordafrika. Weil viele von ihnen nicht nach Europa weiterwandern (können), werden sie zum Anlass sozialpolitischer Konflikte in den Gastländern, z. B. als Flüchtlinge und Migrant:innen mit irregulärem Status, die in großer Armut leben müssen und mit anderen Teilen der Bevölkerung um knappe Ressourcen konkurrieren.[53]

## Widerspruch begleitet Exit: Grenzen verbinden und teilen

Während die Darstellung der Funktion von Migrationsforschung die Rolle der Sozialwissenschaften bei politischen Grenzziehungsprozessen erhellen sollte, sind die Thesen zu Migration als Beitrag zum Verständnis von Exit und Widerspruch gedacht. Somit stellt sich abschließend die Frage, welche Bedeutung Grenzen für die soziale Ordnung spielen und wie darin Exit verortet werden kann.

Grenzziehungen können im weitesten Sinne als Kategorisierungen verstanden werden. Letztere wiederum sind Ausdruck davon, dass Menschen Orientierung suchen. Sie erlauben es Menschen, überhaupt erst die Welt zu vermessen: «*Wir orientieren uns dauernd, wenn auch nicht mit abstrakten Begriffen, an einem Über-uns und einem Unter-uns, einem Rechts und Links, einem Mehr oder Minder, einem Fester oder Lockrer, einem Besser oder Schlechter.*»[54] Grenzen im Sinne von Staatsgrenzen (*borders*) sowie als Grenzen zwischen Gruppen (*boundaries*) sind nicht nur rhetorische Differenzierungen, sondern haben auch manifeste Konsequenzen. Diese Folgen werden in Prozessen wie kultureller Homogenisierung und Versicherheitlichung, aber auch einer Expansion von Menschenrechten und einer Akzeptanz von Vielfalt sichtbar.

In seinen sozialphilosophischen Betrachtungen fasste Georg Simmel den Menschen in seiner anthropologischen Grundbestimmtheit als «Grenzwesen» und betonte den «Grenzcharakter unserer Existenz.»[55] Grenzen sind dazu da, überschritten zu werden. Dabei kommt räumlicher und sozialer Mobilität eine entscheidende Rolle zu. Der Mensch als Grenzwesen verbindet, was geteilt ist, und teilt aber auch, was verbunden ist. So verbinden Migrant:innen und relativ immobile Angehörige in transnationalen sozialen Räumen ihre Lebenswelten über nationalstaatliche Grenzen hinweg. Nach dem vorliegenden Wissen findet dabei vor allem Mobilität statt, von einem großen Exodus kann bisher angesichts der massiven Realität relativer Immobilität nicht die Rede sein. Demgegenüber trennen staatliche Eingriffe Familien durch nationale Grenzen und schaffen bzw. bestätigen so fundamentale Unterschiede in Lebensverhältnissen und damit soziale Ungleichheiten zwischen Herkunfts- und Zielländern. Verbinden und Trennen bestimmen die Dynamik von Grenzziehungsprozessen. Damit ist eines der Hauptcharakteristika der von Menschen geschaffenen Grenzen ihre teilweise Durchlässigkeit. Deshalb sind Wälle und Zäune, die Menschen gewaltsam an Mobilität und Migration hindern, in diesem Sinne keine Grenzen. Ihnen fehlt das Merkmal der teilweisen Durchlässigkeit. Ohne diese Permeabilität lässt sich nicht von Grenzen sprechen. Grenzen sind so gesehen auch integraler Bestandteil von transnationalen sozialen Räumen, die quer zu Staatsgrenzen liegen und durch die Praktiken von Migrant:innen und anderer Beteiligter wie Staaten und zivilgesellschaftliche Organisationen geschaffen werden.

Darüber hinaus stehen die Konsequenzen von Grenzen für die Lebensverhältnisse von (Rückkehr-)Migrant:innen und relativ immobilen Gruppen im Mittelpunkt. Dies betrifft vor allem die Grenzziehungen zwischen Gruppen wie Etablierten und Außenseiter:innen, Platzanweiser:innen und Gästen sowie Migrant:innen als Rechte Fordernde und Nicht-Migrant:innen als Adressat:innen. Dabei geraten nicht nur Prozesse der Grenzüberschreitung von Individuen etwa als Folge von Anpassung an Mehrheitspraktiken ins Blickfeld. Es geht auch um das Verschieben von Grenzen, das sich in den 1990er-Jahren etwa in der Wahrnehmung äußerte, Migrant:innen von der Iberischen Halbinsel oder aus Italien gehörten im Gefolge von Prozessen der Europäisierung jetzt zu «uns». In diesem Falle ermöglichte grenzüberschreitende räumliche Mobilität zugleich soziale Mobilität. Grenzziehungen zwischen Gruppen in Verbindung mit Staatsgrenzen erzeugen eine komplexe Dynamik, die auf multiplen Ebenen zu denken ist. Daher ist neben weitgehenden Restriktionen auch die Forderung nach vollständig offenen staatlichen Grenzen zuerst einmal mit Vorsicht zu betrachten. Denn eine radikale Öffnung von nationalstaatlichen Grenzen hat in der Regel zur Folge, dass sich Grenzziehungen verlagern, also etwa von nationaler Ebene auf Nachbarschaftsebene.

Der Blick auf Zugehörigkeiten und Trennungen wie «Wir» und «die Anderen» schärft das Verständnis der Wechselseitigkeit der Prozesse von Trennen und Verbinden. Durch Trennen wird in wohlfahrtsstaatlicher Sicht bspw. erst ein Verbinden einer Gemeinschaft möglich. Soziale Schließung nach außen schafft in dieser Logik erst die Möglichkeit Solidargemeinschaften zu bilden. Diese Verquickung von Trennen und Verbinden liegt damit auch den vier Paradoxa zugrunde, die hier zur Diskussion standen: Das Wohlfahrtsparadox und das Rechtsstaatsparadox auf Seiten der Immigration und das Entwicklungsparadox und das nationale Paradox auf der Emigrationsseite. Das Wohlfahrtsparadox besteht darin, dass ökonomische Öffnung nach außen (Verbindung) eine politische Schließung nach innen impliziert (Trennung); das Rechtsstaatsparadox, dass zwar Schließung nach außen aufgrund nationalstaatlicher Souveränität möglich ist (Trennung), Aufenthalt in liberaldemokratischen Staaten aber Rechte für Migrant:innen impliziert und damit ein Minimum an Teilhabe (Verbindung). Diese Teilhabe beschränkt sich nicht auf Nationalstaaten, sondern ist transnational und in ganz unterschiedlichen Feldern zu denken. Über Simultaneität von Zugehörigkeit und Teilhabe in verschiedenen Staaten schaffen Migrant:innen und ihre Angehörigen Formen des sozialen Miteinanders. Staatliche Eingriffe verändern dabei die Formen von Mobilität, ohne dass sie die transnationalen sozialen Räume aufheben. Beispielsweise führt eine Legalisierung von Migrant:innen ohne gültige Papiere in der Regel dazu, dass diese nun umfassender transnationale Beziehungen unterhalten und wesentlich einfacher ihre Familien in den Herkunftsregionen unterstützen können.[56]

Spiegelbildlich verhält es sich auf der Herkunftsseite von Migration mit dem Entwicklungsparadox, das sich zwischen wirtschaftlicher Weltmarktintegration (Verbindung) und der Politik national geschützter Wirtschaften (Trennung) bewegt. Das nationale Paradox kennt ebenfalls die Spannung zwischen Diaspora als transnationalen sozialen Räumen, die Emigrant:innen mit ihrem Herkunftsland einen (Verbindung) und den Konflikten zwischen Oppositionellen im Exil und dem politischen Regime im Herkunftsland (Trennung).

Diese Überlegungen gelten nicht nur für Staatsgrenzen und Gruppengrenzen im Sinne von Abwanderung und Einreise. Sie treffen auch auf Vorstellungen der Gestaltung von Grenzen zu. Eine Re-Orientierung des Verständnisses von Grenzen ist eine Voraussetzung für die Entwicklung von Alternativen zur gegenwärtigen sozialen Ordnung der Grenze und damit von grenzüberschreitender Migration und Mobilität. Fundamental ist dabei die Annahme, dass Grenzen überhaupt erst die (friedliche) Koexistenz von zwei oder mehr sozialen Einheiten erlauben. Sie sind daher fester Bestandteil jeglicher historisch gewachsenen sozialen Ordnung. Eine zentrale Voraussetzung für diese Funktion von Grenzen ist nun, dass die Akteur:innen ungefähr gleichen Status besitzen. Dieses letzte Kriterium ist in der real existierenden Welt in der Regel nicht gegeben; schon gar nicht im Kontext der Beziehungen zwischen Zielländern und Herkunftsländern oder zwischen Migrant:innen und Einheimischen, die durch mannigfache soziale Ungleichheiten zwischen und innerhalb dieser Kategorien charakterisiert sind. Allerdings hilft ein gehaltvoller Begriff von Grenze, die Debatten über Exit und Widerspruch zu hinterfragen und Optionen von Grenzpolitik auszuloten: Grenzen können als permeable Membran gedacht werden. Als Resultat einer solchen Re-Orientierung des Verständnisses von Grenzen wäre von einer konzeptuellen Grenzverschiebung zu sprechen, die jeglicher Reform von Migrationspolitik vorangehen muss.

# Anmerkungen

## Einführung: Exit – Migration und soziale Ungleichheiten

1 Albert O. Hirschman. 1970. *Exit, Voice, and Loyalty*. Cambridge, MA: Harvard University Press.

2 Vgl. Roberto P. Korzeniewicz und Thomas P. Moran. 2009. *Unveiling Inequality: A World-Historical Perspective*. New York: Russell Sage Foundation, Kapitel 2.

3 Karl Marx und Friedrich Engels. 1848. *Manifest der Kommunistischen Partei*. London. https://www.deutschestextarchiv.de/book/view/marx_manifestws_1848?p=3 (letzter Aufruf: 20.03.2022).

4 Michael Hardt und Antonio Negri. 2002. *Empire. Die neue Weltordnung*. Frankfurt a. M.: Suhrkamp, S. 224–225.

5 Steven Kapsos. 2007. *World and Regional Trends in Labour Force Participation: Methodologies and Results*. Geneva: International Labour Organization (ILO).

6 Branko Milanovic. 2016. *Global Inequality: A New Approach for the Age of Globalization*. Cambridge, MA: Harvard University Press, S. 128. Die hier erwähnten Daten sind aus verschiedenen Gründen mit äußerster Vorsicht zu behandeln. Zwei Probleme stechen heraus. Erstens erklären die beiden Faktoren – Zugehörigkeit zu einer Klasse und einem Staat – nur einen Teil der Varianz. Die vorhandene Datenlage erlaubte es nicht, andere Faktoren wie Geschlecht oder ethnische Zugehörigkeit zu berücksichtigen (E-Mail-Korrespondenz mit Branko Milanovic, 2017). Zweitens sind Einkommensdaten insbesondere für den Beginn des 19. Jahrhunderts nur äußerst spärlich vorhanden.

7 Stephen Castles, Hein de Haas und Mark Miller. 2014. *The Age of Migration – International Population Movements in the Modern World*. 5. Auflage. Basingstoke: Palgrave Macmillan; Douglas S. Massey, Joaquín Arango, Ali Kouaouci, Graeme Hugo und Adela Pellegrino (Hrsg.). 1998. *Worlds in Motion: Understanding International Migration at the End of the Millennium*. Oxford: Oxford University Press; Françoise Dureau und Marie-Antoinette Hily. 2009. *Les mondes de la mobilité*. Rennes: Presses universitaires de Rennes.

8 World Bank. 2022. Gini Index. https://data.worldbank.org/indicator/SI.POV.GINI?locations=US (letzter Aufruf: 04.04.2022). Der Gini Index reicht von 0, also absoluter Gleichverteilung, bis 100, einer Situation, in der eine Person über das gesamte Einkommen verfügt.

9 Christoph Lakner und Branko Milanovic. 2015. Global Income Distribution: From the Fall of the Berlin Wall to the Great Recession. *World Bank Economic Review* 30 (2): S. 203–232.

10 Thomas Faist. 2008. Migrants as Transnational Development Agents: An Inquiry into the Newest Round of the Migration-Development Nexus. *Population, Space and Place* 14 (1): S. 21–42.

11 Jean-Michel Lafleur. 2013. *Transnational Politics and the State: The External Voting Rights of Diasporas*. New York: Routledge.

12 Zu Indien und China, siehe Kellee S. Tsai. 2010. Friends, Family or Foreigners? The Political Economy of Diasporic FDI and Remittances in China and India. *China Report* 46(4): S. 387–429.

13 Walter Adams (Hrsg.). 1968. *The Brain Drain*. New York: Macmillan.

14 Vgl. Andreas Reckwitz. 2017. *Die Gesellschaft der Singularitäten.* Berlin: Suhrkamp.

15 Jörg Hüttermann. 2018. *Figurationsprozesse der Einwanderungsgesellschaft. Zum Wandel der Beziehungen zwischen Alteingesessenen und Migranten in deutschen Städten.* Bielefeld: transcript.

16 Vgl. Fiona Adamson. 2012. Constructing the Diaspora: Diaspora Identity Politics and Transnational Social Movements. In: Peter Mandaville und Terrence Lyons (Hrsg.). *Politics from Afar: Transnational Diasporas and Networks.* New York: Columbia University Press, S. 25–42.

17 Für weitere Beispiele siehe u. a. Thomas Faist, Margit Fauser und Eveline Reisenauer. 2014. *Das Transnationale in der Migration.* Weinheim: Beltz Juventa, Kapitel 2 und 3.

18 John W. Meyer, John Boli, George M. Thomas und O. Ramirez Francisxo. 1997. World Society and the Nation State. *American Journal of Sociology* 103(1): S. 14–81.

19 Alison Brysk und Gershon Shafir (Hrsg.). 2004. *People out of Place: Globalization, Human Rights, and the Citizenship Gap.* New York: Routledge.

20 UN-DESA. 2019: *International Migration Report.* New York: United Nations (UN), Department of Economic and Social Affairs. https://www.un.org/en/development/desa/population/migration/data/estimates2/estimates19.asp (letzter Aufruf: 20.03.2022).

21 Nicholas Van Hear (mit Rebecca Brubaker und Thais Bessa). 2009. *Managing Mobility for Human Development: The Growing Salience of Mixed Migration.* UNDP Human Development Research Paper 2009/20. http://hdr.undp.org/en/reports/global/hdr2009/papers/ (letzter Aufruf: 20.03.2022).

22 Quentin Wodon, Andrea Liverani, George Joseph und Nathalie Bougnoux. 2014. *Climate Change and Migration: Evidence from the Middle East and North Africa.* Washington, DC: The World Bank.

23 Xiang Biao und Johan Lindquist. 2014. Migration Infrastructure. *International Migration Review* 48, Golden Anniversary Issue: *International Migration in the 21st Century: Advancing the Frontier of Scholarship and Knowledge*, S. 122–148; Thomas Gammeltoft-Hansen und Ninna Nyberg Sørensen (Hrsg.). 2013. *The Migration Industry and the Commercialization of International Migration.* London: Routledge.

24 UN-DESA 2019, Tabelle 1.

25 Im Original heißen die Regionen: «world», «more developed regions», «less developed regions» und «least developed regions». «Region» bezieht sich hier auf den Aufenthaltsort, nicht auf die Herkunft der Migranten. Die Grenzen einiger Regionen haben sich zwischen 1985 und 1990 verschoben. Vgl. die Definition der UN Population Division of the Department of Economic and Social Affairs: UN (United Nations). 2016. *International Migration Report.* Department of Economic and Social Affairs. New York: United Nations.

26 International migrant stock at mid-year by sex and by region, country or area of destination, 1990–2020, https://www.un.org/development/desa/pd/content/international-migrant-stock (letzter Aufruf: 04.04.2022).

27 Ibid.

28 World Bank. 2019. *Leveraging Economic Migration for Development. A Briefing for the World Bank Board.* Washington, DC: World Bank.

29 Guy J. Abel und Nikola Sander. 2014. Quantifying Global International Migration Flows. *Science* 343(6178): S. 1520–1522.

30 Jonathan J. Azose und Adrian E. Raftery. 2019. Estimates of emigration, return

migration, and transit migration between all pairs of countries. *PNAS* 116 (1): S. 116–122.

31 Cathérine Wihtol de Wenden. 2016. *Atlas des migrations: Un équilibre mondial à inventer.* Paris: Autrement.

32 International Organization for Migration (IOM). 2018: Data Bulletin Series Informing the Implementation of the Global Compact for Migration. Geneva: IOM. Global Migration Data Analysis Centre.

33 Jonathan J. Azose und Adrian E. Raftery. 2019.

34 Russell King und Parvati Raghuram, 2013: International Student Migration: Mapping the Field and New Research Agendas. *Population, Space and Place* 19(1): S. 127–137.

35 Amanda Klekowski von Koppenfels. 2014. *Migrants or Expatriates? Americans in Europe.* Basingstoke: Palgrave Macmillan.

36 Ettore Recchi, Adrian Favell, Fulya Apaydin, Roxana Barbulescu, Michael Braun, Irina Ciornei, Niall Cunningham, Juan Diez Medrano, Deniz N. Duru, Laurie Hanquinet, Steffen Potzschke, David Reimer, Justyna Janina Salamonska, Mike Savage, Janne Solgaard Jensen und Albert Varela. 2019. *Everyday Europe: Social transnationalism in an unsettled continent.* Bristol: Policy Press.

37 Der Begriff «Flüchtling» bezieht sich hier auf Personen, die aus Sicht des Hochkommissariats für Flüchtlinge der Vereinten Nationen (UNHCR) schutzbedürftig sind. Der Terminus «Geflüchtete» benennt Migrant:innen, bei denen äußerer Zwang – gleich welcher Art – einen wesentlichen Teil ihrer Migrationsentscheidung ausmacht.

38 Nach Art. 1 A Abs. 2 GFK findet der Begriff «Flüchtling» Anwendung auf jede Person, «die infolge von Ereignissen, die vor dem 1. Januar 1951 eingetreten sind, und aus der begründeten Furcht vor Verfolgung wegen ihrer Rasse, Religion, Nationalität, Zugehörigkeit zu einer bestimmten sozialen Gruppe oder wegen ihrer politischen Überzeugung sich außerhalb des Landes befindet, dessen Staatsangehörigkeit sie besitzt, und den Schutz dieses Landes nicht in Anspruch nehmen kann oder wegen dieser Befürchtungen nicht in Anspruch nehmen will; oder die sich als staatenlose infolge solcher Ereignisse außerhalb des Landes befindet, in welchem sie ihren gewöhnlichen Aufenthalt hatte, und nicht dorthin zurückkehren kann oder wegen der erwähnten Befürchtungen nicht dorthin zurückkehren will.» Im Rahmen von Zusatzprotokollen wurde Ende der 1960er-Jahre die regionale Geltung über Europa hinaus definiert. Für weitere Differenzierungen siehe Johanna Paul. 2020. Formen und Kategorisierungen von erzwungener Migration. In: Thomas Faist (Hrsg.). *Soziologie der Migration. Eine systematische Einführung.* Berlin: de Gruyter/Oldenbourg, S. 73–96.

39 United Nations High Commissioner for Refugees.2020. *The Global Compact on Refugees*, www.unhcr.org/the-global-compact-on-refugees.html (letzter Aufruf: 20.03.2022).

40 United Nations High Commissioner for Refugees. 2021. *Global Trends: Forced Displacement in 2020.* https://www.unhcr.org/60b638e37/unhcr-global-trends-2020 (letzter Aufruf: 04.04.2022).

41 Internal Displacement Monitoring Centre (IDMC). 2020. Global Report on Internal Displacement 2020. https://www.internal-displacement.org/global-report/grid2020/ (letzter Aufruf: 04.04.2022).

42 Roger Zetter. 2015. *Protection in Crisis: Forced Migration and Protection in a Global Era.* Washington, DC: Migration Policy Institute.

43 Global Peace Index. 2022. https://www.visionofhumanity.org/maps/#/ (letzter Aufruf: 04.04.2022); vgl. Antonio Donini, Alessandro Monsutti und Giulia Sca-

lettaris. 2016. *Afghans on the Move: Seeking Protection and Refuge in Europe*. Global Migration Research Paper. No. 17/2016. Geneva: The Graduate Institute.

44 Aristide R. Zolberg, Astri Suhrke und Sergio Aguayo. 1989. *Escape from Violence: Conflict and the Refugee Crisis in the Developing World*. New York: Cambridge University Press.

45 Paul Collier. 2014. *Exit: Warum wir Einwanderung neu regeln müssen*. München: Siedler.

46 Aderanti Adepoju. 2005. *Migration in West Africa*. New York: Global Commission on International Migration (GCIM).

47 Florence Boyer. 2017. West Africa: Lasting and Fragile Complementarities between Agriculture and Migration. In: Sarah Mercandalli und Bruno Losch (Hrsg.). *Rural Africa in motion: Dynamics and drivers of migration South of the Sahara*. Rome: FAO/CIRAD, S. 30–31.

48 Hein de Haas. 2007. *The myth of invasion. Irregular migration from West Africa to the Maghreb and the European Union*. Oxford: International Migration Institute (IMI), University of Oxford, S. 33.

49 Bundesamt für Migration und Flüchtlinge (BAMF). 2020. *Schlüsselzahlen Asyl 2020*. Nürnberg: BAMF.

50 Gordon Mathews. 2016. *Africans in Guangzhou*. German Institute of Global and Area Studies (GIGA), Germany & National Institute of Chinese Studies (NICS) of the White Rose East Asia Centre (WREAC), UK.

51 Paul Gilroy. 1993. *The Black Atlantic*. London: Verso.

52 UN-DESA. 2017. *International Migration Report 2017: Highlights*. New York: United Nations. Department of Economic and Social Affairs (UN-DESA); Kam Wing Chan. 2013. China: Internal Migration. In: Immanuel Ness und Peter Bellwood (Hrsg.). *The Encyclopedia of Global Migration*. Chichester: Wiley-Blackwell. https://doi.org/10.1002/9781444351071.wbeghm124 (letzter Aufruf: 14.04.2022)

53 Jan Breman. 1996. *Footlose Labour. Working in India's Informal Economy*. Cambridge: Cambridge University Press.

54 David Held, Anthony McGrew, David Goldblatt und Jonathan Perraton. 1999. *Global Transformation: Policies, Economics and Culture*. Cambridge: Polity Press.

55 Richard Münch. 2009. *Das Regime des liberalen Kapitalismus: Inklusion und Exklusion im neuen Wohlfahrtsstaat*. Frankfurt a. M.: Campus.

56 Siehe u. a. Ludger Pries. 2008. *Die Transnationalisierung der sozialen Welt: Sozialräume jenseits von Nationalgesellschaften*. Frankfurt a. M.: Suhrkamp.

57 Elke Holst, A. Schäfer und M. Schrooten. 2012. Gender and Remittances: Evidence from Germany. *Feminist Economics* 18(2): S. 201–229.

58 Thomas Faist, Başak Bilecen, Karolina Barglowski und Joanna Sienkiewicz. 2015. Transnational Social Protection: Migrants' Strategies and Patterns of Inequalities. *Population, Space and Place* 21(3). https://doi.org/10.1002/psp.1903 (letzter Aufruf: 04.04.2022).

59 Nermin Abadan-Unat. 2011. *Turks in Europe: From Guest Worker to Transnational Citizen*. Oxford: Berghahn Books.

60 Thomas Faist. 2000. *The Volume and Dynamics of International Migration and Transnational Social Spaces*. Oxford: Oxford University Press.

61 Martin Diewald und Thomas Faist. 2011. Von Heterogenitäten zu Ungleichheiten: Soziale Mechanismen als Erklärungsansatz der Genese sozialer Ungleichheiten. *Berliner Journal für Soziologie* 21 (1): S. 91–114.

62 Amartya Sen. 1997. *On Economic Inequality*. Erweiterte Fassung der Ausgabe von 1975. Oxford: Clarendon Press.

63 In den letzten 150 Jahren wuchsen die globalen Vermögensunterschiede noch schneller als die globalen Einkommensunterschiede. Siehe dazu Thomas Piketty. 2014. *Das Kapital im 21. Jahrhundert*. München: C.H.Beck.
64 Eigene Übersetzung, aus: Charles Tilly. 1998. *Durable Inequalities*. Berkeley: University of California Press.
65 Siehe dazu Branko Milanovic. 2016, S. 126–127.
66 Ibid., Kapitel 3; Richard B. Freeman. 2006. *People Flows in Globalization*. NBER Working Paper Series. Cambridge, MA: National Bureau of Economic Research.
67 Nina Pavcnik. 2011. Globalization and Within-Country Income Inequality. In: International Labour Organization (Hrsg.). *Making Globalization Socially Sustainable*. Geneva: ILO und Washington, DC: World Trade Organization (WTO), S. 233–259.
68 Francois Bourguignon. 2015. *The Globalization of Inequality*. Princeton, NJ: Princeton University Press.
69 Peter H. Lindert und Jeffrey G. Williamson. 2003. Does Globalization Make the World More Unequal? In: Michael D. Bordo, Alan M. Taylor und Jeffrey G. Williamson (Hrsg.). *Globalization in Historical Perspective*. Chicago, IL: University of Chicago Press, S. 227–271.
70 Staatsangehörigkeit bezeichnet hier die rechtliche Zugehörigkeit zu einem Staat, in dem die betreffenden Bürger:innen volle Rechte und Pflichten haben. Staatsbürgerschaft wird im Unterschied dazu als politischer Begriff gebraucht, der drei Dimensionen umfasst: erstens, gleiche politische Freiheit (Demokratie); zweitens, Rechte und Pflichten der Bürger:innen; und drittens, die sozio-kulturelle Zugehörigkeit zu einem Kollektiv (Volk), das den jeweiligen Staat konstituiert.
71 Lant Pritchett. 2006. *Let Their People Come: Breaking the Gridlock of Global Labor Mobility*. Washington, DC: Center for Global Development, S. 20.
72 Rogers Brubaker. 1994. *Citizenship and Nationhood in France and Germany*. Cambridge, MA: Harvard University Press.
73 Max Weber 1980 [1922]. *Wirtschaft und Gesellschaft. Grundriss der verstehenden Soziologie*. 5. Auflage. Tübingen: J. C. B. Mohr (Paul Siebeck), S. 201.
74 Raymond Murphy. 1988. *Social Closure: The Theory of Monopolization and Exclusion*. Oxford: Clarendon Press.
75 Alexis de Tocqueville. 1988 [1835/40]. *Democracy in America*. Hrsg. von Jacob-Peter Mayer und übersetzt von George Lawrence. New York: Harper & Row.
76 Phil Triadafilopoulos, Fiona Adamson und Aristide R. Zolberg. 2011. The Limits of the Liberal State: Migration, Identity and Belonging in Europe. *Journal of Ethnic and Migration Studies* 37(6): S. 843–859.
77 So lautet der Titel nicht nur einer populären Fernsehserie aus den 1980er-Jahren, sondern auch des Buchs von Andrew Thompson. 2005. *The Empire Strikes Back? The Impact of Imperialism on Britain from the Mid-Nineteenth Century*. Harlow: Pearson Education.
78 Étienne Balibar und Immanuel Wallerstein. 1991. *Race, Nation, Class: Ambiguous Identities*. London: Verso.
79 Rainer Bauböck und Thomas Faist (Hrsg.). 2010. *Diaspora and Transnationalism: Concepts, Theories, Methodologies*. Amsterdam: Amsterdam University Press.
80 Vgl. Hannah Arendt. 2011 [1963]. *Über die Revolution*. München: Piper, S. 77.
81 Schon in den 1750er-Jahren empörte sich Benjamin Franklin darüber, dass in Pennsylvania siedelnde deutsche Immigrant:innen die Integration verweigerten, indem sie englischsprachige Schulen vermeiden, wilde Feste feiern und die englische Sprache nicht erlernen würden. Siehe dazu Daniel Cohn-Bendit und Thomas Schmidt. 1993. *Heimat Babylon*. Hamburg: Hoffmann und Campe.

82 Fiona David, Katharine Bryant und Jacqueline Joudo Larsen. 2019. *Migrants and their vulnerability to human trafficking, modern slavery and forced labour*. Geneva: International Organization for Migration (ILO). https://publications.iom.int/system/files/pdf/migrants_and_their_vulnerability.pdf (letzter Aufruf: 20.03.2022).
83 Fred Pearce. 2012. *Land Grabbing. Der globale Kampf um Grund und Boden*. München: Verlag Antje Kunstmann.
84 Thomas Faist. 2020. *Dimensionen der Integration von Flüchtlingsfamilien*. Bielefeld: Working Paper 172/2020 COMCAD – Centre on Migration, Citizenship and Development. Bielefeld. https://www.uni-bielefeld.de/fakultaeten/soziologie/fakultaet/arbeitsbereiche/ab6/ag_faist/downloads/WP_172.pdf (letzter Aufruf: 08.04.2022).
85 Pierre Rosanvallon. 2013. *The Society of Equals*. Cambridge, MA: Harvard University Press, S. 75.
86 Alexis de Tocqueville. 1988 [1835/40].
87 Vgl. Anthony M. Messina und Gallya Lahav (Hrsg.). 2006. *The Migration Reader: Exploring Politics and Policies*. London: Lynne Rienner.
88 James Hampshire. 2013. *The Politics of Immigration: Contradictions of the Liberal State*. Cambridge: Polity Press, S. 23–24.
89 Friedrich Nietzsche. 1981 [1874]. *Unzeitgemäße Betrachtungen*. Frankfurt a. M.: Insel Verlag.
90 Siehe z. B. Stephen Castles und Godula Kosack. 1973. *Immigrant Workers and Class Structure in Western Europe*. London: Institute of Race Relations, by Oxford University Press.
91 Quintan Wiktorowicz (Hrsg.). 2004. *Islamic Activism: A Social Movement Theory Approach*. Bloomington: Indiana University Press.
92 Vgl. Michael Hechter. 2004. From Class to Culture. *American Journal of Sociology* 110(2): S. 400–445.
93 Stephen Castles. 2010. Understanding Global Migration: A Social Transformation Perspective. *Journal of Ethnic and Migration Studies* 36(10): S. 1565–1586.
94 Saskia Sassen. 1988. *The Mobility of Labor and Capital: A Study in International Investment and Labor Flow*. New York: Cambridge University Press.
95 Philip Alston. 2001. *Peoples' Rights*. Oxford: Oxford University Press.
96 Will Kymlicka. 2001. *Politics in the Vernacular: Nationalism, Multiculturalism, Citizenship*. Oxford: Oxford University Press.
97 Siehe u. a. Thilo Sarrazin. 2010. *Deutschland schafft sich ab. Wie wir unser Land aufs Spiel setzen*. München: Deutsche Verlags-Anstalt.
98 Peter Kivisto. 2005. *Incorporating Diversity: Assimilation in a Multicultural Age*. New York: Routledge, Kapitel 1.
99 Yossi Shain. 2005. *The Frontier of Loyalty*. Ann Arbor: University of Michigan Press.
100 Robert J. C. Young. 2001. *Postcolonialism: An Historical Introduction*. Oxford: Blackwell.

## Teil I – Globale Migration in theoretischer und historischer Perspektive

### Soziale Ungleichheiten als Ursache und Folge von Exit

1 Jean-Jacques Rousseau. 2017 [1754]. *Abhandlung über den Ursprung und die Grundlagen der Ungleichheit unter den Menschen*. Übersetzt und herausgegeben von Philipp Rippel. Stuttgart: Reclam.

2 Yong-Seun Chang-Gusko, Nataly Jung-Hwa Han und Arnd Kolb. 2014. *Unbekannte Vielfalt. Einblicke in die koreanische Migrationsgeschichte in Deutschland*. Migration im Fokus. Band 2. Dokumentationszentrum und Museum über die Migration in Deutschland. Köln: edition DOMiD.

3 Leslie Sklair. 2001. *The Transnational Capitalist Class*. Oxford: Blackwell; Anja Weiß. 2017. *Soziologie Globaler Ungleichheiten*. Berlin: Suhrkamp; Alejandro Portes und John Walton. 1981. *Labor, Class, and the International System*. New York: Academic Press; Guy Standing. 2011. *The Precariat: The New Dangerous Class*. London: Bloomsbury Academic.

4 Eigene Übersetzung aus John Kenneth Galbraith. 1979. *The Nature of Mass Poverty*. Cambridge, MA: Harvard University Press, S. 7.

5 Angesichts der Debatten um Klimazerstörung wäre zu fragen, ob Wirtschaftswachstum weiterhin ein erstrebenswertes Ziel darstellt; vgl. dazu Kapitel 8.

6 Zu wichtigen sozialen Mechanismen der Erzeugung und des Erhalts von Ungleichheiten, siehe Göran Therborn. 2014. *The Killing Fields of Inequality*. Cambridge: Polity Press, S. 54–67.

7 Bob Hamilton und John Whalley. 1984. Efficiency and Distributional Implications of Global Restrictions on Labor Mobility. *Journal of Development Economics* 14(1): S. 61–75; Amelie F. Constant und Klaus F. Zimmermann (Hrsg.). 2015. *International Handbook on the Economics of Migration*. Cheltenham: Edward Elgar.

8 Dani Rodrik. 2001. *The Global Governance of Trade – As If Development Really Mattered*. United Nations Development Programme Background Paper. New York: Social Development Group, Bureau for Development Policy, United Nations Development Programme (UNDP).

9 David McKenzie. 2017. Poverty, Inequality, and International Migration: Insights from 10 Years of Migration and Development Conferences. *Revue d'économie du développement* 25(3–4): S. 13–28

10 Joseph H. Carens. 2019. *Fremde und Bürger: Weshalb Grenzen offen sein sollten*. Stuttgart: Reclam.

11 Michael Walzer. 1992. *Sphären der Gerechtigkeit. Ein Plädoyer für Pluralität und Gleichheit*. Aus dem Englischen von Hanne Herkommer. Frankfurt a. M.: Campus.

12 Vgl. David Miller. 2017. *Strangers in Our Midst: The Political Philosophy of Immigration*. Cambridge, MA: Harvard University Press. Siehe auch Frank Dietrich (Hrsg.). 2017. *Ethik der Migration. Philosophische Schlüsseltexte*. Berlin: Suhrkamp.

13 James Dennison und Andrew Geddes. 2021. Thinking Globally about Attitudes to Immigration: Concerns about Social Conflict, Economic Competition and Cultural Threat. *The Political Quarterly* 92(3): S. 541—551.

14 Vgl. Wolfgang Merkel und Michael Zürn. 2019. Kosmopolitismus, Kommunitarismus und die Demokratie. In: Julian Nida-Rümelin, Detlef Daniels und Nicole von Wloka (Hrsg.). *Internationale Gerechtigkeit und institutionelle Verantwortung*. Berlin: de Gruyter, S. 67–101.

15 Vgl. Mustafa Aksakal. 2020. Warum verlassen Menschen ihre Lebensorte? Ein Überblick über Ansätze zur Erklärung der Initiierung von Wanderung. In: Thomas Faist (Hrsg.). *Soziologie der Migration. Eine systematische Einführung*. Berlin: de Gruyter / Oldenbourg, S. 97–124.

16 Michael P. Todaro. 1970. Migration, Unemployment and Development: A Two-Sector Analysis. *American Economic Review* 60(1): S. 126–142.

17 Vgl. Russell King und Ronald Skeldon. 2010. Mind the Gap: Integrating Approa-

ches to Internal and International Migration. *Journal of Ethnic and Migration Studies* 36(10): S. 1619–1646.

18 Andreas Ette und Leonore Sauer. 2011. Abschied für immer oder auf Zeit? Internationale Migration hochqualifizierter Deutscher. *Forschung und Lehre*, 02/2011: S. 100–102.

19 Zur Idee von «bounded rationality» siehe Herbert A. Simon. 1955. A Behavioral Model of Rational Choice. *The Quarterly Journal of Economics* 69(1): S. 99–118. Zur weiteren Ausarbeitung siehe u. a. Amos Tversky und Daniel Kahneman. 1981. The framing of decisions and the psychology of choice. *Science* Vol. 211, Issue 4481: S. 453–458.

20 Alejandro Portes und John Walton. 1981.

21 Immanuel Wallerstein. 1983. Three Instances of Hegemony in the History of the Capitalist World-Economy. *International Journal of Comparative Sociology* 24(1–2): S. 100–108.

22 Stephen Castles. 2015. International Human Mobility: Key Issues and Challenges to Social Theory. In: Stephen Castles, Derya Ozkul und Magdalena Arias Cubas (Hrsg.). *Social Transformation and Migration: National and Local Experiences in South Korea, Turkey, Mexico and Australia*. Basingstoke: Palgrave Macmillan, S. 3–14.

23 Thomas Stubbs, Alexander Kentikelenis, Rebecca Ray und Kevin P. Gallagher. 2021. *Poverty, Inequality, and the International Monetary Fund: How Austerity Hurts the Poor and Widens Inequality*. Boston: Global Development Policy Center, School of Global Studies/Boston University. Working Paper No. 46.

24 Immanuel Wallerstein, Christopher Chase-Dunn und Christian Suter (Hrsg). 2015. *Overcoming Global Inequalities*. London: Routledge.

25 Aristide R. Zolberg, Astri Suhrke und Sergio Aguayo. 1989.

26 Oded Stark. 1991. *The Migration of Labor*. Oxford: Basil Blackwell; Bernhard Poirine. 1997. A Theory of Remittances as an Implicit Family Loan Arrangement. *World Development* 25(4): S. 589–611.

27 Frank Ellis. 2000. *Rural Livelihood Diversity in Developing Countries: Analysis, Policy, Methods*. Oxford: Oxford University Press.

28 Giovanni Gozzini. 2006. The Global System of International Migrations, 1900 and 2000: A Comparative Approach. *Journal of Global History* 1(3): S. 321–341.

29 Khalid Koser und Susan Martin. 2011. *The Migration–Displacement Nexus: Patterns, Processes and Policies*. Oxford: Berghahn Books.

30 Saskia Sassen. 2014. *Expulsions: Brutality and Complexity in the Global Economy*. Cambridge, MA: Belknap Press of Harvard University Press.

31 Robert McLeman, Jeanette Schade und Thomas Faist (Hrsg.). 2016. *Environmental Migration and Social Inequality*. New York: Springer.

32 Karl Marx. 1962 [1867]. *Das Kapital*. Bd. 1 (MEW, Vol. 23). Berlin: Dietz, S. 741–791.

33 Siehe z. B. Andrew Bowman. 2018. Financialization and the extractive industries: The case of South African platinum mining. *Competition & Change* 22(4): S. 388–412.

34 Simon Kuznets. 1955: Economic Growth and Income Inequality. *The American Economic Review* 45(1): S. 1–28.

35 Phillip Connor, D'Vera Cohn und Ana Gonzalez-Barrera. 2013. *Changing Patterns of Global Migration and Remittances*. Washington, DC: Pew Research Center.

36 Zu Indien, siehe z. B. David Mosse, Sanjeev Gupta, Mona Mehta, Vidyah Shah, Julia Rees und KRIBP Project Team. 2002. Brokered Livelihoods: Debt, Labour Migration and Development in Tribal Western India. *Journal of Development Stu-*

*dies* 38: S. 59–88. Vgl. George J. Borjas. 1994. The Economic Analysis of Immigration. *Journal of Economic Literature* 23: S. 1667–1717.

37 Riccardo Faini und Alessandra Venturini. 1994. *Migration and Growth: The Experience of Southern Europe*. Discussion Paper Series No. 964. London: Centre for Economic Policy Research.

38 Vincent Kaufmann, Manfred M. Bergmann und Dominique Joyce. 2004. Motility: Mobility as Capital. *International Journal of Urban and Regional Research* 8(4): S. 745–56, hier: S. 754.

39 Siehe z. B. Flore Gubert, Thomas Lassourd und Sandrine Mesplé-Somps. 2010. *Do Remittances Affect Poverty and Inequality? Evidence from Mali*. DT/2010–8. Paris: Institut de recherche pour le développement, Université de Paris Dauphine; Sanjeev Gupta, Catherine A. Pattillo und Smita Wagh. 2009. Effect of Remittances on Poverty and Financial Development in Sub-Saharan Africa. *World Development* 37(1): S. 104–11.

40 Douglas S. Massey. 1990. Social Structure, Household Strategies, and the Cumulative Causation of Migration. *Population Index* 56(1): S. 3–26.

41 Siehe z. B. Md Mizanur Rahman. 2012. Bangladeshi labour migration to the Gulf states: patterns of recruitment and processes. *Canadian Journal of Development Studies / Revue canadienne d'études du développement* 33(2): S. 214–230.

42 Zum Beispiel Mexikos siehe Jorge Durand und Douglas S. Massey. 2006. *Crossing the Border: Research from the Mexican Migration Project*. New York: Russell Sage Foundation.

43 Maurizio Ambrosini. 2017. *Irregular Immigration in Southern Europe: Actors, Dynamics and Governance*. Basingstoke: Palgrave Macmillan anhand Südeuropas; zu Äthiopien siehe Girmachew Adugna Zewdu. 2017. Irregular Migration, Informal Remittances: Evidence from Ethiopian Villages. *GeoJournal* 83(5): S. 1019–1034.

44 Zum Fall der transatlantischen Migration aus Europa nach Nordamerika im 19. und zu Anfang des 20. Jahrhunderts siehe John D. Gould. 1980. European Inter-Continental Emigration: The Role of «Diffusion» and «Feedback». *Journal of European Economic History* 8(3): S. 593–679.

45 Zum östlichen Punjab in Indien siehe Steve Taylor, Manjit Singh und Deborah Booth. 2007. Migration, Development and Inequality: Eastern Punjabi Transnationalism. *Global Networks* 7(3): S. 328–347; zu Burkina Faso siehe Mark Breusers. 1998. *On the Move: Mobility, Land Use and Livelihood Practices on the Central Plateau in Burkina Faso*. Wageningen: Landbouwuniversiteit Wageningen; und zu Ecuador siehe David Kyle. 2000. *Transnational Peasants: Migrations, Networks, and Ethnicity in Andean Ecuador*. Baltimore, MD: Johns Hopkins University Press.

46 Siehe u. a. James F. Hollifield, Philip L. Martin und Pia M. Orrenius. 2014. *Controlling Immigration: A Global Perspective*. 3. Auflage. Stanford, CA: Stanford University Press.

47 Gerry Mackie. 1995. Frustration and Preference Change in International Migration. *European Journal of Sociology* 36(2): S. 185–208; vgl. Hein de Haas. 2021. A theory of migration: the aspirations-capabilities framework. *Comparative Migration Studies* 9(8): S. 1–35.

48 Oded Stark und J. Edward Taylor. 1991. Migration Incentives, Migration Types: The Role of Relative Deprivation. *The Economic Journal* 101: S. 1163–1178.

49 Mathias Czaika und Hein de Haas. 2014. The Globalization of Migration: Has the World Become More Migratory? *International Migration Review* 48(2): S. 263–323.

50 Russell King und Katie Kuschminder (Hrsg.). 2021. *Handbook of Return Migration*. Cheltenham: Edward Elgar, Kapitel 1.
51 Russell King. 2000. Generalizations from the History of Return Migration. In: Bimal Ghosh (Hrsg.). *Return Migration: Journey of Hope or Despair?* Geneva: International Organization for Migration, S. 7–55.
52 Diese Aussage gilt für 189 Länder in einem 5-Jahres-Intervall zwischen 1960 und 2015: Kalam Azad. 2019. *The Effect of Democracy on Migration: A Panel Data Approach*. MPRA Paper No. 105058. Munich Personal RePEc Archive.
53 Dirk Hoerder. 2003. *Cultures in Contact: World Migrations in the Second Millennium*. Durham, NC: Duke University Press, S. 1–21.
54 Philipp Ter. 2018. *Die Außenseiter – Flucht, Flüchtlinge und Integration im modernen Europa*. Berlin: Suhrkamp und Insel.
55 Vgl. International Crisis Group. 2016. *Easy Prey: Criminal Violence and Central American Migration*. Latin America Report No. 57. Brussels: International Crisis Group.
56 Ayelet Shachar. 2009. *The Birthright Lottery: Citizenship and Global Inequality*. Cambridge, MA: Harvard University Press, S. 11.
57 Siehe auch Steffen Mau, Fabian Gülzau, Lena Laube und Natascha Zaun. 2015. The Global Mobility Divide: How Visa Policies Have Evolved over Time. *Journal of Ethnic and Migration Studies* 41(8): S. 1192–1213. Selektion von Migrant:innen ist nicht ausschließlich eine Domäne von Staaten. Forschung am Beispiel Südasiens weist darauf hin, dass Familien in Herkunftsstaaten durchaus schon eine Vorselektion betreiben, z. B. nach Geschlecht. Siehe dazu Michael Collyer (Hrsg.). 2013. *Emigration Nations: Politics and Ideologies of Emigrant Engagement*. Basingstoke: Palgrave Macmillan, S. 10.
58 Nils Holtug. 2020. Global Equality and Open Borders. In: David Sobel, Peter Vallentyne und Steven Wall (Hrsg.), *Oxford Studies in Political Philosophy*, Volume 6. Oxford: Oxford University Press, S. 118–150.
59 Floris Peters, Maarten P. Vink und Hans Schmeets. 2018. Anticipating the Citizenship Premium: Before and After Effects of Immigrant Naturalisation on Employment. *Journal of Ethnic and Migration Studies* 44(7): 1051–1080.
60 Timothy J. Hatton und Jeffrey G. Williamson. 2005. *Global Migration and the World Economy: Two Centuries of Policy and Performance*. Cambridge, MA: MIT Press.
61 Rainer Münz, Thomas Straubhaar, Florin P. Vadean und Nadia Vadean. 2006. *The costs and benefits of European immigration*. Hamburg: Hamburgisches Weltwirtschaftsinstitut. HWWI Policy Report 3.
62 Kevin H. O'Rourke und Jeffrey G. Williamson. 1999. *Globalization and History: The Evolution of a Nineteenth-Century Atlantic Economy*. Cambridge, MA: MIT Press, Kapitel 8 und 9.
63 Stefan Dercon und Joseph S. Shapiro. 2007. Moving On, Staying Behind, Getting Lost: Lessons on Poverty Mobility from Longitudinal Data. In: Deepa Narayan und Patti Petesch (Hrsg.). *Moving Out of Poverty: Cross-Disciplinary Perspectives on Mobility*. Washington, DC: The World Bank, S. 77–126, hier S. 109.
64 Bob Hamilton und John Whalley. 1984.
65 Jonathan W. Moses und Bjorn Letnes. 2004. The Economic Costs to International Labor Restrictions: Revising the Empirical Discussion. *World Development* 32(10): S. 1609–1626.
66 World Bank. 2006. *Global Economic Prospects: Economic Implications of Remittances and Migration*. Washington, DC: World Bank, Kapitel 2.
67 Nigel Harris. 2007. The Economics and Politics of the Free Movement of People.

In: Antoine Pécoud und Paul de Guchteneire (Hrsg.). *Migration without Borders: Essays on the Free Movement of People.* Paris/Oxford: UNESCO/Berghahn Books, S. 33–50.
68 Thomas Pogge. 1997. Migration and Poverty. In: Veit Bader (Hrsg.). *Citizenship and Exclusion.* Basingstoke: Macmillan, S. 12–27; vgl. United Nations Development Programme (UNDP). 2009. *Overcoming Barriers: Human Mobility and Development.* Basingstoke: Palgrave Macmillan, S. 25.
69 Raúl Delgado Wise. 2014. A Critical Overview of Migration and Development: The Latin American Challenge. *Annual Review of Sociology* 40: S. 643–663.
70 Demetrios G. Papademetriou und Philip L. Martin. 1991. *The Unsettled Relationship: Labor Migration and Economic Development.* Westport, CT: Greenwood Press.
71 Natasha Iskander. 2020. Interconnection and Equity: How Migration Resists Deglobalization and Protects Development. Paper presented at the Webinar «International Migration and Social Change at a Global Turning Point», Institute for Advanced Study of the Americas, University of Miami School of Law & Department of Sociology. University of Miami, October 22, 2020.
72 Vgl. Dieter Senghaas. 1985. *The European Experience: A Historical Critique of Development Theory.* Leamington Spa: Berg.
73 Oded Stark. 2004. Rethinking the Brain Drain. *World Development* 32(1): S. 15–22.
74 Yusuf Abdu Misau, Nabilla Al-Sadat und Adamu Bakari Gerei. 2010. Brain-drain and health care delivery in developing countries. *Journal of Public Health Africa.* 1(1): e6. https://doi: 10.4081/jphia.2010.e6 (letzter Aufruf: 06.04.2022).
75 Michel Beine, Fréderic Docquier und Hillel Rapoport. 2008. Brain Drain and Human Capital Formation in Developing Countries: Winners and Losers, *The Economic Journal*, 118: S. 631–652, hier: S. 644.
76 Martin Ruhs. 2013. *The Price of Rights: Regulating International Labor Migration.* Princeton, NJ: Princeton University Press.
77 John Rex. 1981. *Social Conflict: A Conceptual and Theoretical Analysis.* London: Longman Publishing Group.
78 Martin Ruhs und Bridget Anderson. 2010. *Who Needs Migrant Workers? Labour Shortages, Immigration and Public Policy.* Oxford: Oxford University Press.
79 John Urry. 2007. *Mobilities.* Oxford: Polity Press.
80 Vgl. Torsten Hägerstrand. 1975. Space, Time and Human Conditions. In: Anders Karlqvist, Lars Lundqvist und Folke Snickars (Hrsg.). *Dynamic Allocation of Urban Space.* Lexington, MA: Lexington Books, S. 3–14.
81 Anisur Rahman. 2010. *Migration and Human Rights in the Gulf.* Washington, DC: Middle East Institute.
82 Thomas Birtchnell und Javier Caletrí (Hrsg.). 2014. *Elite Mobilities.* Abingdon: Routledge.
83 Philip Kelly und Tom Lusis. 2006. Migration and the Transnational Habitus: Evidence from Canada and the Philippines. *Environment and Planning A* 38(5): S. 831–847.
84 Thomas Faist (Hrsg.). 2000. *Transstaatliche Räume. Politik, Wirtschaft und Kultur in und zwischen Deutschland und der Türkei.* Bielefeld: transcript.
85 J. Edward Taylor, Joaquín Arango, Graeme Hugo, Ali Kouaouci, Douglas S. Massey und Adela Pellegrino. 1996. International Migration and Community Development. *Population Index* 62(3): S. 397–418, hier: S. 397.
86 Richard Black, Claudia Natali und Jessica Skinner. 2005. *Migration and Inequality.* Background Paper for the World Development Report 2006. Brighton: University of Sussex.

87 Jackline Wahba. 2015. Who benefits from return migration to developing countries? *IZA World of Labor*, February 2015. https://wol.iza.org/uploads/articles/123/pdfs/who-benefits-from-return-migration-to-developing-countries.pdf (letzter Aufruf: 04.04.2022).

88 Michel Beine, Frédéric Docquier und Hillel Rapoport. 2001. Brain Drain and Economic Growth: Theory and Evidence. *Journal of Development Economics* 64(1): S. 275–289.

89 Luis Edudardo Guarnizo. 2003. The Economics of Transnational Living. *International Migration Review* 37(3): S. 666–699; vgl. David Leblang und Margaret E. Peters. 2002. Immigration and Globalization (and Deglobalization). *Annual Review of Political Science* 25. https://doi.org/10.1146/annurev-polisci-051120-105059 (letzter Aufruf: 08.04.2022).

90 Cindy Horst, Marta B. Erdal, Jørgen Carling und Karin Afeef. 2014. Private Money, Public Scrutiny? Contrasting Perspectives on Remittances. *Global Networks* 14(4): S. 514–532.

91 Mathias Czaika und Hein de Haas. 2011. *The Role of Internal and International Relative Deprivation in Global Migration.* Working Paper No. 35. Oxford: International Migration Institute, University of Oxford.

92 Ralph Grillo und Bruno Riccio. 2003. Translocal Development: Italy–Senegal. *Population, Space and Place* 10(1): S. 99–111.

93 Valentina Mazzucato. 2011. Reverse Remittances in the Migration–Development Nexus: Two-Way Flows between Ghana and the Netherlands. *Population, Space and Place* 17(5): S. 454–468.

94 Ruben Andersson. 2014. *Illegality, Inc.: Clandestine Migration and the Business of Bordering Europe.* Berkeley: University of California Press.

95 International Organization for Migration (IOM). 2019. *Debt and the Migration Experience: Insights from South-East Asia.* Geneva: International Organization for Migration.

96 Binod Khadria. 2009. Adversary Analysis and the Quest for Global Development: Optimizing the Dynamic Conflict of Interests in the Transnational Divide of Migration. *Social Analysis* 53(3): S. 106–122.

97 Michael Lipton. 1980. Migration from Rural Areas of Poor Countries: The Impact of Rural Productivity and Income Distribution. *World Development* 8(1): S. 1–24.

98 Vgl. Robert K. Merton. 1968. The Matthew Effect in Science. *Science* 159: S. 56–63.

99 United Nations Educational, Scientific and Cultural Organization (UNESCO). 2019. *Migration, displacement and education: Building bridges, not walls.* Global Education Monitoring Report 2019. Brüssel: UNESCO.

100 Mirzanur M. Rahman und Brenda S. A. Yeo. 2015. Social Organization of *Hundi*: Informal Remittance Transfer to South Asia. In: Mirzanur M. Rahman, Tai Tan Yong und Akma Ullah (Hrsg.). *Migrant Remittances in South Asia: Social, Economic and Political Implications.* Basingstoke: Palgrave Macmillan, S. 88–111, hier S. 106.

101 Goerg Simmel. 1992 [1908]. *Soziologie. Untersuchungen über die Formen der Vergesellschaftung.* Frankfurt a. M.: Suhrkamp, S. 101.

102 Katsushi S. Imai, Raghav Gaiha, Ali Abdilahi und Nidhi Kaicker. 2012. *Remittances, Growth and Poverty: New Evidence from Asian Countries.* Occasional Paper No. 15. Rome: International Fund for Agricultural Development (IFAD).

103 Sanjeev Gupta, Catherine A. Pattillo und Smita Wagh. 2009. Effect of Remittances on Poverty and Financial Development in Sub-Saharan Africa. *World Development* 37(1): S. 104–111.

104 Marilena Giannetti, Daniela Federici und Michele Raitano. 2009. *Does Migration Help Reducing Inequality and Social Exclusion?* Working Paper No. 118. Rom: Dipartimento Di Economia Pubblica, Università degli Studi di Roma.

105 Zu Frauen aus Bangladesch siehe Tasneem Siddiqui. 2008. *Migration and Gender in Asia.* UN/POP/EGM-MIG/2008/6. Bangkok: United Nations Economic and Social Commission for Asia and the Pacific Population Division, Department of Economic and Social Affairs.

106 J. Edward Taylor, Joaquín Arango, Graeme Hugo, Ali Kouaouci, Douglas S. Massey und Adela Pellegrino. 1996. International Migration and Community Development. *Population Index* 62(3): S. 397–418, hier S. 408.

107 Frank Ellis. 2007. Household Strategies and Rural Livelihood Diversification. *Journal of Development Studies* 35(1): S. 1–38, hier S. 21.

108 SteveTaylor, Manjit Singh und Deborah Booth. 2007. Migration, Development and Inequality: Eastern Punjabi Transnationalism. *Global Networks* 7(3): S. 328–347.

109 Vgl. Kathy Gardner und Filippo Osella (Hrsg.). 2004. *Migration, Modernity and Social Transformation in South Asia.* London: SAGE.

110 Remus Gabriel Anghel. 2016. Migration in Differentiated Localities: Changing Statuses and Ethnic Relations in a Multi-Ethnic Locality in Transylvania, Romania. *Population, Space and Place* 22(4): S. 356–366.

111 Christiane Harzig. 2001. Women migrants as global and local agents. New research strategies on gender and migration. In: Pamela Sharpe (Hrsg.). *Women, Gender and Labour Migration: Historical and Cultural Perspectives.* London: Routledge, S. 15–28.

112 Luin Goldring. 2001. The Gender and Geography of Citizenship in Mexico – U.S. Transnational Spaces. *Identities* 7(4): S. 501–537.

113 Cora Mezger und Criss Beauchemin. 2014. *The Role of International Migration Experience for Investment at Home: Direct, Indirect, and Equalising Effects in Senegal. Population, Space and Place* 21(6): 535–552.

114 Ben Rogaly, Daniel Coppard, Abdur Safique, Kumar Rana, Amrita Sengupta und Jhuma Biswas. 2002. Seasonal Migration and Welfare/Illfare in Eastern India: A Social Analysis. *Journal of Development Studies* 38: S. 89–114; Cy Thangarajah. 2003. Veiled Constructions: Conflict, Migration and Modernity in Eastern Sri Lanka. *Contributions to Indian Sociology* 37: S. 141–162.

115 Vgl. Silvia Pedraza. 2013. Social Protest and Migration. In: Immanuel Ness und Peter Bellwood (Hrsg.). *The Encyclopedia of Global Human Migration*, S. 2783–2790. Chichester: Wiley-Blackwell.

116 José Itzigsohn und Daniela Villacrés. 2008. Migrant Political Transnationalism and the Practice of Democracy: Dominican External Voting Rights and Salvadoran Home Town Associations. *Ethnic and Racial Studies* 31(4): S. 664–686.

117 Roger Waldinger. 2017. *The Cross-Border Connection. Immigrants, Emigrants, and Their Homelands.* Cambridge: Harvard University Press.

118 Jonathan Fox und Xochitl Bada. 2008. Migrant Organization and Hometown Impacts in Rural Mexico. *Journal of Agrarian Change* 8(2–3): S. 425–461.

119 Ricard Zapata-Barrero, Lorenzo Gabrielli, Elena Sánchez-Montijano und Thibaut Jaulin. 2014. *The political participation of immigrants in host countries: an interpretative framework from the perspective of origin countries and societies.* Technical Report, Migration Policy Centre, INTERACT, 2013/07, Position Paper. Florence: European University Institute.

120 Claude Meillassoux. 1981. *Maidens, Meal and Money.* Cambridge: Cambridge University Press.

121 Xiang Biao. 2007. *Gobal ‹Body Shopping›: An Indian Labour System in the Information Technology Industry*. Princeton, NJ: Princeton University Press.
122 Oded Stark. 2004. Rethinking the Brain Drain. *World Development* 32(1): S. 15–22.
123 Thomas Faist. 2008.
124 Vgl. Gracia Liu-Farrer, Brenda S. Yeoh und Michiel Baas. 2021. Social construction of skill: an analytical approach toward the question of skill in cross-border labour mobilities, *Journal of Ethnic and Migration Studies* 47(10): 2237–2251.
125 Kapitel 6.
126 Simon Commander, Mari Kangasniemi und L. Alan Winters. 2004. The Brain Drain: A Review of Theory and Facts. *Brussels Economic Review – Cahiers Economiques de Bruxelles* 47(1): S. 29–44.
127 Flore Gubert, Thomas Lassourd und Sandrine Mesplé-Somps. 2010.
128 Siehe z. B. Christian Dustmann und Tommaso Frattini. 2014. The Fiscal Effect of Immigration to the UK. *The Economic Journal* 40(6): S. 491–509; Joakim Ruist. 2014. Free Immigration and Welfare Access: The Swedish Experience. *Fiscal Studies* 35(1): S. 19–39.
129 Your Europe (YE). 2014. *Evaluation of the Impact of the Free Movement of EU Ctizens at Local Level*. Final Report. January 2014. http://ec.europa.eu/justice/citizen/files/dg_just_eva_free_mov_final_report_27.014.pdf (letzter Aufruf: 04.04. 2022).
130 Vgl. Rafaela M. Dancygier und David D. Laitin. 2014. Immigration into Europe: Economic Discrimination, Violence, and Public Policy. *Annual Review of Political Science* 17: S. 43–64.
131 Michael Reich, David M. Gordon und Richard C. Edwards. 1973. A Theory of Labor Market Segmentation. *The American Economic Review* 63(2): S. 359–365; Werner Sengenberger. 1987. *Struktur und Funktionsweise von Arbeitsmärkten. Die Bundesrepublik Deutschland im internationalen Vergleich*. Frankfurt a. M.: Campus.
132 Michael J. Piore. 1979. *Birds of Passage: Migrant Labor and Industrial Societies*. Cambridge: Cambridge University Press.
133 Jan Rath und Eurofund. 2011. *Promoting ethnic entrepreneurship in European cities*. Luxembourg: Publication Office of the European Union.
134 Kerstin Schmidt. 2020. Formen und Kategorisierungen von Migration. In: Thomas Faist (Hrsg.). *Soziologie der Migration. Eine systematische Einführung*. Berlin: de Gruyter / Oldenbourg, S. 55–72.
135 Suresh Canagarajah (Hrsg.). 2020. *The Routledge Handbook of Migration and Language*. London: Routledge.
136 Staatliche Grenzen (*borders*) sind ein spezieller Typus von Grenzziehungen (*boundaries*) und damit von Kategorisierungen.
137 Christina Boswell und Andrew Geddes. 2010. *Migration and Mobility in the European Union*. Basingstoke: Palgrave Macmillan.
138 Christian Ulbricht. 2017. *Ein- und Ausgrenzungen von Migranten. Zur sozialen Konstruktion (un-)erwünschter Migration*. Bielefeld: transcript.
139 Martin Geiger und Antoine Pécoud. 2013. *Disciplining the Transnational Mobility of People*. Basingstoke: Palgrave Macmillan.
140 Vgl. William Housley und Richard Fitzgerald. 2009. Membership categorization, culture and norms in action. *Discourse & Society* 20(3): S. 345–362.
141 Global Commission on International Migration (GCIM). 2005. *Migration in an Interconnected World: New Directions for Action*. Report of the GCIM. New York: United Nations.

142 Rhacel Salazar Parreñas. 2005. *Children of Global Migration: Transnational Families and Gendered Woes*. Stanford, CA: Stanford University Press.
143 Thomas Faist (Hrsg.). 2007. *Dual Citizenship in Europe: From Nationhood to Societal Integration*. Aldershot: Ashgate.
144 Jennifer Fitzgerald, David Leblang und Jessica T. Teets. 2014. Defying the Law of Gravity: The Political Economy of International Migration. *World Politics* 66(3): S. 406–445.
145 Stephen Castles und Godula Kosack. 1973.
146 Ulrich Beck. 1986. *Risikogesellschaft. Auf dem Weg in eine andere Moderne*. Frankfurt a. M.: Suhrkamp, S. 121.
147 Alejandro Portes. 1997. Neoliberalism and the Sociology of Development: Emerging Trends and Unanticipated Facts. *Population and Development Review* 23: S. 229–259.
148 Oliver Nachtwey. 2016. *Die Abstiegsgesellschaft: über das Aufbegehren in der regressiven Moderne*. Berlin. Suhrkamp; vgl. Nicolas Legewie und Sandra Bohmann. 2018. Sozialer Auf- und Abstieg: Angleichung bei Männern und Frauen. *DIW Wochenbericht* 20/2018, S. 422–431.
149 Helma Lutz. 2010. Gender in the Migratory Process. *Journal of Ethnic and Migration Studies* 36(10): S. 1647–1663.
150 Joel S. Fetzer. 2000. *Public Attitudes toward Immigration in the United States, France, and Germany*. New York: Cambridge University Press.
151 Örn B. Bodvarsson und Hendrik Van den Berg. 2013. *The economics of immigration: theory and policy*. New York: Springer.
152 Vgl. Peter A. Fischer, Reiner Martin und Thomas Straubhaar. 1997. Should I Stay or Should I Go? In: Tomas Hammar, Grete Brochmann, Kristof Tamas und Thomas Faist (Hrsg.). *International Migration, Immobility and Development: Multidisciplinary Perspectives*. Oxford: Berg, S. 49–90.
153 Thomas Faist. 1994. How to Define a Foreigner? The Symbolic Politics of Immigration in German Partisan Discourse, 1978–1993. *West European Politics* 17(2): S. 50–71.
154 Gary P. Freeman. 1995. Modes of Immigration Politics in Liberal Democratic States. *International Migration Review* 29(4): S. 881–902.
155 James Hampshire. 2013. *The Politics of Immigration: Contradictions of the Liberal State*. Cambridge: Polity Press.
156 Patricia Noxolo und Jeff Huysmans (Hrsg.). 2009. *Community, Citizenship, and the «War on Terror»: Security and Insecurity*. Basingstoke: Palgrave Macmillan.
157 Carlos de la Torre (Hrsg.). 2015. *The Promise and Perils of Populism: Global Perspectives*. Lexington: The University Press of Kentucky; Philip Manow. 2018. *Die politische Ökonomie des Populismus*. Berlin: Suhrkamp.
158 Adam M. McKeown. 2008. *Melancholy Order: Asian Migration and the Globalization of Borders*. New York: Columbia University Press.
159 Siehe z. B. Vito Gironda. 2010. *Die Politik der Staatsbürgerschaft. Italien und Deutschland im Vergleich 1800–1914*. Göttingen: Vandenhoek & Ruprecht, S. 243–272.
160 William K. Carroll. 2010. *The Making of a Transnational Capitalist Class: Corporate Power in the 21st Century*. London: Zed Books.
161 Eigene Schätzungen auf der Grundlage von Michael Hartmann. 2016. *Die globale Wirtschaftselite: Eine Legende*. Frankfurt a. M.: Campus.
162 Vgl. International Organization for Migration (IOM). 2019: *World Migration Report 2020*. Geneva: IOM, Kapitel 3.
163 Val Burris und Clifford L. Staples. 2012. In Search of a Transnational Capitalist

Class: Alternative Methods for Comparing Director Interlocks within and between Nations and Regions. *Journal of Comparative Sociology* 53(4): S. 323–342, hier S. 324.

164 Michael Hartmann 2016.

165 Nach Angaben des KOF Index der Globalisierung gehört die Schweiz zur Spitzengruppe der 10 wirtschaftlich am stärksten globalisierten Länder der Welt; zusammen mit Irland, den Niederlanden, Belgien, Singapur und Österreich (2015). Die USA, Japan, Deutschland und die VR China belegen Plätze im Mittelfeld. Die Länder mit einem hohen Globalisierungsindex haben häufig nur kleine Binnenmärkte. Siehe dazu: https://www.kof.ethz.ch/en/forecasts-and-indicators/indicators/kof-globalisation-index.html (letzter Aufruf: 04.04.2022).

166 Emmanuel Saez. 2015. Striking it Richer: The Evolution of Top Incomes in the United States. https://eml.berkeley.edu/~saez/saez-UStopincomes-2015.pdf (letzter Aufruf: 06.04.2022).

167 Felix Bühlmann, Thomas David und André Mach. 2012. Cosmopolitan Capital and the Internationalization of the Field of Business Elites: Evidence from the Swiss Case. *Cultural Sociology* 7(2): S. 211–229.

168 Eelke M. Heemskerk, Frank W. Takes, Javier Garcia-Bernado und M. Jouke Huijzer. 2016. Where is the Global Corporate Elite? A Large-Scale Network Study of Local and Nonlocal Interlocking Directorates. Amsterdam: CORPNET.

169 Göran Therborn. 1978. *What Does the Ruling Class Do When It Rules? State Apparatuses and State Power under Feudalism, Capitalism and Socialism*. London: New Left Books.

170 Ronald S. Burt. 1992. *Structural Holes: The Social Structure of Competition*. Cambridge, MA: Harvard University Press.

171 Stefani Vitali, James Glattfelder und Stefano Battiston. 2011. The Network of Corporate Control. *PLoS ONE* 6(10): e25995. https://doi.org/10.1371/journal.pone.0025995 (letzter Aufruf: 04.04.2022).

172 Alejandro Portes. 2010. Migration and Social Change: Some Conceptual Reflections. *Journal of Ethnic and Migration Studies* 36(10): S. 1537–1563, hier S. 1548.

173 Han Entzinger. 2009. Different Systems, Similar Problems: The French Urban Riots from a Dutch Perspective. *Journal of Ethnic and Migration Studies* 35(5): S. 815–834.

174 Thomas Faist (Hrsg.). 2021. Migration and Unequal Social Positions in a Transnational Perspective. *Social Inclusion* 9(1). Complete issue: www.cogitatiopress.com/socialinclusion/issue/view/226 (letzter Aufruf: 04.04.2022).

175 Raúl Delgado Wise, Humberto Márquez Covarrubias und Ruben Puentes. 2013. Reframing the Debate on Migration, Development and Human Rights. *Population, Space and Place* 19(4): S. 430–443.

176 Folker Fröbel, Jürgen Heinrichs und Otto Kreye. 1977. *Die neue internationale Arbeitsteilung: strukturelle Arbeitslosigkeit in den Industrieländern und die Industrialisierung der Entwicklungsländer*. Reinbek bei Hamburg: Rowohlt.

177 Johan Galtung. 1969. Violence, Peace and Peace Research. *Journal of Peace Research* 6(2): S. 167–191.

178 Eigene Übersetzung aus Ronaldo Munck. 2009. Globalisation, Governance and Migration: An Introduction. *Third World Quarterly* 29(7): S. 1227–1246, hier S. 1235.

## Vom Widerspruch zum Exit? Migration und Wohlfahrtsstaat

1 Peter Evans. 2006. Counterhegemonic Globalization: Transnational Social Movements in the Contemporary Global Political Economy. In: J. Timmon Roberts und Amy Bellone Hite (Hrsg.) *The Globalization and Development Reader: Perspectives on Development and Global Change*, S. 420–442. Oxford: Blackwell.

2 Carl-Ulrik Schierup, Ronaldo Munck, Branka Likić-Brborić und Anders Neergaaard. 2015. *Migration, Precarity, and Global Governance: Challenges and Opportunities for Labour*. Oxford: Oxford University Press.

3 Einschränkend ist jedoch hinzuzufügen, dass im 19. Jahrhundert der Anteil von Zwangsmigrant:innen (u. a. *coolies*) gerade im asiatischen Raum höher war als heute. Siehe dazu Parag Khanna. 2021. *Move. The Forces Uprooting us*. New York: Scribner, S. 11; vgl. Dirk Hoerder. 2003, S. 5–8.

4 Martin Baldwin-Edwards. 2011. Labour Immigration and Labour Markets in the GCC Countries: National Patterns and Trends. No. 15. Kuwait Programme on Development, Governance and Globalisation in the Gulf States. London: The London School of Economics and Political Science (LSE).

5 Siehe u. a. Goldfield, Michael. 1997. *The Color of Politics: Race and the Mainsprings of American Politics*. New York: The New Press.

6 In dieser Zeit mobilisierten beispielsweise Frauenbewegungen große Gruppen gegen die von ihnen angeprangerten Ungerechtigkeiten. Siehe u. a. Uta Gerhard. 2009. *Frauenbewegung und Feminismus. Eine Geschichte seit 1789*. München: C.H.Beck. Zentral waren auch Koalitionen zwischen sozialen Bewegungen, z. B. den Bauern- und Arbeiterbewegungen.

7 Eric J. Hobsbawm. 1962. *The Age of Revolution, 1789–1848*. New York, NY: New American Library.

8 Alexis de Tocqueville. 1958. *Journeys to England and Ireland*. New Haven, CT: Yale University Press, S. 107.

9 Gareth Stedman Jones. 2008. *An End to Poverty? A Historical Debate*. New York: Columbia University Press.

10 Thomas H. Marshall. 1992 [1950]. *Bürgerrechte und soziale Klassen. Zur Soziologie des Wohlfahrtsstaates*. Übersetzt von Elmar Rieger. Frankfurt a. M.: Campus.

11 Gøsta Esping-Andersen. 1990. *The Three Worlds of Welfare Capitalism*. Cambridge: Polity.

12 Jürgen Habermas. 1973. *Legitimationsprobleme im Spätkapitalismus*. Frankfurt a. M.: Suhrkamp.

13 Brian Keeley. 2015. *Income Inequality: The Gap between Rich and Poor*. Paris: OECD Publishing.

14 Jon Kvist. 2000. *Activating Welfare States: The Scandinavian Experience in the 1990s*. Research Programme on Comparative Welfare State Research. Working Paper No. 7. Copenhagen: The Danish National Institute for Social Research.

15 Quinn Slobodian. 2018. *Globalists: The End of Empire and the Birth of Neoliberalism*. Cambridge, MA: Harvard University Press, S. 4.

16 Walter Lorenz. 2016. Rediscovering the Social Question. *European Journal of Social Work* 19(1): S. 4–17, hier S. 15.

17 Branko Milanovic. 2012. *Global Income Inequality by the Numbers: In History and Now – An Overview*. Development Research Group. Poverty and Inequality Team. Policy Research Working Paper 6259. Washington, DC: The World Bank.

18 Nelson A. Pichardo. 1997. New Social Movements: A Critical Review. *Annual Review of Sociology* 23: S. 411–430.

19 Steven Vertovec. 2021. The social organization of difference. *Ethnic and Racial Studies* 44(8): 1273–1295.
20 Christopher A. Bayly. 2004. *The Birth of the Modern World 1780–1914: Global Connections and Comparisons*. Oxford: Blackwell.
21 Tom Holert und Mark Terkessidis. 2006. *Fliehkraft – Gesellschaft in Bewegung. Von Migranten und Touristen*. Köln: Kiepenheuer & Witsch.
22 Abram de Swaan. 1988. *In Care of the State: Health Care, Education, and Welfare in Europe and America during the Modern Era*. Oxford: Oxford University Press.
23 Walter Korpi. 1983. *The Democratic Class Struggle*. London: Routledge & Kegan Paul.
24 E. P. Hennock. 2007. *The Origin of the Welfare State in England and Germany, 1850–1914: Social Policies Compared*. Cambridge: Cambridge University Press.
25 Marcel Van der Linden. 2008. *Workers of the World: Essays toward a Global Labour History*. Leiden: Koninklijke Brill N. V.
26 Peter Flora und Arnold Heidenheimer (Hrsg.). 1981. *The Development of Welfare States in Europe and North America*. New Brunswick, NJ: Transaction Publishers.
27 Gøsta Esping-Andersen. 1990.
28 Thomas H. Marshall. 1992 [1950], S. 40.
29 David Miller. 2017.
30 Ulrich Herbert. 1999. *Fremdarbeiter. Politik und Praxis des «Ausländer-Einsatzes» in der Kriegswirtschaft des Dritten Reiches*. Bonn: J. H. W. Dietz Nachfolger.
31 Anne Booth. 2016. *Japanese Colonialism in Comparative Perspective*. London: The London School of Economics and Political Science, Department of Economic History. Working Papers No. 254.
32 Nancy Fraser. 2000. Rethinking Recognition. *New Left Review* 3 (May–June): S. 107–120.
33 Anna Amelina, Emma Carmel, Ann Runfors und Elisabeth Scheibelhofer. 2019. *Boundaries of European Social Citizenship: EU Citizens' Transnational Social Security in Regulations, Discourses and Experiences*. Abingdon, UK: Routledge.
34 Martin Geiger. 2019. *Grenze und Flucht*. State-of-Research Papier 05, Verbundprojekt Flucht: Forschung und Transfer, Osnabrück: Institut für Migrationsforschung und Interkulturelle Studien (IMIS) der Universität Osnabrück & Bonn: Internationales Konversionszentrum Bonn (BICC).
35 Kapitel 7.
36 Kapitel 5.
37 Vgl. Abram de Swaan. 1994. *Social Policy Beyond Borders: The Social Question in Transnational Perspective*. Amsterdam: Amsterdam University Press.
38 Vgl. Jens Beckert, Julia Eckert, Martin Kohli und Wolfgang Streeck (Hrsg.). 2004. *Transnationale Solidarität: Chancen und Grenzen*. Frankfurt a. M.: Campus.
39 Terrell Carver und Jens Bartelson (Hrsg.). 2011. *Globality, Democracy, and Civil Society*. New York: Routledge.
40 Peter Flora (Hrsg.). 1986. *Growth to Limits: The Western European Welfare States since World War II. Vol. 1, Sweden, Norway, Finland, Denmark & Vol. 2, Germany, United Kingdom, Ireland, Italy*. Berlin: Walter de Gruyter.
41 Obwohl hier von grenzüberschreitender Migration die Rede ist, sollte nicht vergessen werden, dass es funktionale Entsprechungen für internationale Grenzkontrollen innerhalb von Ländern gibt, so etwa im *hukou*-System in China; siehe u. a. Kam Wing Chang und Li Zhang. 1999. The Hukou System and Rural–Urban Migration in China: Processes and Changes. *The China Quarterly* 160 (December): S. 818–855.

42 Carl J. Strikewerda. 1997. Reinterpreting the History of European Integration: Business, Labor, and Social Citizenship in Twentieth-Century Europe. In: Louise A. Tilly und Jytte Klausen (Hrsg.), *European Integration in Social and Historical Perspective: 1850 to the Present.* Lanham, MD: Rowman and Littlefield, S. 51–70.

43 Ähnliche Überlegungen können auch für das (südost)asiatische Migrationssystem angestellt werden, mit China als einem der Hauptherkunftsländer. Siehe Adam M. McKeown. 2004. Global Migration, 1846–1940. *Journal of World History* 15(2): S. 155–189.

44 Alice Amsden. 2001. *Rise of «The Rest»: Challenges to the West from Late-Industrializing Economies.* Oxford: Oxford University Press, S. 21.

45 Tomas Hammar, Grete Brochman, Kristof Tamas und Thomas Faist (Hrsg.). 1997.

46 Folker Fröbel, Jürgen Heinrichs und Otto Kreye. 1977.

47 Jonathan D. Sarna. 1981. The Myth of No Return: Jewish Return Migration to Eastern Europe, 1881–1914. *American Jewish History* 71(2): S. 256–268.

48 Jürgen Osterhammel. 2009. *Die Verwandlung der Welt: Eine Geschichte des 19. Jahrhunderts.* 2. Auflage. München: C.H.Beck., S. 249–252.

49 Eckart Reidegeld. 1998. Armenpflege und Migration von der Gründung des Deutschen Bundes bis zum Erlaß des Gesetzes über den Unterstützungswohnsitz. In: Michael Bommes und Jost Halfmann (Hrsg.), *Migration in nationalen Wohlfahrtsstaaten.* Osnabrück: Universitätsverlag Raasch, S. 253–282.

50 Knuth Dohse. 1977. *Ausländische Arbeiter und bürgerlicher Staat: Genese und Funktion von staatlicher Ausländerpolitik und Ausländerrecht. Vom Kaiserreich bis zur Bundesrepublik Deutschland.* Königstein: Hain.

51 Karl Polanyi. 2001 [1944]. *The Great Transformation: The Political and Economic Origins of Our Time.* 2. Auflage. Boston, MA: Beacon Press, S. 138.

52 Jochen Oltmer. 2012. *Globale Migration. Geschichte und Gegenwart.* München: C.H.Beck, Kapitel 5.

53 Kapitel 2; vgl. Ulrich Beck. 1986, S. 121.

54 Charles R. Epp. 1998. *The Rights Revolution: Lawyers, Activists, and Supreme Courts in Comparative Perspective.* Chicago: University of Chicago Press.

55 Karen Schönwälder. 2001. *Einwanderung und ethnische Pluralität. Politische Entscheidungen und öffentliche Debatten in Grossbritannien und der Bundesrepublik von den 1950er bis zu den 1970er Jahren.* Essen: Klartext Verlag.

56 Christian Joppke. 1999. *Immigration and the Nation-State: The United States, Germany, and Great Britain.* Oxford: Oxford University Press.

57 Der Begriff «soziale Klasse» wird an dieser Stelle im Sinne von Max Weber verwendet. Im Unterschied zu Marx steht hier nicht die Polarisierung in zwei antagonistische Klassen im Mittelpunkt. Vielmehr bezieht sich das Konzept auf die Position in Märkten. Weber unterscheidet Besitzklassen und Erwerbsklassen. Die Kombination der beiden ist soziale Klasse. Diese Konzeptualisierung erlaubt eine noch differenziertere Fassung verschiedener Klassenpositionen. Siehe Max Weber 1980 [1922], Kapitel I und IV.

58 Die in Politik und einem Großteil der Migrationsforschung vorgenommene Zweiteilung von Migrant:innen in Hochqualifizierte und Geringqualifizierte verdeckt zwei wesentliche Punkte. Erstens handelt es sich um Begriffe, die aus der Sicht der Zielländer definiert werden, d.h. es geht um eine Bewertung der Nützlichkeit in einem bestimmten Kontext. Zweitens bildet bei einer Objektivierung von Kenntnissen und Fähigkeiten ein Kontinuum wohl eher die Verteilung ab. Siehe zum problematischen Begriff von Qualifikation (*skills*) u.a. Mark Granovetter und

Charles Tilly. 1988. Inequality and Labor Processes. In: Neil J. Smelser (Hrsg.). *Handbook of Sociology*. Beverly Hills, CA: SAGE Publications, S. 175–221.

59 Anthony Heath und Lindsay Richards. 2017. *Findings from ESS: Immigration*. Luxembourg: European Social Survey (ESS).

60 Michel Beine, Anna Boucher, Brian Burgoon, Mary Crock, Justin Gest, Michael Hiscox, Patrick McGovern, Hillel Rapoport, Joep Schaper und Eiko Thielemann. 2016. Comparing Immigration Policies: An Overview from the IMPALA Database. *International Migration Review* 50(4): S. 827–863.

61 Claus Offe. 1985. *Disorganized Capitalism*. Cambridge: Polity Press, S. 131.

62 Alain Touraine. 1985. An Introduction to the Study of Social Movements. *Social Research* 52(4): S. 749–787.

63 Peter Evans. 2006. Counterhegemonic Globalization: Transnational Social Movements in the Contemporary Global Political Economy. In: J. Timmon Roberts and Amy Bellone Hite (Hrsg.), *The Globalization and Development Reader: Perspectives on Development and Global Change*. Oxford: Blackwell, S. 420–442.

64 Yasemin N. Soysal. 1994. *Limits of Citizenship: Migrants and Postnational Membership in Europe*. Chicago, IL: University of Chicago Press.

65 Tomas Hammar. 1990. *Democracy and the Nation State: Aliens, Denizens and Citizens in a World of International Migration*. Aldershot: Ashgate.

66 Vgl. Nancy Foner und George M. Frederickson (Hrsg.). 2004. *Not Just White and Black: Historical and Contemporary Perspectives on Immigration, Race and Ethnicity in the United States*. New York: Russell Sage Foundation.

67 Barbara Lüthi. 2013. Germs of Anarchy, Crime, Disease and Degeneracy: Jewish Migration to the United States and the Medicalization of European Borders around 1900. In: Tobias Brinkmann (Hrsg.), *Points of Passage: Jewish Migrants from Eastern Europe in Scandinavia, Germany, and Britain 1880–1914*. New York: Berghahn Books, S. 27–44.

68 «Flüchtlinge, die sich nicht rechtmäßig im Aufnahmeland aufhalten»: Abkommen über die Rechtsstellung der Flüchtlinge vom 28. Juli 1951 (In Kraft getreten am 22. April 1954) und Protokoll über die Rechtsstellung der Flüchtlinge vom 31. Januar 1967 (In Kraft getreten am 4. Oktober 1967) https://www.unhcr.org/dach/wp-content/uploads/sites/27/2017/03/Genfer_Fluechtlingskonvention_und_New_Yorker_Protokoll.pdf (letzter Aufruf: 20.03.2022)

69 Tugba Basaran. 2011. *Security, Law and Borders: At the Limits of Liberties*. Abingdon: Routledge.

70 Aristide R. Zolberg. 2006. *A Nation by Design: Immigration Policy in the Fashioning of America*. New York: Russell Sage Foundation in Kooperation mit Harvard University Press.

71 IPSOS Presseinformation vom 13.01.2015: https://www.ipsos.com/sites/default/files/2017-02/Ipsos-PI_POP_Migranten_Januar2015.pdf (letzter Aufruf: 04.04.2022).

72 Das Abkommen von Dublin trat im Jahre 1997 in Kraft und wurde als rechtlich verbindliche Regulierung 2003 neu aufgelegt. Das Dublin Prinzip bedeutet, dass der Asylprozess als einstufiges Verfahren durchgeführt wird und der Antrag nur in einem EU-Mitgliedsstaat gestellt werden kann. Seit dem Vertrag von Amsterdam (1999) hat die EU auch andere Elemente eines gemeinsamen Asylsystems initiiert, welche die Definition des Flüchtlingsstatus, die Bedingungen der Aufnahme und Unterbringung von Asylbewerber:innen und eine Datenbank über abgelehnte Fälle umfasst (European Asylum Dactyloscopy Database: EURODAC).

73 John Torpey. 2000. *The Invention of the Passport: Surveillance, Citizenship and the State*. New York: Cambridge University Press.

74 Andreas Wimmer. 1996. Binnenintegration und Außenabschließung. Zur Beziehung zwischen Wohlfahrtsstaat und Migrationssteuerung in der Schweiz des 20. Jahrhunderts. In: Michael Bommes und Jost Halfmann (Hrsg.), S. 199–221.
75 Wilbur Zelinsky. 1971. The Hypothesis of the Mobility Transition. *Geographical Review* 61(2): S: 219–249.
76 Samuel P. Huntington. 1996. *Kampf der Kulturen. Die Neugestaltung der Weltpolitik im 21. Jahrhundert.* München: Europa-Verlag.
77 Mark J. Miller. 1982. *Foreign Workers in Western Europe: An Emerging Political Force.* New York: Praeger.
78 Gwendolyn Mink. 1986. *Old Labor and New Immigrants in American Political Development: Union, Party, and State, 1875–1920.* Ithaca, NY: Cornell University Press.
79 Alexander Saxton. 1971. *The Indispensable Enemy: Labor and the Anti-Chinese Movement in California.* Berkeley, CA: University of California Press.
80 «Der Arm der Globalisierungsmächte ist lang, und ihre Ausdauer ist endlos. Doch die Weltenwanderer vergessen nicht und sind – von Afrika über die Karibik bis nach Seattle – immer bereit, sich der Sklaverei zu widersetzen und das Gemeineigentum wiederherzustellen.» Peter Linebaugh und Marcus Rediker. 2008. *Die vielköpfige Hydra. Die verborgene Geschichte des revolutionären Atlantiks.* Berlin und Hamburg: Verlag Assoziation A, S. 379.
81 Tobias Brinkmann. 2012. *Migration und Transnationalität.* Paderborn: Ferdinand Schöningh Verlag.
82 Leah Perry. 2016. *The Cultural Politics of U.S. Immigration: Gender, Race, and Media.* New York: New York University Press, S. 54.
83 Johannes Nichtweiß. 1959. *Die ausländischen Saisonarbeiter der Landwirtschaft der östlichen und mittleren Gebiete des Deutschen Reiches. Ein Beitrag zur Geschichte der preußisch-deutschen Politik von 1890 bis 1914.* Berlin: Rütten & Loening.
84 Christoph Kleßmann. 1978. *Polnische Bergarbeiter im Ruhrgebiet 1870–1945: Soziale Integration und nationale Subkultur einer Minderheit in der deutschen Industriegesellschaft.* Göttingen: Vandenhoeck & Ruprecht.
85 Vgl. Elizabeth Sanders. 1999. *Roots of Reform: Farmers, Workers, and the American State, 1877–1917.* Chicago, IL: University of Chicago Press.
86 Vgl. Michael Reich. 1981. *Racial Inequality: A Political-Economic Analysis.* Princeton, NJ: Princeton University Press.
87 Ronaldo Munck. 1988. *The New International Labour Studies: An Introduction.* London: Zed Books.
88 Goldmann, Kjell, Ulf Hannerz und Charles Westin (Hrsg.). 2000. *Nationalism and Internationalism in the Post-Cold War Era.* London: Routledge.
89 Claus Offe. 1972. *Strukturprobleme des kapitalistischen Staates.* Frankfurt a. M.: Suhrkamp.
90 Sanjay Pinto und Jason Beckfield. 2011. Organized Labor in European Countries, 1960–2006: Persistent Diversity and Shared Decline. In: David Brady (Hrsg.) *Comparing European Workers. Part B: Policies and Institutions* (Research in the Sociology of Work, Volume 22, Part 2). Bingley: Emerald Publishing, S. 153–179.
91 Beverley Silver. 2003. *Forces of Labor: Workers' Movements and Globalization since 1870.* New York: Cambridge University Press.
92 Anthony Giddens. 1991. *Modernity and Self-Identity: Self and Society in the Late Modern Age.* Cambridge: Polity Press.
93 Ulrich Beck. 1986.
94 Richard Münch. 2009.

95 Leo D'Anjou und John Van Male. 1998. Between Old and New: Social Movements and Cultural Change. *Mobilization* 3(2): S. 207–226.

96 Will Kymlicka. 1995. *Multicultural Citizenship: A Liberal Theory of Minority Rights*. Oxford: Oxford University Press.

97 John D. Skrentny. 2002. *The Minority Rights Revolution*. Cambridge, MA: Harvard University Press.

98 Brian Barry. 1991. *Theories of Justice: A Treatise on Social Justice*. Vol. 1. Berkeley: University of California Press, S. 8.

99 Alan Wolfe und Jytte Klausen. 1997. Identity Politics and the Welfare State. *Social Philosophy and Policy* 14(2): S. 231–235.

100 Keith Banting und Will Kymlicka (Hrsg.). 2006. *Multiculturalism and the Welfare State: Recognition and Redistribution in Contemporary Welfare States*. Oxford: Oxford University Press.

101 Ayhan Kaya. 2017. *Populism and Immigration in the European Union*. Barcelona: Barcelona Centre for International Affairs (CIDOB).

102 Siehe z.B. Peter Kivisto. 2017. *The Trump Phenomenon: How the Politics of Populism Won in 2016*. Bingley: Emerald Publishing.

103 Philip Manow, Armin Schäfer und Hendrik Zorn. 2008. Europe's party-political centre of gravity, 1957–2003. *Journal of European Public Policy* 15(1): S. 20–39.

104 Vgl. Hanspeter Kriesi, Edgar Grande, Romain Lachat, Martin Dolezal, Simon Bornschier und Timotheo Frey. 2006. Globalization and the transformation of the national political space: Six European countries compared, *European Journal of Political Research* 45(6): S. 921–957.

105 Aristide R. Zolberg und Long Litt Woon. 1999. Why Islam is Like Spanish: Cultural Incorporation in Europe and the United States. *Politics & Society* 27(1): S. 1–27; Nancy Foner. 2015. Is Islam in Western Europe Like Race in the United States? *Sociological Forum* 30(4): S. 885–899.

106 Christopher A. Bail. 2008. The Configuration of Symbolic Boundaries against Immigrants in Europe. *American Sociological Review* 73 (February): S. 37–59; vgl. David Motadel (Hrsg.). 2014. *Islam and the European Empires*. Oxford: Oxford University Press.

107 Alexander Somnek. 2011. *The Social Question in a Transnational Context*. London School of Economics. Europe in Question: LEQS Paper No. 39/2011. London: The London School of Economics and Political Science (LSE), S. 11.

108 Ira Katznelson und Aristide R. Zolberg (Hrsg.). 1986. *Working-Class Formation: Nineteenth-Century Patterns in Western Europe and the United States*. Princeton, NJ: Princeton University Press.

109 Bradley Campbell und Jason Manning. 2014. Microaggression and Moral Cultures. *Comparative Sociology* 13(6): S. 692–726.

110 «Freiheit, Gleichheit, Brüderlichkeit – man kann diese Werte immer wieder hochpreisen. Aber früher oder später wird das Problem der Identität auftreten. Wo ist denn die Brüderlichkeit? Warum hat man sie nie erlebt? Frankreich hat niemals das Problem der Identität verstanden. Du, du bist ein Mensch mit allen verdienten Rechten und allem Respekt – und ich, ich bin auch ein Mensch. Auch ich habe Rechte. Respektiere mich. In diesem Moment sind wir dann Brüder und umarmen uns. Das ist Brüderlichkeit.» Aimé Césaire. 2005. *Nègre je suis, nègre je resterai. Entretiens avec Francoise Vergès*. Paris: Albin Michel, S. 37 (Eigene Übersetzung).

111 Vgl. Andreas Reckwitz und Hartmut Rosa. 2021. *Spätmoderne in der Krise. Was leistet die Gesellschaftstheorie?* Berlin: Suhrkamp.

112 Peter L. Berger und Thomas Luckmann. 1980 [1966]. *Die gesellschaftliche Konstruktion der Wirklichkeit*. Frankfurt a. M.: Fischer.

113 Pierre Bourdieu. 1975. The specificity of the scientific field and the social conditions of the progress of reason. *Social Science Information / Information sur les Sciences Sociales* 14: S. 19–47.
114 Friedrich Engels. 1968 [1844]. *The Condition of the Working Class in England.* Stanford, CA: Stanford University Press.
115 Beatrice Potter Webb. 1988. *Meine Lehrjahre. Eine Autobiographie.* Verlag: Frankfurt a.M.: Insel.
116 Gerd Koenen. 2017. *Die Farbe Rot: Ursprünge und Geschichte des Kommunismus.* München: C.H.Beck, S. 269–284.
117 Jürgen Kocka. 2017. *Geschichte des Kapitalismus.* 3. Auflage. München: C.H.Beck.
118 Edward Hallett Carr. 1945. *Nationalism and After.* London: MacMillan & Co., S. 63.
119 Ulrich Beck. 2012. Inequality. In: George Ritzer (Hrsg.). *Wiley-Blackwell Encyclopedia of Globalization*, S. 1025–1032. Oxford: Blackwell.
120 Joe Sutcliffe. 2012. Labour Movements in the Global South: A Prominent Role in Struggles against Neoliberal Globalisation? *Interface: A Journal for and about Social Movements* 4(2): S. 52–60.
121 Marcel Van der Linden. 2003. *Transnational Labour History: Explorations.* Aldershot: Ashgate.
122 Michael Hardt und Antonio Negri. 2002: *Empire. Die neue Weltordnung.* Frankfurt a.M.: Suhrkamp, S. 123.
123 Naomi Klein. 2015. *Die Entscheidung: Kapitalismus vs. Klima.* Frankfurt: S. Fischer.
124 Christian Joppke. 2005. *Selecting by Origin: Ethnic Migration in the Liberal State.* Cambridge, MA: Harvard University Press.
125 Thomas Faist, Joanna Fröhlich und Inka Stock. 2021. Introduction: Migration and Unequal Positions in a Transnational Perspective, *Social Inclusion* 9(1): S. 85–90.
126 Frederic Jameson. 1998. *The Cultural Turn. Selected Writings on the Postmodern, 1983–1998.* London: Verso.
127 Peter L. Berger und Thomas Luckmann. 1980 [1966].
128 Edward P. Thompson. 1987 [1963]: *Die Entstehung der englischen Arbeiterklasse.* Frankfurt a.M.: Suhrkamp.
129 Geoff Eley und Keith Nield. 2007. *The Future of Class in History: What's Left of the Social?* Ann Arbor: University of Michigan Press, S. 6–12.
130 Jürgen Kocka. 2015: *Arbeiterleben und Arbeiterkultur. Die Entstehung einer sozialen Klasse.* Unter Mitarbeit von J. Schmidt. Bonn: Verlag J. H. W. Dietz.
131 Michel Foucault, Michel. 1981. *Archäologie des Wissens.* Frankfurt a.M.: Suhrkamp.
132 Patricia H. Collins. 2000. Gender, Black Feminism, and Black Political Economy. *Annals of the American Academy of Political and Social Science* 568: S. 41–53.
133 Charles Tilly. 1998. *Durable Inequalities.* Berkeley, CA: University of California Press.
134 Milena Chimienti. 2011. Mobilization of Irregular Migrants in Europe: A Comparative Analysis. *Ethnic and Racial Studies* 34(8): S. 1338–1356.
135 Vgl. Paul Buhle und Dan Georgakas (Hrsg.). 1996. *The Immigrant Left in the United States.* Albany, NY: SUNY Press.
136 Geoff Eley und Keith Nield. 2007, S. 103.
137 Karl Polanyi. 2001 [1944], S. 77.
138 Fred Block und Margaret R. Somers. 2016. *The Power of Market Fundamentalism: Karl Polanyi's Critique.* Cambridge, MA: Harvard University Press.

139 Stephen Castles. 2010.
140 Andreas Nölke. 2009. Finanzkrise, Finanzialisierung und vergleichende Kapitalismusforschung. *Zeitschrift für Internationale Beziehungen* 16(1): S. 123–139.
141 United Nations Development Programme (UNDP). 2007. *Human Development Report 2007/2008. Fighting Climate Change: Human Solidarity in a Divided World*. New York: United Nations Development Programme.
142 Peter Furia. 2005. Global Citizenship, Anyone? Cosmopolitanism, Privilege and Public Opinion. *Global Society* 19(4): S. 331–359.
143 Ronald Inglehart (Hrsg.). 2003. *Human Values and Social Change: Findings from the Values Survey*. Leiden: Brill.
144 Thomas Faist. 1994.
145 Vgl. Pierre Rosanvallon. 2013.
146 Norberto Bobbio. 1996. *Left and Right: The Significance of a Political Distinction*. Chicago, IL: University of Chicago Press, S. 60 und S. 82.

## Zur Kopplung von Migration und Entwicklung: Der nationale Entwicklungsstaat

1 Eric E. Williams. 1944. *Capitalism and Slavery*. Chapel Hill, NC: University of North Carolina Press.
2 Hans-Ulrich Wehler. 1969. *Bismarck und der Imperialismus*. Köln: Kiepenheuer & Witsch, S. 155 und S. 498–499.
3 Vgl. Gurminder K. Bhambra und John Holmwood. 2018. Colonialism, Postcolonialism and the Liberal Welfare State. *New Political Economy* 23(5): 574––587.
4 Siehe u.a. Michael Burawoy. 1976. The Functions and Reproduction of Migrant Labor: Comparative Material from Southern Africa and the United States. *American Journal of Sociology* 81(5): S. 1050–1087.
5 Vgl. Eva Gerharz und Gilberto Rescher. 2021. Global South, S. 165–180. In: Betina Hollstein, Rainer Greshoff, Uwe Schimank und Anja Weiß (Hrsg.). *Soziologie – Sociology in the German-Speaking World*. Sonderheft von *Soziologische Revue*. Berlin: Walter de Gruyter / Oldenbourg.
6 Ian Gough und Göran Therborn. 2010. The Global Future of Welfare States. In: Frances G. Castles (Hrsg.). *The Oxford Handbook of the Welfare State*. Oxford: Oxford University Press, S. 703–720.
7 Siehe dazu u. a. die Beiträge zur Ausgabe «Welfare Regimes in the Global South» der *Zeitschrift Journal für Entwicklungspolitik* 28 (1) aus dem Jahre 2012.
8 Jeremy Seekings und Nicoli Nattrass. 2015. *Policy, Politics and Poverty in South Africa*. London: Palgrave Macmillan.
9 Zum Wohlfahrtsstaat siehe Franz-Xaver Kaufmann. 2003. *Varianten des Wohlfahrtsstaats. Der deutsche Sozialstaat im internationalen Vergleich*. Frankfurt a.M.: Suhrkamp; zum Entwicklungsstaat siehe Peter Evans. 1995. *Embedded Autonomy: States and Industrial Transformation*. Princeton, NJ: Princeton University Press.
10 Gøsta Esping-Andersen. 1990. *The Three Worlds of Welfare Capitalism*. Princeton, NJ: Princeton University Press und die daran anschließende Kritik, die weitere Typen hinzufügt. Zu verschiedenen Typen und Ausprägungen des Entwicklungsstaats siehe u.a. Adrian Leftwich. 1995. Bringing politics back in: Towards a model of the developmental state. *The Journal of Development Studies* 31(3): S. 400–427.
11 Zur Kritik des Konzepts Entwicklung, siehe z.B. Gilbert Rist. 1996. *The History of Development: From Western Origins to Global Faith*. London: Zed Books.
12 Ibid.

13 Walt W. Rostow. 1962. *Die Stadien des wirtschaftlichen Wachstums. Eine Alternative zur marxistischen Wirtschaftstheorie*. Göttingen: Vandenhoeck & Ruprecht.
14 Siehe u.a. Fernando Henrique Cardoso und Enzo Faletto. 1976. *Abhängigkeit und Entwicklung in Lateinamerika*. Übersetzt von Hedda Wagner. Frankfurt a.M.: Suhrkamp.
15 Friedrich Nietzsche. 2009 [1882]. *Die fröhliche Wissenschaft*. Buch IV, Aphorismus 341. Köln: Anaconda.
16 Charles P. Kindleberger. 1967. *Europe's Postwar Growth: The Role of Labor Supply*. Cambridge, MA: Harvard University Press.
17 W. Arthur Lewis. 1954. Economic Development with Unlimited Supplies of Labour. *The Manchester School* 22(2): S. 139–191.
18 Zur Türkei, siehe Rinus Penninx. 1982. A Critical Review of Theory and Practice: The Case of Turkey. *International Migration Review* 16(4): S. 781–818.
19 Kenneth Hermele. 1997. The Discourse on Migration and Development. In: Tomas Hammar, Grete Brochmann, Kristof Tamas und Thomas Faist (Hrsg.), S. 133–158.
20 Immanuel Wallerstein. 1974. *The Modern World System: Capitalist Agriculture and the Origins of the European World Economy in the Sixteenth Century*. New York: Academic Press; Alejandro Portes und John Walton. 1981.
21 Steffen Mau. 2021. *Sortiermaschinen: Die Neuerfindung der Grenze im 21. Jahrhundert*. München: C.H.Beck.
22 Vgl. Ulrich Hiemenz und Klaus-Werner Schatz. 1979. *Trade in Place of Migration: An Employment-Oriented Study with Special Reference to the Federal Republic of Germany, Spain and Turkey*. Geneva: International Labour Organization (ILO).
23 Vgl. Uma Lele. 1975. *The Design for Rural Development*. Washington, D.C.: Johns Hopkins University Press for the World Bank.
24 B. Lindsay Lowell, Allan Findlay und Emma Stewart. 2004. *Brain Strain: Optimising Highly Skilled Migration from Developing Countries*. Asylum and Migration Working Paper No. 3. London: Institute for Public Policy Research.
25 Z. B. Barbara Stilwell, Khassoum Diallo, Pascal Zurn, Marko Vujicic, Orvill Adams und Mario Dal Poz. 2004. *Migration of Health-Care Workers from Developing Countries: Strategic Approaches to its Management*. Geneva: Department of Health Service Provision, World Health Organization (WHO).
26 David Zweig. 2006. Competing for Talent: China's Strategies to Reverse the Brain Drain. *International Labour Review* 145(1–2): S. 65–90.
27 Fweley Diangitukwa. 2008. *Migrations internationales, codéveloppement et coopération décentralisée*. Paris: L'Harmattan.
28 World Bank. 2002. *Globalization, Growth, and Poverty*. Washington, DC: The World Bank. Die Weltbank hat das Mandat Darlehen und Kredite an Entwicklungsländer zu verleihen. Die so geförderten Projekte sollen der Armutsbekämpfung dienen und sozio-ökonomische Entwicklung voranbringen.
29 Peggy Levitt. 1998. Social Remittances: Migration Driven Local-Level Forms of Cultural Diffusion. *International Migration Review* 32(4): S. 926–948; vgl. Samuel Munzele Maimbo und Dilip Ratha. 2005. *Remittances: Development Impact and Future Prospects*. Washington, DC: The World Bank.
30 Kritisch dazu: Nicholas Van Hear. 2014. Refugees, Diaspora and Transnationalism. In: Elena Fiddian-Qasmiyeh, Gil Loescher, Katy Long und Nando Sigona (Hrsg.). *The Oxford Handbook of Refugee and Forced Migration Studies*. Oxford: Oxford University Press, S. 176–187.
31 Barbara Schmitter Heisler. 1984. Sending Countries and the Politics of Emigration and Destination. *International Migration Review* 19(3): S. 469–484.

32 Nermin Abadan Unat. 1992. *Türkische Migration 1960–1984*. Frankfurt a.M.: Dağyeli.

33 Vgl. Hein de Haas. 2010. Migration and Development: A Theoretical Perspective. *International Migration Review* 44(1): S. 227–264.

34 Global Commission on International Migration (GCIM). 2005.

35 James E. Rauch. 2001. Business and Social Networks in International Trade. *Journal of Economic Literature* 39(4): S. 1177–1203.

36 Inka Stock, Ayşen Üstübici and Susanne U. Schultz. 2019. Externalization at work: responses to migration policies from the Global South. *Comparative Migration Studies* 7:48.
https://comparativemigrationstudies.springeropen.com/articles/10.1186/s40878-019-0157-z (letzter Aufruf: 04.04.2022).

37 Die Begriffe erste und zweite demographische Transition beziehen sich auf die Geburten- und Sterbeziffern in der Bevölkerungsentwicklung. Unter der ersten demographischen Transition wird der Übergang von hohen zu niedrigen Geburten- und Sterbeziffern verstanden. In vielen Teilen Europas verlief diese Phase zeitgleich mit der Industrialisierung und dauerte bis zur Mitte des 20. Jahrhunderts. Inzwischen befinden sich auch viele Länder des globalen Südens in dieser Phase. Die zweite demographische Transition ist gekennzeichnet durch einen raschen Rückgang der Geburtenziffern, d.h. des Fertilitätsniveaus, unter das für den langfristigen Bestandserhalt der Bevölkerung erforderliche Maß von im Durchschnitt 2,1 Kindern je Frau. Diese Transition hat inzwischen fast alle europäischen Länder erfasst. Vgl. Wilbur Zelinsky. 1971. The Hypothesis of the Mobility Transition. *The Geographical Review* 61(2): S. 219–249.

38 Cecilia Menjivar. 2014. Immigration Law beyond Borders: Externalizing and Internalizing Border Controls in an Era of Securitization. *Annual Review of Law and Social Science* 10: S. 353–369.

39 Eigene Übersetzung aus Gilbert Rist. 1996.

40 Marc Edelman. 2005. Bringing the Moral Economy Back In to the Study of 21st Century Transnational Peasant Movements. *American Anthropologist* 107(3): S. 331–345.

41 Stephen Castles. 2015.

42 Ha-Joon Chang. 2003. *Kicking Away the Ladder: Development Strategy in Historical Perspective*. London: Anthem Press.

43 Raúl Delgado Wise. 2014.

44 Carina Schmitt. 2020: The colonial legacy and the Rise of Social Assistance in the Global South. In: Carina Schmitt (Hrsg.), *From Colonialism to International Aid: Understanding the Role of External Actors in Social Protection in the Global South*. Basingstoke: Palgrave Macmillan, S. 137–160.

45 Gabriela Pechlaner und Gerardo Otero. 2008. The Third Food Regime: Neoliberal Globalism and Agricultural Biotechnology in North America. *Sociologia Ruralis* 48(4): S. 351–371.

46 Joseph E. Stiglitz. 2008. Is There a Post-Washington Consensus? S. 41–55. In: Narcis Serra and Joseph E. Stiglitz (Hrsg.). *The Washington Consensus Reconsidered: Towards a New Global Governance*. New York: Oxford University Press.

47 Frans J. Schuurman. 2000. Paradigms Lost, Paradigms Regained? Development Studies in the Twenty-First Century. *Third World Quarterly* 21(1): S. 7–20.

48 Siehe z.B. Robert Asomadu-Kyereme. 2009. Extending Pro-Poor Social Insurance in Ghana: The Role of Mutual Insurance Organisations. Dissertationschrift. Fakultät für Soziologie. Bielefeld: Universität Bielefeld.

49 Nadine Sieveking und Thomas Faist. 2008: *Das entwicklungspolitische Potenzial*

*afrikanischer MigrantInnen in Nordrhein-Westfalen*. Working Paper 37/2008, COMCAD – Center on Migration, Citizenship and Development. Bielefeld.

50 Pál Nyíri. 2010. Expatriating is Patriotic? The Discourse on «New Migrants» in the People's Republic of China and Identity Construction among Recent Migrants from the PRC. *Journal of Ethnic and Migration Studies* 27(4): S. 635–654, hier: S. 637.

51 Alejandro Portes und Min Zhou. 2012. Transnationalism and Development: Mexican and Chinese Immigrant Transnationalism and Development: Mexican and Chinese Immigrant Organizations in the United States. *Population and Development Review* 38(2): S. 191–220.

52 Luis Eduardo Guarnizo. 2003.

53 Robert D. Putnam. 1993. *Making Democracy Work: Civic Traditions in Modern Italy*. Princeton, NJ: Princeton University Press.

54 United Nations Development Programme (UNDP). 2002. *Human Development Report. Deepening Democracy in a Fragmented World*. New York: UNDP.

55 Xóchitl Bada. 2016. Collective Remittances and Development in Rural Mexico: A View from Chicago's Mexican Hometown Associations. *Population, Space and Place* 22(2): S. 343–355.

56 David Tittensor und Fethi Mansouri. 2017. The Feminisation of Migration? A Critical Overview. In: David Tittensor and Fethi Mansouri (Hrsg.). *The Politics of Women and Migration in the Global South*. London: Palgrave Macmillan, S. 11–25.

57 Albert Kraler, Eleonore Kofman, Martin Kohli und Camille Schmoll (Hrsg.). 2011. *Gender, Generations, and the Family in International Migration*. Amsterdam: Amsterdam University Press.

58 William I. Thomas und Florian W. Znaniecki. 1918–1920. *The Polish Peasant in Europe and America*. 5 Bde. Chicago: University of Chicago Press und Boston: Gorham Press.

59 Thomas Faist und Andreas Ette (Hrsg.). 2007. *The Europeanization of National Policies and Politics of Immigration: Between Autonomy and the European Union*. London: Palgrave Macmillan, Kapitel 1.

60 Marie Martin. 2015. The Global Approach to Migration and Mobility: The State of Play. *Statewatch* 22(2/3): S. 12–15.

61 So heißt es: Rückführung bzw. Abschiebung solle erfolgen «*of any of its nationals who are illegally present on the territory of a Member State of the European Union, at that Member State's request and without further formalities*». Council of the European Union 2005: Artikel 13.

62 Christian Joppke und Ewa Morawska. 2003. Integrating Immigrants in Liberal Nation-States: Policies and Practices. In: dies. (Hrsg.) *Toward Assimilation and Citizenship: Immigrants in Liberal Nation-States*. London: Palgrave Macmillan, S. 1–36.

63 Sidney Tarrow. 2005. *The New Transnational Activism*. New York: Cambridge University Press.

64 Nadine Sieveking. 2011. «We are not Equal!» Methodological Reflections on Conducting Research on Migrants as Development Actors. In: Thomas Faist und Nadine Sieveking (Hrsg.). *Unravelling Migrants as Transnational Agents of Development: Social Spaces in Between Ghana and Germany*. Berlin: LIT. S. 187–218.

65 Diaspora geht auf das griechische Verb *diaspeirô* zurück, das bis ins 5. Jahrhundert v. u. Z. datiert werden kann. Es bedeutet ursprünglich «zerstreuen» oder «verteilen»; siehe Stéphane Dufoix. 2003. *Les Diasporas*. Paris: Presses Universitaires de France.

66 William Safran. 1991. Diaspora in Modern Societies: Myths of Homeland and Return. *Diaspora. A Journal of Transnational Studies* 1(1): S. 83–99.

67 Robin Cohen unterscheidet verschiedene Kategorien von Diaspora: Opferdiaspora, Arbeitsmigrations-Diaspora, Handelsdiaspora und imperiale Diaspora. Siehe Robin Cohen. 1997. *Global Diasporas: An Introduction*. London: UCL Press.

68 Vgl. Stuart Hall. 1990. Cultural Identity and Diaspora. In: John Rutherford (Hrsg.). *Identity: Community, Culture, Difference*. London: Lawrence & Wisehart, S. 222–237; Paul Gilroy. 1993. *The Black Atlantic: Modernity and Double Consciousness*. London: Verso.

69 Homi K. Bhabha. 1990. *Nation and Narration*. New York: Routledge; Arjun Appadurai. 1996. *Modernity at Large: Cultural Dimensions of Globalization*. Minneapolis: University of Minnesota Press.

70 Alejandro Portes, Cristina Escobar und Alexandria Walton Radford. 2007. Immigrant Transnational Organizations and Development: A Comparative Study. *International Migration Review* 41(1): S. 242–281. Dass transnationale Bindungen und Assimilation einander nicht unbedingt widersprechen, zeigten schon Thomas und Znaniecki. 1918–1920.

71 Roger Brubaker. 2005. The ‹diaspora› diaspora. *Ethnic and Racial Studies* 28(1): S. 1–19.

72 Ludwig Wittgenstein. 2003 [1953]. *Philosophische Untersuchungen*. 9. Auflage. Frankfurt a. M.: Suhrkamp

73 *Vergemeinschaftung* soll nach Max Weber «eine soziale Beziehung heißen, wenn und soweit die Einstellung des sozialen Handelns – im Einzelfall oder im Durchschnitt oder im reinen Typus – auf subjektiv gefühlter (affektueller oder traditionaler) Zusammengehörigkeit der Beteiligten beruht.» (Max Weber 1980 [1922], S. 21) *Vergesellschaftung* hingegen versteht er folgendermaßen: «Vergesellschaftung soll eine soziale Beziehung heißen, wenn und soweit die Einstellung des sozialen Handelns auf rational (wert- oder zweckrational) motiviertem Interessenausgleich oder auf ebenso motivierter Interessenverbindung beruht.» (Max Weber 1980 [1922], S. 21)

74 Martin Sökefeld. 2006. Mobilizing in Transnational Space: A Social Movement Approach to the Formation of Diaspora. *Global Networks* 6(3): S. 265–284, hier S. 281.

75 Latha Varadarayan. 2010. *The Domestic Abroad: Diasporas in International Relations*. Oxford: Oxford University Press, S. 6–7.

76 Derya Özkul. 2016. Transformation of Diasporas from a Labour Movement towards a Transnational Religious Movement: The Alevi Diaspora in Germany and Australia. PhD dissertation, Department of Sociology, University of Sydney.

77 Bahar Baser. 2015. *Diasporas and Homeland Conflicts: A Comparative Perspective*. London: Routledge.

78 Stéphane Dufoix. 2003.

79 Zu einer Perspektive aus marktliberaler Sicht siehe R. E. B. Lucas. 2004. International Migration Regimes and Economic Development. Report prepared for the Expert Group on Development Issues (EGDI) in the Swedish Ministry of Foreign Affairs. Ein Beispiel für ein partizipatives Verständnis von Diaspora ist Robert C. Smith. 2005. *Mexican New York: Transnational Lives of New Immigrants*. Berkeley, CA: University of California Press.

80 Howard Lune. 2020. *Transnational Nationalism and Collective Identity among the American Irish*. Philadelphia, PA: Temple University Press.

81 Darshan Singh Tatla. 1999. *The Sikh Diaspora: The Search for Statehood.* London: UCL Press.
82 Östen Wahlbeck. 1999. *Kurdish Diasporas. A Comparative Study of Kurdish Refugee Communities.* London: Palgrave Macmillan.
83 Siehe z.B. https://www.ohchr.org/EN/Issues/Women/WRGS/Pages/ChildMarriage.aspx (letzter Aufruf: 14.04.2022).
84 Fiona David, Katharine Bryant und Jacqueline Joudo Larsen. 2019. *Migrants and their vulnerability to human trafficking, modern slavery and forced labour.* Geneva: International Organization for Migration (IOM).
85 https://www.alliance87.org/2017ge/modernslavery.html#!section=10 (letzter Aufruf: 05.04.2022)
86 Ibid.
87 Das Sklavereiabkommen des Völkerbundes (1923), das dazugehörige Protokoll von 1953 und eine Konvention aus dem Jahre 1956, zusammen mit anderen internationalen Konventionen – wie dem Internationalen Pakt über bürgerliche und politische Rechte (1966) und Artikel 4 der Europäischen Menschenrechtskonvention – verbieten Sklaverei und damit Eigentum an Menschen und ihren Gebrauch als Handelsware.
88 Siehe etwa Toman Omar Mahmoud und Christoph Trebesch. 2009. *The Economic Drivers of Human Trafficking: Micro-Evidence from Five Eastern European Countries.* Kiel Working Paper No. 1480. Kiel Institute for the World Economy.
89 Vgl. Fiona David, Katharine Bryant und Jacqueline Joudo Larsen. 2019.
90 United Nations Office on Drugs and Crime (UNODC). 2016. *Global Report on Trafficking in Persons.* Wien: UNODC.
91 International Organization for Migration (IOM). 2022. *Flow Monitoring Surveys: The Human Trafficking and Other Exploitative Practices Prevalence Indication Survey*, https://migration.iom.int/europe/arrivals (letzter Aufruf: 05.04.2022)
92 United Nations Children's Fund (UNICEF) und International Organization for Migration (IOM). 2017. *Harrowing Journeys: Children on the Move Across the Mediterranean Sea, at Risk of Trafficking and Exploitation.* New York: UNICEF und Geneva: IOM.
93 Fiona David, Katharine Bryant und Jacqueline Joudo Larsen. 2019.
94 https://www.ohchr.org/en/trafficking-in-persons (letzter Aufruf: 05.04.2022)
95 International Labour Organization und Walk Free Foundation. 2017. *Global estimates of modern slavery: forced labour and forced marriage.* Geneva: ILO, S. 37–8.
96 Ibid. S. 33.
97 International Labour Organization (ILO). 2012. *Hard to see, harder to count – Survey guidelines to estimate forced labour of adults and children.* Geneva: ILO.
98 Georg Elwert. 1997. Gewaltmärkte: Beobachtungen zur Zweckrationalität der Gewalt. *Kölner Zeitschrift für Soziologie und Sozialpsychologie*, Sonderheft 37 zu Soziologie der Gewalt, S. 86–101
99 ILO 2012, S. 45.
100 Nicola Phillips und Fabiola Mieres. 2014. The Governance of Forced Labour in the Global Economy. *Globalizations* 12(2): S. 244–260.
101 Jan Breman. 2010. *Outcast Labour in Asia: Circulation and Informalization of the Workforce at the Bottom of the Economy.* New Delhi: Oxford University Press.
102 Peter Linebaugh und Marcus Rediker. 2008.

**Die Regulierung von Migration und sozialen Rechten: Globale und europäische Perspektiven**

1 Vgl. Michael Mann. 2012. *The Sources of Social Power. Volume 4: Globalizations, 1945–2011*. Cambridge: Cambridge University Press.

2 Seymour Martin Lipset und Stein Rokkan. 1967. Cleavage Structures, Party Systems and Voter Alignments: An Introduction. In: dies. (Hrsg.). *Party Systems and Voter Alignments: Cross-National Perspectives*. New York: The Free Press, S. 1–64.

3 Gilbert Rist. 1996.

4 Peter Flora und Arnold J. Heidenheimer (Hrsg.). 2017 [1981]. *The Development of Welfare States in Europe and America*. 4. Auflage. New York: Routledge; Reinhard Stockmann, Ulrich Menzel und Franz Nuscheler. 2015. *Entwicklungspolitik. Theorien – Probleme – Strategien*. Berlin: de Gruyter Oldenbourg.

5 Keetie Roelen, Rachel Sabates-Wheeler und Stephen Devereux. 2016. Social Protection, Inequality, and Social Justice. *World Science Report*. Paris: UNESCO/ISSC. S. 234.

6 Andreas Fischer-Lescano und Katja Möller. 2012. *Der Kampf um globale soziale Rechte. Zart wäre das Gröbste*. Berlin: Verlag Klaus Wagenbach.

7 Stephen Devereux und Rachel Sabates-Wheeler. 2004. *Transformative Social Protection*. IDS Working Paper No. 232. Brighton: Institute of Development Studies (IDS), University of Sussex; vgl. International Labour Organization (ILO). 2017. *World Social Protection Report 2017–2019*. Geneva: ILO.

8 Lutz Leisering. 2019. *The Global Rise of Social Cash Transfers: How States and International Organizations Constructed a New Instrument for Combating Poverty*. Oxford: Oxford University Press.

9 Sarah Mosoetsa und Michelle Williams. 2012. *Labour in the Global South. Challenges and Alternatives for Workers*. Geneva: International Labour Organization (ILO).

10 John Smith. 2016. *Imperialism in the Twenty-First Century: Globalization, Super-Exploitation, and Capitalism's Final Crisis*. New York: Monthly Review Press, S. 113–114.

11 Das in Deutschland jüngst verabschiedete Lieferkettengesetz (2021) versucht die Arbeitsbedingungen bei Zulieferern stärker im Sinne der Beschäftigten zu regulieren. https://dserver.bundestag.de/btd/19/305/1930505.pdf (letzter Aufruf: 05.04.2022)

12 Vgl. Margaret E. Peters. 2017. *Trading Barriers: Immigration and the Remaking of Globalization*. Princeton, NJ: Princeton University Press.

13 Zum Unterschied von Migrationspotenzial und tatsächlicher Migrationsquote, siehe Thomas Faist. 2007. Transnationale Migration als relative Immobilität in einer globalisierten Welt. *Berliner Journal für Soziologie* 17(3): S. 415–437.

14 Lucia Kureková. 2013. Welfare Systems as Emigration Factor: Evidence from the New Accession States. *Journal of Common Market Studies* 51(4): S. 721–739.

15 Eigene Übersetzung aus Stephen D. Krasner. 1983. *International Regimes*. Ithaca, NY: Cornell University Press, S. 1.

16 Rey Koslowski. 2011. *Global Mobility Regimes*. New York: Palgrave Macmillan.

17 Christina Boswell und Andrew Geddes. 2010. *Migration and Mobility in the European Union*. Basingstoke: Palgrave Macmillan.

18 Die International Labour Organization formulierte 1998 vier Prinzipien, um die Rechte von Beschäftigten zu schützen: Vereinigungsfreiheit und die effektive Anerkennung von Tarifverhandlungen, Eliminierung aller Formen von Zwangsarbeit, Abschaffung der Kinderarbeit und die Eliminierung von Diskriminierung gegenüber Beschäftigten (ILO. 1998. *ILO Declaration on Fundamental Principles*

*and Rights at Work and its Follow Up.* Adopted 1998, Annex revised 2010. Geneva: International Labour Organization, S. 121; siehe dazu auch ILO. 2010. *Decent Work for Domestic Workers.* Report IV (1): International Labour Conference, 99th Session, 2010. Geneva: International Labour Organization, S. 117). In dem *Multilateralen Rahmen zu Arbeitsmigration* der ILO aus dem Jahre 2004 werden «[n]on-binding principles and guidelines for a rights-based approach to labour migration» formuliert. (ILO. 2006. *The Multilateral Framework on Labour Migration.* Geneva: International Labour Organization, S. 10). Um mehr Unterschriften für die entsprechenden Abkommen zu generieren, hat die ILO Kampagnen aufgelegt, bietet technische Hilfe an und erforscht Hindernisse der Ratifizierung.

19 Tim Martineau und Annie Willets. 2006. The Health Workforce: Managing the Crisis. Ethical International Recruitment of Health Professionals – Will Codes of Practice Protect Developing Country Health Systems? *Health Policy* 75(3): S. 358–367.

20 Alan Dowty. 1987. *Closed Borders: The Contemporary Assault on Freedom of Movement.* New Haven, CT: Yale University Press.

21 Susan F. Martin. 2014. *International Migration: Evolving Trends from the Early Twentieth Century to the Present.* New York: Cambridge University Press.

22 Bimal Ghosh (Hrsg.). 2000. *Managing Migration: Time for a New International Regime?* Oxford: Oxford University Press.

23 Arghiri Emmanuel. 1972. *Unequal Exchange: A Study of the Imperialism of Trade.* New York: Monthly Review Books.

24 https://www.dw.com/de/eu-flotte-beutet-westafrikanische-k%C3%BCste-aus/a-2509148 (letzter Aufruf: 05.04.2022)

25 Martin Geiger und Antoine Pécoud. 2013. *Disciplining the Transnational Mobility of People.* Basingstoke: Palgrave Macmillan.

26 Global Commission on International Migration (GCIM). 2005, S. 2.

27 Ibid., S. 24–31.

28 United Nations (UN). 2006. *Summary of the High-Level Dialogue on International Migration and Development.* New York: United Nations General Assembly, 14.–15. September 2016, S. 2–5.

29 Global Forum on Migration and Development (GFMD). 2007. *First Meetings of the Global Forum on Migration and Development.* Brussels.

30 Global Forum on Migration and Development (GFMD). 2014. *Report of the Swedish Chairmanship of the Global Forum on Migration and Development 2013–2014.* Stockholm, S. 50–63.

31 Raúl Delgado Wise. 2018. Is There a Space for Counterhegemonic Participation of Civil Society in the Global Governance of Migration? *Globalizations* 15(6): S. 746–761.

32 Zur Kritik der Programme temporärer Arbeitsmigration in Kanada, die in vergleichender Perspektive vielfach als vorbildlich gelten, siehe Janet McLaughlin, Jenna Hennebry und Ted Haines. 2014. Paper versus Practice: Occupational Health and Safety Protections and Realities for Temporary Foreign Agricultural Workers in Ontario. *Pistes: Interdisciplinary Journal of Work and Health* 16(2): S. 2–16.

33 International Organization of Migration (IOM). 2016. *IOM Becomes a Related Organization to the UN.* https://www.iom.int/news/iom-becomes-related-organization-un (letzter Aufruf: 06.04.2022).

34 United Nations System Chief Executives Board for Cooperation (UNSCEB). 2016. *Related Organizations.* New York: UNSCEB.

35 https://www.un.org/Depts/german/gv-73/band1/ar73195.pdf (letzter Aufruf: 05.04.2022)

36 Aristide R. Zolberg. 1992. Labour Migration and International Economic Regimes: Bretton Woods and After. In: Mary M. Kritz, Lin Lean Lim und Hania Zlotnik (Hrsg.). *International Migration Systems. A Global Approach.* Oxford: Clarendon Press, S. 315–334.

37 http://www.un.org/sustainabledevelopment/sustainable-development-goals/, insbesondere SDG No. 8.8 und No. 10.7. (letzter Aufruf: 05.04.2022)

38 Eine optimistische Perspektive auf die Möglichkeit globaler Sozialpolitik nimmt ein: Bob Deacon. 1997. *Global Social Policy: International Organizations and the Future of Welfare.* London: SAGE.

39 Aneesh Aneesh. 2021. Citizenship is a Myth. *Noēma.* 7. Januar 2021. https://www.noemamag.com/citizenship-is-a-myth/ (letzter Aufruf: 05.04.2022)

40 Kristin Shi-Kupfer. 2016. *Menschenrechte in der Volksrepublik China.* Bonn: Bundeszentrale für politische Bildung (bpb), https://www.bpb.de/internationales/weltweit/menschenrechte/38775/china (letzter Aufruf: 05.04.2022)

41 Eine unvollständige Liste der relevanten internationalen Abkommen umfasst (1) auf UN-Ebene: Allgemeine Erklärung der Menschenrechte (1948), Internationaler Pakt über bürgerliche und politische Rechte (1966), Internationaler Pakt über wirtschaftliche, soziale und kulturelle Rechte (1966), Internationales Übereinkommen zur Beseitigung jeder Form der Rassendiskriminierung (1965), Übereinkommen gegen Folter und andere unmenschliche oder erniedrigende Behandlung oder Strafe (1984), Übereinkommen über die Rechte des Kindes (1989); (2) auf europäischer Ebene: Charta der Grundrechte (2000) mit dem Gerichtshof der Europäischen Union in Luxemburg, Europäische Konvention zum Schutze der Menschenrechte und Grundfreiheiten (1958) mit dem Europäischen Gerichtshof für Menschenrechte in Straßburg; (3) in anderen Regionen der Welt: u. a. Amerikanische Menschenrechtskonvention (1969) mit dem Interamerikanischen Gerichtshof für Menschenrechte, Afrikanische Charta der Menschenrechte und der Rechte der Völker (1981).

42 Jede Person «*is entitled to realization, through national effort, and international cooperation and in accordance with the organization and resources of each State, of the economic, social and cultural rights indispensable for his dignity and the free development of his personality.*» United Nations Development Programme (UNDP). 2005. *Report on the World Social Situation 2005: The Inequality Predicament.* New York: United Nations.

43 Im Feld der Migration fanden diese Rechte Eingang in die Konvention zu Wanderarbeitnehmern der Internationalen Arbeitsorganisation (ILO) von 1949 und der Internationalen Konvention zum Schutz der Rechte aller Wanderarbeitnehmer und ihrer Familienangehörigen der Vereinten Nationen (UN) von 1990. Die UN-Konvention von 1990 schließt neben den Rechten von Arbeiter:innen auch die ihrer Familien mit ein. Einen Überblick zu sozialer Sicherung und Migration aus institutioneller Sicht bieten Dries Crevits und Béatrice Van Buggenhout. 2005. Globalisation, worker mobility and social protection. In: Jos Berghman, Steven D'Haeseleer, Dries Crevits, An Maes, Béatrice Van Buggenhout und Jef Van Langendonck (Hrsg.). *Social Protection Globalised.* Leuven: Leuven University Press, S. 32–69.

44 International Labour Organization (ILO). 1998. *ILO Declaration on Fundamental Principles and Rights at Work and its Follow Up.* Adopted 1998, Annex revised 2010. Geneva: ILO. Die Rechte und Konventionen sind folgende: Vereinigungsfreiheit–C87 on the Freedom of Association and Protection of the Right to

Organize und C98 on the Right to Organise and Collective Bargaining; Verbot von Zwangsarbeit–C29 Forced Labour Convention und C105 Concerning the Abolition of Forced Labour; Recht auf Nicht-Diskriminierung (Arbeit und Beschäftigung)–C100 Concerning Equal Remuneration for Men and Women Workers for Work of Equal Value und C111 Discrimination (Employment and Occupation) Convention; und Abschaffung von Kinderarbeit–C138 Minimum Age Convention und C182 Worst Forms of Child Labour Convention.

45 Mogens Buch-Hansen und Laurids S. Lauridsen. 2012. The Past, Present and Future of Development Studies. *Forum for Development Studies* 39(3): S. 293–300.

46 Joseph E. Stiglitz. 2002. *Globalisation and its Discontents*. London: Penguin.

47 Karl Polanyi. 2001 [1944].

48 Dev Nathan, D. Narashima Reddy und Govind Kelkar. 2008. *International Trade and Global Civil Society*. London: Routledge.

49 Nurulsyahirah Taha, Karin Astrid Siegmann und Mahmood Messkoub. 2015. How Portable is Social Security for Migrant Workers? A Review of the Literature. *International Social Security Review* 68(1): S. 95–118.

50 European Commission. 2002. Integration of Concerns Related to Migration within the External Policy. Communication from the Commission to the Council and the European Parliament. COM 2002/703/FINAL.

51 Alexander Schellinger. 2015. *Giving Teeth to the EU's Social Dimension: Dismal Failure and Promising Potential*. Berlin: Friedrich Ebert Stiftung, International Policy Analysis.

52 Robert Holzmann, Johannes Koettl und Taras Chernetsky. 2005. *Portability Regimes of Pension and Health Care Benefits for International Migrants: An Analysis of Issues and Good Practices*. Social Protection Working Paper No. 0519, prepared for the Global Commission on International Migration. Washington, DC: The World Bank, S. 7.

53 Rachel Sabates-Wheeler und Rayah Feldman (Hrsg.). 2011. *Migration and Social Protection: Claiming Social Rights beyond Borders*. Basingstoke: Palgrave Macmillan.

54 Peggy Levitt, Jocelyn Viterna, Armin Mueller und Charlotte Lloyd. 2016. Transnational Social Protection: Setting the Agenda. *Oxford Development Studies* 45(1): S. 2–19.

55 Holzmann, Koettl und Chernetsky 2005; vgl. zu Krankenversicherung und Zugang zum Gesundheitssystem Martin Werding und Stuart McLennan. 2011. *International Portability of Health-Cost Coverage: Concepts and Experience*. SP Discussion Paper No. 1115. Washington, DC: The World Bank.

56 Siehe u.a. Pham Huu Ty, A.C.M. Van Westen und Annelies Zoomers. 2013. Compensation and Resettlement Policies after Compulsory Land Acquisition for Hydropower Development in Vietnam: Policy and Practice. *Land* 2(4): S. 678–704.

57 Hans-Georg Gadamer. 1990. [1960]. *Wahrheit und Methode. Grundzüge einer philosophischen Hermeneutik*. 6. Auflage. Tübingen: Mohr Siebeck, S. 309.

58 Luis Cabrera (Hrsg.). 2011. *Global Governance, Global Government: Institutional Visions for an Evolving World System*. Albany, NY: SUNY Press.

59 Siehe u.a. Martin Heidenreich (Hrsg.). 2006. *Die Europäisierung sozialer Ungleichheit*. Frankfurt a.M.: Campus; Ulrich Beck und Angelika Proferl (Hrsg.). 2010. *Große Armut, großer Reichtum. Zur Transnationalisierung sozialer Ungleichheit*. Frankfurt a.M.: Suhrkamp.

60 Gijsbert Vonk (Hrsg.). 2012. *Cross-Border Welfare State: Immigration, Social Security and Integration*. Cambridge: Intersentia.

61 Thomas Faist. 2014. We are all Transnationals Now: The Relevance of Transnationality for Understanding Social Inequalities. In: Francesca Fauri (Hrsg.). *The History of Migration in Europe: Perspectives from Economics, Politics and Sociology*. New York: Routledge, S. 69–87.

62 Jens Alber. 2010. What the European and American Welfare States Have in Common and Where They Differ: Facts and Fiction in Comparisons of the European Social Model and the United States. *Journal of European Social Policy* 20(2): S. 102–125.

63 Luis Cabrera. 2020. *The Humble Cosmopolitan: Rights, Diversity, and Transstate Democracy*. Oxford: Oxford University Press.

64 Martin Heidenreich (Hrsg.). 2016. *Exploring Inequality in Europe: Diverging Income and Employment Opportunities in the Crisis*. Cheltenham: Edward Elgar.

65 Vgl. John Rawls. 1993. *Political Liberalism*. New York: Columbia University Press.

66 Branka Likić-Brborić. 2011. EU Enlargement, Migration and Asymmetric Citizenship: Political Economy of Inequality and the Demise of the European Social Model? *Globalizations*. Sonderheft *Migration, Work and Citizenship*) 8(3): S. 277–294; vgl. Anna Amelina. 2017. *Transnationalizing Inequalities in Europe: Sociocultural Boundaries, Assemblages and Regimes of Intersection*. London: Routledge.

67 Vgl. Eva Ivanová und Eva Grmanová. 2021. The Sustainability of EU Labor Immigration in Terms of Poverty Inequalities and Employment. *Sustainability* 13, 2265. https://doi.org/10.3390/su13042265 (letzter Aufruf: 05.04.2022).

68 Diane Sainsbury. 2010. *Welfare States and Immigrant Rights: The Politics of Inclusion and Exclusion*. Oxford: Oxford University Press; Patrick Emmenegger und Romana Careja. 2012. From Dilemma to Dualization: Social and Migration Policies in the Reluctant Countries of Immigration. In: Patrick Emmenegger, Silja Häusermann, Bruno Palier und Martin Seeleib-Kaiser (Hrsg.). *The Age of Dualization: The Changing Face of Inequality in Deindustrializing Societies*. Oxford: Oxford University Press, S. 124–149.

69 Thomas Faist, Tobias Gehring und Susanne U. Schultz. 2021. *Mobilität statt Exodus. Migration in und aus Afrika*. Wiesbaden: VS Springer, Kapitel 1.

70 Eurostat. 2021. Residence Permits: First Permits Issued for Remunerated Activities by Reason, Length of Validity and Citizenship. http://appsso.eurostat.ec.europa.eu/nui/show.do?dataset=migr_resocc&lang=en (letzter Aufruf: 05.04.2022).

71 https://ec.europa.eu/eurostat/statistics-explained/index.php?title=Annual_asylum_statistics (letzter Aufruf: 05.04.2022)

72 Eurostat. 2021. Enforcement of immigration legislation statistics. https://ec.europa.eu/eurostat/statistics-explained/index.php/Enforcement_of_immigration_legislation_statistics (letzter Aufruf: 05.04.2022).

73 Pew Research Center. 2019. *Europe's Unauthorized Immigrant Population Peaks in 2016, Then Levels Off*. Washington, DC: Pew Research Center, S. 4 und 6.

74 Eurostat. 2019. Migration and migrant population statistics. https://ec.europa.eu/eurostat/statistics-explained/index.php?title=Migration_and_migrant_population_statistics (letzter Aufruf: 05.04.2022).

75 Organization for Economic Cooperation and Development (OECD). 2020. *Foreign-born population* (indicator). https://doi: 10.1787/5a368e1b-en (letzter Aufruf: 05.04.2022).

76 Thomas Faist. 2000. Soziale Bürgerschaft in der Europäischen Union: Verschachtelte Mitgliedschaft, *Kölner Zeitschrift für Soziologie und Sozialpsychologie*, Sonderheft 40: S. 229–250.

77 Thomas Faist (Hrsg.). 2007.
78 Ennio Codini und Marina D'Òdorico. 2007. *Una nuova cittadinanza. Per una riforma della legge del 1992*. Milan: FrancoAngeli.
79 Wolfgang Streeck. 2016. *How Will Capitalism End? Essays on a Failing System*. London: Verso.
80 Peter Dwyer und Sandra Shaw. 2013. *An Introduction to Social Policy*. London: SAGE, S. 162.
81 Claus Offe. 2016. *Europa in der Falle*. Berlin: edition Suhrkamp.
82 Jean-Claude Barbier. 2014. *The Road to Social Europe: A Contemporary Approach to Political Cultures and Diversity in Europe*. New York: Routledge.
83 Vgl. Wido Geis und Eva Rindfleisch. 2013 *Der Europäische Arbeitsmarkt – Erfolg durch Flexibilität und Mobilität*. Berlin: Konrad-Adenauer-Stiftung; vgl. Arjen Leerkes. 2016. Back to the Poorhouse? Social Protection and Social Control of Unauthorised Immigrants in the Shadow of the Welfare State. *Journal of European Social Policy* 26(2): S. 140–54.
84 Minna Zechner. 2008. Care of Older Persons in Transnational Settings. *Journal of Aging Studies* 22(1): S. 32–44.
85 Nicola Yeates. 2008. *Globalizing Care Economies and Migrant Workers: Explorations in Global Care Chains*. Basingstoke: Palgrave Macmillan.
86 International Labour Organization (ILO). 2016. *Decent work for migrant domestic workers: Moving the agenda forward*. Geneva: ILO.
87 Anita Böcker, Vincent Horn und Cornelia Schweppe. 2017. National Old-Age Care Regimes and the Emergence of Transnational Long-Term Care Arrangements for the Elderly. In: Luann Good Gingrich und Stefan Köngeter (Hrsg.). *Transnational Social Policy: Social Welfare in a World on the Move*. London: Routledge, S. 222–242.
88 Nathan Lillie. 2016. The Right Not to Have Rights: Posted Worker Acquiescence and the European Union Labour Rights Framework. *Theoretical Inquiries into Law* 17: S. 39–62.
89 Ibid.
90 Ines Wagner. 2016. *Changing Regulations, Changing Practices? The Case of the German Meat Industry*. Oslo: Institute for Social Research; Serife Erol und Thorsten Schulten. 2021. *Neuordnung der Arbeitsbeziehungen in der deutschen Fleischindustrie. Das Ende der «organisierten Verantwortungslosigkeit?»*. WSI Report Nr. 61. Düsseldorf: Wirtschafts- und Sozialwissenschaftliches Institut (WSI) der Hans-Böckler-Stiftung.
91 Nathan Lillie. 2016.
92 Max Weber 1980 [1922], S. 201–202.
93 Göran Therborn. 2014.
94 Charles Tilly. 2005. *Identities, Boundaries and Social Ties*. Boulder, CO: Paradigm Publishers, S. 74. Ausbeutung ist nach Karl Marx die dominante Form der Unterdrückung im Kapitalismus. Marx «entwickelte (...) ein ganz neues Verständnis von Unterdrückung – nicht mehr als Usurpation eines Privilegs, sondern als Organ einer gesellschaftlichen Funktion.» (Simone Weil. 2012 [1934]. *Über die Ursachen von Freiheit und gesellschaftlicher Unterdrückung*. Übersetzt aus dem Französischen von Thomas Laugstien. Zürich: Diaphanes, S. 33) Allerdings beging er laut Weil den Fehler, «dass man das bekannte und ebenso bequeme wie unverständliche Prinzip von Lamarck, ‹die Funktion erzeugt das Organ›, unreflektiert auf soziale Ordnungen überträgt. Die Biologie wurde erst dann zur Wissenschaft, als Darwin dieses Prinzip durch den Begriff der Lebensbedingungen ersetzte. Der Fortschritt besteht darin, die Funktion nicht mehr als Ursache, sondern als Wir-

kung des Organs als dem einzig Erkennbaren zu betrachten; die Kausalität bezieht sich nur noch auf einen blinden Mechanismus, auf die Vererbung mit ihren Zufallsvarianten.» (ibid., S. 34–35) Es sind damit die Lebensbedingungen von Individuen, die im Zentrum der Betrachtung jeglicher Form von gesellschaftlicher Unterdrückung stehen sollten.

95 Flavia Piperno. 2007. From Care Drain to Care Gain: Migration in Romania and Ukraine and the Rise of Transnational Welfare. *Development* 50(4): S. 63–68.

96 Lydia Morris. 2002. *Managing migration: civic stratification and migrants rights*. London: Routledge.

97 Canan Balkır und Anita Böcker. 2015. A Comparison of Residence, Social Security and Citizenship Strategies of Turkish Return Migrants and Dutch Retirement Migrants in Turkey. In: Aysem B. Karacay, Deniz S. Sert und Zeynep G. Göker (Hrsg.). *Waves of Diversity: Socio-Political Implications of International Migration in Turkey*. Istanbul: ISIS Press, S. 179–224.

98 Karl Marx beschrieb diesen Typus folgendermaßen: «(D)er self-employing laborer ist sein eigener Lohnarbeiter, seine eigenen Produktionsmittel treten ihm als Capital in der Vorstellung gegenüber. Als sein eigener Capitalist wendet er sich selbst als Lohnarbeiter an.» Karl Marx. 1988. *Ökonomische Manuskripte*. MEGA. Bd. II/4.1. Berlin: de Gruyter, S. 1864.

99 Thomas Faist, Klaus Sieveking, Stefan Sandbrink und Uwe Reim. 1999. *Ausland im Inland: Die Beschäftigung von Werkvertragsarbeitnehmern aus Mittel- und Osteuropa in Deutschland*. Baden-Baden: Nomos.

100 European Parliament. 2013. *Social Protection Rights of Economically Dependent Self-employed Workers*. Employment and Social Affairs, IP/A/EMPL/ST 2012–02. PE 507 449. Brussels: Directorate-General for Internal Affairs.

101 Maybrit J. Alpes. 2011. *Bushfalling: How Young Cameroonians Dare to Migrate*. Amsterdam: University of Amsterdam.

102 Eleonore Kofman und Parvati Raghuram. 2010. The Implications of Migration for Gender and Care Regimes in the South. In: Katja Hujo und Nicola Piper (Hrsg.). *South–South Migration: Implications for Social Policy and Development*. Basingstoke: Palgrave Macmillan, S. 46–83.

103 Filiz Garip. 2017. *On the Move: Changing Mechanisms of Mexico–U. S. Migration*. Princeton, NJ: Princeton University Press.

104 Vgl. Patrizia di Santo und Francesca Ceruzzi. 2010. *Migrant care workers in Italy. A case study*. Rome u. a.: Studio Come srl u. a.

105 Pierre Barron, Anne Bory, Sébastien Chauvin und Lucy Tourette. 2011. *On bosse ici, on reste ici! La grève des sans-papiers: une aventure inédite*. Paris: La Découverte; Bridget Anderson. 2010. Mobilizing Migrants, Making Citizens: Migrant Domestic Workers as Political Agents. *Ethnic and Racial Studies* 33(1): S. 60–74.

106 International Labour Organization (ILO). 2011. *Convention 189 on Decent Work for Domestic Workers*. Geneva: ILO.

107 Agentur der Europäischen Union für Grundrechte. 2011. Migranten, *Minderheiten und Beschäftigung. Ausgrenzung und Diskriminierung in den 27 Mitgliedstaaten der Europäischen Union. Aktualisierung 2003–2008*; vgl. zur Selbststereotypisierung von Migrant:innen Judith Schmolke. 2010. *Hemmnisse der Arbeitsmarktintegration von niedrigqualifizierten Frauen mit Migrationshintergrund*. Nürnberg: Bundesamt für Migration und Flüchtlinge (BAMF), S. 102.

108 Charles Tilly. 1978. Migration in Modern European History. In: William McNeill und Ruth Adams (Hrsg.). *Human Migration: Patterns, Implications, Policies*. Bloomington: Indiana University Press, S. 48–72.

109 Sara R. Curran, Filiz Garip, Chang Y. Chung und Kanchana Tangchonlatip. 2005.

Gendered Migrant Social Capital: Evidence from Thailand. *Social Forces* 84(1): S. 225–255.

110 Anja M. Paul. 2015. Negotiating Migration, Performing Gender. *Social Forces* 94(1): 271–295, hier S. 271.

111 Es handelt sich dabei um den Mechanismus der Inversion; siehe dazu Kapitel 2.

112 Ettore Recchi und Anna Triandafyllidou. 2010. Crossing Over, Heading West and South: Mobility, Citizenship and Employment in the Enlarged Europe. In: Georg Menz und Alexander Caviedes (Hrsg.) *The Changing Face of Labour Migration in Europe*. London: Palgrave Macmillan, S. 125–148, hier S. 141.

113 Flavia Piperno. 2007.

114 Kyoko Shinozaki. 2015. *Migrant Citizenship from Below: Family, Domestic Work and Social Activism in Irregular Migration*. New York: Palgrave Macmillan.

115 Vgl. Simone Castellani. 2018. Scivolando verso il basso. L'inserimento lavorativo dei nuovi migranti italiani e spagnoli in Germania durante la crisi economica. *Sociologia del lavoro* 149: S. 77–93.

116 Der Mindestlohn wurde auch in anderen Sektoren eingeführt. Siehe Jens Arnholtz und Nathan Lillie (Hrsg.). 2020. *Posted Work in the European Union: The Political Economy of Free Movement*. New York: Routledge, S. 17.

117 Anna Matyska. 2020. Ambiguous Mobility: Polish Transnational Workers Navigating and Changing the Institutional Landscape of Posting. In: Jens Arnholtz und Nathan Lillie (Hrsg.), S. 79–88.

118 Paulina Pustułka. 2012. Polish Mothers on the Move: Transnationality and Discourses of Gender, Care, and Co-Residentiality Requirement in the Narratives of Polish Women Raising Children in the West. *Annales Universitatis Paedagogicae Cracoviensis, Studia Sociologica* IV(2): S. 162–175.

119 Vgl. Ninna Nyberg Sørensen und Luis E. Guarnizo. 2007. Transnational Family Life across the Atlantic: The Experience of Colombian and Dominican Migrants in Europe. In: Ninna Nyberg Sørensen (Hrsg.). *Living across Worlds: Diaspora, Development and Transnational Engagement*. Geneva: International Organization for Migration (IOM), S. 151–176.

120 Joanna Dreby und Timothy Adkins. 2010. Inequalities in Transnational Families. *Sociology Compass* 4(8): S. 673–689.

121 Paolo Boccagni. 2017. *Migration and the Search for Home: Mapping Domestic Space in Migrants' Everyday Lives*. New York: Palgrave Macmillan.

122 Amaia Pérez Orozco. 2007. *Global Care Chains*. Working Paper No. 2, Gender, Migration and Development Series. Santo Domingo: United Nations International Research and Training Institute for the Advancement of Women.

123 Charles Perrow. 1986. Economic theory of organization. *Theory and Society* 15(1): S. 11–45.

124 International Labour Organization (ILO). 2010. *Decent Work for Domestic Workers*. Report IV (1): International Labour Conference, 99th Session, 2010. Geneva: ILO.

125 Margarita Leon. 2010. Migration and Care Work in Spain: The Domestic Sector Revisited. *Social Policy and Society* 9(3): S. 409–418.

126 Maurizio Ambrosini. 2013. *Irregular Migration and Invisible Welfare*. Basingstoke: Palgrave Macmillan.

127 Evelyn Nakano Glen. 1992. From Servitude to Service: Historical Continuities in the Racial Division of Paid Reproductive Labor. *Signs: Journal of Women in Culture and Society* 18(1): S: 1–43.

128 Michelle Buckley, Adam Zendel, Jeff Biggar, Lia Frederiksen und Jill Wells. 2016. *Migrant Work and Employment in the Construction Sector*. Sectoral Policies

Department, Conditions of Work and Equality Department. Geneva: International Labour Organization (ILO).

129 Roland Verwiebe. 2004. *Transnationale Mobilität innerhalb Europas. Eine Studie zu den sozialstrukturellen Effekten der Europäisierung*. Berlin: edition sigma.

130 Roger Ballard. 2005. Coalitions of reciprocity and the maintenance of financial integrity within informal value transmission systems: The operational dynamics of contemporary hawala networks. *Journal of Banking Regulation* 6 (4): S. 319–352.

131 Richard Rottenburg. 2009. *Far-Fetched Facts: A Parable of Development Aid*. Cambridge, MA: MIT Press.

132 Manuel Orozco und Rebecca Rouse. 2007. *Migrant Hometown Associations and Opportunities for Development: A Global Perspective*. Washington, DC: Migration Policy Institute.

133 Oliver Bakewell. 2008. ‹Keeping Them in Their Place›: The Ambivalent Relationship between Development and Migration in Africa. *Third World Quarterly* 29(7): S. 1341–1358.

134 Wolfgang Streeck. 1995. From market-building to state-building? Reflections on the political economy of European social policy. In: Stephan Leibfried und Paul Pierson (Hrsg.). *European social policy. Between fragmentation and integration*. Washington: The Brookings Institution, S. 389–431.

135 Fiona Williams. 2012. Converging variations in migrant care work in Europe. *Journal of European Social Policy* 22(4): S. 363–376.

## Teil II – Zur Politik der sozialen Frage

### Emigration: Entwicklungsparadox und nationales Paradox

1 Abdelmalek Sayad. 1999. *La double absence. Des illusions de l'émigré aux souffrances de l'immigré*. Paris: Seuil.

2 Guy J. Abel und Nikola Sander. 2014.

3 Richard B. Freeman. 2012. The New Global Labor Marketing. *Focus* 26(1). Madison, WI: Institute for Research on Poverty, University of Wisconsin-Madison.

4 Christoph Lakner und Branko Milanovic. 2013. Global Income Distribution: From the Fall of the Berlin Wall to the Great Recession. Policy Research Working Paper, No. 6719. Washington, DC: World Bank.

5 Steven Kapsos und Evangelia Bourmpoula. 2013. *Employment and Economic Class in the Developing World*. ILO Research Paper No. 6. Geneva: International Labour Organization (ILO).

6 Polanyi 2001 [1944].

7 Ha-Yong Chang. 2002. *Kicking Away The Ladder: Development Strategy In Historical Perspective*. London: Anthem Press.

8 Steven E. Alvarado und Douglas S. Massey. 2010. In search of peace: Structural adjustment, violence, and international migration. *The Annals of the American Academy of Political and Social Science* 630: S. 137–161.

9 Alan Gamlen. 2008. The Emigration State and the Modern Geopolitical Imagination. *Political Geography* 27(8): S. 840–856.

10 Yossi Shain. 2005. *The Frontier of Loyalty*. Ann Arbor: University of Michigan Press.

11 David Leblang. 2015. Harnessing the Diaspora: Dual Citizenship, Migrant Remittances and Return. *Comparative Political Studies* 50(1): S. 75–101.

12 Aristide R. Zolberg. 2007. The Exit Revolution. In: Nancy L. Green und François Weil (Hrsg.). *Citizenship and Those Who Leave: The Politics of Emigration and Expatriation*. Urbana: University of Illinois Press, S. 33–60, hier: S. 55.

13 Vgl. Kapitel 3.

14 Nermin Abadan-Unat. 2011.

15 Diese Beobachtungen gelten auch für andere Kontexte, z.B. im transnationalen Sozialraum Mexiko-USA; vgl. Fiona Wilson. 2007. Mestizaje and Clothing: Interpreting Mexican–US Transnational Social Space. In: Ninna Nyberg-Sørensen (Hrsg.). *Living across Worlds: Diaspora, Development and Transnational Engagement*. Geneva: International Organization of Migration (IOM), S. 37–60.

16 Rinus Penninx. 1982. A Critical Review of Theory and Practice: The Case of Turkey. *International Migration Review* 16(4) (Special Issue: *International Migration and Development*): S. 781–818, hier S. 814–815.

17 https://www.bundesregierung.de/breg-de/themen/fluchtursachen-bekaempfen-fluechtlingszahlen-reduzieren-205832?view=renderNewsletterHtml (letzter Aufruf: 06.04.2022).

18 Piyasiri Wickramasekara. 2011. *Circular Migration: A Triple Win or a Dead End*. Global Union Research Network Discussions Papers No. 15. Geneva: International Labour Organization (ILO).

19 Hedwig Richter und Ralf Richter. 2009. Der Opfer-Plot. Probleme und neue Felder der deutschen Arbeitsmigrationsforschung. *Vierteljahreshefte für Zeitgeschichte* 57(1): S. 61–97.

20 Global Commission on International Migration (GCIM). 2005.

21 Wouter Van Ginneken. 2013. Social Protection for Migrant Workers: National and International. *European Journal of Social Security* 15(2): S. 209–21.

22 International Labour Organization (ILO). 2014. *Fair Migration: Setting an ILO agenda*. Report of the Director-General. Report I(B). Geneva: ILO.

23 Cleovi Mosuela. 2020. *Recuperating the Global Migration of Nurses*. Basingstoke, UK: Palgrave Macmillan.

24 International Labour Organization (ILO). 2010. *Decent Work for Domestic Workers*. Report IV (1): International Labour Conference, 99th Session, 2010. Geneva: ILO. Die Agenda «menschenwürdige Arbeit» zielte auf drei Länder in Asien, nämlich den Philippinen, Indien und Vietnam, die alle eine hohe Quote an Abwanderung ihrer Pflegekräfte und anderer Expert:innen im Gesundheitsbereich verzeichnen und die gleichzeitig Abkommen mit Anwerbeagenturen in Europa und Nordamerika unterhalten.

25 Robyn Magalit Rodriguez. 2010. *Migrants for Export: How the Philippine State Brokers Labor to the World*. Minneapolis: University of Minnesota Press.

26 Tim K. Mackey und Bryan A. Liang. 2012. Combating Healthcare Corruption and Fraud with Improved Global Health Governance. *BMC International Health and Human Rights* 12: S. 1–7.

27 Vgl. John Connell und Margaret Walton-Roberts. 2016. What about the Workers? The Missing Geographies of Health Care. *Progress in Human Geography* 40(2): S. 158–176.

28 Cleovi Mosuela. 2020.

29 Norbert Jachertz. 2016. Migration: Zehntausend Schwestern aus Fernost. *Deutsches Ärzteblatt* 113(17): A-814 / B-694 / C-681.

30 Vgl. dazu einen Vorschlag zur Regulierung von Werkvertragsarbeit in der EU: Thomas Faist. 2003. *Protecting Domestic vs. Foreign Workers: The German Experience during the 1990s*. COMCAD Working Paper 1/2003 Bremen: Center on Migration, Citizenship and Development.

31 Johan Lindquist. 2015. Mediating Migration: Brokering Knowledge and Mobility in Indonesia and Beyond. *Journal of the Royal Anthropological Institute* 21(S1): S. 162–77.

32 Xiang Biao und Johan Lindquist. 2014. Migration Infrastructure. *International Migration Review* 48, Golden Anniversary Issue: Jørgen Carling, Jennifer Lee und Pia Orrenius (Hrsg.) *International Migration in the 21st Century: Advancing the Frontier of Scholarship and Knowledge*, S. 122–148.

33 Kristin Surak. 2008. Migration Industries and the State: Guestwork Programs in East Asia. *International Migration Review* 52(2): S. 487–523; Ruben Hernández-León. 2008. *Metropolitan Migrants: The Migration of Urban Mexicans to the United States*. Berkeley, CA: University of California Press.

34 Thomas Faist. 2014. Brokerage in Cross-Border Mobility: Social Mechanisms and the (Re)Production of Social Inequalities. *Social Inclusion* 2(4): S. 38–52.

35 Georg Simmel. 1992 [1908]. *Soziologie. Untersuchungen über die Formen der Vergesellschaftung*. Frankfurt a. M.: Suhrkamp, S. 139–40.

36 Xiang Biao. 2007. *Gobal ‹Body Shopping› – An Indian Labour System in the Information Technology Industry*. Princeton, NJ: Princeton University Press.

37 Thomas Faist, Klaus Sieveking, Stefan Sandbrink und Uwe Reim. 1999.

38 Xiang Biao. 2013. Introduction: Return and the Ordering of Transnational Mobility in Asia. In: Xiang Biao, Brenda S. A. Yeoh und Mika Toyota (Hrsg.). *Return: Nationalizing Transnational Mobility in Asia*. London: Duke University Press, S. 1–20.

39 Thomas Gammeltoft-Hansen und Ninna Nyberg Sørensen (Hrsg.). 2013. *The Migration Industry and the Commercialization of International Migration*. London: Routledge.

40 Suzy K. Lee. 2019. Migrating beyond networks: the mechanisms of sending state intervention. *Migration and Development* 10(4): S. 1–17.

41 Vgl. Dean Yang. 2009. International Migration and Human Development. *Human Development Research Paper (HDRP) Series*. New York: United Nations Development Programme (UNDP), Vol. 29.

42 Kapitel 2.

43 Devesh Kapur. 2004. *Remittances: The New Development Mantra*. G-24 Discussion Paper Series. Geneva: United Nations Conference on Trade and Development (UNCTAD) und New York: Intergovernmental Group of Twenty-Four.

44 Katrina Burgess. 2016. Organized Migrants and Accountability from Afar. *Latin American Research Review* 51(2): S. 150–173.

45 Christian Hubert Ebeke. 2011. Remittances, Countercyclicality, Openness and Government Size. *Recherches économiques de Louvain* 77(4): S. 89–114.

46 Nur wenige Länder bieten für ihre im Ausland lebenden Bürger:innen umfassende soziale Sicherung an, etwa in Form der gemeinsamen Sicherung sowohl von Emigrant:innen als auch ihrer Angehörigen in den Herkunftsländern. Es sind u. a. zwei Staaten im globalen Norden, nämlich Frankreich und Belgien, die für Gesundheitskosten ihrer Bürger:innen im Ausland aufkommen.

47 Uzochukwu Amakom und Chukwunonso Gerald Iheoma. 2014. Impact of Migrant Remittances on Health and Education Outcomes in Sub-Saharan Africa. *IOSR Journal of Humanities and Social Science (IOSR-JHS S)* 19 (8): S. 33–44.

48 A. Didar Singh und S. Irudaya Rajan (Hrsg.). 2016. *Politics of Migration: Indian Emigration in a Globalized World*. New Delhi: Routledge, S. 8–9.

49 Rücküberweisungen *«allow households to purchase the public good rather than rely solely on the government to provide that good, which reduces the household's incentive to hold the government accountable.»* Yasser Abdih, Ralph Chami,

Jihad Dagher und Peter Montiel. 2012. Remittances and Institutions: Are Remittances a Curse? *World Development* 40(4): S. 657–666, hier S. 664.

50 David Doyle. 2015. Remittances and Social Spending. *American Political Science Review* 109(4): S. 785–805; vgl. Sujata Ramachandran und Jonathan Crush. 2021. *Between Burden and Benefit: Migrant Remittances, Social Protection and Sustainable Development*. Southern African Migration Programme (SAMP). SAMP Migration Policy Series No. 83. Waterloo: International Migration Research Centre, Balsillie School of International Affairs.

51 Lu Miao und Huiyao Wang. 2017. *International Migration of China: Status, Policy and Social Responses to the Globalization of Migration*. Singapore: Springer Nature.

52 Siehe u. a. Beverley Mullings. 2011. Diaspora Strategies, Skilled Migrants and Human Capital Enhancement in Jamaica. *Global Networks* 11(1): S. 24–42.

53 Lauren Duquette-Rury. 2014. Collective Remittances and Transnational Coproduction: The 3x1 Program for Migrants and Household Access to Public Goods in Mexico. *Studies in Comparative International Development* 49(1): S. 112–139.

54 Im Rahmen der transatlantischen Migration des 19. Jahrhunderts hießen diese Heimatassoziationen «Landsmannschaften».

55 Vgl. Alexandra Délano und Alan Gamlen. 2014. Comparing and Theorizing State–Diaspora Relations. *Political Geography* 41(1): S. 43–53.

56 Luis E. Guarnizo, Alejandro Portes und William Haller. 2003. Assimilation and Transnationalism: Determinants of Transnational Political Action among Contemporary Migrants. *American Journal of Sociology* 108(6): S. 1211–1248.

57 Vgl. Jonathan Fox und Xóchitl Bada. 2008. Migrant Organization and Hometown Impacts in Rural Mexico. *Journal of Agrarian Change* 8(2–3): S. 425–461.

58 Abdoulaye Kane. 2010. Charity and Self-help: Migrants' Social Networks and Health Care in the Homeland. *Anthropology Today* 26(4): S. 8–12.

59 Dilip Ratha. 2021. What Are Remittances? For many countries, money transfers from citizens working abroad are a lifeline for development. Washington, DC: International Monetary Fund. Die Abhängigkeit von Rücküberweisungen wird an ihrem Anteil am Bruttosozialprodukt gemessen.

60 Gabriel Sheffer. 2003. *Diaspora Politics: At Home Abroad*. Cambridge: Cambridge University Press.

61 U. a. Mark Choate. 2009. *Emigrant Nation: The Making of Italy Abroad*. Cambridge, MA: Harvard University Press.

62 Albert O. Hirschman. 1981. *Essays in Tresspassing: Economics to Politics and Beyond*. Cambridge: Cambridge University Press, S. 225–228.

63 Maria Koinova. 2013. *Ethnonationalist Conflict in Postcommunist States: Varieties of Governance in Bulgaria, Macedonia, and Kosovo*. Philadelphia, PA: University of Pennsylvania Press.

64 Lorenzo Gabrielli, Sonia Gsir und Ricard Zapata-Barrero. 2017. Political and Civic Participation of Immigrants in Host Countries: An Interpretive Framework from the Perspective of the Origin Countries and Societies. In: Agnieszka Weinar, Anne Unterreiner und Philippe Fargues (Hrsg.). *Migrant Integration Between Homeland and Host Society. Vol. 1: Where Does the Country of Origin Fit In?* Cham: Springer, S. 87–116.

65 Laurie A. Brand. 2006. *Citizens Abroad: Emigration and the State in the Middle East and North Africa*. Cambridge: Cambridge University Press.

66 Alexander Cooley und John Heathershaw. 2017. *Dictators without Borders: Power and Money in Central Asia*. New Haven, CT: Yale University Press.

67 Dana M. Moss. 2016. Transnational Repression, Diaspora Mobilization, and the Case of the Arab Spring. *Social Problems* 63(4): S. 480–498.
68 Terrence Lyons und Peter Mandaville (Hrsg.). 2012. *Politics from Afar: Transnational Diasporas and Networks*. New York: Columbia University Press.
69 Eric J. Hobsbawm. 1988. Working-Class Internationalism. In: Frits van Holthoon und Marcel van der Linden (Hrsg.). *Internationalism in the Labour Movement*. Leiden: Brill, S. 1–18.
70 Ira Katznelson. 1981. *City Trenches: Urban Politics and the Patterning of Class in the United States*. Chicago, IL: University of Chicago Press.
71 Zur Umma, siehe Peter Mandaville. 2001. *Transnational Muslim Politics: Reimagining the* Umma. London: Routledge.
72 Dominic Pasura und Marta Bivand Erdal (Hrsg.). 2016. *Migration, Transnationalism and Catholicism*. Basingstoke: Palgrave Macmillan.
73 Daniel Boyarin und Jonathan Boyarin. 1993. Diaspora: Generation and the Ground of Jewish Identity. *Critical Inquiry* 19(4): S. 693–725.
74 Alejandro Portes, Cristina Escobar und Alexandria Walton Radford. 2007. Immigrant Transnational Organizations and Development: A Comparative Study. *International Migration Review* 41(3): S. 242–281; Ali R. Chaudhary und Dana M. Moss. 2016. *Triadic Political Opportunity Structures: Re-conceptualising Immigrant Transnational Politics*. IMI Working Papers Series No. 129. Oxford: International Migration Institute, University of Oxford.
75 Nancy L. Green. 2005. The Politics of Exit: Reversing the Immigration Paradigm. *Journal of Modern History* 77(2): S. 263–289.
76 Galit Schir. 2018. *«We Bring Them Israel There» – Cross-Border Engagement as a Case of Nation Building*. Berlin: Hentrich & Hentrich; zu weiteren Fällen, siehe Riva Kastoryano und Miriam Schader. 2014. A Comparative View of Ethnicity and Political Engagement. *Annual Review of Sociology* 40: S. 241–60.
77 Kritisch dazu: Raúl Delgado Wise, Humberto Márquez Covarrubias und Ruben Puentes. 2013.
78 Günther Pallaver und Guido Denicolò. 2021. Dual Citizenship in Italy: An Ambivalent and Contradictory Issue. In: Rainer Bauböck und Max Haller (Hrsg.). *Dual Citizenship and Naturalization: Global, Comparative and Austrian Perspectives*. Wien: Austrian Academy of Sciences Press, S. 183–203.
79 Robert C. Smith. 2003. Diasporic Membership in Historical Perspective: Comparative Insights from the Mexican, Italian and Polish Cases. *International Migration Review* 37(3): S. 724–759; Alexandra Délano Alonso. 2018. *From Here and There: Diaspora Policies, Integration & Social Rights Beyond Borders*. New York: Oxford University Press.
80 John A. Armstrong. 1976. Mobilized and Proletarian Diasporas. *American Political Science Review* 70(2): S. 393–408.
81 Alessandro Monsutti. 2018. *Homo itinerans. La planète des Afghans*. Paris: Presses Universitaires de France.
82 Rainer Bauböck und Thomas Faist (Hrsg.). 2010.
83 Maria Koinova 2013.
84 Eva Østergaard-Nielsen. 2003. The Politics of Migrants' Transnational Practices. *International Migration Review* 37(3): S. 665–690; John Rex, Danièle Joly und Czarina Wilpert (Hrsg.), 1987. *Immigrant Associations in Europe*. Aldershot: Gower.
85 Katia Pilati und Laura Morales. 2016. Ethnic and Immigrant Politics vs. Mainstream Politics: The Role of Ethnic Organizations in Shaping the Political Participation of Immigrant-Origin Individuals in Europe. *Ethnic and Racial Studies* 39(15): S. 1–22.

86 Zum deutschen Fall siehe Ludger Pries und Zeynep Sezgin (Hrsg.). 2012. *Jenseits von ‹Identität oder Integration›: Grenzen überspannende Migrantenorganisationen*. Wiesbaden: VS Verlag für Sozialwissenschaften.

87 Andrew Ellis und Alan Wall. 2007. *Voting from Abroad: The International IDEA Handbook*. Stockholm: International Institute for Democracy and Electoral Assistance (IDEA).

88 Ayse Cağlar. 2006. Hometown Associations, the Rescaling of State Spatiality and Migrant Grassroots Transnationalism. *Global Networks* 6(1): S. 1–22.

89 Jean-Michel Lafleur. 2013. *Transnational Politics and the State: The External Voting Rights of Diasporas*. New York: Routledge.

90 Alan Gamlen. 2014. Diaspora Institutions and Diaspora Governance. *International Migration Review* 48 (Issue Supplement s1): S. 180–217.

91 Michel S. Laguerre. 2016. *The Multisite Nation: Crossborder Organizations, Transfrontier Infrastructure, and Global Digital Public Sphere*. New York: Palgrave Macmillan.

92 Vgl. Jose C. Moya. 2005. Immigrants and Associations: A Global and Historical Perspective. *Journal of Ethnic and Migration Studies* 31(5): S. 833–864.

93 Jean-Baptiste Meyer und Jean-Paul Wattiaux. 2006. Diaspora Knowledge Networks: Vanishing Doubts and Increasing Evidence. *International Journal on Multicultural Societies* 8(1): S. 4–24

94 Simon Turner und Nauja Kleist. 2013. Introduction: Agents of Change? Staging and Governing Diasporas and the African State. *African Studies* 72(2): S. 192–206.

95 Jiaqi Liu. 2022. When Diaspora Politics Meet Global Ambitions: Diaspora Institutions Amid China's Geopolitical Transformations. *International Migration Review* https://doi.org/10.1177%2F01979183211072824 (letzter Aufruf: 14.04.2022).

96 Für drei rücküberwiesene Dollar schießt die mexikanische Regierung im Rahmen von Entwicklungsprogrammen einen Dollar hinzu. Siehe u. a. Javier Aparicio und Covadonga Meseguer. 2012. Remittances and the State: The 3 x 1 program in Mexican Communities. *World Development* 40(1): S. 206–222.

97 Gilberto Rescher. 2018. *Doing Democracy in indigenen Gesellschaften. Politischer Wandel in Zentralamerika zwischen Transnationalität und Lokalität*. Bielefeld: transcript.

98 Zum indischen Fall, siehe Devesh Kapur. 2010. *Diaspora, Development, and Democracy: The Domestic Impact of International Migration from India*. Princeton, NJ: Princeton University Press.

99 James Jiann Hua To. 2014. *Qiaowu: Extra-Territorial Policies for the Overseas Chinese*. Leiden: Brill.

100 Cem Dişbudak. 2004. Transnational and Local Entrepreneurship. In: Thomas Faist und Eyüp Özveren (Hrsg.). *Transnational Social Spaces. Agents, Networks and Institutions*. Aldershot: Ashgate, S. 143–162.

101 Andere Maßnahmen umfassen Hilfen vor der Abreise sowie Rückkehr- und Reintegrationsprogramme. Diese gibt es z. B. in Irland und Deutschland.

102 Vgl. Albert O. Hirschman. 1992. Abwanderung, Widerspruch und das Schicksal der Deutschen Demokratischen Republik. *Leviathan* 20(3): S. 330–358.

103 Claus Offe und Ulrich K. Preuss. 2016. *Citizens in Europe: Essays on Democracy, Constitutionalism and European Integration*. Colchester: ECPR Press.

104 Eigene Übersetzung, zitiert nach Paul Hockenos. 2003. *Homeland Calling: Exile, Patriotism and the Balkan Wars*. Ithaca, NY: Cornell University Press, S. 262.

105 Nicholas Van Hear. 2013. Sri Lanka's Diasporas. In: Joya Chatterji und David

Washbrook (Hrsg.). *The Routledge Handbook of South Asian Diaspora*. London: Routledge, S. 236–248.

106 Vgl. Esther Meininghaus und Katia Mielke. 2019. *Beyond Doha and Geneva-Peacemaking Engagement of Afghans and Syrians in North Rhine-Westphalia and Germany*. Bonn: BICC Working Paper Nr. 11/2019.

107 Yossi Shain und Aharon Barth. 2003. Diasporas and International Relations Theory. *International Organization* 57(3): S. 449–479.

108 Matthew Frye Jacobson. 2002. *Special Sorrows: The Diasporic Imagination of Irish, Polish, and Jewish Immigrants in the United States*. Berkeley, CA: University of California Press.

109 Vgl. Eric Hobsbawm. 1990. *Nationen und Nationalismus: Mythos und Realität seit 1780*. Aus dem Englischen von Udo Rennert. Frankfurt: Campus.

110 Thomas Faist und Peter Kivisto (Hrsg.). 2008. *Dual Citizenship in Global Perspective: From Unitary to Multiple Citizenship*. Houndmills, UK: Palgrave Macmillan.

## Immigration: Wohlfahrtsparadox und Rechtsstaatsparadox

1 Jenny Phillimore, Nando Sigona und Katherine Tonkiss. 2017. Introduction: Superdiversity, Policy and Governance in Europe. *Policy and Politics* 45(4): S. 487–491.

2 Max Weber 1980 [1922], S. 177, 532–533.

3 Vgl. Jan Rath. 2009. The Netherlands: A reluctant country of immigration. *Tijdschrift voor Economische en Sociale Geografie* 100(5): S. 674–681.

4 Kai Sassenberg, Jennifer Fehr, Nina Hansen, Christina Matschke und Karl-Andrew Woltin. 2007. Eine sozialpsychologische Analyse zur Reduzierung sozialer Diskriminierung von Menschen mit Migrationshintergrund. *Zeitschrift für Sozialpsychologie* 38(4): S. 239–249, hier: S. 242 und 246. Dieser Zusammenhang zwischen Kulturalisierung und Klassenlage ist kein spezifisches Phänomen, das nur in Migrationsprozessen sichtbar wird. Er kann auch im Umgang von dominanten Mehrheitsgruppen mit klassenniedrigeren Mitbürger:innen festgestellt werden. Dies war etwa in Umerziehungskampagnen von Empfänger:innen der Sozialhilfe in den Niederlanden in den 1950er-Jahren sichtbar. Erklärtes Ziel dieser Kampagnen war es, eine kulturell als defizitär eingestufte Unterklasse zur Orientierung an den Verhaltensmaßstäben der Mittelklassen zu bewegen. Siehe Jan Rath. 1999. The Netherlands: A Dutch treat for anti-social families and immigrant ethnic minorities. In: Mike Cole und Gareth Dale (Hrsg.). *The European Union and Migrant Labour*. Oxford: Berg, S. 147–170.

5 Cass R. Sunstein. 1993. *After the Rights Revolution: Reconceiving the Regulatory State*. Cambridge, MA: Harvard University Press.

6 Ernesto Laclau. 2005. *On Populist Reason*. London: Verso.

7 Vgl. Martin Beckstein und Vanessa Rampton. 2018. Conservatism between theory and practice: The case of migration to Europe. *European Journal of Political Research* 57(4): S. 1084–1102.

8 James Hampshire. 2013. *The Politics of Immigration: Contradictions of the Liberal State*. Cambridge: Polity Press.

9 Philip G. Cerny. 1997. Paradoxes of the Competition State: The Dynamics of Political Globalisation. *Government and Opposition* 32(2): S. 251–274.

10 Zum Stand der Forschung, siehe u. a. Julia Schmieder. 2016. *Lohn- und Beschäftigungseffekte der Zuwanderung nach Deutschland*. Roundup 90. Berlin: Deutsches Institut für Wirtschaftsforschung (DIW); Fachstelle Einwanderung. 2016. *Deut-*

*sche und internationale Studien zur Arbeitsmarktintegration von Geflüchteten.* Working Paper 06/2016. Berlin: Minor – Projektkontor für Bildung und Forschung e. V.; vgl. Mette Foged und Giovanni Peri. 2016. Immigrants' Effect on Native Workers: New Analysis on Longitudinal Data. *American Economic Journal: Applied Economics* 8(2): S. 1–34; Herbert Brücker. 2013. *Auswirkungen der Einwanderung auf Arbeitsmarkt und Sozialstaat: Neue Erkenntnisse und Schlussfolgerungen für die Einwanderungspolitik.* Gütersloh: Bertelsmann Stiftung. Diese letzte Studie kommt zum Schluss, dass Neuankömmlinge, falls überhaupt, mit bereits im Land befindlichen Migrant:innen konkurrieren.

11 Vgl. Kapitel 2.

12 Sandrine Kott und Joëlle Droux (Hrsg.). 2013. *Globalizing Social Rights: The International Labour Organization and Beyond.* Geneva: International Labour Organization (ILO).

13 Knuth Dohse. 1977.

14 Lydia Morris. 2002. *Managing Migration: Civic Stratification and Migrants' Rights.* London: Routledge.

15 Bobby Duffy und Tom Frere-Smith. 2014. *Perceptions and reality: Public attitudes to immigration.* London: Ipsos MORI. Social Research Institute.

16 John G. Ruggie. 1982. International Regimes, Transactions, and Change: Embedded Liberalism in the Postwar Economic Order. *International Organization* 36(2): S. 379–415.

17 Jens Borchert. 1995. *Die konservative Transformation des Wohlfahrtsstaates: Großbritannien, Kanada, die USA und Deutschland im Vergleich.* Frankfurt a. M.: Campus.

18 Thomas Piketty. 2014, S. 11.

19 Branko Milanovic. 2012, S. 13.

20 Anton Hemerijck. 2012. *Changing Welfare States.* Oxford: Oxford University Press.

21 Lucas Chancel, Thomas Piketty, Emmanuel Saez und Gabriel Zucman. 2021. *World Inequality Report 2022.* World Inequality Lab.

22 Guy Standing. 2011, Kapitel 4.

23 John Kennan. 2017. *Open Borders in the European Union and Beyond: Migration Flows and Labor Market Implications.* NBER Working Paper No. 23 048. Cambridge, MA: National Bureau of Economic Research.

24 Markus Gehrsitz und Martin Ungerer. 2017. *Jobs, Crime, and Votes: A Short-Run Evaluation of the Refugee Crisis in Germany.* IZA DP No. 10 494. Bonn: Institute of Labor Economics.

25 Herbert Brücker. 2013.

26 Vgl. Martin Ruhs. 2015. EU Migration and Welfare Benefits: Is Unrestricted Labour Immigration Compatible with an Inclusive Welfare State? https://www.compas.ox.ac.uk/2015/eu-migration-and-welfare-benefits-is-unrestricted-labour-immigration-compatible-with-an-inclusive-welfare-state/ (letzter Aufruf: 05.04.2022).

27 Vgl. Stephan Leibfried und Elmar Rieger. 2001. *Grundlagen der Globalisierung: Perspektiven des Wohlfahrtsstaates.* Frankfurt a. M.: Suhrkamp Verlag.

28 Anna Katherine Boucher und Lucy Cerna. 2014. Current Policy Trends in Skilled Immigration Policy. *International Migration* 52(3): S. 21–25.

29 Elisa Hanganu und Barbara Heß. 2016. *Die Blaue Karte EU in Deutschland: Kontext und Ergebnisse der BAMF-Befragung.* Forschungsbericht 27. Nürnberg: Bundesamt für Migration und Flüchtlinge (BAMF).

30 Andreas Ette. 2017. *Migration and Refugee Policies in Germany: New European Limits of Control?* Opladen: Barbara Budrich Publishers.

31 Michel Beine, Anna Boucher, Brian Burgoon, Mary Crock, Justin Gest, Michael Hiscox, Patrick McGovern, Hillel Rapoport, Joep Schaper und Eiko Thielemann. 2016.

32 Eigene Übersetzung aus Devesh Kapur und John McHale. 2005. *Give Us Your Best and Brightest: The Global Hunt for Talent and its Impact on the Developing World.* Washington, DC: Center for Global Development.

33 Vgl. Sachverständigenrat deutscher Stiftungen für Integration und Migration (SVR) und Migration Policy Group (MPG). 2011. *Vom internationalen Studierenden zum hochqualifizierten Zuwanderer. Ein Vergleich der rechtlichen Rahmenbedingungen in fünf Staaten der Europäischen Union.* Berlin: SVR und Brüssel: MPG.

34 Anna Katherine Boucher. 2019. How «skill» definition affects the diversity of skilled immigration policies. *Journal of Ethnic and Migration Studies* 46(12): S. 2533–2550.

35 Thomas Faist und Peter Kivisto (Hrsg.). 2008.

36 Jelena Dzankic. 2012. *The Pros and Cons of Ius Pecuniae: Investor citizenship in comparative perspective.* EUI RSCAS, 2012/14, Florenz: European University Institute. EUDO Citizenship Observatory – http://hdl.handle.net/1814/21476 (letzter Aufruf: 12.04.2022).

37 Sedef Turper, Shanto Iyengar, Kees Aarts und Minna van Gerven. 2015. Who is Less Welcome? The Impact of Individuating Cues on Attitudes towards Immigrants. *Journal of Ethnic and Migration Studies* 41(2): S. 239–259.

38 Thomas Faist. 1994; vgl. Mike Slaven, Sara Casella Colombeau und Elisabeth Badenhoop. 2020. What Drives the Immigration-Welfare Policy Link? Comparing Germany, France and the United Kingdom. *Comparative Political Studies* 54(5): S. 855–888.

39 Leah Bassel. 2014. Contemporary Grammars of Resistance: Two French Social Movements. *Sociology* 48(3): S. 537–553.

40 Mileni Chimienti. 2011. Mobilization of Irregular Migrants in Europe: A Comparative Analysis. *Ethnic and Racial Studies* 34(8): S. 1338–1356.

41 Wissenschaftlicher Beirat für Familienfragen. 2007. *Ganztagsschule. Eine Chance für Familien.* Gutachten für das Bundesministerium für Familie, Senioren, Frauen und Jugend. Wiesbaden: VS Verlag für Sozialwissenschaften.

42 Petra Stanat und Gayle Christensen. 2006. *Where Immigrant Students Succeed: A Comparative Review of Performance and Engagement in PISA 2003.* Paris: OECD.

43 Frank Kalter und Nadia Granato. 2018. Migration und ethnische Ungleichheit auf dem Arbeitsmarkt. In: Martin Abraham und Thomas Hinz (Hrsg.). *Arbeitsmarktsoziologie.* Wiesbaden: Springer VS, S. 355–387.

44 Vgl. Academy of European Law. 2012. *European Union (EU) Anti-discrimination Law.* Brussels: DG Education and Culture.

45 Mark J. Miller. 1982. *Foreign Workers in Western Europe: An Emerging Political Force.* New York: Praeger.

46 Walter J. Nicholls und Justus Uitermark. 2016. *Cities and Social Movements: Immigrant Rights Activism in the US, France, and the Netherlands, 1970–2015.* Chichester, MA: Wiley-Blackwell.

47 Pierre Monforte und Pascale Dufour. 2011. Mobilizing in Borderline Citizenship Regimes: A Comparative Analysis of Undocumented Migrants' Collective Action. *Politics & Society* 39(2): S. 203–232.

48 Walter J. Nicholls. 2013. Making Undocumented Migrants into a Legitimate Political Subject: Theoretical Observations from the United States and France. *Theory,*

*Culture & Society* 30(3): S. 82–107; Elias Steinhilper. 2017. Politisiert in der Migration, vernetzt in der Stadt. Transnationaler politischer Protest von Geflüchteten in Berlin. *Forschungsjournal Neue Soziale Bewegungen* 3: S. 77–87.

49 Norbert Elias. 1994 [1965]. Introduction: A Theoretical Essay on Established and Outsider Relations. In: Norbert Elias and John L. Scotson. *The Established and the Outsiders: A Sociological Enquiry into Community Problems*, S. xv–lii. London: SAGE, hier S. xxxi.

50 Ibid., S. xxxvii.

51 Insofern ist auch das Rechtsstaatsparadox ein Teil dessen, was als «liberales Paradox» gilt. Vgl. James F. Hollifield. 1992. *Immigrants, Markets and States: The Political Economy of Postwar Europe*. Cambridge, MA: Harvard University Press.

52 Michael Ignatieff. 2007. *The Rights Revolution* (CBC Massey Lectures). Toronto: House of Anansi Press.

53 Thomas Faist. 2019. Contested externalisation: responses to global inequalities, *Comparative Migration Studies* 7, 45. https://doi.org/10.1186/s40878-019-0158-y (letzter Aufruf: 05.04.2022).

54 Yasemin N. Soysal. 1994.

55 Vgl. David Miller. 2018. Immigration und territoriale Rechte. In: Frank Dietrich (Hrsg.). Ethik der Migration. Philosophische Schlüsseltexte. 2. Auflage. Berlin: Suhrkamp, S. 77–97.

56 Jeff Huysmans. 2000. The European Union and the Securitization of Migration. *Journal of Common Market Studies* 38(5): S. 751–777.

57 Daniel Cohn-Bendit und Thomas Schmid. 1993.

58 Vorstellungen des Ethnopluralismus sind auch mit Kapitalismuskritik verknüpft. Siehe Alain de Benoist. 2012. *Am Rande des Abgrunds – Eine Kritik der Herrschaft des Geldes*. Berlin: Junge Freiheit Verlag.

59 Thilo Sarrazin. 2010.

60 Carl Schmitt. 2017 [1926]. *Die geistesgeschichtliche Lage des heutigen Parlamentarismus*. 10. Auflage, Berlin: Duncker & Humblot, S. 13–14.

61 Vgl. Hanspeter Kriesi, Edgar Grande, Romain Lachat, Martin Dolezal, Simon Bornschier und Tim Frey. 2006. Globalization and the Transformation of the National Political Space: Six European Countries Compared. *European Journal of Political Research* 45(6): S. 921–957.

62 Christian Joppke. 2021. Populism and the double liberalism: exploring the links. *Theory and Society* 50: S. 769–790.

63 Peter Kivisto. 2002. *Multiculturalism in a Global Society*. New York: John Wiley & Sons.

64 Vgl. Louis Hartz. 1969. *The Founding of New Societies: Studies in the History of the United States, Latin America, South Africa, Canada, and Australia*. New York: Houghton Mifflin Harcourt.

65 Phil Triadafilopoulos, Fiona Adamson und Aristide Zolberg. 2011.

66 Der Autor einer Studie zu Antisemitismus fasst die empirischen Ergebnisse so zusammen: «Einige Daten deuten darauf hin, dass antisemitische Einstellungen unter MENA-Flüchtlingen weit verbreitet sind, genau wie positive Einstellungen zu Demokratie, Gleichberechtigung und friedlichem Zusammenleben zwischen Muslimen, Christen und Juden.» Jedoch gebe es keine Anhaltspunkte dafür, dass Migrant:innen aus MENA-Ländern (Mittlerer Osten und Nordafrika) den Antisemitismus in Europa entscheidend antreiben würden. Siehe dazu David Feldmann. 2018. *Antisemitismus und Immigration im heutigen Westeuropa. Gibt es einen Zusammenhang? Ergebnisse und Empfehlungen einer Studie aus fünf Ländern.*

Berlin: Stiftung Erinnerung, Verantwortung und Zukunft (EVZ) und London: Pears Institute for the study of Antisemitism, University of London, S. 31.

67 Douglas S. Massey. 2007. *Categorically Unequal: The American Stratification System*. New York: Russell Sage Foundation.

68 Henri Tajfel und John C. Turner. 1986. The Social Identity Theory of Intergroup Behavior. In: Stephen Worchel und William G. Austin (Hrsg.). Psychology of Intergroup Relations. Chicago: Nelson Hall Publishers, S. 7–24.

69 Vgl. Peter Kivisto. 2014. *Religion and Immigration: Migrant Faiths in North America and Western Europe*. Cambridge: Polity Press.

70 Aristide R. Zolberg. 1987. Wanted but not Welcome: Alien Labor in Western Development. In: William Alonso (Hrsg.). *Population in an Interacting World*. Cambridge, MA: Harvard University Press, S. 36–73.

71 Barry Buzan, Ole Wæver und Jaap de Wilde. 1998. *Security: A New Framework for Analysis*. London: Lynne Rienner.

72 Didier Bigo. 2001. Migration and Security. In: Virginie Guiraudon und Christian Joppke (Hrsg.). *Controlling a New Migration World*. London, Routledge, S. 121–149, hier: S. 121.

73 Thomas Faist. 2003. «Extension du domaine de la lutte»: International Migration and Security, *International Migration Review* 36(1): S. 7–14.

74 Zu ökonomischer Konkurrenz und Rechtspopulismus bzw. Rechtsextremismus, siehe Herbert Kitschelt und Anthony McGann. 1995. *The radical right in Western Europe: A comparative analysis*. Ann Arbor, MI: University of Michigan Press. Zu Kulturalisierung als Ausdruck von Bedrohung, siehe Jeroen van der Waal, Peter Achterberg, Dick Houtman, Willem de Koster und Katerina Manevska. 2010. «Some are more equal than others»: Economic egalitarianism and welfare chauvinism in the Netherlands. *Journal of European Social Policy* 20(4): S. 350–363; vgl. Fritz Söllner. 2019. *System statt Chaos. Ein Plädoyer für eine rationale Migrationspolitik*. Wiesbaden: Springer VS.

75 Corrado Giulietti. 2014. The Welfare Magnet Hypothesis and the Welfare Take-Up of Migrants: Welfare Benefits are not a Key Determinant of Migration. *IZA World of Labor*. https://wol.iza.org/articles/welfare-magnet-hypothesis-and-welfare-take-up-of-migrants/long (letzter Aufruf: 05.04.2022).

76 Vgl. Andreas Schmitz, Daniel Witte und Christian Schneickert. 2018: Sozialer Raum, Feld oder Diskurs? In: Naika Foroutan, Juliane Karakayali und Riem Spielhaus (Hrsg.). *Postmigrantische Perspektiven*. Frankfurt a. M.: Campus S. 145–159.

77 Thomas Frank. 2004. *What's the Matter with Kansas?* Washington, DC: Holt McDouglas.

78 Lars Geiges, Stine Marg und Franz Walter. 2015. *Pegida: Die schmutzige Seite der Zivilgesellschaft?* Bielefeld: transcript.

79 David N. Coury. 2016. A Clash of Civilizations? Pegida and the Rise of Cultural Nationalism. *German Society and Politics* 34(1): S. 54–67.

80 Vgl. Ronald Inglehart. 1997. *Modernization and Postmodernization: Cultural, Economic and Political Change in 43 Societies*. Princeton: Princeton University Press.

81 Arlie R. Hochschild. 2016. *Strangers in Their Own Land*. New York: The New Press, S. 144 und 227.

82 Michael Hartmann. 2020. Die Kosmopoliten als Profiteure des Nationalstaats und seiner Institutionen. Zu den ökonomischen Voraussetzungen kosmopolitischer Einstellungen. *Leviathan* 48 (1): S. 90–111.

83 Knut Bergmann, Matthias Diermeier und Judith Niehues. 2017. *Parteipräferenz*

*und Einkommen – Die AfD, eine Partei der Besserverdiener?* Köln: Institut der Deutschen Wirtschaft (IW).

84 Holger Lengfeld und Clara Dilger. 2018. Kulturelle und ökonomische Bedrohung. Eine Analyse der Ursachen der Parteiidentifikation mit der «Alternative für Deutschland» mit dem Sozio-oekonomischen Panel 2016. *Zeitschrift für Soziologie* 47(3): S. 181–199.

85 Christopher A. Bail. 2012. The Fringe Effect: Civil Society Organizations and the Evolution of Media Discourse about Islam since the September 11th Attacks. *American Sociological Review* 77(6): S. 855–879.

86 Samuel P. Huntington. 2004. *Who Are We? Die Krise der amerikanischen Identität*. Hamburg: Europa Verlag.

87 Raida Chbib. 2010. Socioeconomic Integration of Muslims in Germany and the United States. *German-American Issues* 13: S. 17–29.

88 Mary C. Waters und Philip Kasinitz. 2015. The War on Crime and the War on Immigrants: Racial and Legal Exclusion in 21st Century United States. In: Nancy Foner und Patrick Simon (Hrsg.) *Fear, Anxiety and National Identity: Immigration and Belonging in North America and Europe*. New York: Russell Sage Foundation, S. 115–43.

89 Thomas Faist, Isabell Diekmann und Joanna Fröhlich. 2020. *Culturalized Heterogeneities: Comparing Race and Religion in Germany and the U.S.* Working Paper 171/2020. COMCAD – Centre on Migration, Citizenship and Development. Bielefeld.

90 Yves Mény und Yves Surel (Hrsg.). 2002. *Democracies and the Populist Challenge*. Basingstoke: Palgrave Macmillan.

91 Hanspeter Kriesi, Edgar Grande, Romain Lachat, Martin Dolezal, Simon Bornschier und Tim Frey. 2006. Globalization and the Transformation of the National Political Space: Six European Countries Compared. *European Journal of Political Research* 45(6): S. 921–957.

92 Jens Rydgren. 2008. Immigration Sceptics, Xenophobes or Racists? Radical Right-Wing Voting in Six West European Countries. *European Journal of Political Research* 47(6): S. 737–765.

93 Peter O'Brien. 2016. *The Muslim Question in Europe: Political Controversies and Public Philosophies*. Philadelphia, PA: Temple University Press.

94 Keith Banting. 2022. Multiculturalism, S. 182–200. In: Ricard Zapata-Barrero, Dirk Jacobs und Riva Kastoryano (Hrsg.). *Contested Concepts in Migration Studies*. London: Routledge. Weitere empirische Evidenz ist im Migrant Integration Policy Index (MIPEX) und dem Civic Integration Policy Index (CIVIX) verfügbar.

95 Eric Trolly. 2011. *Multiculturalism Policy Index: Immigrant Minority Policies*. Kingston, ON: School of Policy Studies, Queen's University; Elke Winter. 2010. Trajectories of Multiculturalism in Germany, the Netherlands, and Canada: In Search of Common Patterns. *Government and Opposition* 45(2): S. 166–186.

96 Maarten Peter Vink. 2012. *Migration and Citizenship Attribution: Politics and Policies in Western Europe*. Abingdon, Oxon: Routledge.

97 Miles Hewstone und Herman Swart. 2011. Fifty-Odd Years of Inter-Group Contact: From Hypothesis to Integrated Theory. *British Journal of Social Psychology* 50(3): S. 374–386.

98 Deutsche Islam Konferenz (DIK). 2011. *Islamischer Religionsunterricht in Deutschland. Perspektiven und Herausforderungen*. Nürnberg: Bundesamt für Migration und Flüchtlinge (BAMF).

99 Ibid. Der türkische Staat bezahlt das Gehalt der Imame dieser Organisation. So sind heute knapp die Hälfte der in Deutschland tätigen Imame Beamte der Diya-

net. Imame kommen auch aus weiteren Ländern wie etwa Albanien, Bosnien-Herzegowina, Ägypten und dem Iran.

100 Simon Goeke. 2014. The Multinational Working Class? Political Activism and Labor Migration in West Germany During the 1960s and 1970s. *Journal of Contemporary History* 49(1): S. 160–182; Wendy Pojmann. 2008. *Migration and Activism in Europe since 1945*. New York: Palgrave Macmillan.

101 Vgl. Thomas Faist. 2010. Cultural Diversity and Social Inequalities. *Social Research* 77(1): S. 257–289.

102 Der klassische Gedanke der Kreuzung sozialer Kreise findet sich bei Georg Simmel 1992 [1908]. *Soziologie. Untersuchungen über die Formen der Vergesellschaftung*. Georg Simmel-Gesamtausgabe, Band 11. Frankfurt a. M.: Suhrkamp, Kapitel 6. Zu überlappenden ethnischen Mitgliedschaften siehe Amartya Sen. 2007. *Die Identitätsfalle. Warum es keinen Krieg der Kulturen gibt*. München: C.H.Beck, S. 58.

103 Statistisches Bundesamt. 2017. *Bevölkerung und Erwerbstätigkeit, Bevölkerung mit Migrationshintergrund*, Ergebnisse des Mikrozensus, Fachserie 1, Reihe 2.2, Wiesbaden, S. 4.

104 Jennifer Elrick und Luisa Schwartzman. 2015. From Statistical Category to Social Category: Organized Politics and Official Categorizations of «Persons with a Migration Background» in Germany. *Ethnic and Racial Studies* 38(9): S. 1539–1556, hier: S. 1539.

105 Fachkommission der Bundesregierung zu den Rahmenbedingungen der Integrationsfähigkeit. 2021. *Gemeinsam die Einwanderungsgesellschaft gestalten*. Berlin: Bundeskanzleramt.

106 Dabei gehen Klasse und sozio-kultureller Status eine Wahlverwandtschaft ein. Ähnlich verhält es sich mit Klasse und Rechtsstatus. Siehe Danièle Bélanger, Myriam Ouellet und Cenk Saraçoğlu. 2021. Syrian trajectories of exile in Lebanon and Turkey: Context of reception and social class. *Population, Space and Place* 27(5). https://doi.org/10.1002/psp.2474 (letzter Aufruf: 05.04.2022).

107 Edward P. Thompson, 1987 [1963]: *Die Entstehung der englischen Arbeiterklasse*. Frankfurt a. M.: Suhrkamp.

108 Ranabir Samaddar. 2020. *The Postcolonial Age of Migration*. Abingdon, Oxon: Routledge; vgl. Josephine Apraku, Ilinda Bendler, Laura Digoh-Ersoy, Karim Fereidooni, glokal e.V. 2019. *Unteilbar. Bündnisse gegen Rassismus*. Münster: Unrast Verlag.

109 Émile Durkheim. 1992 [1893]. *Über soziale Arbeitsteilung: Studie über die Organisation höherer Gesellschaften*. Frankfurt a. M.: Suhrkamp; Ferdinand Tönnies. 1989 [1907]. *Die soziale Frage bis zum Weltkriege*. Unveränderter Nachdruck der 4. Auflage von 1926. Berlin: De Gruyter; Karl Polanyi. 2001 [1944].

110 Jonathan J. B. Mijs, Elyas Bakhtiari und Michèle Lamont. 2016. Neoliberalism and Symbolic Boundaries in Europe: Global Diffusion, Local Context, Regional Variation. *Socius: Sociological Research for a Dynamic World* 2: S. 1–8.

111 Anna Kocharov. 2011. Regulation that Defies Gravity: Policy, Economics and Law of Legal Immigration in Europe. *European Journal of Legal Studies* 4(2): S. 4–37.

112 Thomas Straubhaar. 2016. *Der Untergang ist abgesagt: Wider die Mythen des demografischen Wandels*. Hamburg: Edition Körber Stiftung.

113 Michael Walzer. 1983. *Spheres of Justice: A Defense of Pluralism and Equality*. New York: Basic Books, S. 65.

114 Vgl. Lewis Coser. 1984 [1956]. *The Functions of Social Conflict*. New York: The Free Press.

115 Jörg Hüttermann. 2018.
116 Siehe dazu u.a. Jochem Tolsma, Marcel Lubbers und Mérove Gijsberts. 2012. Education and Cultural Integration among Ethnic Minorities and Natives in The Netherlands: A Test of the Integration Paradox. *Journal of Ethnic and Migration Studies* 38(5): S. 793–813.
117 Vgl. Axel Hadenius und Lauri Karvonen. 2001. Paradox of Integration in Intra-State Conflicts. *Journal of Theoretical Politics* 13(1): S. 35–51.
118 Max Weber. 2021 [1904]. Die protestantische Ethik und der Geist des Kapitalismus. In: Wolfgang Schluchter, in Zusammenarbeit mit Ursula Bube-Wirag (Hrsg.). *Die protestantische Ethik und der Geist des Kapitalismus. Die protestantischen Sekten und der Geist des Kapitalismus. Schriften 1904–1920*, Max Weber-Studienausgabe. Bd. I/18. Tübingen: J. C. B. Mohr (Paul Siebeck), S. 123–49.
119 Kapitel 3.
120 Pierre Bourdieu. 1982 [1979]. *Die feinen Unterschiede. Kritik der gesellschaftlichen Urteilskraft*. Frankfurt a. M.: Suhrkamp.
121 Pierre Rosanvallon. 2013.

## Teil III – Ausblick in die Gegenwart

### Klimawandel: Hoffnung auf Adaptation durch Migration

1 Oxfam International. 2020. Confronting carbon inequality. Putting climate justice at the heart of the COVID-19 recovery. Autor: Tim Gore. Oxfam Briefing.
2 Norman Myers und Jennifer Kent. 1995. *Environmental Exodus, an Emergent Crisis in the Global Arena*. Washington, DC: Climate Institute; Christian Aid. 2007. *Human Tide: The Real Migration Crisis. A Christian Aid Report*. London: Christian Aid.
3 Greenpeace. 2017. *Klimawandel, Migration und Vertreibung. Die unterschätzte Katastrophe*. Hamburg: Greenpeace.
4 Etienne Piguet. 2013. From «Primitive Migration» to «Climate Refugees»: The Curious Fate of the Natural Environment in Migration Studies. *Annals of the Association of American Geographers* 103(1): S. 148–162.
5 Amnesty International. 2019. *Climate Change and Human Rights*. https://www.amnesty.ca/sites/amnesty/files/climate%20change%20letter%20writing.pdf (letzter Aufruf: 05.04.2022).
6 *Keine Anerkennung von Klimaflüchtlingen*. Wirtschaftliche Zusammenarbeit und Entwicklung/Antwort – 12.02.2020 (hib 178/2020). Antwort der Bundesregierung auf eine Kleine Anfrage der AfD Fraktion. 2020. https://www.bundestag.de/presse/hib/682386-682386 (letzter Aufruf: 05.04.2022).
7 Dieser Abschnitt zu den vier Debatten entstand in Zusammenarbeit mit Kerstin Schmidt. Siehe Thomas Faist und Kerstin Schmidt. 2020. Die sozio-ökologische Frage: Klimawandel und die (Re-)Produktion sozialer Ungleichheiten, S. 425–447. In: Thomas Faist (Hrsg.). *Soziologie der Migration. Eine systematische Einführung*. Berlin: de Gruyter / Oldenbourg.
8 Richard Black. 2001: *Environmental Refugees: myth or reality?* UNHCR Arbeitspapier 34. Geneva: United Nations High Commissioner on Refuees (UNHCR); Dominic Kniveton, Kerstin Schmidt-Verkerk, Christoph Smith und Richard Black. 2008: *Climate Change and Migration: Improving Methodologies to Estimate Flows*. IOM Migration Research Series Paper No. 33. Geneva: International Organisation for Migration (IOM).

9 Sebastian Schutte, Jonas Vestby, Jørgen Carling und Halvard Buhaug. 2021. Climatic conditions are weak predictors of asylum migration. *Nature Communications* 12, 2067. https://doi.org/10.1038/s41467-021-22255-4 (letzter Aufruf: 05.04.2022).
10 Olivia Dun und François Gemenne. 2008. Defining «environmental migration». *Forced Migration Review* 31: S. 10–11.
11 Frank Bierman und Ingrid Boas. 2008. Protecting Climate Refugees: The Case for a Global Protocol. *Environment: Science and Policy for Sustainable Development* (November–December): S. 9–16.
12 Gaim Kibreab. 1997. Environmental Causes and Impact of Refugee Movements: A Critique of the Current Debate. *Disasters* 21(1): S. 20–38.
13 Vgl. Eliza Pan. 2020. Reimagining the Climate Migration Paradigm: Bridging Conceptual Barriers to Climate Change Responses. *Environmental Law* 50(4): S. 1173–1225.
14 Cecilia Tacoli. 2009. Crisis or adaptation? Migration and climate change in a context of high mobility. *Environment und Urbanization* 21(2): S. 513–525.
15 Richard Black, Dominic Kniveton und Kerstin Schmidt-Verkerk. 2013: Migration and Climate Change: Toward an Integrated Assessment of Sensitivity. In: Thomas Faist und Jeanette Schade (Hrsg.), *Disentangling Migration and Climate Change*. Dordrecht: Springer, S. 29–54.
16 Giovanni Bettini und Giovanna Gioli. 2016. Waltz with Development: Insights on the Developmentalization of Climate-induced migration. *Migration and Development* 5(2): S. 171–189.
17 Philipp Aufenvenne und Carsten Felgentreff. 2013. Umweltmigranten und Klimaflüchtlinge – Zweifelhafte Kategorien in der aktuellen Debatte. In: Carsten Felgentreff und Martin Geiger (Hrsg.). *Migration und Umwelt*, IMIS-Beiträge, Heft 44, Osnabrück: Institut für Migrationsforschung und Interkulturelle Studien, S. 19–44.
18 Robin Bronen. 2013. *Climate-Induced Displacement of Alaska Native Communities*. Alaskan Immigration Justice Project. Washington, DC und London: Brookings-LSE Project on Internal Displacement.
19 Internal Displacement Monitoring Centre (IDMC). 2017. *Global Report on Internal Displacement*. Geneva: IDMC.
20 Kapitel 2.
21 Vgl. Etienne Piguet. 2013.
22 Geraldine Terry. 2009. No Climate Justice Without Gender Justice: An Overview of the Issues. *Gender and Development* 17(1): S. 5–18.
23 Vgl. Mary M. Kritz, Lin Leam Lim und Hania Zlotnik (Hrsg.). 1992: *International migration systems: a global approach*. Oxford: Clarendon.
24 Sebastian Schutte, Jonas Vestby, Jørgen Carling und Halvard Buhaug. 2021.
25 Karl Marx. 1964 [1894]. *Das Kapital*. Bd. 3 (MEW, Vol. 25). Berlin: Dietz, Kapitel 47.
26 John Bellamy Foster. 1999. Marx's Theory of Metabolic Rift: Classical Foundations for Environmental Sociology. *American Journal of Sociology* 105(2): S. 366–405.
27 Karl Marx. 1962 [1867]. *Das Kapital*. Bd. 1 (MEW, Vol. 23). Berlin: Dietz, S. 528–530.
28 Deutschlandfunk. 2020. COVID-19-Ausbrüche/Warum die Arbeitsbedingungen in Schlachtbetrieben so prekär sind. https://www.deutschlandfunk.de/covid-19-ausbrueche-warum-die-arbeitsbedingungen-in-100.html (letzter Aufruf: 05.04.2022).
29 Martin Schlatzer. 2011. *Tierproduktion und Klimawandel. Ein wissenschaftlicher Diskurs zum Einfluss der Ernährung auf Umwelt und Klima*. Münster: LIT Verlag.

30 Najmul Haider, Peregrine Rothman-Ostrow,Abdinasir Yusuf Osman, Liã Bárbara Arruda, Laura Macfarlane-Berry, Linzy Elton, Margaret J. Thomason, Dorothy Yeboah-Manu, Rashid Ansumana, Nathan Kapata, Leonard Mboera, Jonathan Rushton, Timothy D. McHugh, David L. Heymann, Alimuddin Zumla und Richard A. Kock. 2020. COVID-19-Zoonosis or Emerging Infectious Disease? *Frontiers in Public Health*. 26 November 2020. https://doi.org/10.3389/fpubh.2020.596944 (letzter Aufruf: 05.04.2022).
31 Friedrich Engels. 1962 [1925]. *Dialektik der Natur*. In: Marx-Engels-Werke Bd. 20. Berlin: Dietz-Verlag, S. 305–570, hier: S. 453.
32 Ibid., S. 452.
33 Max Weber. 2021 [1904], S. 486.
34 Eigene Übersetzung aus United Nations Framework Convention on Climate Change (UNFCCC). 1992. *United Nations Framework Convention on Climate Change*. Bonn: UNFCCC, S. 3.
35 Thomas Faist und Jeanette Schade. 2013. The Climate–Migration Nexus. A Reorientation. In: dies. (Hrsg.). *Disentangling Migration and Climate Change: Toward an Analysis of Methodologies, Political Discourses and Human Rights*. Springer: Dordrecht, S. 3–25.
36 Internal Displacement Monitoring Centre (IDMC). 2020. *Global Report on Internal Displacement 2020*. https://www.internal-displacement.org/global-report/grid2020/ (letzter Aufruf: 05.04.2022).
37 Kerstin Schmidt-Verkerk. 2012: *The potential influence of climate change on migratory behaviour – a study of drought, hurricanes and migration in Mexico*. Dissertationsschrift. Brighton: University of Sussex.
38 Vgl. Will Steffen Paul J. Crutzen und John R. McNeill. 2007. The Anthropocene: Are Humans Now Overwhelming the Great Forces of Nature? *Ambio* 36(8): S. 614–621.
39 Jason W. Moore. 2018. The Capitalocene Part II: accumulation by appropriation and the centrality of unpaid work/energy. *The Journal of Peasant Studies* 45(2): S. 237–279.
40 Human Development Report (HDR). 2007: *Fighting Climate Change: Human Solidarity in a Divided World*. New York; NY: United Nations Development Program (UNDP).
41 Istiaq Ahmed. 1997. Exit, Voice and Citizenship. In Tomas Hammar, Grete Brochmann, Kristof Tamas und Thomas Faist (Hrsg.), S. 159–186.
42 David J. Kaczan und Jennifer Orgill-Meyer. 2020. The impact of climate change on migration: a synthesis of recent empirical insights. *Climatic Change* 158(3): S. 281–300.
43 Shawn Shen und François Gemenne. 2011. Contrasted Views on Environmental Change and Migration: The Case of Tuvaluan Migration to New Zealand. *International Migration* 49(S1): e224–e242.
44 Benjamin Etzold, Ahsan Uddin Ahmed, Selim Reza Hassan, Sharmind Neelormi und Tamer Afifi. 2016. Rainfall Variability, Hunger, and Social Inequality, and their Relative Influences on Migration: Evidence from Bangladesh. In: Robert McLeman, Jeanette Schade und Thomas Faist (Hrsg.). *Environmental Degradation and Social Inequalities*. Dordrecht: Springer, S. 27–42.
45 Jeanette Schade. 2011. *Human rights, climate change, and climate policies in Kenya. How climate variability and agrofuel expansion impact on the enjoyment of human rights in the Tana Delta*. Research Mission Report. Bielefeld: Center on Migration, Citizenship and Development (COMCAD) und Köln: FIAN Deutschland.

46 Anthony Giddens. 2009. *The Politics of Climate Change*. Cambridge: Polity Press.
47 Émile Durkheim. 1984 [1895]. *Die Regeln der soziologischen Methode*. Hrsg. und eingeleitet durch René König. Frankfurt a. M.: Suhrkamp.
48 Émile Durkheim. 1899. Friedrich Ratzel: Anthropogéographie. Un compte-rendu. *L'Année Sociologique* 1898–1899, Vol. 3: S. 3–9.
49 Riley E. Dunlap und William R. Catton. 1979. Environmental Sociology. *Annual Review of Sociology* 5: S. 243–273.
50 Eigene Übersetzung aus Essam El-Hinnawi. 1985. *Environmental Refugees*. Nairobi: United Nations Environmental Programme (UNEP).
51 Norman Myers und Jennifer Kent. 1995.
52 Benjamin Etzold, Ahsan Uddin Ahmed, Selim Reza Hassan, Sharmind Neelormi und Tamer Afifi. 2016.
53 Elisa Fornalé, Jeremie Guélat und Etienne Piguet. 2016. Framing Labour Mobility Options in Small Island States Affected by Environmental Changes. In: Robert McLeman, Jeanette Schade und Thomas Faist (Hrsg.). 2016, S. 167–188.
54 Sonja Ayeb-Karlsson, Christopher D. Smith und Dominic Kniveton. 2018. A discursive review of the textual use of ‹trapped› in environmental migration studies: The conceptual birth and troubled teenage years of trapped populations. *Ambio* 47(5): S. 557–573.
55 Eigene Übersetzung aus Intergovernmental Panel on Climate Change (IPCC). 2014. *Climate Change 2014: Synthesis Report. Contribution of Working Groups I, II and III to the Fifth Assessment Report of the Intergovernmental Panel on Climate Change* (Core Writing Team: R. K. Pachauri and L. A. Meyer [Hrsg.]). Geneva: IPCC, S. 5.
56 Guillaume Simonet. 2010. The Concept of Adaptation: Interdisciplinary Scope and Involvement in Climate Change. *Sapiens* 3(1): S. 1–9.
57 Bernhard Poirine. 1997. A Theory of Remittances as an Implicit Family Loan Arrangement. *World Development* 25(4): S. 589–611.
58 Kapitel 2.
59 Eigene Übersetzung aus IPCC. 2014, S. 759.
60 International Panel on Climate Change (IPCC). 2018. Global Warming of 1.50C. Geneva: IPCC. https://www.ipcc.ch/site/assets/uploads/sites/2/2018/07/SR15_SPM_version_stand_alone_LR.pdf (letzter Aufruf: 05.04.2022).
61 Giovanni Bettini und Giovanna Gioli. 2016.
62 Robert McLeman, Jeanette Schade und Thomas Faist (Hrsg.). 2016.
63 J. Timmons Roberts und Bradley C. Parks. 2007. *A Climate of Injustice: Global Inequality, North-South Politics, and Climate Policy*. Cambridge, MA: MIT Press.
64 Robert McLeman, Jeanette Schade und Thomas Faist (Hrsg). 2016.
65 Jeanette Schade. 2013. Climate Change and Planned Relocation: Risks and a Proposal for Safeguards. In: Thomas Faist and Jeanette Schade (Hrsg.). 2013, S. 183–206.
66 Robin Bronen. 2013.
67 Sonja Ayeb-Karlsson, Christopher D. Smith und Dominic Kniveton. 2018.
68 Grace Adeniji. 2011. Adapting to Climate Change in Africa. *jotoafrica* No. 6 (March): S. 1–8; IPCC. 2014, Kapitel 11.
69 Siehe u. a. den Bericht von Chris O'Connell. 2021. *From a Vicious to a Virtuous Circle: Adressing Climate Change, Environmental Destruction and Contemporary Slavery*, London: Anti-Slavery International.
70 https://www.ohchr.org/EN/Issues/Slavery/SRSlavery/Pages/ReportHRC48.aspx (letzter Aufruf: 05.04.2022).

71 Véronique Lassailly-Jacob und Malika Peyraut. 2016. Social and Spatial Inequality Linked to Flood-Induced Displacements in Burkina Faso in 2009 and 2010. In: Robert McLeman, Jeanette Schade und Thomas Faist (Hrsg.). 2016, S. 57–72.

72 Vgl. David McKenzie und Dean Young, 2014. *Evidence on Policies to Increase the Development Impacts of International Migration.* CReAM Discussion Paper Series 1438. London: Centre for Research and Analysis of Migration (CReAM), Department of Economics, University College London.

73 Mustafa Aksakal und Kerstin Schmidt. 2015. Migration and Social Protection as Adaptation in Response to Climate-Related Stressors: The Case of Zacatecas in Mexico. In: Felicitas Hillmann, Marie Pahl, Birte Rafflenbeul und Harald Sterly (Hrsg.). *Environmental Change, Adaptation and Migration: Bringing in the Region.* London: Palgrave Macmillan, S. 80–97.

74 Cindy Horst, Marta B. Erdal, Jørgen Carling und Karin Afeef. 2014. Private Money, Public Scrutiny? Contrasting Perspectives on Remittances. *Global Networks* 14(4): S. 514–532.

75 Walter Kälin. 2015. Klimaflüchtlinge, Katastrophenvertriebene oder schutzlose Migranten? Flucht in Zeiten des Klimawandels. *VHS-Bulletin* No. 4 (November): S. 10–18.

76 Cass R. Sunstein. 1996. Social Norms and Social Roles. *Columbia Law Review* 96(4): S. 903–968.

77 Bierman und Boas. 2008.

78 Guy S. Goodwin-Gill und Jane McAdam. 2017. *UNCHR and Climate Change, Disasters, and Displacement.* Geneva: United Nations High Commissioner on Refugees (UNHCR).

79 Foresight. 2011. *Foresight: Migration and Global Environmental Challenge.* Final Project Report. London: The Government Office for Science.

80 Giovanni Bettini. 2014. Climate Migration as an Adaption Strategy: De-Securitizing Climate-Induced Migration or Making the Unruly Governable? *Critical Studies on Security* 2(2): S. 180–195.

81 Siehe Kapitel 7.

82 Alexander Betts. 2013 *Survival Migration: Failed Governance and the Crisis of Displacement.* Ithaca, NY: Cornell University Press.

83 Vgl. Paul J. Smith. 2007. Climate change, mass migration and the military response. *Orbis* 51: S. 617–633.

84 Amnesty International. 2019.

85 Vgl. Manfred Wöhlcke. 1999. Environment and security: The demographic dimension. In: Alexander Carius and Kurt M. Lietzmann (Hrsg.). *Environment and Security.* Berlin & Heidelberg: Springer. S. 89–103.

86 Prajakta R. Gupte. 2017. India: ‹The emergency› and the politics of mass sterilization. *Education About Asia* 22(3): S. 40–44.

87 Harold A. Mooney, Anantha Duraiappah und Anne Larigauderie. 2011. Evolution of Natural and Social Science Interactions in Global Change Research Programs. *Proceedings of the National Academy of Sciences* 10(1): S. 3665–3672.

88 Solomon M. Hsiang, Kyle C. Meng und Mark A. Crane. 2011. Civil Conflicts are Associated with the Global Climate. *Nature* 476: S. 438–441. Als El Niño wird das Auftreten ungewöhnlicher und nicht zyklischer Meeresströmungen im äquatorialen Pazifik bezeichnet. Das Phänomen tritt in unregelmäßigen Abständen von durchschnittlich vier Jahren auf. La Niña folgt zumeist auf ein El-Niño-Ereignis und zeigt sich an überdurchschnittlich hohen Luftdruckunterschieden zwischen Südamerika und Indonesien.

89 Marshall B. Burke, Edward Miguel, Shanker Satyanath, John A. Dykema und David B. Lobell. 2009. Warming Increases the Risk of Civil War in Africa. *Proceedings of the National Academy of Sciences* 106(49): S. 20670–20674.

90 Bruno Latour. 1995. *Wir sind nie modern gewesen – Versuch einer symmetrischen Anthropologie*. Aus dem Französischen von Gustav Roßler. Frankfurt a. M.: Suhrkamp, S. 117.

91 Simone Weil. 2012 [1934], S. 61–62.

## Thesen zu Migration: Nicht Problem, sondern Lösung

1 Robert Staughton Lynd. 1939. *Knowledge for What? The Place of Social Science in American Culture*. Princeton, NJ: Princeton University Press.

2 Roger A. Pielke. 2007. *The Honest Broker: Making Sense of Science in Policy and Politics*. New York: Cambridge University Press.

3 In dieser Hinsicht ist laut Anthony Giddens die Soziologie möglicherweise noch einflussreicher als die Naturwissenschaften: Letztere blieben ihrem Gegenstand verhaftet, würden aber nicht grundsätzlich ihr Objekt verändern. Anthony Giddens. 1984. *Interpretative Soziologie*. Frankfurt a. M.: Campus.

4 Rolf Kreibich. 1986. *Die Wissenschaftsgesellschaft*. Frankfurt a. M.: Suhrkamp.

5 Christina Boswell. 2009. *The Political Uses of Expert Knowledge: Immigration Policy and Social Research*. Cambridge: Cambridge University Press.

6 Max Weber. 1988 [1904]. Die «Objektivität» sozialwissenschaftlicher Erkenntnis. In: ders. *Gesammelte Aufsätze zur Wissenschaftslehre*. Hrsg. von Johannes Winckelmann. Tübingen: J. C. B. Mohr (Paul Siebeck), S. 146–214.

7 John Maynard Keynes. 2017 [1936, 1970]. *Allgemeine Theorie der Beschäftigung, des Zinses und des Geldes*. Neu übersetzt von Nicola Liebert. Berlin: Duncker & Humblot, S. 316. Kursiv im Original.

8 Ulrich Beck und Wolfgang Bonß (Hrsg.). 1989. *Weder Sozialtechnologie noch Aufklärung? Analysen zur Verwendung sozialwissenschaftlichen Wissens*. Frankfurt a. M.: Suhrkamp.

9 Aaron Wildavsky. 1979. *The Art and Craft of Policy Analysis: Speaking Truth to Power*. London: Macmillian.

10 Sheila Jasanoff. 2004. *States of Knowledge: The Co-Production of Science and the Social Order*. New York: Routledge.

11 Bruno Latour. 2005. *Reassembling the Social: An Introduction to Actor-Network Theory*. Oxford: Oxford University Press.

12 Anthony Giddens. 1988. *Die Konstitution der Gesellschaft. Grundzüge einer Theorie der Strukturierung*. Frankfurt a. M.: Campus.

13 Howard Becker. 2003. Making Sociology Relevant to Society. Paper presented at The European Sociological Association in Murcia, Spanien. http://www.howardsbecker.com/articles/relevant.html (letzter Aufruf: 05.04.2022).

14 Vgl. auch eine feministische Version der Idee von «situiertem Wissen» bei Donna Haraway. 1995. *Die Neuerfindung der Natur. Primaten, Cyborgss und Frauen*. Hrsg. und eingeleitet von Carmen Hammer und Immanuel Stieß. Frankfurt a. M.: Campus.

15 Max Weber. 1988 [1904]. Objektivität; vgl. Rogers Brubaker. 1984. *The Limits of Rationality: An Essay on the Social and Moral Thought of Max Weber*. New York: Routledge.

16 Platon. 2017. *Der Staat*. Hrsg. und übers. von Gernot Krapinger. Stuttgart: Reclams Universal-Bibliothek.

17 Kapitel 4.

18 Unabhängige Kommission Zuwanderung. 2001. *Zuwanderung gestalten – Integration fördern*. Bericht der Unabhängigen Kommission «Zuwanderung». Berlin.
19 Jürgen Habermas. 1968. *Technik und Wissenschaft als ‹Ideologie›*. Frankfurt a. M.: Suhrkamp.
20 Ulrich Beck, Anthony Giddens und Scott Lash. 1994. *Reflexive Modernization: Politics, Tradition and Aesthetics in the Modern Social Order*. Stanford, CA: Stanford University Press.
21 Vgl. Joris Schapendonk. 2012. Migrants' Im/Mobilities on Their Way to the EU: Lost in Transit? *Tijdschrift voor economische en sociale geografie* 103(5): S. 577–583.
22 Michael Burawoy. 2005. For Public Sociology. *American Sociological Review* 70(1): S. 4–28.
23 Siehe etwa Carol Farbotko und Heather Lazrus. 2012. The first climate refugees? Contesting global narratives of climate change in Tuvalu. *Global Environmental Change* 22(2): S. 382–390.
24 Werner Schiffauer. 2010. *Nach dem Islamismus – Eine Ethnografie der Islamischen Gemeinschaft Milli Görüs*. Berlin: Suhrkamp.
25 Norbert Elias. 1983. *Engagement und Distanzierung. Arbeiten zur Wissenssoziologie I*. Hrsg. und übers. von Michael Schröter. Frankfurt a. M.: Suhrkamp, S. 30.
26 Pierre Bourdieu und 18 Ko-Autor:innen. 1997. *Das Elend der Welt. Zeugnisse und Diagnosen alltäglichen Leidens an der Gesellschaft*. Konstanz: Universitäts-Verlag (UVK).
27 Bradley Campbell und Jason Manning. 2014. Microaggression and Moral Cultures. *Comparative Sociology* 13: S. 692–726.
28 Jürgen Habermas. 1992. *Faktizität und Geltung. Beiträge zur Diskurstheorie des Rechts und des demokratischen Rechtsstaates*. Frankfurt a. M.: Suhrkamp.
29 Jürgen Habermas. 2010. Leadership and Leitkultur. *New York Times*, 28. Oktober, https://www.nytimes.com/2010/10/29/opinion/29Habermas.html (letzter Aufruf: 15.04.2022).
30 Ninna N. Sørensen. 2012. Revisiting the Migration–Development Nexus: From Social Networks and Remittances to Markets for Migration Control. *International Migration* 50(3): S. 61–76.
31 Antonio Gramsci. 1971. *Selections from the Prison Notebooks*. Hrsg. von Quintin Hoare und Geoffrey Nowell Smith. London: Lawrence & Wishart.
32 John Urry. 2007. *Mobilities*. Cambridge: Polity.
33 Friedrich Schenk. 2008: *Die Frühzeit des Menschen. Der Weg zum Homo sapiens*. München: C.H.Beck, 5., vollständig neubearbeitete und ergänzte Auflage; vgl. Patrick Manning (mit Tiffany Trimmer). 2013. *Migration in World-History*. 2. Auflage. London: Routledge, Kapitel 4.
34 Sir Ernest G. Ravenstein. 1889. The Laws of Migration. *Journal of the Royal Statistical Society* 52 (June), S. S. 241–305; hier S. 288.
35 Vgl. Rafis Abazov. 2014. Globalization of Migration. What the Modern World can learn from Nomadic Cultures. *UN Chronicle*. https://www.un.org/en/chronicle/article/globalization-migration-what-modern-world-can-learn-nomadic-cultures (letzter Aufruf: 05.04.2022).
36 Thomas Faist, Tobias Gehring und Susanne Schultz. 2021.
37 https://www.iom.int/global-compact-migration (letzter Aufruf: 15.04.2022)
38 https://www.unhcr.org/dach/wp-content/uploads/sites/27/2018/11/GCR_final_GER.pdf (letzter Aufruf: 05.04.2022).
39 Siehe z. B. Markus Böckenförde und Elisabeth Braune (Hrsg.). 2018. *Prospective*

*Migration Policy – Scenario Building on Relations Between West Africa and Europe*. Global Dialogues 15. Duisburg: Käte Hamburger Kolleg & Centre for Global Cooperation Research (KHK/GCR21).

40 The World Bank Group. 2018. Migration and Remittances. Recent Developments and Outlook – Transit Migration. Migration and Development Brief; No. 29. Washington, DC: World Bank, S. 3–4.

41 World Bank. 2005. *Global Economic Prospects 2006: Economic Implications of Remittances and Migration*. Washington, DC: World Bank, S. 25–26.

42 https://info.brot-fuer-die-welt.de/blog/kritik-eu-afrika-handelsabkommen-epas (letzter Aufruf: 15.04.2022)

43 Gil Loescher und James Milner. 2005. *Protracted Refugee Situations: Domestic and International Security Implications*. London: Routledge.

44 Nicholas Van Hear. 2014. Refugees, Diaspora and Transnationalism. In: Elena Fiddian-Qasmiyeh, Gil Loescher, Katy Long und Nando Sigona (Hrsg.). *The Oxford Handbook of Refugee and Forced Migration Studies*. Oxford: Oxford University Press, S. 176–187.

45 Anne Koch, Annette Weber und Isabelle Werenfels (Hrsg.). 2018. *Migrationsprofiteure? Autoritäre Staaten in Afrika und das europäische Migrationsmanagement*. SWP-Studie 3. Berlin: Stiftung Wissenschaft und Politik, Deutsches Institut für Internationale Politik und Sicherheit.

46 Robin Cohen und Nicholas van Hear. 2020. *Refugia: Radical Solutions to Mass Displacement*. London: Routledge.

47 Thomas Faist. 2018. The Moral Polity of Forced Migration. *Ethnic and Racial Studies* 41(3): S. 412–423.

48 Für einen weiteren Vorschlag, der primär auf wirtschaftliche Ertüchtigung von Flüchtlingen durch Investitionen von Firmen in der Nähe von deren Herkunftsgebieten zielt, siehe Alexander Betts und Paul Collier. 2018. *Refuge: Transforming a Broken Refugee System*. London: Penguin; vgl. Alexander Betts. 2021. *The Wealth of Refugees. How Displaced People Can Build Economies*. Oxford: Oxford University Press.

49 Katy Long. 2013. When refugees stopped being migrants: Movement, labour and humanitarian protection. *Migration Studies* 1(1): S. 4–26.

50 Özkan Ezli und Gisela Staupe (Hrsg.). 2014: *Das neue Deutschland. Von Migration und Vielfalt*. Mit einem Fotoessay der Agentur Ostkreuz. Konstanz: Konstanz University Press.

51 Sekretariat der Deutschen Bischofskonferenz (Hrsg.). 2022. *Anerkennung und Teilhabe – 16 Thesen zur Integration*. Arbeitshilfen Nr. 331. Bonn: Deutsche Bischofkonferenz.

52 Bundeszentrale für politische Bildung (bpb). 2020. *Die soziale Situation in Deutschland: Binnenwanderung – Wanderungssalden*. https://www.bpb.de/nachschlagen/zahlen-und-fakten/soziale-situation-in-deutschland/313837/binnenwanderung (letzter Aufruf: 05.04.2022).

53 Inka Stock. 2019. *Time, Migration and Forced Immobility: Sub-Saharan African Migrants in Morocco*. Bristol: Bristol University Press & Policy Press.

54 Georg Simmel. 1999 [1918]. *Lebensanschauung. Vier metaphysische Kapitel*. In: Ders. *Gesamtausgabe*. Bd. 16. Frankfurt a. M.: Suhrkamp, S. 212.

55 Ibid., S. 213.

56 Siehe dazu am Beispiel des US-amerikanisch-lateinamerikanischen Falls: Catalina Amuedo-Dorantes und Francesca Mazzolari. 2010. Remittances to Latin America from Migrants in the United States: Assessing the Impact of Amnesty Programs. *Journal of Development Economics* 91(2): S. 323–335.

# Abkürzungsverzeichnis

| | |
|---|---|
| AfD | Alternative für Deutschland |
| AFL | American Federation of Labor |
| AGG | Allgemeines Gleichbehandlungsgesetz |
| BIP | Bruttoinlandsprodukt |
| BRIC | Brasilien, Russland, Indien, China |
| CARICOM | Caribbean Community |
| CIO | Congress of Industrial Organizations |
| DEIK | Amt für Außenwirtschaftsbeziehungen der Türkei |
| DFID | Department for International Development |
| DİTİB | Türkisch-Islamische Union der Anstalt für Religion e. V. |
| ECOWAS | Economic Community of West African States |
| ENSO | El Niño Southern Oscillation |
| EPA | Economic Partnership Agreements |
| EU | Europäische Union |
| EuGH | Europäischer Gerichtshof |
| EVS | European Values Study |
| GAMM | Globaler Ansatz zu Migration und Mobilität |
| GCIM | Global Commission on International Migration |
| GFK | Genfer Flüchtlingskonvention |
| GFMD | Global Forum on Migration and Development |
| GIZ | Gesellschaft für Internationale Zusammenarbeit |
| HDI | Human Development Index |
| IDMC | Internal Displacement Monitoring Centre |
| ILO | International Labour Organization |
| IOM | International Organization for Migration |
| IPCC | International Panel on Climate Change |
| IT | Informationstechnologie |
| IWF | Internationaler Währungsfonds |
| IWW | International Workers of the World |
| JMDI | UN Joint Migration and Development Initiative |
| LGBTQ | Lesbische, schwule, bisexuelle, Trans- und Queer-Personen |
| MENA | Mittlerer Osten und Nordafrika (MENA-Staaten) |
| MOE | Mittel- und Osteuropa (MOE-Staaten) |
| NELM | New Economics of Labour Migration |
| NGO | Nichtregierungsorganisation |
| OCM | Open Coordinating Mechanism |
| OECD | Organization for Economic Co-Operation and Development |
| PEGIDA | Patriotische Europäer gegen die Islamisierung des Abendlandes |
| PMH | Personen mit Migrationshintergrund |
| POEA | Philippine Overseas Employment Administration |
| SDG | Sustainable Development Goals |
| SOEP | Sozio-oekonomisches Panel |
| SVR | Sachverständigenrat für Integration und Migration |
| UN | United Nations |
| UNDP | United Nations Development Program |
| UNFCC | United Nations Framework Convention on Climate Change |
| UNHCR | United Nations High Commissioner for Refugees |
| WHO | World Health Organization |
| WSF | Weltsozialforum |
| WTO | World Trade Organization |
| YTB | Präsidium für Auslandstürken und verwandte Gemeinschaften |

# Register